漢詩로 읽는 한시 겨레얼

– 우리 역사를 빛낸 '100인의 위인(偉人)' –

漢詩로 읽는 한시 겨레보
- 우리 역사를 빛낸 '100인의 위인(偉人)' -

초판인쇄 2024년 4월 8일
초판발행 2024년 4월 22일

지 은 이 | 우종철
펴 낸 이 | 김광태
펴 낸 곳 | 도서출판 승연사
인   쇄 | (주)대한인쇄씨앤씨
출판등록 | 1991년 4월 2일 제318-2005-000054호
전   화 | 02-2671-5305 / 02-391-2239
팩   스 | 02-749-4939 / 02-391-2230
핸 드 폰 | 010-3243-5305
주   소 | 서울시 종로구 진흥로 432 요진오피스텔 908호
E-mail | ktkim7788@naver.com

값 30,000원
ISBN 978-89-93297-32-4 03800

저작권 ⓒ 우종철 2024
이 책의 저작권은 저자와 출판사에 있습니다.
서면에 의한 허락없이 내용의 일부를 인용하거나 발췌하는 것을 금합니다.

漢詩로 읽는 겨레얼
한 시

— 우리 역사를 빛낸 '100인의 위인(偉人)' —

우 종 철 지음

승연사

| 추천사(1) |

1

 나의 친구 문산(文山) 우종철(禹鍾哲) 군이 자작 영사시(詠史詩) 100수를 모아 한시집(漢詩集) 《한시(漢詩)로 읽는 겨레얼》을 낸다고 한다. 지금 이 사람 연배에 속한 지식인 중에서는 이렇게 한문으로 시를 쓸 수 있는 사람이 거의 없을 것이다.
 참으로 믿기 어려울 정도로, 이 사람은 여러 가지 재주를 갖추고 있으며, 대인관계나 처세 면에서도 흠잡을 데가 없는 듯하며, 지금까지 그가 이루어 놓은 기반과 토대도 물·심 양면에서 모두 이미 매우 탄탄하고도 아주 단단한 것으로 보인다.

 나는 최근 몇 년 동안 매주 두세 차례씩 문산(文山)를 만나서 붓글씨를 같이 쓰고, 한문 공부를 같이하고, 한시를 함께 지어본다. 붓글씨는 같은 서예도장(원장: 초당 이무호 선생)에 다니지만, 한문 공부는 이 사람이 주관하고 있는 구기동의 자하문연구소에 나가서, 몇몇 친구와 어울리어 좋은 글을 같이 읽어보기도 하고, 또 한문을 읽어가는 데 좋은 참고가 될 만한 적절한 책을 찾아서 좀 더 자세히 연구하여 보기도 한다.

 문산(文山)은 이미 우리나라 인물을 소재로 삼아 몇 가지 역사소설을 썼고, 또《포용의 리더십》이라는 중국 5천 년 역사에 등장하는 명재상과 창업 군주들의 처세와 치세에 관련된 흥미진진한 이야기와 교훈을 소개하고 평가하는, 매우 재미가 있으면서도 거울로 삼을 만한 내용을 담은 책을 아주 쉽고도 요령 있게 저술하여 내었다. 정말 아는 것도 많고, 글재주도 비범하다고 곁에서 감탄하고 있다. 이 책은 이미 매우 호평받아서, 여러 번 다시 찍어내었고, 최근에는 그 재개정판을 또 내기도 하였다.

2

이러한 매우 유능하고도, 아주 성실한 친구를 내가 만년(晩年)에 자주 만나서 같이 공부하고, 이야기를 나눌 수 있다는 것은 정말 생각지도 못한 행운이다. 내가 문산(文山)에게 오히려 배울 것이 더 많고, 붓글씨도 문산(文山)이 나보다는 더 잘 쓰지만, 다만 한문만은 아무래도 내가 조금 더 오래 붙잡고 살았기 때문에, 문산(文山)에게 더러 전하여 줄 화제(話題)가 가끔은 있는 것 같다.

그래서 위에서 말한 것같이 매주 한 번씩 그의 자하문연구소에 모여서 공부를 계속하고 있다. 그런데 그 공부를 끝낸 뒤에는, 반드시 자작(自作) 한시를 한 수씩 보여주면서 혹시 다시 좀 더 다듬을 것이 없는지 매우 진지하게 퇴고(推敲)를 청한다.

나도 한시 작법(作法)에 별로 자신이 있는 것은 아니지만, 10여 년 전에 대구 영남대학교에서 퇴직하고, 서울에 올라와서 살게 되면서 나이 든 선배나 친구들의 권유로 몇몇 한시 모임에 나가서 매주 한시를 지어 오고 있기는 하다. 중당(中堂) 정범진(丁範鎭) 전 성균관대 총장이 주도하던 한국한시협회의 퇴직 교수 모임, 고(故) 벽사(碧史) 이우성(李佑成) 당대 최고의 한학자가 지도하던 난사회(蘭社會) 같은 모임 등이다.

이런 좋은 모임에 몇 년째 따라다니면서 한시를 자못 많이 지어 보고는 있지만, 아직도 제일 자주 틀리는 것이 한자의 성조(聲調)를 규칙에 맞게 배열하는 것인데, 문산(文山)은 기본적으로 이 규칙은 다 맞게 적어 오니, 그 나머지 대구(對句)를 맞춘다든가, 기승전결을 조금 조정한다든가, 같은 말이라도 좀 더 멋지고 아름다운 것이 있는지 생각하여 보는 일은 오히려 그렇게 어렵지는 않은 것 같다. 더구나 이 사람은 손전화(핸드폰)를 활용하여 순식간에 어려운 시어(詩語)들의 정확한 뜻이나 용례 같은 것을 찾아내고 있으니, 이점은 오히려 내가 그를 따라가지 못하는 점이다.

이렇게 매주 수요일 오후 한문 공부 뒤에, 저녁에 한 차례씩 더 만나고, 어떤 주에는 주말에 또 내가 살고 있는 진관동까지 찾아와서 그의 습작(習作) 시를 보여주기도 하였다. 세상에 60이 넘어서도 이렇게 진지한 공부꾼이 있다니!

3

이 세상에 여러 가지 즐길만한 취미생활이 많지만, 한시 짓기도 알고 보면 참 재미있는 일이다. 시는 "중국 문화의 꽃"이라고 하며, 우리 선현들이 남긴 주옥같은 명작도 수두룩하니, 그러한 선현들의 작품을 읽어보고, 그러한 어른들의 뒷자취를 밟아 보다니 정말 감격스러운 일이 아니겠는가?

문산(文山)은 이미 중국이나 한국의 역사에 관하여 이렇듯 해박한 경지를 보이고 있는데, 한시까지 또 조예를 더하고 있으니, 아마 그의 동양 전통문화에 관한 이해의 깊이와 폭은 측량하기 어려운 경지로 심오하게 넓어질 것이다.

그가 이제 좋은 책을 낸다고 하여, 그 초고(草稿)를 한차례 미리 다 읽어 본 사람으로서, 즐거운 마음을 감추지 못하여 책머리에 몇 자 적어 축하의 뜻을 표하고자 한다.

2024년 원단(元旦)

(사) 한국한시협회 자문위원, 영남대학교 중문과 명예교수
반농(半農) **이장우**(李章佑) 삼가 씀

추천사(2)

 경사(京師)의 일우(一隅)에 있는 자하문연구소(紫霞門硏究所) 소장인 문산(文山) 우종철(禹鍾哲) 선생은 《한시(漢詩)로 읽는 겨레얼》이라는 저서를 냈는데, 부제(副題)는 〈우리 역사를 빛낸 '100인의 위인(偉人)'〉이라 하였고, 100인마다 각각 그에 유효적절하고 걸맞은 한시를 작(作)하여 첨가하였다. 시대구분은 1)고대국가, 2)사국시대(가야 포함), 3)남북국시대(통일신라-발해), 4)고려시대, 5)조선시대, 6)근대·현대 등 여섯 단계로 구분하였다.

 100인의 선정(選定) 인물은 민족사의 주축(主軸)이 된 신라의 건국시조 박혁거세(朴赫居世), 고구려의 건국시조 추모왕 고주몽(鄒牟王 高朱蒙), 백제의 건국시조 온조왕(溫祚王), 가야의 건국시조 김수로왕(金首露王) 등을 비롯하여 각 나라의 중신(重臣), 종교가(宗敎家), 악성(樂聖), 명장(名將) 등을 비롯하여 발해 문왕(文王) 대흠무(大欽茂), 해상왕 장보고(張保皐), 최치원(崔致遠), 신사임당(申師任堂) 등 100명의 논제(論題)와 인물을 엄선하였다.

 문산(文山) 선생은 우리 한시협회의 감사(監事)로 헌신하고 있는데, 이미 유구한 한국사를 관통하고 있는 두 편의 장편 역사소설을 썼다. 삼국(三國)을 일통(一統)하고 당나라를 한반도에서 몰아낸 〈통일대왕 김법민(문무대왕)〉과 97년간의 '원간섭기'를 절세의 경륜과 자주외교로 헤쳐 나간 고려 최고의 재상 익재(益齋) 이제현(李齋賢) 선생의 생애를 그린 〈역사소설 삼불망(三不忘)〉이 그것이다.

작년에 문산 선생은 《포용의 리더십》 재개정판을 발간하였는데, 2009년에 초판을 발행한 이후 2014년까지 개정판 8쇄를 발행하였고, 다시 개정 2판을 발행하여 독자들과 호흡하고 있는 것을 보니 이 책의 진가(眞價)를 가히 짐작할 수 있다. 이는 인물 본위로 중국의 역사를 다룬 보감(寶鑑)이라 할 수 있다.
시대별로 인물을 다룬 사건의 시종(始終)이 우리의 어떤 역사적 사건의 전말(顚末)과 흡사하다고 논평함으로써 역사에 관심을 가진 분들이 그 원인과 결과의 상관성을 도출할 수 있게 하였다.

명저 《포용의 리더십》이 중국의 역사를 기술한 소중한 책이라면, 이번에 발간하는 《한시로 읽는 겨레얼》은 우리 국사(國史)를 총망라한 인명 중심의 역사책이라고 할 수 있겠다.
저자는 서문에서 "불과 백 년 전만 하여도 조상님들이 썼던 한시(漢詩)는 우리의 소중한 문화유산으로 그 가치가 무궁무진하다. 그러나 요즘 젊은이들은 한자(漢字) 자체를 낯설어하고 한자를 배운 세대들도 눈 밖에 두는 세태가 되었다"고 아쉬워하고 있다.

사마천(司馬遷)은 〈사기(史記)〉에서 '술왕사 지래자(述往事 知來者)' 라고 했다. '지난 일을 기술하여 다가올 일을 안다'는 뜻이다. 특히 미래를 이끌어갈 청년 세대들이 이 책을 통해 멀리 보는 지혜를 갖고 인생을 설계할 수 있게 되기를 기대한다.

저자는 여러 해 동안 언론에 기고한 옥고(玉稿)들을 손질하고 보완하여 대한민국의 미래에 대비하는 작업에 천착(穿鑿)해온 것으로 알고 있다. 이 책의 상재(上梓, 출판)를 송하(頌賀) 하면서 느낀 소감을 아래와 같이 기술해 본다.

한국의 명문이며 역동 우탁 선생 후손 재주도 닮았네.
海東名族兮 禹倬之孫才易東(해동명족혜 우탁지손재역동)

이성과 지혜의 탁월함이여 군계일학으로 귀한 몸 되셨네.
理智卓犖兮 一鶴群鷄爲貴躬(이지탁락혜 일학군계위귀궁)

논설하고 직언함은 국가를 먼저 걱정 본인은 뒤로하네.
論說直言兮 先憂國家後思己(논설직언혜 선우국가후사기)

책을 편성 출간함이여 시문과 역사가 정연하도다.
上梓編成兮 詩文竹帛整然中(상재편성혜 시문죽백정연중)

어진 선비 되심이여 인근의 유림들이 호응하여 모이도다.
淵角山庭兮 隣近儒林好應集(연각산정혜 인근유림호응집)

교육의 창도함이여 과목을 옛날같이 광정해야 하리라.
敎育唱導兮 匡正學科舊日同(교육창도혜 광정학과구일동)

때로 익혀 기뻐함이여 사서와 경전을 수시로 읽었도다.
時習悅歡兮 四書經典隨時讀(시습열환혜 사서경전수시독)

준걸의 노력함이여 현사들도 참여하여 지식이 통달했네.
俊乂密勿兮 多參賢士識知通(준예밀물혜 다참현사식지통)

고귀하게 완성된 보감이여 오래가도 값이 없는 보물이네.
貴成寶鑑兮 千代萬年無價物(귀성보감혜 천대만년무가물)

보통 사람에게 권유하며 정계·관료·사업자도 공부해 본받으리라.
凡人勸誘兮 營輩政官效此工(범인권유혜 영배정관효차공)

서기 2024년 갑진(甲辰) 정월(正月)

(사) 한국한시협회 회장(韓國漢詩協會會長)
문학박사 여천(如泉) 조교환(曺校煥) 근찬(謹撰)

| 서 문 |

불과 100년 전만 하여도 조상님들이 지으시던 한시(漢詩)는 우리의 소중한 문화유산으로 그 가치가 무궁무진하다. 그러나 요즘 젊은이들은 한자(漢字) 자체를 낯설어하고 한자를 배운 세대들도 눈밖에 두는 세태가 되었다.

시간이 흐를수록 한시에 익숙해지지 않게 되어 한시는 이제 향유의 대상이 아니라 연구의 대상으로 전락한 것 아닌가 하는 안타까움이 앞선다. 많은 선인(先人)이 한시를 지었다. 옛사람들의 한시를 한 글자 한 구절 읽으면서 그들이 만들어놓은 지층(地層)을 발견하고 받았던 감동의 순간과 깨달음을 필자의 삶 속에서 실천해보려 했지만, 그게 말처럼 쉽지 않았다.

필자는 한시의 지층을 탐사하고 역사 속의 의미를 캐내는 작업을 하면서, 천학비재(淺學菲才)를 무릅쓰고 《한시(漢詩)로 읽는 겨레얼》〈우리 역사를 빛낸 '100인의 위인(偉人)'〉을 출간하게 되었다.

예로부터 한반도가 처한 지정학적 상황을 '복배수적(腹背受敵)'이라고 했다. '배(腹)와 등(背) 양쪽에서 적이 몰려오는 샌드위치 형국'이라는 뜻이다. 이 책에서는 위기가 아닌 시기가 없었던 우리 한국사(韓國史)에 뚜렷한 발자취를 남긴 역사적 인물 중 100인을 엄선하여 그들의 나라를 위한 위국헌신(爲國獻身)과 애국애민(愛國愛民)을 오늘의 정세와 대응해 논설(論說)해보고자 하였다.

모든 역사는 굴곡과 부침을 가지고 있다. 역사는 득의(得意)와 실의(失意)가 늘 교차한다. 득의의 역사가 있으면, 실의의 역사가 있기 마련이다. 씨줄과 날줄이 엮여서 천이 되는 것처럼, 유구한 5,000년의 우리 역사는 고난의 씨줄과 영광의 날줄이 교차한 대장정이다. 삼국통일을 이룬 문무대왕과 후삼국을 재통일한 왕건대왕의 역사가 득의의 역사라면, '원간섭기'와 '일제강점기'는 실의의 역사라 할 수 있을 것이다.

먼저, 이 책을 쓰게 된 동기를 몇 가지 밝힌다.

첫째, 과거의 역사를 바르게 기억하지 못하는 민족에게는 미래의 영광이 없는 법이다. '중국몽(中國夢)'에 도취한 중국은 고구려사와 발해사를 한국사에서 지우려는 동북공정(東北工程)의 역사 조작을 감행하고 있다. 또한 독도 영유권을 주장하는 일본은 자국에 없는 유구한 우리의 고조선과 부여, 발해의 역사를 없애 버리려고 일제강점기에 '조선사편수회'를 앞세워 〈조선사(朝鮮史)〉를 왜곡한 바 있다.

그 결과 심지어 우리의 역사학자들까지도 고조선의 2천여 년을 '신화'로 알고 그 이후의 2천여 년만을 우리의 역사로 인식하고 있다. 이처럼 우리의 주류 역사학계는 "있는 역사도 없다"고 하는 '식민사관'의 찌꺼기를 광복 후부터 오늘까지 이어오고 있다. 중·일의 역사침탈에 당당하게 맞서 한국사를 바로 세워야 한다. 잃어버린 역사를 바로 찾아내는 일이야말로 통일의 바른길이다.

둘째, '부정(否定)의 역사'가 팽배해지면 국기(國紀)가 문란해지고 사회가 불안해진다. 균형 잡힌 역사 인식만이 남·남 갈등을 종식하고 분열된 민족을 하나로 재통합할 수 있다.

해방 후 3년 만에 이루어진 대한민국 건국(建國)은 극심한 좌우 대립의 격랑 속에서도 자유민주주의와 시장경제를 근간으로 하는 근대국가를 세웠다는 데 큰 의미가 있다. 대한민국은 동족상잔의 전쟁을 겪은 후 보릿고개로 상징되는 숙명 같은 가난과 좌절을 딛고 세계 10위 경제대국 반열에 오른 자랑스러운 '성공의 역사'를 만들어 왔다.

그런데도 종북좌파들은 대한민국을 '정의가 패배하고 기회주의가 득세한' 부끄러운 역사로 왜곡하고 있다. 이것이 바로 종북좌파와의 역사전쟁에서 반드시 이겨야 하는 이유이다.

셋째, 남북 분단 79년은 남북 간 국가정체성 대결의 역사였다. 국가정체성이 훼손되면 국혼(國魂)이 사라진다. 국혼이 사라지면 나라가 쇠망해 대한민국이 영속할 수 없다.

건국의 원훈 이승만과 조국 근대화의 영웅 박정희를 비롯하여 오늘의 대한민국을 있게 한 주인공들이 종북좌파의 무분별한 '역사난동(亂動)'으로 편히 잠들지 못하고 있다.

종북좌파는 왜 이들의 '공(功)'에는 눈을 감고 '과(過)'만 부풀리는 외눈박이 시각에 갇혀있는 것일까? 그것은 이들을 부정해야만 대한민국의 정통성을 무너뜨릴 수 있다고 보고 있기 때문이다. 우리는 언제까지 조작된 '대남공정(對南工程)'인 현대사 유령과의 싸움을 계속해야 하나? 우리 현대사에 이승만의 '건국혁명'과 박정희의 '부국혁명'을 빼면 무엇이 남을까 묻고 싶다.

넷째, 모든 역사적 인물은 공과(功過)가 있기 마련이다. 공은 공대로 과는 과대로 옳고 그름을 엄정하게 가리는 '포폄(襃貶, 포상과 폄하)'을 해야 한다. 역사는 대의명분에 따라 인물과 사실에 대해 포상과 폄하를 엄정하게 기술해야 한다. 이것이 춘추필법(春秋筆法)이다. 그래서 서애 류성룡은 "역사는 포폄정신이다"라고 했다.

그런데 현행 중·고교 교과서는 이승만·박정희 대통령의 위대한 업적에 관한 서술이 빠져 있다. 두 지도자의 공(功)은 지우고 부분적인 과(過)만 들추어 학생들을 오도(誤導)하고 있다.

친북(親北) 프레임으로 현대사를 온통 뒤바꿔놓은 좌편향 역사 교과서들을 하루빨리 개편하여 이념과 포퓰리즘에 갇힌 역사를 바로잡아야 한다. 그 빈자리에 한강의 기적 및 경제성장에 대한 자긍심을 확산하고 통일된 국가안보관을 확립해야 한다.

다섯째, 대한민국이 천신만고 끝에 선진국 문턱을 넘어섰지만, 작금의 현실은 선진국 본진 진출이 난망한 '국가존망지추(國家存亡之秋)'의 형세이다. 국익보다 '진영논리'를 앞세워 소모적 정쟁(政爭)으로 날이 새고 날이 지는 구시대적 '여의도 정치'가 산적한 국가 현안을 내팽개치고 대한민국의 성장 동력을 갉아먹고 있다.

지금과 같은 '분열과 증오의 정치'로는 더 이상 국가 사회의 발전을 이뤄낼 수 없다. 진영에 갇힌 자들은 협치를 할 수 없고 포용력을 갖는 것도 불가능하다. 대한민국의 국가소멸이 시시각각 코앞으로 다가오고 있다. 저출산과 고령화·양극화·지역소멸 문제 등 '한국병'

을 치유할 수 있는 특단의 '치국방략(治國方略)'을 도출해야 한다.

에드워드 기번은 〈로마제국쇠망사〉에서 로마제국의 최전성기를 쇠망의 시작이라고 보았고, 시오노 나나미 또한 〈로마인 이야기〉에서 5현제가 위대한 로마라는 명성을 얻긴 했지만, 그들은 안정될 때 위기를 생각하지 않는 어리석음을 범했다고 지적한다. 두 사람은 '절정기와 쇠락기 겹침 현상'을 역사기술에서 최대의 테마라고 생각한 것이다.

오늘의 대한민국은 로마사를 반면교사(反面教師)로 삼아야 한다. 지금이야말로 '재조산하(再造山河, 나라를 다시 만들다)'와 '국가대개조(國家大改造)'가 필요한 때이다. 파란과 곡절로 얼룩진 영욕의 반만년 역사를 지탱해온 선조들의 혜안과 경세철학을 오늘에 되살려 전(全) 사회시스템을 재구조화할 필요가 있다. '부민강국(富民強國)'으로 가기 위해 가장 필요한 것은 경제성장·국민통합·국가정체성 확립이고, 가장 혁신이 시급한 분야는 국회·노동단체·대통령실·관료집단·언론계이다.

다음은, '100인의 위인(偉人)'을 선정하는 기준을 몇 가지로 정리해 보았다.

첫째, 우리나라는 반만년 동안 '931회의 외침(外侵)'을 받아 5년에 한 번꼴로 크고 작은 전쟁을 치렀다. 국가의 생존과 영속에 가장 중요한 것은 '안보·외교'이기 때문에 '국난극복'에 큰 역할을 한 위인들을 우선했다.

둘째, 안보·외교 다음으로 중요한 것이 경제·민생이다. 국리민복과 '안민익국'(安民益國, 백성이 편안해야 나라에 이롭다)의 실사구시(實事求是)에 힘쓴 개혁가들의 경제개혁과 애민·구휼 정신을 중요시했다.

셋째, 대한민국의 국가정체성을 확립하기 위한 사례(事例)를 밝히는 노력이다. 한민족의 시조 단군왕검을 필두로 나라를 세운 건국 시조(始祖)들과 선정(善政)을 펼친 왕들, 통일대업을 이룬 영웅들, 명재상들의 업적을 살펴보았다.

넷째, '문화의 힘'이라는 관점에서 우리 역사를 살피면, 곳곳에서 한민족의 위대성이 드러난다. 역사, 문화예술, 과학기술, 여성, 교육, 종교, 의료 등에 큰 발자취를 남긴 분들이 우리 역사 및 동아시아에 끼친 영향을 추적해 보았다.

다섯째, 시대별로 위인들의 선정에 균형을 맞추려고 노력하였다. 고대국가와 사국시대 20인, 남북국시대 11인, 고려시대 16인, 조선시대 33인, 근대·현대 20인 모두 100인으로 정리했다.
한국사에서 '삼국시대'의 삼국이라고 하면 신라, 고구려, 백제를 말하지만, 부여·가야 등을 제외한 삼국만이 남아있던 시대는 562년에서 660년까지의 고작 98년뿐이다. 이 책에서의 시대구분은 실제의 역사인 고조선, 부여의 '고대국가'부터 신라, 고구려, 백제, 가야의 '사국시대'를 거쳐 통일신라, 발해의 '남북국시대', 그리고 고려, 조선, 근대·현대 순으로 정리했다.

끝으로, 한시(漢詩) 작법(作法)에 일천한 필자가 칠언율시 형식의 '영사시(詠史詩)'를 지어 책으로 낼 수 있었던 연유는 초당(艸堂) 이무호(李武鎬), 반농(半農) 이장우(李章佑), 여천(如泉) 조교환(曺校煥) 세 분 선생님의 아낌없는 가르침과 격려가 있었기 때문이다.

초당(艸堂) 선생님은 '태극서법'의 창시자로 대하드라마 〈태조왕건〉, 〈대조영〉, 〈천추태후〉 등의 타이틀 제자(題字)를 쓴 대한민국을 대표하는 서예가이다. 한시 작법에 주저하는 필자에게 입문을 독려, 큰 용기를 북돋아 주셨다.

반농(半農) 선생님은 수많은 저서와 고전 번역을 통해 동양 전통사상의 지혜를 전파하고, 중국 문학의 이해와 발전에 크게 공헌한 학계의 거성(巨星)이다. 필자가 쓴 초고(礎稿)를 일일이 퇴고(推敲)해 주시는 노고를 아끼지 않으셨고, 필자의 한시 작품은 반농 선생님의 가르침에 기대고 있음을 밝혀 둔다.

여천(如泉) 선생님은 한시의 연구, 창작 발표 및 교육을 통한 인격도야와 전통문화 창달에 이바지하는 (사)한국한시협회 회장이다. 시작(詩作)에 많은 영감을 주셨다. 평생 후학들의 든든한 버팀목이 되어주신 세 분 선생님께 이 책을 헌정(獻呈)한다.

역사는 우리를 성찰하게 한다. 과거를 알면 미래가 보인다. 과거는 현재를 비추는 거울이자 미래를 살피는 이정표이기 때문이다. 선조들에 대한 '역사연구'를 통해 과거의 결정과 행동을 분석하고, 이를 토대로 현재와 미래의 선택을 도모할 수 있는 영감을 얻을 수 있다.

따라서 역사연구는 기본적으로 인물에 관한 연구라 할 수 있다. 우리 반만년의 역사는 가히 보물 같은 '인재들'로 가득 채워져 있다고 해도 과언이 아니다. 그런데도 외국 위인들에 대한 관심은 높으나, 우리 역사상 인물들에 관한 연구가 부족하다. 한국사의 '위인 찾아 세우기'가 필요한 시점이다.

신냉전의 현실화와 글로벌 경기침체 장기화에 따른 복합위기로 국제정세의 불안정성이 커지고 있다. 선진국 본진 진입을 준비하는 대한민국이 처한 국난 타개를 위해서는 반만년의 역사를 만든 위인들을 모셔 와 그분들의 치국방략(治國方略)과 통찰(洞察)을 배워야 한다.

역사를 두려워하고 역사 앞에서 겸덕(謙德) 해야 우리 시대의 난제를 헤쳐나갈 수 있다. 수년에 걸쳐《일요서울》신문에 기고한 필자의 〈우국(憂國) 칼럼〉을 책으로 엮어 강호제현(江湖諸賢)의 매서운 질정(叱正)을 기다린다. 이 졸저(拙著)가 우리의 미래를 새롭게 찾아가는 방향등이 되고 한국사를 이끈 위인들의 영광된 삶을 밝히는 조그만 길잡이라도 되었으면 한다.

북한산 기슭 '자하문연구소'에서 붉게 떠오르는 서광을 바라보면서

(사)한국한시협회 감사, 일요서울 논설주간
2024년 원단(元旦), **우 종 철**

| 목 차 |

추천사

1. 반농(半農) 이장우(李章佑) _ 5
2. 여천(如泉) 조교환(曺校煥) _ 9

서문 _ 13

Ⅰ 고대국가

1. 한민족의 시조 단군왕검(檀君王儉)과 정통성 확립 _ 27
2. 동명왕(東明王)의 건국신화와 북부여의 민족 방파제 역할 _ 32

Ⅱ 사국시대

3. 민족사의 주축이 된 신라의 건국시조 박혁거세(朴赫居世) _ 39
4. 고구려의 건국시조 추모왕(鄒牟王) 고주몽 _ 44
5. 정도(定都) 서울을 만든 백제의 건국시조 온조왕(溫祚王) _ 49
6. '제4의 제국' 가야의 건국시조 김수로왕(金首露王) _ 54
7. 한나라 대군을 물리친 고구려 국상(國相) 명림답부(明臨答夫) _ 59
8. 을파소(乙巴素) 같은 '초야 인재' 발탁으로 '강한 대한민국'을 만들자 _ 64
9. 요서공략, 일본을 계명시킨 백제의 근초고왕(近肖古王) _ 69
10. 신 한일관계의 '롤 모델', 백제의 왕인(王仁) 박사 _ 74
11. '강한 군대' 복원과 광개토대왕(廣開土大王)의 대외전략 _ 79
12. 호국불교의 전통과 이차돈(異次頓)의 순교 _ 84
13. 신라의 기반을 닦은 이사부(異斯夫) 장군 _ 89

14. K 클래식의 원조, 가야의 '악성(樂聖)' 우륵(于勒) _ 94
15. 을지문덕(乙支文德)의 '살수경영'으로 안보위기 돌파하자 _ 99
16. '포용인사'로 성공한 정복군주 진흥대왕(眞興大王) _ 104
17. 삼한일통의 기반을 다진 선덕여왕(善德女王) _ 109
18. '회색인 보수들'과 백제의 충신 성충(成忠) _ 114
19. 나라를 나라답게 만든 백제의 계백(階伯) 장군 _ 119
20. 당태종의 천하욕을 꺾은 연개소문(淵蓋蘇文) _ 124

Ⅲ 남북국시대

21. 포스코의 '제철보국' 정신과 김유신(金庾信)의 통일 리더십 _ 131
22. '통일대박'의 선례를 이룩한 태종무열왕(太宗武烈王) _ 136
23. 해양경찰의 날과 문무대왕(文武大王)의 통일전략 _ 141
24. 국민통합과 원효(元曉)의 '일심·화쟁'사상 _ 146
25. 신라 설총(薛聰)의 '상소문'과 언로 소통 _ 151
26. 발해의 건국시조 대조영(大祚榮)과 중국의 '동북공정(東北工程)' _ 156
27. 우리 역사상 최초의 세계인, 신라의 혜초(慧超) _ 161
28. 해동성국의 기반을 세운 발해 문왕(文王) 대흠무(大欽茂) _ 166
29. 실크로드의 영웅, 고구려 유민(遺民)의 장수 고선지(高仙芝) _ 171
30. 무역의 날과 '해상왕' 장보고(張保皐)의 세계경영 _ 176
31. 최치원(崔致遠)의 지혜와 한중 외교의 새 지평 _ 181

Ⅳ 고려시대

32. 분단 78년과 왕건(王建)의 '포용 리더십' _ 189
33. '정치개혁'과 고려의 명재상 최승로(崔承老) _ 194
34. 초당적 '핵무장 외교'와 우리 외교를 빛낸 서희(徐熙) _ 199
35. '현충일의 기원'과 고려의 영웅 강감찬(姜邯贊) _ 204
36. 교육개혁과 '고려 교육의 아버지' 최충(崔沖) _ 209
37. 〈삼국사기〉를 쓴 유교적 합리주의자 김부식(金富軾) _ 214
38. 역사교과서 수정과 일연(一然) 스님의 '자주사관(自主史觀)' _ 219
39. '지부상소(持斧上疏)'의 원조, 고려의 역학자 우탁(禹倬) _ 224
40. 익재(益齋) 이제현(李齋賢)의 원간섭기 '외교전략' _ 229

41. 한중 수교 30주년과 민중의 흠모 대상 최영(崔瑩) _ 234
42. 조선 불교의 초석을 세운 나옹선사(懶翁禪師) _ 239
43. 과학의 달 4월과 '화약의 아버지' 최무선(崔茂宣) _ 244
44. 중국을 놀라게 한 이곡(李穀)―이색(李穡) 부자 _ 249
45. 위기의 전경련과 '기업가 정신'의 문익점(文益漸) _ 254
46. 보수당의 새 출범과 '온건개혁' 보수주의자 정몽주(鄭夢周) _ 259
47. 공공부문 고통 분담과 길재(吉再)의 '절의(節義)정신' _ 264

Ⅴ 조선시대

48. '정전(停戰)협정 70주년'과 조선을 세운 태조 이성계(李成桂) _ 271
49. '청와대 이전'과 하륜(河崙)의 미래예측 리더십 _ 276
50. 다문화 가정과 '조선의 발명왕' 장영실(蔣英實) _ 281
51. 만세에 빛나는 세종대왕(世宗大王)의 '용인술' _ 286
52. 잊혀져가는 '한글날'과 만고의 충신 성삼문(成三問) _ 291
53. '백세의 스승' 김시습(金時習)의 절의와 애민정신 _ 296
54. 급진 개혁의 좌절과 조광조(趙光祖)의 도학정치(道學政治) _ 301
55. 교육개혁과 퇴계(退溪) 이황(李滉)의 도의(道義)철학 _ 306
56. 호국보훈과 남명(南冥) 조식(曺植)의 경의(敬義)철학 _ 311
57. 예술과 사랑, 자유를 추구한 이인(異人) 황진이(黃眞伊) _ 316
58. 평등교육의 선구자이자 예술가 신사임당(申師任堂) _ 321
59. 희미해져 가는 상무정신의 복원과 서산대사(西山大師) _ 326
60. 선진통일을 위한 '국가대개조'와 율곡(栗谷) 이이(李珥) _ 331
61. 무너지는 공공의료와 '하늘이 내린 명의(名醫)' 허준(許浚) _ 336
62. 서애(西厓) 류성룡(柳成龍)의 '징비정신(懲毖情神)'과 재조산하 _ 341
63. '한산·명량대첩'과 이순신(李舜臣) 정신 _ 346
64. '무도(無道)한 정치'와 '40년 재상' 오리(梧里) 이원익(李元翼) _ 351
65. '학도병 정신'과 홍의장군 망우당(忘憂堂) 곽재우(郭再祐) _ 356
66. 조선 최초의 '여성 한류스타', 허난설헌(許蘭雪軒) _ 361
67. 시대를 앞서간 '비운의 혁명아' 교산(蛟山) 허균(許筠) _ 366
68. 인구정책 대전환과 최명길(崔鳴吉)의 '위기관리 리더십' _ 371
69. '조선조 당쟁'의 재탕과 고산(孤山) 윤선도(尹善道) _ 376
70. 가정의 달과 '조선의 큰 어머니' 장계향(張桂香) _ 381
71. 선진국 본진 진입을 위한 경제개혁과 김육(金堉)의 '대동법' _ 386

72. 명재상 채제공(蔡濟恭)의 '규제혁파'와 민생경제 리더십 _ 391
73. '조선 세계화'의 비조(鼻祖), 연암(燕巖) 박지원(朴趾源) _ 396
74. 한국 최초의 여성 기업인, '제주 의녀(義女)' 김만덕(金萬德) _ 401
75. 조선의 르네상스를 이끈 단원(檀園) 김홍도(金弘道) _ 406
76. 개혁군주 정조(正祖)의 탕탕평평과 문예부흥 _ 411
77. 공공기관 개혁과 다산(茶山) 정약용(丁若鏞)의 '애민절용(愛民節用)' _ 416
78. 문화의 달 10월과 동양의 지성 추사(秋史) 김정희(金正喜) _ 421
79. 지도를 통해 애민정신을 발휘한 고산자(古山子) 김정호(金正浩) _ 426
80. '제세구민(濟世救民)'의 동학과 수운(水雲) 최제우(崔濟愚) _ 431

Ⅵ 근대·현대

81. 잊어서는 안 될 '경술국치(庚戌國恥)'와 매천(梅泉) 황현(黃玹) _ 439
82. '순국선열의 날'과 석주(石洲) 이상용(李相龍) _ 444
83. '노블레스 오블리주'의 전형, 독립지사 우당(友堂) 이회영(李會英) _ 449
84. 건국 74년과 이승만(李承晩) '바로 세우기' _ 454
85. 민족 독립의 혼을 일깨운 백범(白凡) 김구(金九) _ 459
86. 한글날과 '어문민족주의'의 중심 주시경(周時經) _ 464
87. '세계대공'을 주장한 도산(島山) 안창호(安昌浩) _ 469
88. '신유림(新儒林)' 심산(心山) 김창숙(金昌淑)의 독립운동 _ 474
89. 정통보수의 '신주류' 형성과 안중근(安重根)의 '단지동맹(斷指同盟)' _ 479
90. '정치의 양극화'와 만해(萬海) 한용운(韓龍雲) _ 484
91. '역사 연구'로 독립운동을 한 단재(丹齋) 신채호(申采浩) _ 489
92. '청산리 대첩'의 영웅 백야(白冶) 김좌진(金佐鎭) 장군 _ 494
93. '한국학'과 상고사 복원의 대부 최태영(崔泰永) _ 499
94. 전통의 한과 정서를 승화시킨 민족시인 김소월(金素月) _ 504
95. 개천절에 생각하는 국조단군과 이육사(李陸史) _ 509
96. 애국가와 나라 사랑의 주인공 안익태(安益泰) _ 514
97. 초일류 삼성의 창업자 호암(湖巖) 이병철(李秉哲) _ 519
98. 무에서 유를 창조한, 박정희(朴正熙) 결단의 리더십 _ 524
99. '6·25 영웅' 백선엽(白善燁) 장군의 동상 제막식에 부쳐 _ 529
100. 포스코의 '우향우 정신'과 철강왕 박태준(朴泰俊) _ 534

편집후기 _ 539

고대국가

I

단군왕검

I

1. 한민족의 시조 단군왕검(檀君王儉)과 정통성 확립
2. 동명왕(東明王)의 건국신화와 북부여의 민족 방파제 역할

1

한민족의 시조 단군왕검(檀君王儉)과 정통성 확립

한·중·일 삼국은 지정학정 여건 때문에 고대부터 숙명적인 관계를 유지해왔고, 지금 한반도는 신중화주의를 꿈꾸는 중국과 미국을 등에 업고 동북아의 골목대장을 노리는 일본이 충돌하는 한복판에 자리잡고 있다.

일제강점기의 일본이 '조선사편수회(朝鮮史編修會)[1]'를 앞세워 〈조선사〉를 편찬한 목적은 자국에 없는 우리 고조선(古朝鮮)[2]과 발해(渤海)의 유구한 역사를 노골적으로 없애 버리려 한 데 있다. 그 결과 심지어 우리 역사학자들까지도 고조선의 2천 년을 신화로 알고 나머지 2천여 년만 역사인 줄 알고 있다.

그러나 고조선은 실재의 역사이다. 비파형청동검[3]의 분포가 고

---

1) 조선사편수회(朝鮮史編修會) : 1925년 일제가 한국사를 연구·편술하기 위해 조선총독부 부설로 설치한 기관. 일제는 '단군조선'을 없애려고 한국사의 상한선을 아래로만 끌어내렸다.
   이마니시(今西龍)는 고조선을 신화로 왜곡하고 한국사를 말살하는 데 주도적 역할을 했다.
2) 고조선(古朝鮮) : 고조선이 처음 역사서에 등장한 시기는 기원전 7세기 초이다. 이 무렵에 저술된 《관자(管子)》에 '발조선(發朝鮮)'이 제(齊)나라와 교역한 사실이 기록되어 있다. 또 《산해경(山海經)》에는 조선이 발해만 북쪽에 있던 것으로 나타난다.
3) 비파형청동검 : 청동기시대의 무기이다. 중국 랴오닝 지역에서 많이 발견되었다는 뜻에서 '랴오닝식 동검', 고조선을 상징하는 유물이라는 뜻에서 '고조선식 동검'이라고도 부른다.

조선의 실존을 입증하는 증표이다. 또한 2400년 전 남한에서 족장(또는 샤먼)이 사용한 잔줄무늬의 청동거울(정문경, 다뉴세문경)은 21세기 한국의 주력 산업인 K반도체와 그 정밀함에 공통점이 있다.

고려의 일연(一然) 스님이 쓴 〈삼국유사(三國遺事)〉[4]에는 "옛날 환국에 서자 환웅이 있어(昔有桓國庶子桓雄·석유환국서자환웅)"로 시작한다. 즉, 옛날 환국에 높은 서자 벼슬을 하는 환웅이 있었고, 배달국의 마지막 거불단 환웅의 아들대에 단군이 나와 조선을 개국했다는 내용을 전한 것이다. 단군조선 이전에 이미 환국·배달국이 있었다. 단군은 사람 이름이 아니라 제사장과 통치자의 뜻을 내포하는 '자리 호칭'이다.

단군조선은 시조인 단군왕검(檀君王儉)에서 마지막 고열가(高列加) 단군에 이르기까지 47대(BC 2333~BC 108) 2,225년간 존속한 동방의 군자국이다. 고조선은 처음에는 요하를 중심으로 흑룡강까지, 차츰 한반도 대동강 유역의 왕검성을 중심으로 발전하였다. 단군조선의 적통(嫡統)이 북부여로 이어졌고, 북부여 단군의 후손들이 모두 신라·고구려·백제의 시조가 됨으로써 단군의 맥은 면면히 이어졌다. 〈삼국사기〉에는 고조선 유민들이 신라 건국에 참여했다는 기록이 있고, 〈박혁거세 설화〉는 '북쪽 유민들의 남하'라는 해석이 유력하다.

단군왕검은 고조선을 세운 임금으로 한민족의 시조이고 실존 인물이다. 중국의 요(堯)[5]와 같은 시기에 활동했다. 고려말 행촌(杏村)

---

4) 《삼국유사(三國遺事)》: 일연이 1281년(충렬왕 7)에 쓴 역사책. 단군·기자·대방·부여의 사적(史跡)과 삼국의 역사를 기록하고, 불교에 관한 기사·신화·전설·시가 따위를 수록하였다.
5) 요(堯, ?~?): 전설상의 제왕. 도당씨(陶唐氏)와 당요(唐堯)라 부른다. 순(舜)에게 선양했다.

이암(李嵒)[6]은 〈단군세기(檀君世紀)〉[7]에서 〈고기(古記)〉[8]를 인용해 "왕검의 아버지는 단웅(檀雄, 환웅, 신웅)이요, 어머니는 웅씨왕(熊氏王)의 따님이다. 기원전 2370년 음력 5월 2일 인시(寅時)에 박달나무가 우거진 숲에서 태어나시니, 신인(神人)의 덕이 있어 원근 사람들이 모두 경외하여 따랐다."라고 했다.

단군신화(檀君神話)는 일연의 〈삼국유사〉와 이승휴(李承休)[9]의 〈제왕운기(帝王韻紀)〉[10]에 적혀있다. 〈삼국유사〉에 따르면, 환인(桓因)의 아들 환웅(桓雄)이 검, 방울, 거울의 '천부인(天符印)과 바람(風伯), 구름(雲師), 비(雨師)를 다스리는 신하와 삼천의 무리를 거느리고 태백산(太伯山) 신단수(神壇樹, 신령한 나무) 아래에 내려와 '신시(神市, 고조선 건국 이전의 도읍지)'를 세웠다.

환웅이 세상을 다스리던 어느 날, 곰과 호랑이가 사람이 되기를 원하자, 환웅은 쑥과 마늘을 주면서 100일 동안 햇빛을 보지 않으면 사람이 될 것이라고 했다. 호랑이는 참지 못하고 실패했지만, 곰은 21일 만에 여자로 변하여 이름을 웅녀(熊女)라 하였다. 웅녀는 환웅과 결혼해 아들을 낳았고, 그가 바로 단군왕검이다. 단군왕

---

6) 이암(李嵒, 1297~1364) : 고려 말의 문신. 본관은 고성(固城), 호는 행촌(杏村). 서예가로 시와 그림에도 뛰어났다. 저서에 《태백진훈(太白眞訓)》, 《단군세기》 등이 있다.
7) 《단군세기(檀君世紀)》 : 이암이 쓴 단군조선의 연대기. 1세 단군(서기전 2333)부터 47세 단군(서기전 295)까지의 2,000여 년간의 역사를 기록하고 있다.
8) 《고기(古記)》 : 단군고기. 단군본기(檀君本紀). 단군의 사적을 기록한 최고(最古)의 문헌.
9) 이승휴(李承休, 1224~1300). 고려시대의 학자, 문인. 자는 휴휴(休休). 호는 동안거사(動安居士). 저서에 《제왕운기》, 《동안거사문집》, 《내전록(內典錄)》 등이 있다.
10) 《제왕운기(帝王韻紀)》 : 1287년(충렬왕 13) 이승휴가 7언시와 5언시로 지은 역사책. 민족의식에 입각, 삼국 이전의 상고사를 한국사에 포함시켜 역사적인 의미가 매우 크다.

검은 자라서 아사달(阿斯達)로 도읍을 옮겨 나라 이름을 '고조선(古朝鮮)'이라 하였다. 바람, 구름, 비를 다스리는 신하가 있었다는 것은 농사를 중시했다는 의미이며, 단군신화는 '환웅 천손족(天孫族)'과 원주민인 '곰 토템족'이 서로 융화하여 통혼하는 과정을 상징적으로 나타낸 것이다.

  단군조선은 우리 문명의 시작이며 역사의 시원이 되었고, 널리 인간세계를 이롭게 한다는 '홍익인간(弘益人間)'과 '이화세계(理化世界)'[11] 사상은 대한민국 건국의 바탕이 되었다.
  단군은 우리의 과거이고 긍지이며 미래다. 일제의 민족종교 탄압을 피해 만주로 본거지를 옮긴 대종교는 항일민족독립운동의 정신적 토대가 되었고, 대종교의 교단조직과 포교활동, 그리고 민족교육 자체가 그 일환이었다. 청산리대첩에 참여한 김좌진, 서일, 현천묵, 이범석 등이 대표적 인물이다.

  신용하 서울대학교 명예교수는 〈고조선 문명의 사회사〉에서 고조선 문명은 메소포타미아문명(5,500년 전)·이집트문명(5,100년 전)에 이어 세계 세 번째로 형성된 고대문명으로 봤다. 달력에 석가나 예수 탄신일은 있어도 단군왕검 탄강일(誕降日)은 표기되어 있지 않은데, 국혼을 바로 세우기 위해서라도 표기해야 한다.
  단군과 고조선의 역사를 바로 세워 대한민국의 정통성을 확립할 때 중국의 동북공정과 일본의 독도 영유권 주장 등 역사왜곡에 당

---

11) 이화세계(理化世界) : 이치로써 다스린 세계. 재세이화(在世理化)가 충족된 세계

당하게 대응할 수 있을 것이다. 한민족의 시조이자 '깨달은 성인' 단군왕검을 경모하는 필자의 자작 한시를 소개한다.

降臨太伯治神都(강림태백치신도) 천상의 (환웅이) 태백산에 강림하여 신시를 다스렸고
熊女天人合一俱(웅녀천인합일구) 사람이 되길 원한 웅녀와 하늘 천신이 하나 되었네
三符印章三宰相(삼부인장삼재상) 세 가지 천부인을 가지고 세 명의 재상과 함께
數千將卒數朋徒(수천장졸수붕도) 수천명의 장졸과 여러 패를 이룬 무리를 거느렸네
聖君敎示開民族(성군교시개민족) 단군은 백성에 교시하여 한민족의 시원을 열었고
弘益精神始國途(홍익정신시국도) 홍익인간의 이념은 (후세) 국가의 시작이 되었네
鄰近橫行空白策(인근횡행공백책) 중국과 일본의 역사침탈은 빈손으로 끝날 것이며
洋洋我史繼康衢(양양아사계강구) 양양한 우리 역사 태평세월을 이어가리

————————

* 降臨(강림) : 신이 하늘에서 인간 세상으로 내려옴
* 神都(신도) : 神市(신시). 환웅이 태백산 신단수 밑에 세웠다는 도시
* 熊女(웅녀) : 단군신화에 나오는 단군의 어머니
* 天人合一(천인합일) : 하늘의 천신과 인간의 결합. 천심즉인심(天心卽人心)
* 三宰相(삼재상) : 바람(風伯), 구름(雲師), 비(雨師)를 다스리는 신하
* 朋徒(붕도) : 같이 한패를 이룬 무리
* 國途(국도) : (후세) 국가의 길
* 橫行(횡행) : 아무 거리낌 없이 제멋대로 행동함
* 康衢(강구) : 康衢煙月(강구년월) : 요임금이 다스리던 평화로운 시대

2

동명왕(東明王)의 건국신화와 북부여의 민족 방파제 역할

　단군조선 멸망 이후 삼국이 정립하기까지 시기를 한민족(韓民族)의 '열국시대(列國時代)'[12]라고 부른다. 이승휴는 〈제왕운기〉'열국기(列國紀)'에서 북부여(北扶余, 기원전 4세기~494), 동부여, 비류국, 신라, 고구려, 남옥저, 북옥저, 예맥 등이 등장하는 시기를 '열국기'라고 했다. 중국에서는 전국(戰國)시대의 진(秦)[13] 나라가 개혁과 부국강병책으로 천하를 통일했듯이, 이러한 역할을 우리나라에서는 '북부여'가 맡았다.

　일제 식민사학이 허구의 '기자조선'과 '위만조선'으로 우리 사국(신라, 고구려, 백제, 가야) 이전에 존재했던 단군조선과 북부여의 역사를 철저하게 지웠다. 그러나 1923년 중국 낙양(洛陽)에서 발견된 남산(男産)[14]의 묘지명(墓誌銘) 기록은 북부여의 동명왕(東明王)과 고

---

12) 열국시대(列國時代) : 이 시대구분은 단재 신채호의 《조선상고사》와 윤내현 교수의 《한국열국사연구》에서도 언급하고 있다.
13) 진(秦) 나라 : 중국 최초의 통일왕조. 기원전 221년 시황제가 주나라 및 육국(六國)을 멸망시키고 최초로 중국을 통일하였는데, 기원전 207년 한나라 고조에게 멸망하였다.
14) 남산(男産, 639~701) : 연개소문의 셋째 아들. 남생(男生)·남건(男建)의 동생. 668년

구려의 주몽(朱蒙)을 명확히 구분한다. "옛날에 동명은 하늘의 기운에 감응되어 사천(溮川)을 넘어 나라를 열었고(啓國·계국), 주몽은 광명으로 잉태되어 패수(浿水)[15]에 임하여 도읍을 열었다(開都·개도)."

또한 중국 후한(後漢) 시대인 서기 60년경에 쓰여진 〈논형(論衡)〉이란 책에는 부여의 건국시조로서 동명왕이 분명하게 보인다.

단군조선의 적통을 계승하여 열국의 패자로 부상한 북부여는 해모수(解慕漱)[16]가 세웠다. B.C 108년. 한무제(漢武帝)[17]는 동북아의 대통일을 이루는 천자가 되는 꿈을 실현하기 위해 북부여로 쳐들어왔다. 이때 북부여는 유약한 제4대 고우루(高于婁) 단군이 다스리고 있어서 당시 세계 최강의 한나라 군을 제대로 막아내지 못했다. 북부여가 무너지고, 우리 민족이 사라질 수 있는 절체절명의 위기에 봉착한 것이다.

마침내 탁리국(橐離國)[18] 출신으로 고열가(高列加, 단군조선의 마지막 단군)의 후손인 고두막한(高豆莫汗)이 분연히 일어나 세상을 구할 뜻

나당연합군에 패하여 남건과 함께 당나라에 압송, 후에 상호군(上護軍)으로 랴오둥 군공(遼東郡公)에 봉해지고 영선감대장(營善監大匠)을 지낸 뒤 뤄양(洛陽)에서 병사했다.
15) 패수(浿水) : 고조선 때에 중국과 경계를 이루던 강. ≪사기(史記)≫ 〈조선전(朝鮮傳)〉에 따르면, 한(漢)나라는 중국을 통일한 뒤 패수를 요동과 고조선과의 경계로 삼았다고 한다.
16) 해모수(解慕漱, ?~?) : 북부여의 시조. 농안(農安)에 도읍하고 나라를 세웠다. 천제(天帝)의 아들로 하백(河伯)의 딸 유화와 통정하여 고구려의 시조 주몽을 낳았다.
17) 한무제(漢武帝, 기원전 156~기원전 87) : 한무제는 즉위 후 연호를 건원(建元)이라 정하고, 백가를 축출하고 유가를 숭상했으며, 영토를 적극 개척하여 태평성세를 이루었다.
18) 탁리국(橐離國, ?~?) : 송화강 북쪽 지역에 있었다고 전해지는 나라. 고리국(藁離國), 색리국(索離國), 탁근국(卓斤國)이라고도 부른다. 부여의 전신에 해당하는 국가이다.

을 세웠다. 그는 사람됨이 호방하고 영민하여 용병에 능했다. 장수가 되어 사방에 격문을 돌리니 한 달이 채 되지 않아서 5천 명 넘는 의병이 모였다. 스스로 '동명(東明)'이라 칭하고 남쪽으로 내려와 졸본(卒本)[19]에서 즉위한 후 연전연승을 거두니 한구(漢寇)들은 힘없이 무너졌다.

동명왕이란 칭호는 '동방(東)의 광명(明)을 부활시킨다'는 뜻이 있다. 한무제의 강군을 물리쳐 단군조선의 위엄과 영광을 되찾고자 한 구국의 의지가 나타나 있다. 동명왕이 북부여를 계승할 때까지 부르던 국호가 '졸본(동명)부여(卒本扶余, 기원전 108~기원전 86, 22년)'이다.

세력이 막강해진 동명왕은 북부여에 사신을 보내 "나는 천제의 아들이로다. 장차 여기에 도읍하고자 하나니, 임금은 이곳을 떠나도록 하시오"라며 도성을 비우라고 요구하였다. 고우루 단군은 근심과 걱정으로 병을 얻어 붕어하였다.

아우 해부루(解夫婁)[20]가 즉위 후 국상(國相) 아란불(阿蘭弗)의 제안으로 가섭원(迦葉原, 위치는 미상, 동부여의 도읍지)으로 도읍을 옮겨가니, '동부여(東扶余, 기원전 86~22년, 108년)'의 시작이다.

기원전 86년. 동명왕은 북부여 '5세 단군'으로 즉위해 북부여를 정식으로 계승하고, 한(漢-현도군)을 서쪽으로 몰아내어 옛 단군조선의 영토인 요하 일대 동북평원을 차지했다. 동명왕은 졸본부여 22년, 북부여 27년 총 49년간 재위하며 한무제의 강력한 군대를

---

19) 졸본(卒本) : 중국 요녕성(遼寧省) 환인현(桓仁縣) 일대로 비정된다.
20) 해부루(解夫婁王, ?~기원전 60) : 부여의 국왕. 해모수의 아들이며, 금와왕의 아버지다.

물리쳐 북부여 사직을 보존하였다. B.C 59년 그가 붕어하자 유명(遺命)에 따라 졸본천(卒本川)에 장사지냈다. 고두막한(동명왕)의 따님이 박혁거세의 어머니인 파소(婆蘇)이다.

〈삼국사기(三國史記)〉[21]의 '추모신화'에 따르면 주몽은 하늘의 기운을 받아 알에서 태어나며, 탈출하는 과정에서 물고기와 자라의 도움을 받아 강을 건넌다. 그런데 이 내용은 〈후한서(後漢書)〉[22] '동이열전(東夷列傳)' 부여 편에도 똑같이 나오는데, '동명신화'라고 한다. 다만 두 신화의 차이점은 두 사람 모두 강을 건너면서, 주몽은 강을 향해 '천제의 아들'이라 외치고, 동명왕은 별다른 외침 없이 활을 강에 내리친다.

고구려가 북부여 동명신화를 차용한 이유는 무엇일까? 동명왕의 존재는 당대 최고의 전설적인 영웅이었고, 동명신화는 고구려 건국의 명분과 북부여 계승의 정통성을 모두 확보할 방안이었기 때문이다. 고구려 건국신화에는 우리 역사에서 소실된 북부여 역사가 고스란히 담겨 있다.

한무제 대군을 격파하여 환국→(신시)배달→(단군)조선의 한민족 역사가 북부여를 거쳐 사국시대로 면면히 이어지는 민족사의 방파제 역할을 한 동명왕을 경모하는 필자의 자작 한시를 소개한다.

---

21) 《삼국사기(三國史記)》: 김부식이 1145년(인종 23)에 펴낸 역사책. 삼국 역사를 기전체로 적었다. 본기(本紀)·연표(年表)·지류(志類) 및 열전(列傳)으로 되어 있다. 50권 10책.
22) 《후한서(後漢書)》 : 중국 남북조시대에, 송나라의 범엽(范曄)이 펴낸 후한의 정사(正史). 중국 〈이십오사(二十五史)〉의 하나.

慾東武帝遠來侵(욕동무제원래침)　한무제는 한사군 설치 위해 요동을 침략했고
高豆諸民一致心(고두제민일치심)　고두막한은 모든 백성들과 마음을 합쳤네
彼寇路窮愁逐北(피구로궁수축북)　한군은 길이 막혀 쫓길게 두려워 북쪽으로 달아났고
我軍倡義長驅任(아군창의장구임)　아군(동명왕)은 의병을 일으켜 먼 곳까지 쫓아냈네
開都繼繼天恩盛(개도계계천은성)　도읍을 여니 하늘의 은혜가 차례로 이어져 채웠고
剖卵承承地靈尋(부란승승지령심)　알을 깨고나온 땅의 신령스런 기운 대대로 이어졌네
戡難祖宗千萬世(감난조종천만세)　국난을 평정한 시조 조상은 천만대 동안
靑丘史上白雲岑(청구사상백운잠)　우리나라 역사상 흰구름 같은 봉우리이네

－－－－－－－－－－

* 武帝(무제) : 한무제
* 高豆(고두) : 고두막한(高豆莫汗). 동명왕
* 寇(구) : 한나라 도적. 한무제의 군대
* 愁逐(수축) ; 쫓기는 것을 두려워 하다
* 倡義(창의) : 국난을 당했을 때 나라를 위해 의병을 일으킴
* 長驅(장구) : 멀리 달림. 먼 곳까지 몰아서 쫓아감
* 剖(부) : 1. 쪼개다 2. 다스리다 3. 명백하다
* 地靈(지령) : 땅의 신령스런 기운
* 戡難(감난) : 국난을 평정함

사국시대 II

광개토대왕   진흥대왕

II

3. 민족사의 주축이 된 신라의 건국시조 박혁거세(朴赫居世)
4. 고구려의 건국시조 추모왕(鄒牟王) 고주몽
5. 정도(定都) 서울을 만든 백제의 건국시조 온조왕(溫祚王)
6. '제4의 제국' 가야의 건국시조 김수로왕(金首露王)
7. 한나라 대군을 물리친 고구려 국상(國相) 명림답부(明臨答夫)
8. 을파소(乙巴素) 같은 '초야 인재' 발탁으로 '강한 대한민국'을 만들자
9. 요서공략, 일본을 계명시킨 백제의 근초고왕(近肖古王)
10. 신 한일관계의 '롤 모델', 백제의 왕인(王仁) 박사
11. '강한 군대' 복원과 광개토대왕(廣開土大王)의 대외전략
12. 호국불교의 전통과 이차돈(異次頓)의 순교
13. 신라의 기반을 닦은 이사부(異斯夫) 장군
14. K 클래식의 원조, 가야의 '악성(樂聖)' 우륵(于勒)
15. 을지문덕(乙支文德)의 '살수경영'으로 안보위기 돌파하자
16. '포용인사'로 성공한 정복군주 진흥대왕(眞興大王)
17. 삼한일통의 기반을 다진 선덕여왕(善德女王)
18. '회색인 보수들'과 백제의 충신 성충(成忠)
19. 나라를 나라답게 만든 백제의 계백(階伯) 장군
20. 당태종의 천하욕을 꺾은 연개소문(淵蓋蘇文)

3

민족사의 주축이 된 신라의 건국시조 박혁거세(朴赫居世)

기원전 108년 고조선 멸망 이후 지배층 유민들은 이웃 후국(侯國, 제후의 나라)으로 피란하거나 새 국가를 세우고자 해 민족대이동의 제1차 파동이 일어났고, 한민족 역사에도 '열국시대(列國時代)'가 시작됐다. 고조선 유민의 일단은 남하해 진한(辰韓, 경주 일대)[23] 지역에 6개 마을을 형성해서 정착했다가 고조선 왕족 청년이 말을 타고 찾아오자 그를 박혁거세 왕으로 추대해 고조선을 계승해서 BC 57년 신라(新羅, 사로국·斯盧國)를 건국했다.

신라는 천년에서 8년이 모자라는 992년(기원전57~935)을 존속한 국가로 세계에서 두 번째로 역사가 긴 국가이다. 신라보다 역사가 긴 국가는 1,058년(395~1453)을 존속한 동로마(비잔틴)제국 뿐이다. 〈삼국유사〉의 기록에 따르면 신라의 수도 서라벌은 가구수가 17만 8,936호(1호를 5인으로 잡으면 90만 인구)로 나온다. 8세기 때 서라벌은 동로마제국의 콘스탄티노플, 당나라의 장안, 이슬람제국의

---
23) 진한(辰韓) : 삼한 가운데 경북을 중심으로 한 동북부 지역에 있던 12국. 4세기 중엽에 진한 12국 가운데 하나인 사로(斯盧)에게 망하여 신라에 병합되었다.

바그다드와 함께 '세계 4대 도시'였다.

　박혁거세(朴赫居世, BC 69~AD 4/재위 BC 57~AD 4)는 신라의 건국 시조이다. 〈삼국유사〉의 건국신화에 따르면 기원전 69년에 알에서 태어났다. 경주 지역을 다스리던 여섯 촌장들(斯盧·사로 6촌)의 지지를 받아 우리나라 고대 왕권 국가의 문을 여는 신라를 세웠다. 고구려의 추모왕 고주몽(高朱蒙)보다 20년 먼저, 백제의 온조왕(溫祚王)보다 40년이 앞선 시점이었다.

　기원전 69년경. 한반도의 남동쪽에는 여러 부족 국가들이 모여 연맹을 이룬 진한(辰韓)이 있었다. 〈삼국유사〉에 따르면 진한 중에서 경주 지방에는 모두 여섯 개의 마을이 있었다고 한다. 알천의 양산촌, 돌산의 고허촌, 무산의 대수촌, 취산의 진지촌, 금산의 가리촌, 명활산의 고야촌 등이었다.

　여섯 마을 촌장은 덕이 있는 사람을 찾아 임금으로 세우기로 뜻을 모았고, 고허 촌장 소벌공(蘇伐公)[24]이 '나정(蘿井)' 우물가에서 무릎을 꿇은 채 울고 있는 흰말을 보고 다가가니 흰말은 크게 울면서 하늘로 올라갔고, 흰말이 있던 자리에는 금궤 속에 자줏빛 알이 있었다.

　촌장들이 알을 건드리자 껍질이 갈라지면서 한 사내아이가 나왔다. 동천(東泉)에 목욕시키자 몸에서 광채가 났다. 어린 생명이 태어나면 깨끗이 씻기는 풍속은 박혁거세 고사에서 찾을 수 있다. 촌장들은 하늘에서 임금을 보내주었다고 생각하고 사내아이의 이름

---

24) 소벌공(蘇伐公) : 신라 건국기의 인물이자 개국공신. 최씨의 조상이다. 〈삼국유사〉에서는 소벌도리, 〈삼국사기〉에서는 소벌공(蘇伐公)으로 나온다.

을 '혁거세(赫居世)'라고 지었다. 혁거세란 '세상을 밝게 한다'는 뜻이다. 박처럼 생긴 알에서 나왔으니 성은 박씨가 되었다.

5년 뒤, 알영(閼英)이라는 여자아이가 계룡(닭처럼 생긴 용)의 겨드랑이에서 태어났다. 훗날 알영은 박혁거세의 부인이 된다. 박혁거세가 알에서 태어났다는 것은 임금이 '천손(天孫, 하늘의 후손)'임을 내세워 신성시하려는 의도이다.

기원전 57년. 촌장들의 손에서 자란 13세의 박혁거세는 '서라벌'(사로, 계림)이라는 나라를 세우고 임금이 되었다. '신라(新羅)'는 제22대 지증왕(智證王)[25] 때인 503년에 고쳐 붙인 이름이다.

혁거세의 치적과 사람됨을 보여주는 기사는 다음과 같다.

첫째, 혁거세는 어질고 지혜로운 왕이었다. 재위 30년에 낙랑군(樂浪郡)[26]이 침범했는데, 밤에도 문을 걸어 잠그지 않고, 노적가리가 들을 덮고 있는 것을 보고, "이 사람들은 서로 훔치지 않으니 도의가 있는 나라"라 하고 물러났다.

둘째, 재위 38년에 호공(瓠公)[27]을 마한(馬韓)[28]에 보냈는데, 그는 마한 왕에게 "창고는 가득 차고 백성은 서로 존경하고 겸양한다." 며 그 공을 혁거세 왕 부부에게 돌리고 있다.

---

25) 지증왕(智證王, 437~?/재위 500~514) : 신라 제22대 왕. 국호를 신라로 정하고, 왕이라는 칭호를 처음으로 사용하였다. 순장법(殉葬法)을 금하고 우경법(牛耕法)을 시행하였으며, 울릉도를 점령하였다. 중국식으로 왕에게 시법(諡法)을 사용하기 시작하였다.
26) 낙랑군(樂浪郡) : 한사군(漢四郡) 가운데 청천강 이남 황해도 자비령 이북 일대에 있던 행정 구역. 기원전 108년에 설치되었고, 미천왕 14년(313)에 고구려에 병합되었다.
27) 호공(瓠公, ?~?) : 신라 건국 초기의 인물로 탈해이사금 때 대보(大輔, 재상)를 지냈다.
28) 마한(馬韓) : 고대 삼한(三韓) 가운데 경기도, 충청도, 전라도 지방에 걸쳐 있던 나라. 54개의 부족 국가로 이루어졌는데, 뒤에 백제에 병합되었다.

셋째, 마한 왕이 자기네에게 공물을 바치지 않는다고 사신 호공에게 화를 낸 일이 있었는데, 훗날 그가 죽자 한 신하가 "마한 왕이 지난번에 우리 사신을 욕보였으니 이제 그의 장례를 기회로 정벌하면 쉽게 평정할 수 있습니다."라고 건의하였다. 혁거세는 "다른 사람의 불행을 요행으로 여기는 것은 어질지 못하다."라며 따르지 않고, 곧 사신을 보내 조문하였다.

박혁거세는 약 61년간 나라를 다스리다 경주시 탑동에 있는 오릉(五陵)29)에 묻혔다. 박혁거세 설화에서 보여주고 있는 기이한 출생담은 '단군신화', '해모수신화(解慕漱神話)'30), '주몽전설'에서 보는 바와 같은 신화적 내용을 가지고 있다.

장구한 역사를 가진 민족은 그 민족 고유의 사상과 역사적 체험이 용해된 건국신화(建國神話)31)를 가지고 있다. 건국신화는 초월적 권위에 기대어 국가출현과 왕권을 신성시하여 국민을 단결시키기 위한 것이다. 나라와 민족이 어려움에 처할수록 성스럽고 신이(神異)한 신화는 힘을 밝휘한다.

대한민국의 뿌리인 신라의 건국시조 박혁거세를 경모하는 필자의 자작 한시를 소개한다.

---

29) 오릉(五陵) : 경북 경주시 탑동에 있는 다섯 능묘. 시조 박혁거세와 알영 왕비, 제2대 남해왕(南解王), 제3대 유리왕(儒理王), 제5대 파사왕(婆娑王) 등 5인의 무덤이다.
30) 해모수신화(解慕漱神話) : 고구려 건국시조 주몽의 아버지이자 북부여의 창업왕 해모수에 관한 신화.
31) 건국신화(建國神話) : 국가의 기원을 신성하게 설명하는 신화. 〈단군〉, 〈고주몽〉, 〈박혁거세〉, 〈김수로〉 등의 신화처럼 고대국가에서 처음으로 만들어진다. 〈왕건신화〉, 〈이성계신화〉가 중세의 건국신화라면 근대계몽기의 시조 단군에 관한 신화는 근대의 건국신화이다.

瑞祥福地待人君(서상복지대인군)	상서로운 복된 땅 (여섯 촌장이) 임금을 기다렸는데
天日之容翼戴欣(천일지용익대흔)	하늘의 해와 같은 성인을 추대하여 받들었네
人傑鷄林傳國祖(인걸계림전국조)	인걸들이 경주에서 나라의 시조 소식 전하여
天孫徐伐啓風雲(천손서벌계풍운)	하늘의 자손(박혁거세)이 서라벌에서 나라를 세웠네
同仁積善千秋礎(동인적선천추초)	차별 없는 사랑과 선을 쌓아 천년사직 기초 닦았고
壯志伸張萬世勳(장지신장만세훈)	크게 품은 뜻 신장해 만세의 공훈을 이뤘네
陰德景流韓半島(음덕경류한반도)	숨은 덕행은 우리나라에 상서롭게 흘러
三韓第一史云云(삼한제일사운운)	삼한 제일의 조상으로 역사에 일컬어지네

——————————

* 瑞祥(서상) : 상서(祥瑞). 복되고 길한 일이 일어날 징조
* 福地(복지) : 복을 누리며 잘살 만한 땅
* 人君(인군) : 군주 국가에서 나라를 다스리는 우두머리
* 天日之容(천일지용) : 하늘의 해와 같은 성인
* 翼戴(익대) : 정성스럽게 받들어 추대함
* 國祖(국조) : 나라의 시조. 단군
* 徐伐(서벌) : 서라벌. 경주. 신라
* 啓風雲(계풍운) : 사직을 세우다
* 同仁(동인) : 차별 없이 평등하게 사랑하는 일
* 壯志(장지) : 1. 장대한 포부. 2. 크게 품은 뜻
* 陰德(음덕) : 남에게 알려지지 아니하게 행하는 덕행
* 景流(경류) : 상서롭게 흐르다

4

고구려의 건국시조 추모왕(鄒牟王) 고주몽

우리의 잃어버린 옛 땅인 만주는 동북 3성, 러시아 동쪽 끝까지 한민족의 터전이었고, 우리가 살았던 기간이 잃어버린 기간보다 훨씬 길다. 엄청난 유적과 유물이 있으며 5,000년이 넘는 세월 동안 한민족의 기상이 배어있고, 항일독립운동이 펼쳐진 주요 활동 무대였다. 역사적으로 만주를 장악한 민족이 강대국이 되었다. 고구려, 발해, 거란족의 요나라, 여진족의 금나라가 그러했다.

우리나라는 역사상 크고 작은 외침이 931회 된다. 그중 일본의 720여 회 침략을 제외한 200여 회는 중국 및 북방민족에 의한 것이었다. 고구려가 7세기 수·당과 70년 전쟁 등을 벌이며 북방을, 신라가 왜의 침입으로부터 남방을 막아 '민족의 방파제' 역할을 함으로써 한반도를 보존할 수 있었다.

추모왕(鄒牟王, BC58~BC19/재위 BC37~BC19)은 중국에 맞서 우리 민족을 지켜 주었던 위대한 나라 고구려의 건국시조이다. 기원전 58년에 천제(天帝·하느님)의 아들인 해모수(解慕漱)와 유화부인(柳花

夫人)³²⁾ 사이에서 태어났다. 이름은 주몽(朱蒙)·추모(鄒牟)·중해(衆解) 등이 전한다.

〈삼국사기〉에 따르면 동부여 왕 해부루(解夫婁)가 죽고 금와(金蛙)³³⁾가 즉위하였는데, 이때 금와왕은 태백산 남쪽 우발수(優渤水)에서 하백(河伯, 강의 신)의 딸 유화를 만났다. 유화는 말하기를 "천제의 아들 해모수가 자기를 유인하여 사통(私通)하고 돌아오지 않아 부모에게 쫓겨나 우발수에 살고 있다."하므로, 금와왕은 사정이 딱한 유화를 궁궐로 데리고 왔다.

어느 날 유화는 햇빛을 받고 알 하나를 낳았는데, 그 알에서 남아(男兒)가 나오니 곧 주몽(朱蒙)이다. 부여의 속어에 '활 잘 쏘는 사람'을 '주몽'이라고 하였으므로 이름으로 삼았다.

주몽은 일곱 살 때 활과 화살을 만들어 쏘면 백발백중이었다. 이처럼 총명하자 금와왕의 장자 대소(帶素)³⁴⁾ 등 일곱 왕자가 주몽에게 왕의 자리를 빼앗길까 두려워 시기하여 죽이려 하였다. 이에 주몽은 어머니 유화부인의 뜻을 따라 자기를 따르는 오이(烏伊), 마리(摩離), 협보(陜父) 등의 신하들을 이끌고 남쪽으로 향했다.

그런데 대소가 보낸 군대가 주몽 일행을 바짝 쫓았다. 주몽은 강 앞에 다다랐지만, 배가 없어 큰 소리로 외쳤다. "나는 '천제의 아

---

32) 유화부인(柳花夫人, ?~B.C.24) : 주몽의 어머니. 전설에 의하면 수신(水神) 하백의 장녀인 유화는 천제의 아들 해모수를 만나 알을 낳았는데, 그 속에서 주몽이 나왔다고 한다.
33) 금와(金蛙, ?~?) : 동부여의 왕. 고대 난생 설화상의 인물로, 부여왕 해부루에게 발견되어 그의 태자가 되었다.
34) 대소(帶素, ?~22) : 동부여의 마지막 왕. 금와왕의 맏아들. 22년(대무신왕 5) 고구려의 공격으로 피살되고 동부여는 멸망, 고구려에 병합되었다.

들'이며, 하백의 따님을 어머니로 모신 추모왕이다. 나를 위하여 갈대를 연결하고, 거북이가 무리 짓게 하여라(광개토대왕비문)."고 외쳤다. 그러자 물고기와 자라들이 떠올라 다리를 만들어 주었다.

무사히 강을 건너 주몽 일행이 도착한 곳은 압록강 중류의 졸본(卒本, 忽本·홀본, 환인) 지역으로, 고구려의 다섯 부족 가운데 계루부가 있던 곳이었다. 여기서 주몽은 부족장 연타발(延陀勃)[35]의 딸인 소서노(召西奴)[36]와 운명적으로 만났다. BC 37년. 마침내 21세의 주몽은 소서노의 도움을 받아 나라를 세워 국호를 고구려(高句麗), 성을 고(高)라 하였다.

주몽은 즉위하자마자 사방을 정벌했다. 즉위년에 말갈을 쳤으며, 이듬해에 비류국(沸流國)[37]의 왕 송양(松讓)[38]의 항복을 받았고, BC 33년(추모왕 5)에 태백산 동남쪽의 행인국(荇人國)[39]을 정복하고, BC 28년(추모왕 10)에 부위염(扶尉猒)이 이끄는 고구려군이 북옥저(北沃沮)[40]를 통합하였다.

---

35) 연타발(延陀勃, ?~?) : 백제의 시조 온조왕의 외할아버지이다. 졸본 지역 사람으로 딸인 소서노가 해부루의 서손인 우태와 결혼하여 비류와 온조 두 아들을 낳았다.
36) 소서노(召西奴, 기원전 66~기원전 6) : 비류를 시조로 하는 백제 건국설화에서 나오는 비류와 온조의 어머니이자 고구려 추모왕(주몽)의 두 번째 부인.
37) 비류국(沸流國) : 비류수 상류에 위치하였던 국가. 비류국은 주몽이 졸본에 오기 전 오랫동안 이 일대에 지배력을 행사하였으나, 주몽과의 대결에서 패배한 끝에 투항하였다.
38) 송양(松讓) : 고구려 건국기 동가강(佟佳江) 유역에 있었던 비류국(沸流國)의 왕.
39) 행인국(荇人國) : 고구려 초기, 두만강 중류에서 함경북도 산간지대까지 자리하였던 나라.
40) 북옥저(北沃沮) : 옥저에서 북쪽으로 800여 리 떨어진 곳에 있었으며 두만강을 사이에 두고 읍루(挹婁:후의 말갈·여진)와 접경하였는데, 지금의 함경도 지방에 해당한다.

BC 34년에 주몽은 환인(桓仁)에 성곽과 궁실을 건립하였는데, 2대 유리명왕(瑠璃明王)[41]이 국내성(集安·집안)으로 천도할 때까지 40여 년간 수도였다. BC 19년 4월, 동부여에서 어머니 유화가 돌아가신 지 5년 후, 두고 왔던 예(禮)씨 부인과 태중에 있던 아들 유리(琉璃)가 도망쳐 왔다. 얼마 후, 주몽은 유리를 태자로 삼았다. 그해 9월, 주몽은 39세에 타계했다. 소서노와 비류(沸流)[42], 온조(溫祚)는 남쪽으로 내려가 한강 유역에서 백제를 건국했다.

　천제의 아들 '주몽 설화'는 고구려가 '북부여의 시조'인 동명왕(東明王)의 건국신화를 차용한 것으로 봐야 한다. 부여의 일부 세력이 졸본의 여러 세력과 합쳐 고구려를 세웠음을 암시하고, 건국의 영웅을 '천손(天孫, 하늘의 자손)'으로 떠받들며 통합의 상징으로 삼고, 왕권을 신성시하려는 의도가 담겨 있다.
　주몽의 건국신화는, 이미 5세기 광개토대왕릉비(廣開土大王陵碑)'[43]의 기록으로 정착되었다. 광개토대왕릉비에 기록된 고구려의 시조는 '추모왕'이고, 동명왕이란 언급은 없다.
　'700년 역사'의 고구려를 세워 강한 군사력으로 한반도 북부와 만주를 호령하는 대국의 주춧돌을 놓은 추모왕을 경모하는 필자의 자작 한시를 소개한다.

---

41) 유리명왕(瑠璃明王, ?~18/재위 BC 19~AD 18) : 고구려 제2대 왕. 계비인 치희를 그리는 〈황조가〉를 지었으며, 재위 3년 도읍을 졸본(홀본)에서 국내성으로 옮겼다.
42) 비류(沸流, ?~기원전 18) : 우태의 장남 혹은 고주몽의 차남. 미추홀국 초대 왕.
43) 광개토대왕릉비(廣開土大王陵碑) : 고구려의 20대 태왕인 장수왕이 414년(장수왕 3), 아버지 광개토대왕의 업적을 추모하기 위해 세운 비석. 중국 길림성 통구(通溝)에 위치한다.

北扶餘出大英雄(북부여출대영웅)	북부여에서 큰 영웅이 태어났는데
啐啄生而有聖聰(줄탁생이유성총)	알을 깨고 나와 임금의 총명함이 있었네
絶世名弓諸子隙(절세명궁제자극)	견줄 데가 없는 명궁으로 왕자들의 미움을 받아
避難標的合邦中(피난표적합방중)	몸을 피해 남쪽으로 내려가 나라를 세웠네
至仁耿耿家和礎(지인경경가화초)	지극한 인은 밝게 빛나 조정 인화의 기초 닦았고
鴻德洋洋國紀隆(홍덕양양국기융)	넓고 큰 덕이 성대해 나라의 기강이 융성했네
慷慨吞胡基業紹(강개탄호기업소)	강개한 기개가 오랑캐를 삼켜 왕업을 이었고
天孫未息後人崇(천손미식후인숭)	천손은 끊어지지 않고 후대 사람의 숭배 받고 있네

――――――――――

* 聖聰(성총) : 임금의 총명함
* 啐啄(줄탁) : 알에서 깨어나기 위해서 쪼는 것
* 隙(극) : 1. 사이가 틀어짐 2. 불화 3. 틈. 4. 구멍. 5. 갈라지다
* 合邦(합방) : 둘 이상의 나라가 하나로 합쳐짐
* 中(중) : 이루다
* 耿耿(경경) : 1 빛나는 모양 2. 뚜렷한 모양
* 鴻德(홍덕) : 넓고 큰 덕. 또는 그런 덕을 가진 사람
* 國紀(국기) : 나라의 기강
* 吞胡(탄호) : 오랑캐를 삼키다
* 基業(기업) : 나라를 일으킴. 대대로 물려 내려오는 재산과 사업.
* 未息(미식) : 끊이지 않다

5

정도(定都) 서울을 만든 백제의 건국시조 온조왕(溫祚王)

　모든 고대문명은 강에서 발생했다. 한강의 '한'은 고대어의 '큰', '위대한'의 뜻이다. 강의 고대어는 '가람'이므로 한자가 들어오기 전에는 '한가람'으로 불렸다. 오늘날 한강의 한자표기 한(漢)은 순수 한국 고대어 '한'의 차음(借音) 표기이고, 한문자의 뜻은 없다. 한강은 '큰 강', '위대한 강'의 뜻이다.

　오늘의 서울은 2,000여 년 전에 이미 수도였던 아주 오래된 고도(古都)이다. 그 시작은 백제(百濟)의 건국시조 온조왕(溫祚王, 재위: BC18~AD28)이 기원전 18년 한강을 끼고 위례성(慰禮城)[44] 일대에 도읍하면서부터다. 우리 역사에 기록된 최초의 강남 신도시개발사업이 바로 온조왕의 위례성이다. 서울은 백제 500년, 조선 500년 도합 1,000년 수도였다. 〈삼국사기〉'백제본기'에는 기원전 18년 온조왕이 위례성에 도읍하게 된 경위를 다음과 같이 적고 있다.

---

44) 위례성(慰禮城) : 백제 초기의 도읍지. 이 시기의 백제를 한성백제(漢城百濟)라고 한다. 기원전 18년 온조왕이 최초로 하북위례성을 쌓았고, 이후 하남위례성(풍납토성과 몽촌토성 둘 중 하나로 추정)으로 천도했다. 위례성은 475년 문주왕이 웅진성(공주)으로 천도하기 전까지 백제 역사 70% 이상인 492년 동안 수도였다.

"비류(沸流)와 온조(溫祚)는 남행하여 마침내 한산에 이르러 부아악(負兒嶽, 북한산)에 올라 살 만한 곳을 살펴보았다. (중략) 열 명의 신하가 간하여 말하기를 '오직 이강 남쪽의 땅이 북으로는 한수(漢水, 한강)를 띠처럼 두르고 있고, 동으로는 높은 산에 의지하고 있으며, 남으로는 기름진 벌판을 바라보고 있고, 서로는 큰 바다에 막혀 있어서, 하늘이 내린 험준함과 지리적 이점이 얻기 어려운 형세입니다. 이곳에 도읍을 정함이 마땅하지 않을까 생각합니다'라고 아뢰었다."

이때를 시작으로 백제의 역사는 660년까지 678년 동안 이어졌다. 백제의 역사는 한성(漢城) 백제(BC18~475), 웅진(熊津) 백제(475~538), 사비(泗沘) 백제(538~660)로 구분된다. 백제의 전성기는 한성에 도읍했던 시대이다. 고이왕(古爾王)[45]에 이르러 백제는 고대국가로서 기틀을 세웠고, 정복군주 근초고왕(近肖古王)[46]이 집권하면서 전성기를 구가했다.

온조왕은 추모왕 고주몽의 셋째 아들이다. 〈삼국유사〉에서는 "온조왕이 아버지를 닮아 몸이 크고 성품이 효성스러웠으며, 말을 잘 타고 활쏘기를 좋아했다"고 적었다. 이복형인 유리(琉璃)에게 태자 자리를 빼앗긴 비류와 온조는 주몽이 세상을 떠나자 신변에 위협을 느껴 어머니 소서노(召西奴)와 함께 고구려를 떠나 한강 유역

---

45) 고이왕(古爾王, ?~286/재위 234~286) : 백제 제8대 왕. 율령을 확립하고 관제를 제정하여 중앙집권 체제를 강화하였고, 국가의 기초를 세웠다.
46) 근초고왕(近肖古王, ?~375/재위 346~375) : 백제 제13대 왕. 마한과 대방을 병합하였고, 평양성을 점령하여 고국원왕을 전사하게 하였다. 강력한 고대국가의 기반을 마련하였고, 아직기와 왕인을 일본에 파견하고, 박사 고흥에게 ≪서기(書記)≫를 편찬하게 하였다.

으로 내려왔다.

비류는 미추홀(彌鄒忽, 인천시 일대)에 나라를 세우고, 온조는 하남 위례(慰禮, 경기도 광주) 지역에 도읍을 정한 뒤 나라 이름을 '십제(十濟)'[47]라고 했다. 온조는 위례성 지역의 농업 생산력을 바탕으로 비류가 사망한 후 미추홀 집단의 귀부(歸附, 스스로 와서 복종함)를 받아들여 연맹의 주도권을 장악하고 나라 이름을 '만백성이 따른다'라는 뜻의 '백제(百濟)'로 고쳤다.

온조왕은 건국 직후 '북부여의 시조' 동명왕릉(東明王陵)을 세우고, 성을 주몽과 같은 부여씨(扶余氏)라고 했다. 백제의 뿌리가 부여이며, 주몽의 정통성을 계승하여 유리왕의 고구려와 경쟁하겠다는 의지를 보여준 것이다. 고구려와 백제가 부여의 한 뿌리라는 것을 증명하는 것이 바로 무덤이다. 고구려의 장군총(將軍塚)[48]과 서울 송파구에 있는 백제의 무덤은 모두 돌무지무덤으로, 계단식으로 쌓아 올린 구조와 크기가 닮은꼴이다.

〈삼국사기〉에 따르면 온조왕은 46년간 재위하면서 궁궐을 새로 짓고[49] 초기 국가의 기틀을 정비하였다. 온조왕이 처음 나라를 세울 무렵, 한반도의 중서부 지역은 삼한 가운데 마한(馬韓)의 영역이

---

47) 십제(十濟) : 백제의 초기 국호. 온조가 남쪽으로 내려올 때 오간(烏干)·마려(馬黎) 등 열 사람의 신하가 따라왔다 하여 국호를 십제라고 하였다.
48) 장군총(將軍塚) : 중국 길림성 집안시(集安市)에 있는, 고구려 때의 돌무덤. 화강암을 계단처럼 7층으로 쌓아 올린 것. 광개토대왕의 능이나 장수왕의 능으로 보는 학자가 있다.
49) 김부식은 온조왕이 지은 궁궐을 이렇게 묘사했다. "검소하지만 누추하지 않고 화려하면서도 사치스럽지 않다(作新宮室 儉而不陋 華而不侈·작신궁실 검이불루 화이불치)"

었다.

　온조왕은 친족인 을음(乙音)⁵⁰⁾을 우보(右輔)⁵¹⁾에 임명하여 군사업무를 맡겼다. 온조왕 재위 기간 내내 말갈, 마한, 낙랑 등의 침입을 받았는데, 백제의 성장을 위협하는 낙랑군의 사주를 받은 말갈의 침공을 7차례나 막아냈고, 마한 영역의 일부를 복속시켜서 일련의 정복사업을 마무리했다.

　온조왕은 재위 31년에는 남부(南部)와 북부(北部)를, 재위 33년에는 동부(東部)와 서부(西部)를 설치하였으며, 맏아들 다루(多婁)⁵²⁾를 태자로 삼고 중앙과 지방의 병무를 맡기는 등 내부적으로도 체제 정비에 힘썼다. 온조왕 이후 500년 한성 백제는 21대 개로왕(蓋鹵王, ?~475)의 재정 파탄으로 인해 한성은 함락 당하고, 웅진 백제의 길을 걷게 된다.

　백제의 온조왕은 고대국가의 시조 중 유일하게 탄생 설화나 신화 없이도 건국에 성공하였다. 온조왕은 기원후 28년에 세상을 떠났다. 왕자로서 편하게 살 수 있었던 고구려를 떠나 자신의 힘으로 자신의 나라를 건설한 진취적인 '자수성가형' 인물. 온조왕을 경모하는 필자의 자작 한시를 소개한다.

---

50) 을음(乙音, ?~23) : 온조왕의 족숙(族叔)이다. 지식과 담력이 있어 서기전 17년(온조왕 2) 3월에 우보(右輔)에 임명되어 종신토록 그 자리에 있으면서 군사 관련 일을 맡아보았다.
51) 우보(右輔) : 백제 초기의 관직. '우상(右相)'이라고도 한다. 주로 군국지사(軍國之事) 또는 병마지사(兵馬之事)를 맡았으며, 좌보(左輔)가 주로 국내정사를 다룬 것과 구분된다.
52) 다루왕(多婁王, ?~77/재위 28~77) : 온조왕의 아들로, 백제의 제2대 왕. 북방의 말갈족을 격퇴하였고 농사를 장려하였다.

棄權南下到漢城(기권남하도한성) 왕자 권리를 포기하고 남하해 서울에 도착했고
洌水川原廣大驚(열수천원광대경) 한강 주변에 펼쳐진 강과 들은 넓고 커서 놀랐네
三角鼎基神氣盛(삼각정기신기성) 북한산 아래 국가 기초 세우니 신비한 운기 성하고
兩江合一物豐生(양강합일물풍생) 남한강·북한강이 하나로 합쳐 물산이 풍부하게 나네
端初矯矯興先業(단초교교흥선업) 일의 첫머리 굳건히 하여 선조의 기업 일으켰고
繼往熙熙起後亨(계왕희희기후형) 옛날을 이어 번성하여 나중 형통 일어났네
破浪乘風無不順(파랑승풍무불순) 바람을 타고 파도를 넘으니 따르지 않는 자 없었고
垂于竹帛貴其名(수우죽백귀기명) 이름이 역사에 길이 빛나니 그 이름 숭상하네

- - - - - - - - - - - - -

* 棄權(기권) : (왕자 자리를) 포기함
* 漢城(한성) : 1. '서울'의 전 이름. 2. 백제의 두 번째 도읍지
* 洌水(열수) : 1. 고조선 때에, 대동강 2. 조선시대에, 한강
* 兩江(양강) : 두 강. 남한강과 북한강
* 物豐(물풍) : 물산이 풍부함
* 矯矯(교교) : 1. 굳건한 모양 2. 높이 솟은 모양
* 先業(선업) : 선조의 기업(基業, 대대로 물려 내려오는 사업)
* 熙熙(희희) : 1. 번성한 모양 2. 넓은 모양
* 破浪乘風(파랑승풍) : 乘風破浪. 바람을 타고 파도를 헤쳐나가다
* 順(순) : 1. 순하다 2. 따르다 3. 가르치다 4. 바르다 5. 단서
* 垂于竹帛(수우죽백) : 이름을 역사에 남김. 출전〈사기〉. '竹帛'은 책 또는 역사를 뜻함

6

'제4의 제국' 가야의 건국시조 김수로왕(金首露王)

　가야사는 지금까지 우리 역사의 곁가지로 한국사에서 조명을 받지 못한 '잊혀진 역사'였다. 가야는 신라, 고구려, 백제와 더불어 600여 년 동안 독자적인 역사를 누렸으며, 2,000년 전에 외국의 문화와 접점을 이룬 '제4의 제국(帝國)'이었다.
　영남을 중심으로 장수, 임실 등 호남 일부 지역까지 포함한 가야는 강력한 철기문화와 해상무역을 통해 일본을 비롯한 동남아와 교류했다. 고대사의 주축인 신라, 고구려, 백제 세 나라가 패권을 다툰 '삼국시대'가 아니라 공존을 추구한 가야를 포함한 '사국시대'로 역사를 다시 재조명해야 한다.

　김수로왕(金首露王, 재위 42~199)은 금관가야를 세운 임금이자 김해김씨의 시조이다. 일명 '수릉(首陵)'이라 한다. 금관가야는 여섯 가야국 가운데 가장 세력이 크고 중심이 된 나라였다. 김수로왕은 알에서 태어나 나라를 세웠고, 가야는 신라, 고구려, 백제가 고대국가의 기틀을 갖추기 시작할 무렵부터 낙동강 주변 평야 지역에서 성장한 작은 나라들을 가리키는 이름이다.

〈삼국유사〉는 '가락국기(駕洛國記)'[53]에 가야의 건국 설화를 전하고 있다. "이 지역에는 왕은 없었으며 '간(干)'이라고 부르는 9명의 부족장이 나라를 다스리고 있었다. 42년(신라 유리왕 19) 음력 3월 3일. 하늘에서 금관국(金官國, 금관가야) 북쪽 구지봉(龜旨峰)의 땅을 파면서 '거북아, 거북아. 머리를 내밀어라. 그렇지 않으면 구워서 먹으리.'라는 구지가(龜旨歌)를 부르며 춤을 추라는 말이 들려왔다.

9명의 간(九刀干·구도간)이 그렇게 하자, 하늘에서 붉은 보자기에 싸인 황금으로 된 상자가 내려왔다. 상자 안에는 여섯 개의 알(金卵·금란)이 들어 있었다. 12일 뒤 가장 먼저 태어난 아이는 김수로왕이며, 그는 금관가야를 세우고 임금이 되었다. 또한 나머지 5개의 알에서도 아이들이 태어나 각각 나라를 세워 여섯 가야(六伽耶國))[54]가 되었다."

43년 3월 10일. 궁궐 외곽의 성벽 공사가 종료되었고, 44년. 궁궐이 완성되자 김수로왕은 그곳에서 정무를 보았다. 48년 7월 27일. 김수로왕은 중국 사천성 안악현(普州·보주)에서 무한(武漢)을 거쳐 바다를 건너온 아유타국(阿踰陁國)[55]의 16세 공주 허황옥(許黃玉,

---

53) 《가락국기(駕洛國記)》: 고려 문종 때 성명미상의 금관지주사(金官知州事)가 지은 역사책. 김수로왕의 건국전설과 금관가야에 관한 것으로, 약문(略文)만이 ≪삼국유사≫에 전한다.
54) 여섯가야(六伽耶國)) : 금관가야(김해), 아라가야(함안), 고령가야(함창), 대가야(고령), 성산가야(성주), 소가야(고성)
55) 아유타국(阿踰陁國) : 가락국의 수로왕의 비(妃) 허황옥(許黃玉)의 모국(母國). 고대 인도의 아요디아(Ayodhya) 왕국으로 추정된다.

보주태후, 32~189)⁵⁶⁾을 왕비로 맞았다. 우리 민족 최초의 국제 혼인이었고, 기록에 의한 최초의 다문화가족이 되었다.

부부는 모두 열 명의 아들과 두 명의 공주를 낳았는데, 큰아들은 2대 거등왕(居登王)⁵⁷⁾으로 왕위를 이었고, 둘째 허석(許錫)과 셋째 허명(許明)은 왕후의 성을 받아 김해허씨(金海許氏)의 시조가 되었다. 나머지 일곱 왕자는 형 장유화상(長遊和尙)⁵⁸⁾과 함께 지리산 칠불암(七佛庵)에 들어가 성불하였다. 김수로왕은 199년(신라 내해왕 4)에 세상을 떠났다. 김해시 서상동에 김수로왕릉이 있다.

가야의 역사 중 전기 가야의 중심은 김해의 금관가야이며, 후기 가야의 중심은 고령의 대가야(大伽倻)⁵⁹⁾였다. 가야는 5세기에 백제, 왜와 함께 신라를 공격했다가, 신라의 구원 요청을 받은 고구려군의 공격을 받아 세력이 크게 약해졌다. 결국 금관가야는 532년에,

---

56) 《삼국유사》〈가락국기(駕洛國記)〉에 기록되어 있는 설화이다.
48년 7월 27일. 가야 땅인 김해의 망산도(望山島)에 배 한 척이 닿았다. 붉은 돛에 붉은 깃발을 휘날리며 서남쪽에서 다가온 배에서 여러 명의 신하들과 함께 내린 여인은 김수로왕에게 이렇게 말했다. "나는 본래 아유타국의 공주인데 성은 허(許)씨요, 이름은 황옥(黃玉)이며, 나이는 16세입니다." 그리고 나서 5월의 부왕의 꿈에 상제가 내려와 수로왕과 결혼할 것이라고 점지해서 찾아왔다고 말했다. 김수로왕 역시 기다리고 있었노라고 대답하면서 반가이 맞았다. 이렇게 해서 천손인 김수로왕과 바다를 건너온 공주는 결혼을 했다.
57) 거등왕(居登王, ?~253/재위 199~253) : 금관가야의 제2대 왕. 김수로왕의 아들. 왕비 천부경(泉府卿) 신보(申輔)의 딸 모정(慕貞)과의 사이에 아들 마품(麻品)을 낳았다.
58) 장유화상(長遊和尙) : 허왕후의 오빠. 보옥선인(寶玉仙人). 허보옥은 부귀를 뜬구름과 같이 보며 불도를 닦고 산을 떠나지 않았다고(長遊不返·장유불반) 하여 장유화상이라 불렀다.
59) 대가야(大伽倻) : 가야연맹체의 한 나라로서 후기 가야연맹체의 맹주국. 경북 고령 지방에 있던 부족 국가(42~562). 신라 진흥왕에 멸망하였다.

대가야는 562년에 망했다.

금관가야는 우수한 철 생산과 뛰어난 토기 문화, 각종 해산물, 소금을 교역하던 국가로 발전하였는데, 김수로왕 이래 491년간 계속되다가, 532년(법흥왕 19) 신라에 병합되었다. 10대 구형왕(仇衡王, 讓王/九垓)[60]은 백성들을 보호하기 위해 나라를 신라에 선양하였다. 이를 두고 구형왕의 '양민지도(養民之道)'라 전한다.

금관가야가 멸망하자, 신라는 이들을 예로 대우하였다. 왕에게 상등(上等)의 벼슬을 주고, 그 본국을 식읍으로 삼게 하였다. 왕족은 진골 귀족으로 신라에 편입되어 '신김씨(新金氏)'라 칭했고, 신라 왕족에 준하는 대우를 받았다.

우륵(于勒)은 신라로 귀화하여 가야금을 발전시켰고, 가야의 후예 강수(强首)는 글을 잘 지어 신라 3대 문장가가 되었다. 구형왕의 세 아들 노종(奴宗), 무덕(武德), 무력(武力)은 신라에 귀부해 큰 공을 세웠다. 김무력(金武力)[61]의 손자가 김유신(金庾信)이다.

가야 사람들은 일본으로 진출하여 일본의 고대문화 형성에 중요한 역할을 했으며, 특히 규슈 동쪽에 진출하여 오랫동안 독자적인 세력을 형성했다. 금관가야의 시조이자 전성기의 기반을 마련한 김수로왕을 경모하는 필자의 자작 한시를 소개한다.

---

60) 구형왕(仇衡王, ?~?/재위 521~532) : 금관가야의 제10대 왕. 구충왕(仇衝王)이라고도 한다. 532년 신라 법흥왕이 쳐들어올 때 항복하였다.
61) 김무력(金武力) : 신라 진흥왕 때의 무장. 구해왕의 셋째 아들. 554년(진흥왕 15) 백제의 성왕과 관산성(管山城)에서 싸워 왕과 좌평 4명을 목 자르고 병졸 2만 9천여 명을 죽였다.

天生金卵古譚生(천생금란고담생)　하늘에서 6개 황금알이 내려온 옛날이야기가 생겼고
天定仙舟渡海驚(천정선주도해경)　허황옥 태운 신선 같은 배는 바다를 건너와 놀랐네
六國聯盟南域治(육국연맹남역치)　(김수로왕은) 육국의 맹주로 남해안 지역을 통치했고
四方交易洛東盛(사방교역낙동성)　일본과 동남아와 교역하여 낙동강변에서 흥성했네
以文廣播多端發(이문광파다단발)　문명을 널리 퍼뜨려 많은 갈래로 발전했고
獨自昇平十代亨(독자승평십대형)　독자적으로 태평성세를 이루어 10대를 형통하였네
積德累仁餘慶大(적덕누인여경대)　인덕을 널리 세상에 미쳐 뒷날 자손의 경사가 컸고
後孫繼絶後期明(후손계절후기명)　김유신이 끊어진 가야를 이어 통일신라를 밝혔네

----

* 古譚(고담) : 옛날이야기
* 天定(천정) : 천정배필(天定配匹). 하늘이 정해 준 짝. 허황옥(許黃玉)
* 廣播(광파) : 널리 퍼뜨림
* 多端(다단) ; 일이 갈래나 가닥이 많음
* 昇平(승평) : 나라가 태평함. 국태민안. 천하태평
* 積德累仁(적덕누인) : 인덕을 쌓고 어진 일을 많이 함
* 餘慶(여경) : 남에게 좋은 일을 많이 한 보답으로 뒷날 그 자손이 받는 경사
* 後孫(후손) : 김유신 장군
* 繼絶(계절) : 끊어진 것을 다시 이음
* 後期(후기) : 후기신라. 통일신라

7

한나라 대군을 물리친 고구려 국상(國相) 명림답부(明臨答夫)

 북의 김정은은 2024년 1월 15일 최고인민회의 신년사 연설을 통해 한국을 '철두철미 제1의 적대국, 불변의 주적'으로 간주하는 내용을 명기하라고 지시했다. 또 "전쟁이 일어나면 대한민국을 완전히 점령·평정·수복해 편입시키는 문제"도 반영하라고 했다.
 이 같은 김정은의 노선 전환은 20024년 4월 한국 총선과 11월 미국 대선을 앞둔 세 가지 노림수가 숨어 있다. 북한 체제 유지에 대한 불안감 해소, 미국과의 관계 개선, 남남분열 전술을 통한 국내의 종북세력의 입지 강화가 그것이다.

 이재명 민주당 대표는 2023년 7월 4일 "아무리 더러운 평화라도 이기는 전쟁보다는 낫다."고 말한 적이 있다. 평화는 전쟁도 불사할 수 있는 총력태세가 있어야 지킬 수 있다. 윤석열 정부는 만약 김정일이 국지전이나 전면 남침을 감행한다면 "무력의 끝은 자멸이다."라는 점을 결연히 천명해야 한다.

800년 동안 중국 및 북방 민족과의 전쟁을 포함해 7세기 수·당나라와 '70년 전쟁'을 벌이며 '민족의 방파제' 역할을 해온 고구려의 역사는 우리 한민족의 긍지 그 자체라 할 수 있다.

숱한 고난에도 굴하지 않고 동북아 최강국으로 우뚝 선 고구려는 내부 분열로 나당연합군에 패망했지만, 역사에서는 절대로 패배하지 않았다. 고구려의 대(對)중국 투쟁은 고구려 유민(遺民)과 신라군이 연합한 '나당7년전쟁' 승리의 원동력이 되었기 때문이다.

우리가 고구려사에서 배워야 할 것은 지정학적으로 어려운 환경에서 '강한 나라'로 살아남고자 했던 선조들의 담대한 용기와 탁월한 지혜이다. 고구려가 고대국가로 성장하는 데 큰 공헌을 했고, 한나라 대군을 물리쳐 강성대국의 기초를 닦은 인물이 바로 명림답부(明臨答夫, 67~179)이다.

명림답부는 고구려 최초의 국상(國相)으로, 연나부(椽那部)[62] 명림씨 출신이다. 165년(차대왕 20) 조의(皂衣)[63]로 있으면서 횡포와 학정을 일삼아 백성들의 원성이 자자한 차대왕(次大王)[64]을 시해하고, 왕제(王弟)인 백고(伯固)를 제8대 신대왕(新大王)[65]으로 옹립하였다.

---

62) 연나부(椽那部) : 고구려 오부(五部)의 하나. 처음에 이 부족에서 임금을 내었으나, 뒤에 계루부에 주도권을 빼앗겼고, 오부가 행정 구역으로 변함에 따라 서부(西部)·우부(右部)로 고쳤다.
63) 조의(皂衣) : 고구려의 10관등 중 제9위. ≪삼국지(三國志)≫ 동이전 고구려조에 의하면, 왕과 대가(大加)들도 조의와 함께 사자(使者)·선인(先人)의 관리를 둘 수 있다고 하였다.
64) 차대왕(次大王, 71~165/재위 146~165) : 고구려 제7대 왕. 이름은 수성(遂成). 횡포와 학정을 일삼다가 명림답부에게 살해되었다.
65) 신대왕(新大王, ?~179/재위 165~179) : 고구려 제8대 왕. 이름은 백고(伯固). 좌·우보(左右輔)의 직제를 국상(國相)으로 바꾸고, 172년 중국 한(漢)나라 군대의 침입을 물리쳤다.

차대왕은 연로한 태조왕(太祖王)[66]의 양위를 받아 등극했지만, 자신의 즉위를 반대했던 우보(右輔) 고복장(高福章)[67]을 죽였고, 조카이자 태조왕의 맏아들인 막근(莫勤)[68]을 죽여 민심을 잃었기 때문이다.

이듬해 명림답부는 99세에 '국상(國相)'에 취임하여 정치·병권을 도맡았다. 국상은 명림답부 이전에는 없었던 새로운 관직이다. 좌보와 우보를 고쳐 만든 국상은 모든 신하들을 지휘하고, 국가의 모든 일을 관장하는 최고의 관직이었다.

172년 11월. 후한(後漢)의 현토태수 경림(耿臨)이 10만 대군으로 고구려를 침공했다. 어전회의에서 모두 "나가서 싸울 것"을 주장하였지만, 명림답부는 "우리는 군사는 적지만 험난한 지형을 갖고 있고, 한나라는 군사는 많지만 군량미 수송의 어려움이 있다. 처음에는 수비를 하면서 한나라 병력을 약화시킨 뒤에 싸우러 나간다면, 이것이야말로 백전백승의 방략이다."라고 주장했다.

이에 따라 '선수비 후공격'의 지구전 책략을 정하고, 인민과 양곡과 가축을 성에 모으는 '청야전술(淸野戰術)'[69]을 폈다. 이 청야전술

---

[66] 태조왕(太祖王, 47~165/재위 53~146) : 고구려의 제6대 왕. 이름은 궁(宮). 영토를 확장하고 정치체제를 확립, 고구려가 중앙 집권적 국가로 전환하는 기틀을 마련하였다.
[67] 고복장(高福章, ?~147) : 고구려의 대신. 태조왕 94년(146)에 왕이 그의 동생인 수성(遂成)에게 왕위를 물려주려고 하자 이를 반대하다가 수성이 즉위한 이듬해에 살해되었다.
[68] 막근(莫勤) : 태조왕의 맏아들. 148년 4월에 숙부인 차대왕이 보낸 사람에 의해 죽음을 당하였으며, 그 아우 막덕(莫德)은 스스로 목숨을 끊었다. 김부식은 사론(史論)을 통하여 "태조왕은 의를 알지 못하고 왕위를 어질지 못한 그 아우에게 가볍게 넘겨 주었으므로, 그 화가 한 충신과 두 애자(愛子)에게 미쳤으니 어찌 탄식하지 않으랴."라고 비판하였다.
[69] 청야전술(淸野戰術) : 방어군 측에서 자발적으로 주변에 적군이 사용할 수 있는 모든

은 612년 수나라 30만 대군을 물리친 을지문덕(乙支文德)의 '살수대첩'과 임진왜란과 병자호란의 모델이 되었다.

후한의 군대는 침략한 지 수개월이 되어 군량미가 다해 굶주리게 되니, 결국 군대를 되돌리게 됐다. 105세의 명림답부가 수천 명의 기병을 이끌고 좌원(坐原, 요녕성)까지 추격하여 전멸시켜 한나라 군대는 한 필의 말도 돌아가지 못했다. 179년 9월. 명림답부가 113세의 고령으로 타계하자 신대왕은 7일 동안 조회를 파하였으며, 왕의 장례에 해당하는 예법으로 장사지냈다. 명림답부의 후손인 명림어수(明臨於漱, ?~254)는 동천왕 시절에 국상이 되었다. 또 중천왕은 명림홀도(明臨笏覩, ?~?)를 사위로 맞아들였다.

고구려 5대 모본왕(慕本王)[70]의 '1차 요동전쟁', 6대 태조왕(太祖王)과 7대 차대왕의 '2차 요동전쟁'에 이어, 8대 신대왕과 명림답부의 '제3차 요동전쟁'에서의 승전은 고조선의 옛 강토인 요동에 대한 한나라의 침략 야욕을 분쇄하고, 고구려의 강성을 내외에 과시한 쾌거였다.

뛰어난 '청야전술' 지략으로 한나라 대군을 물리친 불세출의 명장, 명림답부를 경모하는 필자의 자작 한시를 소개한다.

군수물자와 식량 등을 없애버려 적군이 보급에 한계를 느끼고 지치게 만드는 전술이다.
▷적이 쳐들어올 것으로 예상되는 지역의 모든 것을 훼손시킨 뒤 성을 지켜 싸우는 방어 전술인 청야수성(淸野守城) ▷성에 들어가 지키며 적에게 먹을 것을 주지 않기 위해 들판을 비우는 전술인 견벽청야(堅壁淸野)라고도 불린다.
70) 모본왕(慕本王, ?~53/재위 48~53) : 고구려 제5대 왕. 이름은 해우(解憂). 성품이 사납고 정사를 돌보지 않아 백성들의 원망을 듣고 있던 가운데 신하 두노(杜魯)에게 피살되었다.

自尊靑史擧輕禁(자존청사거경금) 역사상 자존은 경솔한 거병을 금하는 데서 시작했고
持久勁兵破外侵(지구경병파외침) 지키는 지구전법과 굳센 군사로 외침을 격파하였네
大漢三崩遼北靡(대한삼붕요북미) 한나라 대군은 세 번 패배해 국경분쟁이 종식됐고
天孫連勝極東臨(천손연승극동임) 고구려 군은 연전연승해 만주의 주인으로 군림했네
守城耿耿全民願(수성경경전민원) 수성을 굳게 믿는 것은 온 백성의 소망이었고
淸野綿綿智將心(청야면면지장심) 청야 전술은 면면히 이어져 지장들이 사용했네
報國盡忠都鄙哭(보국진충도비곡) 충성 다하여 나라 은혜 갚으니 경향의 백성 울었고
如斯快事震檀欽(여사쾌사진단흠) 이 같은 통쾌한 일을 우리나라 모두 공경하네

————————————

* 擧輕(거경) : 경거(輕擧). 경솔한 행동. 경솔한 거병
* 勁兵(경병) : 굳센 병사
* 大漢(대한) : 후한의 대군
* 靡(미) : 1. 쓰러지다 2. 따르다
* 天孫(천손) : 고구려 군대
* 耿耿(경경) : 1. 굳게 믿는 모양 2. 빛나는 모양 3. 높고 먼 모양
* 智將(지장) : 지혜가 뛰어난 장수
* 報國盡忠(보국진충) : 진충보국. 충성을 다하여서 나라의 은혜를 갚음
* 都鄙(도비) : 경향. 서울과 시골
* 震檀(진단) : 우리나라를 일컬음
* 快事(쾌사) : 통쾌하고 기쁜 일

8

을파소(乙巴素) 같은 '초야인재' 발탁으로 '강한 대한민국' 만들자

윤석열 정부의 5년 청사진을 그릴 대통령직인수위원회가 2022년 3월 18일 공식 출범했다. 윤 당선인은 인수위 첫날 전체회의에서 "부처 논리에 매몰되지 말라…국민이 우선"이라고 주문했다.

윤 정부의 성패는 인수위의 50일 활동에 달려 있다고 할 수 있다. 인수위는 대선 과정에서 국민에게 약속했던 공약 중 실현이 어려운 '거품 공약'은 이해를 구하고 수정해야 한다. 인수위는 정책을 새로 만드는 곳이 아니기 때문에 정책 집행의 선후 조정을 면밀히 검토해야 한다.

국무총리와 장관 후보자 인선 등을 총괄해야 하는 임무도 인수위의 몫이다. 인수위에서는 내각의 적임자를 찾되 논공행상의 유혹에서 벗어나 다양성을 발휘해야 한다. 국가발전에 소명감을 갖춘 초야에 숨은 현자(賢者)를 발탁하는 지혜를 발휘해야 한다.

김춘추는 김유신을 만나 삼한 일통의 대업을 이룩했고, 류성룡은 이순신을 천거해서 위기의 조선을 구했다. 박정희는 박태준을 만나 '제철 기적'을 이루었다. 두 사람의 위대한 만남은 먼 훗날 '쌍박일심(雙朴一心)' 같은 한국 고사(故事)로 거듭날 것이다. 천리마는 항상 있는데, 백락(伯樂)이 없는 것을 불식시킬 수 있는 인수위가 되길 바란다.

고구려의 국상(國相) 을파소(乙巴素, ?~203)는 압록곡(鴨綠谷) 좌물촌(左勿村, 평북 선천) 출신이다. 할아버지는 유리왕(琉璃王) 때의 대신 을소(乙素)이고, 아버지는 외척들의 미움을 사 파면당한 서하(西河, 섬서성 북부) 태수 을어(乙魚)이다.

때를 만나지 못하면 은둔하고 때를 만나면 나와서 벼슬하는 '출처진퇴(出處進退)'의 처세훈을 가진 을파소는 좌물촌에서 농사를 짓다가 50세가 넘어 안유(晏留)의 천거로 출사(出仕)하였다. 명림답부 국상의 법통을 이은 그는 고국천왕(故國川王)[71]을 도와 정교(政敎)를 명백하게 하고 상벌(賞罰)을 신중히 하였으며, 진대법(賑貸法)[72] 등으로 사회를 안정시켜 강성대국의 기틀을 세웠다.

진대법은 가난한 백성들에게 봄에 곡식을 빌려주고 가을에 돌려받는 '춘대추납제(春貸秋納制)'의 기원으로 빈민구제 목적도 있었지만 춘궁기 농민들이 식량부족으로 고리대를 이용하고 갚지 못해

---

71) 고국천왕(故國川王, ?~197/재위 179~197) : 고구려 제9대 왕. 이름은 남무(男武). 부족적 전통의 5부를 방위로 표시하는 행정적 성격의 5부로 바꾸었다. 왕위계승 방식을 형제상속에서 부자상속으로 바꾸었고, 중앙집권화를 강화시켰고, 진대법을 실시하였다.
72) 진대법(賑貸法) : 우리나라에서 최초로 실시된 빈민구제제도. 고구려 고국천왕 16년(194)부터 비롯된 제도였는데, 고려 성종 때에 빈민을 구제할 목적으로 쓰였고, 조선시대에 환곡법으로 부활하였다.

귀족의 노비로 전락하는 것을 막기 위한 민생 개혁정책이었다. 이처럼 진대법은 안류의 양보, 을파소의 배포, 고국천왕의 결단 3박자가 어우러져 탄생하게 되었다.

태공망(太公望)[73]은 위수(渭水)에서 낚시하다가 80세에 주나라 문왕(文王)[74]을 만났다. 그는 문왕 및 무왕(武王)[75]을 도와 역성혁명(易姓革命)으로 은나라를 무너뜨리고 주나라 천하를 만들었고, 그 공으로 제후가 되어 춘추전국시대 제나라의 시조가 되었다.

태공망은 중국 4,000년 유구한 역사에 한 획을 그은 명재상들의 계보를 거느린 비조(鼻祖)이자 중국 사상의 유일한 '백가의 종사'(百家宗師: 유가, 법가, 음양가, 병가 등으로부터 자기들의 시조로 모셔지고 있음)이다.

역사상 초야의 인재를 발탁하여 성공한 대표 사례가 고구려의 을파소와 주나라의 태공망이다. 이 두 사람은 때를 만나서 자신들의 역량을 유감없이 발휘하여 인생 후반에 뜻을 이룬 명재상의 대명사이다. 또한 온갖 인생고초를 겪고 성공을 꿈꾸는 사람들에게 희망을 주는 전형(典型)이라 하겠다. 을파소는 국가경영 철학서인 〈참

---

73) 태공망(太公望, ?~?) : 중국 주나라 초기의 정치가. 성은 강(姜). 이름은 상(尙). 강태공(姜太公). 무왕을 도와 은나라를 멸하고 천하를 평정하였다. 저서에 ≪육도(六韜)≫가 있다.
74) 문왕(文王, ?~?) : 무왕의 아버지. 이름은 창(昌). 은나라 말기에 태공망을 등용하여 융적(戎狄)을 토벌하여 무왕이 주나라를 세울 수 있는 기반을 닦았다. 고대 성인 군주의 전형.
75) 무왕(武王, ?~BC 1043 ?) : 중국 주(周)를 건국한 왕. 기원전 1046년 서쪽 제후들을 규합하여 상(商)을 멸망시키고 호경(鎬京)으로 도읍을 옮기고 봉건제도를 실시하였다.

전계경(參佺戒經)〉[76]을 남겼고, 태공망은 병법서인 〈육도삼략(六韜三略)〉[77]을 남겼다.

최근 '쓸만한 사람'인 낭중지추(囊中之錐·자루 속의 송곳)는 찾을 수 없고 '승핍(承乏)'[78]으로 몸살을 앓고 있는 대한민국이다. 명재상 관중(管仲)[79]은 "천하에 신하가 없음을 걱정하지 말고, 신하를 적절히 쓰는 군주가 없는 것을 걱정하라."고 했다.

육당(六堂) 최남선(崔南善)은 우리나라 역사 속의 위인들로 정부를 꾸몄는데, 이 대단한 재걸(才傑, 준걸)들을 이끄는 국무총리가 고구려의 을파소다. 대통령비서실장 이제현(李齊賢), 외무부장관 서희(徐熙), 국방부장관 을지문덕(乙支文德), 교육부장관 설총(薛聰), 해군참모총장 이순신(李舜臣), 전권대사 정몽주(鄭夢周), 서울대총장 이황(李滉), 국회의장 이이(李珥), 감사원장 조광조(趙光祖)를 꼽았다.

이렇게 역대 최강의 화려한 '드림팀' 진용을 구축한다면, 주변 4강이 감히 대한민국을 가볍게 넘볼 수 없을 것이다. 재언컨대, 윤정부는 초야의 현자들을 찾아 그분들이 지닌 경세방략(經世方略)을 널리 활용하기 바란다.

부국강병으로 단군 이래 최고의 국상(國相)으로 추앙받는 을파소를 경모하는 필자의 자작(自作) 한시를 소개한다.

---

76) 참전계경(參佺戒經) : 을파소가 전한 것으로 알려진 민족종교 계열의 경전.
77) 육도삼략(六韜三略) : 중국의 병서(兵書). ≪육도(六韜)≫와 ≪삼략≫을 아우르는 말.
78) 승핍(承乏) : 인재가 없어서, 재능이 없는 자가 벼슬을 함.
79) 관중(管仲. ?~B.C.645) : 중국 춘추시대 제나라의 재상. 이름은 이오(夷吾). 환공(桓公)을 춘추오패(春秋五覇)로 만들었다. 포숙아와의 우정을 '관포지교(管鮑之交)'라고 한다.

周麗强國隱淪才(주려강국은륜재)　주와 고구려는 초야 인재 발탁으로 강국이 되었고
八百王朝兩聖開(팔백왕조양성개)　8백년 왕조는 두 성인이 활짝 열었네.
呂尙軍師天下一(여상군사천하일)　태공망은 군사로서 천하를 통일(주나라 창업)했고
村翁良宰海東恢(촌옹양재해동회)　을파소는 어진 재상으로 고구려의 힘을 넓혔네.
山江耕釣人心得(산강경조인심득)　산에서 밭갈고 강에서 낚시한 것은 인심수습이었고
出入將相盛世來(출입장상성세래)　장군과 재상의 역할을 해서 태평성세가 도래했네
康濟德功波萬宇(강제덕공파만우)　백성을 편안히 구제하여 덕과 공이 천하에 미치니
豪雄歲歲伴高臺(호웅세세반고대)　두 영웅은 연년세세 함께 높이 추앙받네

————————————

* 周麗(주려) : 중국의 주나라와 고구려
* 隱淪(은륜) : 초야에 묻힌 평민
* 兩聖(양성) : 고구려의 을파소와 주나라의 태공망
* 呂尙(여상) : 태공망의 다른 이름. 여(呂)는 그에게 봉해진 영지이며, 상(尙)은 그의 이름
* 村翁(촌옹) : 시골에 사는 늙은이. 촌로(村老). 전옹(田翁). 야옹(野翁). 을파소를 이름
* 恢(회) : 1. 넓히다. 2. 광대하다 3. 회복하다
* 將相(장상) : 장수와 재상. 출장입상(出將入相) : 나가서는 장수요, 들어와서는 재상
* 康濟(강제) : 백성을 편안히 하여 구제함
* 萬宇(만우) : 천하. 사해(四海). 구주(九州)

9

요서(遼西) 경략, 일본을 계명시킨 백제 근초고왕(近肖古王)

고대국가 삼국시대의 '3대 정복군주'는 4세기 백제의 근초고왕(近肖古王), 5세기 고구려의 광개토대왕(廣開土大王), 6세기 신라의 진흥대왕(眞興大王)이다. 이 세 영걸의 공통점은 현인(賢人)들을 제대로 써서 천하가 복종하고 따르게 한 점이다. 4세기 동아시아는 혼란한 가운데 새로운 질서를 찾는 '격변의 시대'였다. 중국은 4세기 초부터 100여 년 동안 '5호(五胡:흉노·선비·갈·강·저) 16국 시대'[80]로 불리며 분열과 통합을 거듭했다.

이러한 중국의 극심한 혼란은 동북아 정세변동에 큰 영향을 끼쳤다. 고구려는 세력 확장에 뛰어들어 313년, 314년에 낙랑군과 대방군(帶方郡)[81]을 멸망시키고, 서남방으로 진출했다. 백제는 3세기 중엽부터 대방군을 통해 중원지역과 교류했는데, 대방군이 사

---

80) 5호16국시대 : 유연이 전조라 불리는 나라를 건국하며 중국 최초의 이민족 지배기인 5호16국 시대가 개막했다. 농경문화와 유목문화가 섞이며 중국의 문화가 개방적인 모습으로 변모했으며 중원을 빼앗긴 화북 한인들은 강남으로 쫓겨 와 강남을 개발하고 독특한 귀족문화를 창조했다.
81) 대방군(帶方郡) : 중국 후한(後漢) 헌제(獻帝) 때에, 공손강이 옛 진번 땅에 설치한 군. 고구려 미천왕 14년(313)에 낙랑이 멸망한 뒤 고구려에 병합되었다.

라지자 적극적으로 해양 활동에 나서야만 했다. 이는 곧 고구려와의 충돌을 피할 수 없게 했다.

제13대 근초고왕(近肖古王, ?~375)은 강력한 리더십을 발휘하여 동북아의 국제정세를 주도했다. 4세기 중후반의 백제는 황해 바다를 넘어 중국의 요서 지방과 산둥반도, 동(東)으로는 일본의 규슈지방으로 진출했다. 그 결과 일본 규슈지방의 백제마을은 물론 중국 난닝시에 있는 백제촌(百濟村)에서는 오늘도 백제의 혼(魂)을 느낄 수 있다.

그동안 백제는 일제의 반도사관에 의해 한강 이남의 나라로 설정되어 있으나, '요서경략'으로 중국대륙에 진출한 것은 엄연한 역사적 사실이다. 〈송서(宋書)〉[82] 〈양서(梁書)〉[83] 〈통전(通典)〉[84] 〈자치통감(資治通鑑)〉[85] 등 10곳이 넘는 중국 역사서에는 "진나라 때에 이르러 고구려가 이미 요동을 차지하자 백제 역시 요서(遼西), 진평(晉平) 두 군을 점거해 백제군을 두었다."는 기록이 있다. 〈주서(周書)〉[86]

---

82) ≪송서(宋書)≫ : 중국 이십오사(二十五史)의 하나. 육조시대 양나라의 심약이 엮은 송나라의 정사(正史)로, 무제에서 순제까지의 역사를 기록하였다. 487년에 간행되었다. 100권.
83) ≪양서(梁書)≫ : 중국 이십오사의 하나. 당나라 때에 요사렴(姚思廉)이 남조 양나라의 사대 사적(四大事跡)을 적은 사서(史書). 태종 4년(629)에 완성되었다. 56권.
84) ≪통전(通典)≫ : 당나라의 두우(杜佑)가 편찬한 정서(政書). 상고로부터 당나라 현종(玄宗) 때에 이르기까지 제도의 변천, 정치의 대요(大要) 따위를 연대순으로 9개 부문으로 분류하고 기술하였다. 200권.
85) ≪자치통감(資治通鑑)≫ : 송나라의 사마광(司馬光)이 펴낸 편년서. 주나라 위열왕으로부터 후주(後周) 세종에 이르기까지의 113왕 1362년간의 역대 군신의 사적(史跡)을 엮은 것으로, 정사(正史) 이외의 풍부한 자료와 고증을 첨가하였다. 294권.
86) ≪주서(周書)≫ : 당나라 태종 때에 영호덕분 등이 편찬한 북주(北周, 557~581) 왕조에 관한 사서.

'백제전'에는 "백제의 국경이 바다 건너까지 미친다."고 되어 있다.

김부식은 〈삼국사기〉에서 최치원이 당나라 태사시중 앞으로 보낸 서한에서 "고구려와 백제가 강성할 때에 백만 강병으로 남으로 오·월(吳·越)을 공략하고, 북으로 유주 연나라, 제나라, 노나라를 공략했음"을 기록하고 있다.

근초고왕의 이름은 여구(餘句)로, 제11대 비류왕(比流王)의 둘째 아들이다. 〈삼국사기〉에는 "체격이 크고 용모가 뛰어났으며, 원대한 식견이 있었다."고 쓰여 있다. 346년에 즉위하여 375년까지 30년간 나라를 다스렸다.

근초고왕은 활발한 정복사업을 펼쳤으며, 박사 고흥(高興)[87]에게 〈서기(書記)〉 역사서를 편찬하게 하였고, 대외관계의 폭을 넓혀 해상무역을 발전시켰으며, 백제 초기 불완전했던 왕권을 강화하고 중앙집권화에 박차를 가해 고대국가를 완성했다. 그 결과 백제는 삼국 가운데 가장 먼저 전성기를 이룩했다.

369년 고구려 고국원왕(故國原王)[88]이 보병과 기병 2만 명을 거느리고 치양(雉壤, 황해도 배천군)으로 진격해왔는데, 근초고왕은 고구려군 5천여 명을 사로잡는 승리를 거두었다. 고구려가 371년 재침하자, 근초고왕은 이를 격퇴하고 정예 병사 3만 명을 이끌고 고

---

87) 고흥(高興, ?~?) : 《삼국사기》는 《고기(古記)》를 인용하여 "백제는 개국 이래 아직 문자로써 사실을 기록함이 없더니, 박사 고흥을 얻어 비로소 《서기》를 가지게 되었다."고 기록.
88) 고국원왕(故國原王, ?~371/331~371) : 고구려 제16대 왕. 이름은 사유(斯由). 342년에 도읍을 환도성(丸都城)으로 옮겼다가, 이듬해 평양의 동황성(東黃城)으로 천도하였다.

구려 평양성을 공격하여 고국원왕을 전사시켰다. 근초고왕의 가장 큰 업적은 남방 연합 세력의 구축이었다. 마한 세력을 제압하고, 가야 연맹을 세력권에 넣었으며, 왜를 이 연합세력에 편입시켰다. 근초고왕의 재위 시에 백제는 오늘날의 경기·충청·전라도 전부와 강원도·황해도 일부를 차지하는 강력한 고대국가로 성장했다.

2001년 12월 23일. 아키히토 일왕은 68번째 생일을 맞이한 기자회견에서 "내 몸에도 한국인의 피가 흐른다."고 말한 바 있다. 이처럼 일본은 백제 왕실이 주축이 된 나라다. 일본 문화의 뿌리가 백제이며, 일본 상고사는 백제사의 연장선상에서만이 설명될 수 있다.

근초고왕은 아직기(阿直岐)[89]와 왕인(王仁) 등을 일본에 보내 〈천자문〉과 〈논어〉를 전해줌으로써 유학 사상을 전수했다. 또한 371년 수도를 한산(漢山, 경기도 광주)으로 옮겨 거대한 수도권을 만들었고, 372년 진(晉)나라와 교류하여 외교활동 무대를 넓혔다.

근초고왕이 개척한 길을 따라 백제 사람들은 일본과 중국은 물론, 동남아시아와 인도까지 활동무대를 넓혀갔다. 백제가 화려하고도 개방적인 문화를 만들어 낸 것은 근초고왕이 이룩한 '세계화' 덕분이다.

백제의 최전성기를 이끌어 백제사에 큰길을 연 근초고왕을 경모하는 필자의 자작 한시를 소개한다.

---

[89] 아직기(阿直岐, ?~?) : 백제의 학자. 경서에 능하였으며, 근초고왕 때 왕명으로 일본에 건너가 오진 천황(應神天皇)의 태자 스승이 되고, 천황의 요청으로 왕인(王仁)을 추천하였다.

龍姿鳳態治平康(용자봉태치평강)　고상한 풍채와 봉황의 자태로 평안하게 다스렸고
攻奪前方領域昌(공탈전방영역창)　전방의 적지를 공격하여 빼앗아 영역이 창성했네
文史傳承開日衆(문사전승개일중)　학문과 역사를 전승해서 (일본) 백성을 개명시켰고
干戈經略怯漢王(간과경략겁한왕)　군사로 (요서를) 경략하여 한족 왕을 두렵게 했네
錦江一帶馬蹄下(금강일대마제하)　금강 일원 전부를 (백제의) 말굽 아래에 놓았고
洌水周圍疆土央(열수주위강토앙)　한강 주변의 땅을 강토의 중앙에 편입했네
三十長川臨曲盡(삼십장천임곡진)　삼십년 밤낮을 쉬지 않고 정성을 다해 다스렸고
名垂竹帛不可忘(명수죽백불가망)　공을 세워 이름이 역사에 빛나 잊어서는 안 되네

――――――――――

* 龍姿(용자) : 1. 임금의 몸가짐. 2. 고상한 풍채
* 攻奪(공탈) : 공격하여 빼앗음
* 干戈(간과) : 방패와 창. 전쟁 또는 병란을 비유적으로 이르는 말
* 馬蹄(마제) : 말발굽
* 洌水(열수) : 조선시대에 '한강'을 이르던 말
* 長川(장천) : 밤낮으로 쉬지 아니하고 연달아
* 曲盡(곡진) : 간곡하여 정성을 다함
* 名垂竹帛(명수죽백) : 이름이 죽간과 비단에 드리운다는 뜻. 이름이 역사에 길이 빛남

10

신(新) 한일관계의 '롤 모델', 백제의 왕인(王仁) 박사

　한일관계는 문재인 종북좌파 정권 5년 동안 파탄지경이었다. 문 정부는 박근혜 대통령 당시 일본과 체결한 위안부 합의를 파기했고, 박정희 정부가 체결한 한일협정의 일부 조항까지 파기하여 신뢰를 잃었다.
　러시아의 우크라이나 침공, 미·중의 신냉전, 북한의 핵·미사일 도발 등으로 국제정세는 내일의 안전을 보장할 수 없는 살얼음판이다. 한·미·일 연대 강화의 필요성이 그만큼 커졌다.

　역사왜곡, 독도분쟁, 그리고 위안부와 강제징용 피해자 보상 등 '과거사 문제'에 대한 대승적 화해 노력과 목전에 닥친 경제안보 현안에 대한 발전적 협력을 강화하는 새로운 실천이 필요한 시점이다.
　민주당은 지난 정부에서 '죽창가'를 앞세워 친일 및 토착왜구 논쟁에서 재미를 본 바 있지만 국가적으로는 큰 패착이었다. 한일 간 북핵 공조를 복원해야 하고, 한일 양국은 과거의 아픈 역사를 직시하면서 밝은 미래를 열어가야 한다.

　윤석열 대통령은 2023년 3월 16~17일 일본을 방문해 기시다 후미오 총리와 정상회담을 갖고 국내 여론 악화를 무릅쓰고 박정희 대통령이 "내 무덤에 침을 뱉어라."고 한 심정으로 제삼자 변제 방식의 강제징용 배상해법을 제시했다.
　윤 대통령은 "과거의 아픔을 딛고 일본과 새로운 지향점을 도출하고자 한 노력"이라고 국민에게 설명했다. 아울러 "존재마저 불투명해진 한일관계로 양국 국민이 피해를 입고 양국의 경제와 안보가 깊은 반목에 빠진 상황을 손 놓고 내버려둘 수 없었다."며 국민의 이해도 구했다. 정치적 손실을 감수하고 미래를 선택한 윤 대통령의 결단은 잘한 일이다.

　편협한 반일 이데올로기와 좌파 민족주의에 기댄 '친일 타령'은 자기 비하와 피해자 의식에 뿌리를 두고 있다. 오늘날 한국은 한류, 대중문화, 문학사뿐만 아니라, 1인당 구매력지수, 반도체, 가전, IT, 행정 정보화에서 일본을 앞섰다.
　이제는 임진왜란이나 일제강점기와 같은 '어두운 역사'만 볼 것이 아니라, 가야나 백제 시대에 우리 선진문화를 일본에 전수한 '밝은 역사'를 상고(詳考)하여 21세기에 우리가 일본을 이끄는 문화의 '역전 현상'을 재현할 필요가 있다.

　왕인(王仁, ?~?)은 전남 영암 출신으로 유학자이자 서예가이다.

백제 근초고왕과 아신왕(阿莘王)[90] 시대에 활동하였다. 근초고왕은 명을 내려 아직기(阿直岐)에게 말 2필을 일본 왕에게 선사하고 말 사육과 승마술을 가르치도록 하였다.

　응신천황(應神天皇)[91]은 아직기가 경서(經書)에 능통한 것을 보고 태자 토도치 낭자(菟道稚郎子)의 스승으로 삼았다. 이때에, 왜왕이 아직기에게 "백제에 그대보다 나은 박사가 있는가?"하고 묻자 "왕인이라는 사람이 가장 우수하다."고 답하였다. 후일 아직기의 후손들은 아직사(阿直史)라는 일본의 귀화씨족으로 자리 잡았으며, 대마도에서는 후손들이 '아비루(阿比留)'라는 성씨로 남았다.

　왕인은 왜왕의 요청에 응하여 〈논어(論語)〉 10권, 종요(鍾繇)[92] 〈천자문(千字文)〉 1권을 가지고 일본에 건너가 일본 태자의 스승이 되었고, 신하들에게 경사(經史, 경서와 사기)를 가르쳐 유풍(儒風)을 세웠다.

　왕인은 학문 외에도 기술 공예를 전수하고, 일본 가요의 창시 등에 공헌하였으며, 일본 황실의 스승으로 백제문화 전수를 통하여 일본인을 계몽하고 '아스카(飛鳥)문화'[93]를 발전시켰다.

---

90) 아신왕(阿莘王, ?~405/재위 392~405) : 백제의 제17대 왕. 고구려의 남하 정책에 대항하여 예성강 등 국경 지대에서 싸웠으나 모두 패하였다. 397년에 태자 전지(腆支)를 일본에 보내어 화친을 맺은 후, 이듬해 쌍현성을 쌓았다.
91) 응신천황(應神天皇, 201~310) : 일본의 제15대 천황. '천황(天皇)'이라는 칭호를 최초로 사용했다고 전해진다.
92) 종요(鍾繇, 151~230) : 중국 삼국시대 위(魏)나라의 서예가. 자는 원상(元常). 조조를 도운 공으로 위나라 건국 후 태위(太尉)가 되었다. 해서(楷書)에 뛰어나 후세에 종법(鍾法)으로 일컬어졌으며, 〈선시표(宣示表)〉, 〈묘전병사첩(墓田丙舍帖)〉 등의 법첩(法帖)이 전한다.
93) 아스카 문화 : 일본 아스카 시대의 문화. 7세기 전반에 백제의 영향을 받은 일본 최초의 불교문화로서, 나라현(奈良縣)의 호류사에 대표적인 유물이 있다.

오사카(大阪)부에 속한 히라카타(枚方)시에 왕인의 무덤이 전하고, 오사카·큐슈지역에 왕인을 기리는 신사(神社)가 세워져 있다. 대마도에는 왕인박사가 거처했던 포구가 있다. 그래서 포구 이름이 '와니우라'이다.

왕인의 후손들은 가와치(河內) 지방에 살면서 학문에 관한 일을 맡고 일본 조정에 봉사하여 일본 고대문화 발전에 크게 공헌하였다. 전남 영암군에 그의 석상 및 유적지가 있다.

741년 3월, 쇼무천황(聖武天皇)[94]은 교기(行基, 왕인의 후손)[95] 대사를 만나 전무후무한 거대 불사(佛事)를 맡겼는데, 나라(奈良)에 있는 일본 불교의 자존심인 도다이지(東大寺)[96]의 대불(大佛)을 조성해 달라는 것이었다.

왕인 박사는 일본에 우리 문화의 씨앗을 뿌렸다. 왕인이 실천한 한일 간의 우호선린을 본받을 필요가 있으며, 그 맥을 이어갈 새로운 현자(賢者)의 출현을 기대한다.

아스카문화의 원조이자 '학문의 신'으로 칭송되고 있는 왕인 박사를 경모하는 필자의 자작 한시를 소개한다.

---

[94] 쇼무천황(聖武天皇, 701~756/재위 724~749) : 나라시대 제45대 천황이다. 불교에 의지한 결과 고대적 국가 지배 질서를 붕괴시킨 주역이다.

[95] 교기(行基) : 668년 출생한 것으로 추정되며 15세에 출가했다. 고대 일본 불교의 선구자로 평가받는다. 왕인의 후예로 알려져 있으며, 민중들에게 살아있는 보살로 추앙받았다.

[96] 도다이지(東大寺) : 일본 나라현 나라시에 있는 절. 일본 화엄종의 대본산이고, 호국불교를 상징한다. 유네스코 세계유산에 등재되어 있다. 동대사를 개산(開山, 절을 처음으로 세움)한 스님은 백제 스님 양변(良弁)이다. 동대사에는 입구인 남대문 건물을 비롯해 동대사 대불(大佛)이 안치돼 있는 금당(金堂), 이월당, 삼월당 건물 그리고 비로자나대불상, 금동팔각등롱(金銅八角燈籠), 종루 등 국보급 건물이 많이 있다.

斯文靑氈一家成(사문청전일가성)　유교문화의 풍습과 경전에 일가를 이루었고
立志道東東海橫(입지도동동해횡)　도를 동쪽으로 전하는 뜻을 세우고 동해를 건넜네
暑往新邦思變化(서왕신방사변화)　더위가 가자 새 나라(일본)에 변화를 생각했고
寒來故國戀常情(한래고국연상정)　추위가 오니 고국을 그리워하는 게 인지상정이네
講千至德培英才(강천지덕배영재)　높은 덕행으로 수천 명에 강의하여 영재를 키웠고
讀百精誠導衆萌(독백정성도중맹)　책 백 편을 읽는 정성으로 많은 백성을 가르쳤네
飛鳥繁榮稱鼻祖(비조번영칭비조)　아스카문화를 번영시켜 비조로 일컬어지고 있으며
扶桑萬世學神評(부상만세학신평)　일본에서 만세토록 '학문의 신'으로 평가받네

————————

* 斯文(사문) : 유학의 도의나 문화
* 靑氈(청전) : 대대로 전하여 오는 오래된 물건
* 一家(일가) : 1. 한집에서 사는 가족. 2. 학문·예술 등의 분야에서 독자적 경지를 이룬 상태
* 常情(상정) : 사람에게 공통적으로 가지고 있는 보통의 인정
* 至德(지덕) : 1. 지극한 덕. 2. 매우 높은 덕행(德行). 또는 그 덕행을 갖춘 사람
* 衆萌(중맹) : 많은 백성. 萌(맹) : 1. 움. 2. 백성 3. 비롯하다
* 飛鳥(비조) : 7세기 전반 일본 스이코 천황 시기 '아스카(飛鳥) 문화'
* 鼻祖(비조) : 학문이나 기술을 처음으로 연 사람. 시조
* 扶桑(부상) : 해가 뜨는 동쪽 바다. 일본

11

'강한 군대' 복원과 광개토대왕(廣開土大王)의 대외전략

　국군의 역사는 그 자체가 대한민국의 역사다. 2018년 10월 1일. 건군 70주년 국군의 날 행사가 '축하 위문 행사' 정도로 축소돼 열린 적이 있다. 당시 5년마다 해 왔던 국군 시가행진을 하지 않은 건 '북한을 자극하지 않기 위해서'라는 망국적인 주장이 나왔다.

　건군 74주년 국군의 날 기념식이 2022년 10월 1일 충남 계룡대에서 열렸다. 한국전쟁에서 국군은 100만 명이 희생(전사, 부상, 실종 포함)됐다. 육탄으로 낙동강 전선을 지켜낸 국군과 학도병의 핏값으로 오늘의 대한민국이 존재하는 것이다. 평화를 만드는 원동력은 '강한 군대'이다.

　러시아가 지난 2월 우크라이나를 침공한 후 금방 끝날 것 같던 전쟁이 오리무중(五里霧中) 상황이 지속되고 있다. 러시아의 병력 투입 동원령에 대한 러시아 국민의 저항과 기피 행렬을 보면서 국민 정신전력의 중요성을 절감할 수 있다.

　2022년 9월 8일. 북한은 핵무기를 법에 따라 사용하겠다면서 선제타격의 길을 열어 놓았다.

 문재인 정부 5년 동안 종북 노선의 안보 자해행위로 강한 군대를 방기했다. 윤석열 정부는 군의 정신전력을 키워 북의 야욕을 분쇄할 수 있는 강한 군대를 복원해야 한다. 무엇보다 갈수록 고조되는 북핵 위협에 '공포의 균형(balance of terror) 전략'을 세워야 한다.
 전술핵 재배치든 전술핵 공유든 북핵이 미국 본토를 타격할 수 있고, 핵 사용 통제권이 미국 대통령에 있다는 점을 감안할 때, 결국 우리가 믿을 수 있는 북핵 대응 옵션은 한국의 독자적 핵무장뿐이다. 그것이 한국 국민의 뜻이다. 핵보다 더 나은 체제 안전보장은 현재 존재하지 않기 때문이다.

 급변하는 동아시아 세력 질서 속에서 한국의 존립 방략(方略)은 5세기 전반 고구려의 국가전략에서 역사적 교훈을 얻을 수 있다. 우리 민족 최고의 정복군주인 고구려 제19대 광개토대왕(廣開土大王, 374~412, 재위 391~412)의 이름은 담덕(談德)이고 고국양왕(故國壤王)[97]의 아들이다. 〈삼국사기〉에는 '나면서부터 허우대가 컸으며 뛰어나고 활달한 뜻이 있었다.'고 전한다.
 18세의 어린 나이에 등극한 광개토대왕은 한국 최초의 연호인 '영락(永樂)'[98]을 사용하였다. 먼저 백제를 공격해 임진강 지역의 땅을 빼앗아 백제와의 전쟁에서 죽은 조부(고국원왕)의 원한을 갚았

---
97) 고국양왕((故國壤王, ?~391/재위 384~391) : 고구려 제18대 왕. 이름은 이련(伊連). 요동(遼東)과 백제를 정벌하여 국토를 넓혔다.
98) 영락(永樂) : 고구려 연호 가운데 가장 오래 된 것으로서, 광개토대왕 시대의 중국과 대등한 입장을 과시한 고구려 중심의 천하관(天下觀)과 밀접한 관련을 맺고 있다.

고, 이후에는 거란과 숙신(肅愼)[99]을 공격했다. 400년에는 신라 내물왕(奈勿王)[100]의 요청으로 보병과 기병 5만 원군을 보내 금관가야와 연합한 왜구를 격퇴시켰다. 이로써 명실공히 '해륙(海陸)국가'의 위상을 차지하였다.

재위 21년 동안 광개토대왕의 대외전략은 중국의 혼란을 틈탄 '북방 공격'이었다. 후연(後燕)[101]의 공격을 물리쳐 옛 고조선의 영토를 되찾았고, 부여와 말갈 지역까지 땅을 넓혔다. 이로써 광개토대왕은 북으로는 만주의 흑룡강 지역, 남으로는 임진강 유역, 동으로는 두만강 하류의 북간도 지역, 서로는 랴오둥 반도에 이르는 땅을 확보함으로써 '만주의 주인공'으로 등장하였다.

광개토대왕은 뛰어난 전략가였으며 역사적 통찰을 바탕으로 고구려의 새 역사를 열었다. 414년 아들 장수왕(長壽王)[102]이 길림성 집안현(輯安縣)에 건립한 높이 6.39미터, 너비 1.95미터의 한반도에서 가장 큰 비석인 '광개토대왕릉비(호태왕비)'가 그의 업적을 말해준다.

---

99) 숙신(肅愼) : 고조선 때에, 지금의 만주와 연해주 지방에 살던 퉁구스족. 고구려 서천왕 때에 일부가 복속되었고 광개토대왕 8년(398)에 완전 병합되었다.

100) 내물왕(奈勿王, ?~402/재위 356~402) : 신라 제17대 왕. 고대국가 체제를 갖추고 왕권을 강화했으며, 이 시기에 한자가 처음 사용된 듯하다.

101) 후연(後燕) : 중국의 오호 십육국 가운데, 384년에 선비족인 모용수(慕容垂)가 허베이성(河北省) 중산(中山)에 도읍하여 세운 나라. 북위(北魏)의 압박을 받았으며 409년에 북연의 풍발(馮跋)에게 멸망하였다.

102) 장수왕(長壽王, 394~491/재위 412~491) : 고구려 제20대 왕. 이름은 거련(巨連). 광개토대왕의 맏아들로, 427년에 도읍을 국내성에서 평양으로 옮기고 남하정책을 펼쳐 고구려의 판도를 넓혔다. 5부(部)를 개설하는 등 개혁정책으로 고구려의 전성기를 이루었다.

"왕의 은택이 하늘까지 미쳤고, 위엄은 온 세상에 떨쳤다. 나쁜 무리를 쓸어 없애자 백성이 모두 생업에 힘쓰고 편안하게 살게 되었다. 나라는 부강하고 풍족해졌으며, 온갖 곡식이 가득 익었다. 그런데 하늘이 이 백성을 불쌍히 여기지 않았나 보다. 39세에 세상을 버리고 떠나시었다."

고구려는 스스로 '천하의 중심'이라고 생각하고 있었다. 시조 추모왕은 '천제의 아들(天帝之子)'이었고, 그 백성은 '천손민(天孫民)'이었다. 고구려의 천하관은 광개토대왕릉비문에서 잘 나타나 있다. "업적이 황천(皇天)에 달하고 위력은 사해(四海)에 떨쳤다."고 했다. 광개토대왕이 평생에 걸쳐 64개 성(城)과 1,400촌(村)을 공취(攻取)했다고 기록하고 있으니, 주변국가에 대한 '우월감'을 가지는 것은 당연했다.

훗날 칭기즈칸(成吉思汗)[103]이 동유럽까지 정복할 수 있었던 이유도 고구려의 우수한 유전인자를 물려받았기 때문이다. 서양의 정복왕 알렉산더[104]보다 더 넓은 영토를 경략한 5세기 동북아를 팍스고구려로 통합한 '왕 중의 왕' 광개토대왕을 경모하는 필자의 자작한시를 소개한다.

---

103) 칭기즈칸(成吉思汗, 1167?~1227/재위 1206~1227) : 몽골제국의 제1대 왕. 본명은 테무친. 몽골족을 통일하고 몽골제국의 칸이 되었다. 중앙아시아를 평정하는 한편, 서양 정벌로 동서양에 걸친 대제국을 건설하였다.
104) 알렉산더대왕(B.C.356~B.C.323/재위 B.C.336~B.C.323) : 마케도니아의 왕. 그리스, 페르시아, 인도에 이르는 대제국을 건설하였고, 그리스 문화와 오리엔트 문화를 융합한 헬레니즘 문화를 이룩하였다.

無雙勇猛氣堅持(무쌍용맹기견지) 견줄 데가 없이 용감한 기상을 굳게 견지했고
鐵甲騎兵海陸馳(철갑기병해륙치) 철갑을 입은 고구려 기마병은 온 천하를 질주했네
服濟滅燕三國首(복제멸연삼국수) 백제를 정복하고 연나라를 쳐 삼국의 종주가 됐고
幇羅逐日四維基(방라축일사유기) 신라를 도와 왜를 축출하여 한반도의 기초 되었네
東西征伐王中太(동서정벌왕중태) 동쪽·서쪽을 정벌하여 '왕 중의 첫째'가 되었고
南北和平永樂治(남북화평영락치) 남북의 화평을 가져와 '영락의 치'를 이루었네
恩澤于天威振世(은택우천위진세) 은택이 하늘에 미쳐 위엄은 온 세상에 떨쳤고
嗚呼不惑捨生涯(오호불혹사생애) 아 슬프구나! (영웅의) 생애 40에 붕어하다니

―――――――――――

* 無雙(무쌍) : 서로 견줄 만한 것이 없을 정도로 뛰어나다
* 海陸(해륙) : 바다와 육지. 온 천하
* 服濟(복제) : 백제를 정복하다
* 幇羅(방라) : 신라를 돕다
* 四維(사유) : 동서남북의 사방. 여기서는 한반도
* 永樂(영락) : 고구려 광개토왕의 연호(391~412)
* 不惑(불혹) : 40세. 40세가 되어서는 미혹하지 않았고(四十而不惑).
  　　　　　　 출전 〈논어〉 '위정편'

12 호국불교의 전통과 이차돈(異次頓)의 순교

'호국불교(護國佛敎)'는 불교를 굳게 믿음으로써 국가의 번영을 생각하는 현세 불교적 신앙으로 다른 불교국가에서는 유례를 발견하기 어려운 한국불교 특유의 불교사상이다. 호국불교 근거의 대표적 경전은 〈인왕호국반야바라밀다경〉이다. 이 경전의 '호국품'에 부처님이 파사익왕(波斯匿王)[105]에게 "내치와 외치에 있어서 정법을 가지고 인과의 이치를 바르게 알고 믿어 지혜를 닦아 나라를 다스려야 한다."라는 호국하는 방도를 설하는 내용이 나온다.

한국불교는 삼국 초기부터 왕실의 지원으로 '흥국(興國) · 흥복(興福)'을 위한 이상으로 채택되었기 때문에 불교와 국가 간의 관계는 긴밀함을 유지하였다. 백성들에게는 피화초복(避禍招福)하는 불교를 권장하고, 국가는 새로운 종교사상에 의해 국론을 하나로 결집하여 부국강병을 꾀하려 했다.

---

105) 파사익왕(波斯匿王) : 석가모니 생존시 북인도 코살라왕국의 왕이다. 한역으로는 파사익(波斯匿)이라 한다. 기원정사(祇園精舍)를 지을 땅을 보시한 기타(祇陀)태자와 부처의 수기를 받은 승만부인의 부친이다.

신라에서는 〈인왕경(仁王經)〉[106]을 강설하는 백고좌법회가 생겼으며, 원광법사(圓光法師)의 〈세속오계(世俗五戒)〉[107]는 엄격한 불교의 계율을 세속사회에 탄력적으로 적용했다. 선덕여왕(善德女王) 때는 자장율사(慈藏律師)의 건의로 황룡사구층목탑[108]을 세워 부처님의 위신력(威神力)으로 중국과 일본 등 주변국 제압을 발원했다. 문무대왕(文武大王) 때는 당병(唐兵)을 물리치고 삼국의 옛 영토를 회복한다는 이념 아래 사천왕사(四天王寺)[109]를 건립했다.

　신라 원효대사(元曉大師) 때에 확립된 호국불교는 높은 정신문화를 창출해 국민총화를 이루어 삼한일통에 크게 이바지했다. 고려시대에는 문종(文宗) 때에 국가의 안녕과 평화를 기원하는 목적으로 흥왕사(興王寺)[110]를 창건했고, 고종(高宗) 때에 펼친 판각 사업의 〈팔만대장경(八萬大藏經)〉[111]은 외적의 침입을 막기 위한 호국불사

---

106) 인왕경(仁王經) : 인덕이 있는 제왕이 반야바라밀의 도(道)를 행하면 만민이 안락하고 국토가 안온하다는 경전. 중국 당나라 불공(不空)의 번역본과 인도의 쿠마라지바의 번역본이 있다.
107) 세속오계(世俗五戒) : 신라 화랑(花郞)의 다섯 가지 계율. 진평왕 때에 원광법사가 정한 것으로, 사군이충 · 사친이효 · 교우이신 · 임전무퇴 · 살생유택을 이른다.
108) 황룡사구층목탑 : 황룡사에 있던, 신라의 목탑. 선덕여왕 14년(645)에 자장율사의 건의에 의하여 백제의 공장(工匠) 아비지(阿非知)의 설계로 건축되었으나 고려 고종 25년(1238)에 몽골군의 침입으로 소실되어 지금은 그 터만 남아있다.
109) 사천왕사(四天王寺) : 경주 낭산(狼山)의 동남쪽 기슭에 있던 절. 문무대왕 19년(679)에 명랑(明朗)이 창건하였는데 현재 불전(佛殿)의 주춧돌과 탑지(塔址)만 남아있다.
110) 흥왕사(興王寺) : 개성의 덕적산 남쪽에 있던 절. 고려 문종 10년(1056)에 기공하여 11년 만에 준공한 국립 사찰로 대각국사 의천이 여기에 교장도감을 설치하고 속장경을 간행하였다.
111) 팔만대장경(八萬大藏經) : 고려 고종 23년(1236)부터 38년(1251)에 걸쳐 완성한 대장경. 부처의 힘으로 외적을 물리치기 위하여 만들었는데, 경판(經板)의 수가 8만 1258판에 이르며 합천 해인사에 보관하고 있다.

였다.

　조선시대에는 숭유억불 정책으로 불교의 탄압이 극에 달했지만, 서산대사(西山大師)와 사명대사(四溟大師) 등은 임진왜란 때 승군을 일으켜 분연히 일어섰다. 일제강점기 때, 3.1 만세운동에 만해(万海) 스님 등이 민족대표 33인에 참여하여 호국불교 정신을 계승하였다.

　불교가 삼국에 들어오기는 고구려-백제-신라 순인데, 신라의 불교 융성은 '나중 된 자가 먼저 된' 좋은 사례이다. 신라의 불교 도입에 가장 큰 공헌을 한 이가 이차돈(異次頓, 502/506~527)이다. 성은 박씨이고, 이름은 거차돈(居次頓) 또는 염촉(猒髑)이라고 한다. 부친의 이름은 미상이지만, 조부는 아진종(阿珍宗)으로 습보갈문왕(習寶葛文王)[112]의 아들이다.

　제23대 법흥왕(法興王)[113]은 귀족 세력을 누르고 중앙집권적인 고대 국가체제를 완비하기 위한 이념적 지주로 불교를 활용했다. 이차돈은 법흥왕의 근신(近臣)인 사인(舍人)[114]의 직을 수행하며 왕의 개혁정책과 불교수용이 신라가 도약하는 길이라고 확신하였다.

　527년. 26세의 하급 관리 이차돈은 나라를 위해 순교(殉敎)하기로 결심하였고, 법흥왕은 "도(道)를 일으키고자 하면서 죄없는 사람

---
112) 습보갈문왕(習寶葛文王, ?~?) : 성은 김씨. 신라 제17대 내물마립간의 손자이며 제22대 지증왕의 아버지이다.
113) 법흥왕(법흥왕, ?~540/재위 514~540) : 신라 제23대 왕. 성은 김(金). 이름은 원종(原宗). 이 무렵 불교가 들어왔고, '건원(建元)'이라는 연호를 썼다. 처음으로 율령을 반포하여 백관(百官)의 공복(公服)을 정하는 등 국가체제의 확립에 힘을 기울였다.
114) 사인(舍人) : 신라시대 궁중에서 임금 또는 중앙의 높은 관리를 받드는 일종의 근시직(近侍職).

을 죽일 수 없다."며 반대했으나, "도를 이룰 수 있다면 죽어도 여한이 없겠다."는 이차돈의 고집을 꺾지 못했다. 과연 목을 베인 자리에서 흰 젖이 솟아나 한 길이나 되었다. 하늘은 어두워지고 땅은 진동하였으며, 사방에서 꽃비가 내리는 등 이적(異蹟)이 나타났다. 이 땅의 정신사에 말로는 형용할 수 없는 한 떨기 흰 연꽃이 피어나는 순간이었다.

이차돈은 "나라를 위해 몸을 없애는 것은 신하의 절의요, 임금을 위하여 목숨을 바치는 것은 백성의 곧은 의리입니다. 거짓으로 왕명을 전한 죄를 씌워서 신의 머리를 베신다면 만백성이 굴복하여 감히 왕의 명을 어기지 못할 것입니다."라는 말을 남기고 짧은 생을 마감했다.

이차돈의 순교를 계기로 신라는 불교를 공인하였으며, 법흥왕은 천경림(天鏡林)[115]에 흥륜사(興輪寺)[116]를 지어 이차돈을 추모했다. 법흥왕을 이어 왕위에 오른 진흥대왕 때의 폭발적인 국력신장은 삼국통일전쟁 승리까지 바라보는 원동력이 됐다. 이차돈의 순교로 신라의 역사가 바뀐 셈이다.

〈이차돈 설화〉는 법흥왕의 불법(佛法) 진흥 의지와 왕권 강화 의도가 반영된 것이다. 최초의 순교자 이차돈의 절개와 장렬함을 경모하는 필자의 자작 한시를 소개한다.

---

115) 천경림(天鏡林) : 경주시 사정동(沙正洞)에 있다. 흥륜사(興輪寺)가 있었던 곳으로, 법흥왕 22년(535)에 이곳의 나무를 베어 흥륜사를 짓기 시작하였다고 한다.
116) 흥륜사(興輪寺) : 신라에서 가장 먼저 지어진 절. 불교를 전파하기 위해 온 고구려 승려 아도(阿道)가 지은 것이라 전한다. 법흥왕 14년(527)에 이차돈의 순교로 다시 짓기 시작하여 진흥왕 5년(544)에 완성되었다.

探跡南行千載屯(탐적남행천재둔)　(성인의) 자취 찾아 남행 천년 언덕(경주)에 왔는데
孤單半月幾何春(고단반월기하춘)　외로운 반월성 몇천 년 봄 보냈던가
苦行正法求仁異(고행정법구인이)　불법 위해 고행하고 인을 구해 이적(기적) 일고
不惜形身殉義神(불석형신순의신)　몸을 아끼지 않고 의를 위해 죽어 신이 되었네
傳說煌煌驚動宇(전설황황경동우)　전설이 환히 빛나 우주를 놀라 움직이게 했고
鐘聲曲曲化成民(종성곡곡화성민)　사원의 종소리가 방방곡곡 모든 백성 덕화했네
散華一劍三韓留(산화일검삼한유)　한칼에 꽃다운 목숨 졌지만 삼한에 이름 남아
特立燈明護國遵(특립등명호국준)　특별히 우뚝 선 등불 호국불교로 공경하네

----

* 孤單(고단) : 쓸쓸하고 외로움
* 半月(반월) : 반월성. 경주 월성. 경주시 인왕동에 있는 성. 신라 때의 궁성(宮城)
* 正法(정법) : 1. 바른 교법(敎法). 불법(佛法). 2. 바른 법칙
* 殉義(순의) : 의를 위해 죽음
* 煌煌(황황) : 환히 빛나는 모양
* 驚動(경동) : 매우 놀라 움직임
* 化成(화성) : 1. 덕화하여 선하게 됨. 2. 길러서 자라게 함
* 特立(특립) : 1. 여럿 가운데서 특별히 뛰어나 우뚝 섬. 2. 남에게 의지하지 않고 자립함
* 燈明(등명) : 부처나 보살(菩薩)의 앞에 받드는 등불

13

신라의 기반을 닦은 이사부(異斯夫) 장군

　전쟁은 예고 없이 오는 법이다. 2023년 10월 7일 팔레스타인 무장단체 하마스의 공습으로 이스라엘이 전쟁을 선포하고 반격에 나서면서 양측의 유혈 충돌은 극한으로 치닫고 있다. 공휴일 새벽에 허를 찌른 대규모 공습을 이스라엘 정보기관 모사드는 물론 미국 중앙정보국(CIA)도 이를 사전에 감지하지 못한 것으로 드러났다.

　러시아-우크라이나 전쟁에 이어 전면전으로 치닫는 이-팔 충돌은 중동을 넘어 글로벌 안보 지형을 흔들고 있다. 미국의 전선이 유럽에 이어 중동으로까지 분산되면 아시아에 대한 안보 집중도가 떨어질 수 있다. 만약 중국이 대만을 병합하려 든다면 북한이 오판할 수 있는 상황이 조성된다.

　하마스의 공습은 핵무기나 탄도미사일뿐 아니라 재래식 전력만으로 국가안보를 뒤흔들 수 있음을 보여준다. 북한은 하마스와 보다 월등한 대규모 포격 전력을 갖췄다. 정부와 군 당국은 정찰자산을 총동원해 북한의 1,000문 이상의 장사정포와 20만 명 규모의 특수작전부대 등에 맞설 대비책 강화와 요격체계 개발에 속도를 내야 한다.

해전(海戰) 하면 충무공 이순신을 떠올린다. 그러나 충무공 이전에 왜(倭)로부터 우리 바다를 지킨 장군이 바로 6세기 신라 장군 이사부(異斯夫, ?~?)이다.

이사부는 내물왕의 4세손으로, 일명 태종(苔宗)이라고 한다. 그가 〈삼국사기〉에 처음 등장한 것은 실직(悉直)[117] 군주였고, 20대 초반으로 추정된다.

이사부는 삼국 중 가장 약체였던 신라를 한반도의 주역으로 끌어올린 영웅이고. 이제 막 커가던 신라의 성장을 상징하는 인물이다. 지증왕·법흥왕·진흥왕 3대에 걸쳐서 57년 동안 신라 중흥을 위하여 활약했으며, 화랑을 창설하고 통일대업을 준비한 인물이다. 그가 시작한 정복전쟁은 김유신(金庾信)의 삼한일통의 대업으로 열매를 맺게 된다.

이사부는 지장(智將)이었고 명재상이었다. 그의 활약은 네 가지로 요약된다. 첫째, 우산국(于山國, 울릉도)을 병합하였다. 둘째, 진흥왕에게 역사 기록서인 〈국사〉 편찬을 제안했다. 셋째, 고구려의 도살성과 백제의 금현성을 함락시켰다. 넷째, '화랑'을 앞세워 가야국을 병합했다.

---

117) 실직(悉直) : 고구려 장수왕이 지금의 '삼척시'인 실직 지역을 확보한 뒤 설치한 지방 행정 조직.

512년(지증왕 13). 실직 군주로 임명된 지 7년 후, 이사부는 하슬라주(何瑟羅州)[118] 군주로 임명되어 우산국과 독섬(독도)을 신라에 귀속시켰다. 안변에서 흥해까지 1천 리 동해안이 이사부가 있어 신라의 품으로 들어왔고, 왜국의 출몰이 사라졌다.

529년(법흥왕 16). 신라가 금관가야(金官伽倻)[119]를 압박하자, 인근국가 아라가야(阿羅伽倻)[120]는 왜국에 지원 요청을 했고 오미노 케나노 오미(近江毛野臣)가 이끄는 왜군이 도착했는데 이에 이사부는 3천의 군대를 이끌고 왜군을 쳐부수었다. 이 사건 3년 후인 532년(법흥왕 19), 구형왕이 순순히 신라에 항복하겠다고 전하면서 금관가야는 멸망한다.

545년(진흥왕 6) 7월. 이사부는 진흥왕에게 "국사는 임금과 신하의 잘잘못을 기록하여 만대에 포폄(褒貶)을 보이는 것입니다. (국사를) 정리하여 편찬하지 않으면 후대에 무엇으로 살피겠습니까?"라며 국사 편찬을 건의하였고, 진흥왕은 거칠부(居漆夫)[121]에게 명하여 〈국사〉를 편찬하게 하였다.

550년(진흥왕 11) 1월에 백제가 고구려의 도살성(道薩城)을 함락하고, 3월에 고구려가 백제의 금현성(金峴城)을 점령하였다. 이사부는

---

118) 하슬라주(何瑟羅州) : 신라의 구주 가운데 지금의 '강릉시'에 둔 행정 구역. 태종 무열왕 5년(658)에 설치하였다가 경덕왕 16년(757)에 명주(溟州)로 고쳤다.
119) 금관가야(金官伽倻) : 육가야 가운데 김해에 있었던 나라. 42년에 수로왕이 건국하였다. 한때 육가야의 맹주로 활약하였으나, 신라 법흥왕 19년(532)에 신라에 병합되었다.
120) 아라가야(阿羅伽倻) : 육 가야 가운데 지금의 경남 함안 지역에 있었던 나라.
121) 거칠부(居漆夫, ?~579) : 신라 진흥왕 때의 장군. 황종(荒宗)이라고도 한다. 내물 마립간의 5대손으로 아버지는 이찬 물력이다. 576년 진지왕이 즉위하면서 상대등에 임명되었다.

양국 군사가 피로한 틈을 타서 '어부지리(漁父之利) 전법'으로 두 성을 빼앗고 한강 유역을 공략할 교두보를 확보했다.

562년(진흥왕 23) 9월에 가야가 반란을 일으키자 이사부는 부장(副將) 사다함(斯多含)[122]과 새롭게 재편된 '화랑'을 전선에 배치해 백제와 왜의 지원군을 무찌르고 대가야(大伽倻)[123]를 멸망시켰다.

신라의 군사적 기반을 닦은 병부령(兵部令)[124] 이사부가 있었기에 신라가 삼한일통을 할 수 있었고, 고려와 조선, 그리고 대한민국의 뿌리를 형성할 수 있었다. 이사부의 '우산국 정벌'은 독도가 우리 땅임을 증명하는 역사상 최초의 사건이다. 이후 1432년 〈세종실록지리지(世宗實錄地理志)〉[125]에 우리 땅이라고 표기되어 있다. 신라뿐 아니라 한국사 전체를 통틀어서 보더라도 이사부만큼 긴 시간을 전장에서 보냈고, 그때마다 전공을 올린 사람은 드물 것이다.

한반도 동쪽 변방의 작은 나라 신라의 전성기를 열고 삼국통일의 기틀을 다지는데 앞장선 이사부 장군을 경모하는 필자의 자작 한시를 소개한다.

---

122) 사다함(斯多含, ?~?) : 성은 김(金). 내물왕의 7대손. 급찬(級飡) 구리지(仇梨知)의 아들. 화랑으로 추대되어 1,000여 낭도를 거느렸다. 이사부가 가야국을 정벌할 때, 15세로서 귀당비장(貴幢裨將)으로 출정하여 큰 공을 세웠다.
123) 대가야(大伽倻) : 육가야 가운데 지금의 경북 고령에 있던 부족국가(42~562). 한때 육가야의 맹주였으나 신라에 멸망하였다.
124) 병부령(兵部令) : 신라시대 병부의 으뜸 벼슬. 병부령의 관위(官位)는 대아찬(大阿湌)에서 태대각간(太大角干)까지임. 법흥왕 때에는 1명을 두었다가 진흥왕과 태종무열왕 때 각각 1명씩 늘려 모두 3명을 두었음. 재상과 사신(私臣)을 겸하기도 하였음.
125) 《세종실록지리지(世宗實錄地理志)》 : 단종 2년(1454)에 간행된 《세종실록》의 148권부터 155권까지 실린 지리지. 각 도(道)의 연혁, 고적, 물산, 지형 따위가 기록되어 있다.

元勳新國大豪雄(원훈신국대호웅) 원훈은 신라의 큰 호걸과 영웅으로
以小擴張東北中(이소확장동북중) 작은 나라를 확장해 한강 변 중심으로 변모시켰네
悉直諸兵無敵動(실직제병무적동) 삼척에서 모든 군을 무적의 군으로 훈련시켰고
于山倂合有謀攻(우산병합유모공) 우산국 합병은 계교로 공략하였네
伽耶屈膝興隆始(가야굴슬흥륭시) 대가야를 항복시켜 국가 중흥을 시작했고
麗濟圖謀偏僻終(여제도모편벽종) 고구려 백제를 정벌하여 구석진 나라를 탈피했네
褒貶是非論竹帛(포폄시비논죽백) 잘잘못에 대한 포폄을 위해 〈국사〉 편찬을 건의했고
三韓一統礎其功(삼한일통초기공) 그 공은 삼한일통의 기초를 닦은 것이네

----

* 新國(신라) : 신라
* 悉直(실직) : 삼척시의 옛 지명
* 于山(우산) : 우산국. 울릉도
* 謀攻(모공) : 지략으로 공격하는 방법
* 屈膝(굴슬) : 항복시킴
* 興隆(흥륭) : 흥하여 매우 번성함
* 褒貶(포폄) : 옳고 그름이나 선하고 악함을 판단하여 결정함
* 竹帛(죽백) : 국사. 역사

14

'K 클래식'의 원조, 가야의 '악성(樂聖)' 우륵(于勒)

K 드라마와 K 팝뿐만 아니라 'K 클래식'도 대중성과 보편성을 위해 이제 본격 도약할 때가 됐다. 전 세계인이 보고 듣고 싶은 것을 관객의 입장에서 만들고 공유하는 것이 'K 컬처'의 개척이라고 할 수 있다.

2022년 6월에 18살 피아니스트 임윤찬이 세계적 권위의 미국 반 클라이번 콩쿠르(Van Cliburn Final Concerto)[126]에서 우승을 차지하는 파란을 일으킨 적이 있다. 임윤찬은 이 대회 60년 역사상 가장 어린 나이로 우승하여 예비 거장의 탄생을 예고했다.

한국의 연주자들이 국제적인 콩쿠르에서 입상하는 일이 잦으니 대한민국의 클래식 수준이 이젠 세계적이라 해도 과언이 아니다. 임윤찬은 인터뷰에서 "가장 영감을 많이 받은 음악가가 누구냐?"는 질문에 베토벤이나 쇼팽, 모차르트가 아니라 우리나라의 악성

---

126) 반 클라이번 콩쿠르(Van Cliburn Final Concerto) : 미국의 피아니스트 반 클라이번을 기리기 위해 창설된 피아노 경연대회로, 세계 3대 콩쿠르(쇼팽, 퀸 엘리자베스, 차이콥스키 콩쿠르)에 버금가는 북미 최고 권위의 피아노 경연대회이다.

(樂聖) '우륵(于勒, ?~?)'이라고 말해 세계인들을 놀라게 했다.

임윤찬이 연주했던 라흐마니노프 피아노 협주곡 3번(Rachmaninoff, Piano Concerto No. 3 in D minor, Op.30)[127]에서도 이런 우륵의 음악적 정신을 떠올리며 그만의 해석으로 더 훌륭한 연주가 만들어질 수 있었을 것이다.

과연 우륵은 어떤 사람인가에 대한 의문이 세계인들의 궁금증을 증폭시켰을 것이다. 10대 청년이 우리 것을 소중히 여기는 기풍을 북돋워 줘서 마음 든든하다. 29년 전인 1994년에 정부가 국학의 해 '1월의 문화 인물'로 신라시대의 악성 우륵을 선정한 한 적이 있다.

우륵은 대가야 가실왕(嘉悉王)[128]의 명에 따라 12현금(絃琴, 가야금)을 만들고 예술을 통해 혼란스러운 가야국의 정치적 통합을 꾀하고자 했던 인물이다. 490년경 대가야의 직할 현인 성열현(省熱縣)[129]에서 태어난 그는 고구려의 왕산악(王山岳)[130], 조선의 박연(朴堧)[131]과 함께 우리나라 '3대 악성'의 한 사람으로 추앙받

---

127) 라흐마니노프 피아노 협주곡 3번(Rachmaninoff, Piano Concerto No. 3 in D minor, Op.30) : 러시아의 작곡가 겸 피아니스트 세르게이 라흐마니노프의 세 번째 피아노 협주곡으로, 1996년 영화 《샤인(Shine)》에 삽입된 후 다시금 세계적인 주목을 받았다.
128) 가실왕(嘉悉王, ?~?) : 6세기 가야 말기의 왕. 중국 당나라의 악기를 보고 열두 줄의 가야금을 만들었다.
129) 성열현(省熱縣) : 구체적인 위치는 밝혀지지 않았으나, 오늘날 경남 의령군 부림면으로 비정하는 견해도 있다.
130) 왕산악(王山岳, ?~?) : 고구려의 국상(國相)·음악가. 중국의 진(晉)나라에서 도입한 칠현금을 개조하여 1백여 악곡을 지었으며 지금의 거문고인 현금(玄琴)을 만들었다.
131) 박연(朴堧, 1378~1458) : 조선 세종 때의 음악가. 자는 탄부(坦夫). 호는 난계(蘭溪). 벼슬은 이조판서, 대제학에 이르렀다. 악기를 개량하고 음계를 조정하였으며 향악을 버리고 아악을 사용하게 하는 등, 궁중 음악을 정비하여 우리나라 고유 음악의 토대를 튼튼히 하였다.

고 있다.

 우리 음악의 대표 현악기인 가야금은 위가 둥글고 아래가 평평한데, 이것은 하늘은 둥글고 땅은 네모나다(天圓地方·천원지방)는 천문관을 나타내고 있으며, 열두 개의 줄은 1년 열두 달을 상징한 것이다. 가실왕이 우륵에게 "모든 나라의 방언도 각각 서로 다른데 성음이 어찌 하나일 수 있겠느냐"며 가야금을 위해 곡을 지으라고 명해서 12곡을 지었다.

 우륵의 삶은 시대적 상황 탓에 순탄하지 않았다. 철기로 일어섰던 대가야는 562년 신라 진흥왕의 칼에 무너졌다. 551년(진흥왕 12) 우륵은 제자 니문(尼文)과 함께 신라에 망명했다. 신라는 가야의 소리까지 차지한 셈이다. 진흥왕은 우륵을 국원소경(國原小京, 충주)에 안치시키고, 신라의 정치 문화 통합을 위해 계고(階古)·법지(法知)·만덕(萬德)을 우륵에게 보내 세 사람에게 각각 가야금·노래·춤을 가르쳤다.

 일찍부터 선인들은 "훌륭한 음악이란 간단한 것이고 훌륭한 예절이란 간결한 것(大樂必易 大禮必簡·대악필이 대례필간)"이라는 명언을 남겼다. 우륵은 상가라도, 하가라도, 달기, 거열 등 가야금 12곡을 지어 세 제자에게 들려주었다. 스승의 작품 12곡을 들은 제자들은 그 음악이 "번거롭고도 음란하다(繁且淫·번차음)"고 평하며 5곡으로 압축하여 정제하였다.
 이에 우륵은 "즐거워도 휩쓸리지 않고, 슬퍼도 비통하지 않다(낙이불류 애이불비·樂而不流 哀而不悲'"[132]라고 감탄하며 가히 바르고 훌륭한 정악(正樂)이라고 제자들을 칭찬했다.

진흥왕이 우륵의 음악을 기초로 신라의 대악(大樂)을 완성함으로써 국원소경은 신라의 악도(樂都)가 됐다. 진흥왕 이후 가야금은 신라에 널리 펴져 곡수가 184곡이나 되었으며, 일본에도 전해져 '신라금(新羅琴)'[133]으로 불렸다. 고려와 조선시대에도 궁전과 민간에서 크게 사용되었다. 우륵은 탄금대(彈琴臺)[134]에서 풍치(風致)를 관조하며 망국의 한을 예술의 혼으로 승화시킨 가야금을 탔는데, 그 오묘한 음률에 젖어 사람들이 하나둘 모여들어 촌락을 이루게 되었다.

가야금의 곡을 짓고 노래와 춤을 전수한 우륵을 'K 클래식'의 원조로 삼아 'K컬처'가 세계인의 사랑을 받게 되길 기대한다. 산상대석(山上台石)에 앉아서 가무악(歌舞樂)을 다룬 만능 예인(芸人). 우륵 선생을 경모하는 필자의 자작 한시를 소개한다.

---

132) 낙이불류 애이불비(樂而不流 哀而不悲) : 공자는 〈시경(詩經)〉의 첫 노래인 '관저장(關雎章)'를 듣고는 "즐거우면서도 음탕한 기가 없고 슬프면서도 상심되지 않는다(樂而不淫 哀而不傷·낙이불음 애이불상)"라고 하며 그 중용적인 정조를 높이 샀다.
우륵이 이야기한 '낙이불류 애이불비'라는 말은 〈논어(論語)〉에서 공자가 말한 '낙이불음 애이불상'에서 마지막 글자들만을 바꾸어 사용한 것임을 알 수 있다.

133) 신라금(新羅琴) : 신라에서 일본으로 전해진 가야금. 《일본후기(日本後紀)》에 의하면 809년경 신라의 악사(樂師) 2명 중 금사(琴師)가 곧 가얏고의 선생이었을 것으로 논의되며, 당시 가얏고의 실물이 현재 일본 나라(奈良)의 쇼소원(正倉院)에 두 대가 보존되어 있다.

134) 탄금대(彈琴臺) : 충주시 칠금동에 있는 대문산의 산정이다(고도 108m). 임진왜란 당시 신립 장군의 격전지로도 유명하다. 552년(진흥왕 13) 우륵이 이곳에서 가야금을 탔다는 것에서 지명이 유래되었다. "탄금대는 견문산에 있다. 푸른 벽이 낭떠러지라 높이가 20여 길이요, 그 위에 소나무·참나무가 울창하여 양진명소(楊津溟所)를 굽어 임하고 있는데, 우륵이 거문고를 타던 곳이다. 뒷사람이 그 대를 탄금대라 이름하였다."《신증동국여지승람》

高臺夕照發光濱(고대석조발광빈)　옛날 탄금대 앞 남한강 낙조가 물가에 비칠 때
亡客登高聚散人(망객등고취산인)　우륵이 탄금대에 오르면 흩어진 사람 모여들었네
一彈瑤琴奇妙調(일탄요금기묘조)　아름다운 거문고로 기묘한 가락을 한 번 타면
三間月出自然隣(삼간월출자연린)　초가삼간에 달이 뜨고 자연히 이웃이 되었네
舊堂秋草桐音動(구당추초동음동)　오래된 집의 시든 풀은 거문고 소리에 살아나고
籬下春林鳳曲親(이하춘림봉곡친)　울타리 아래 봄 숲은 봉황새 지저귐과 친하다네
塗地還明成大樂(도지환명성대악)　땅에 떨어진 운명이 다시 밝아져 '대악'을 완성했고
幾千不變轉洪鈞(기천불변전홍균)　수천 년 변하지 않고 태평성대 이루었네

――――――――――

* 高臺(고대) : 높이 쌓은 대(臺). 탄금대
* 亡客(망객) : 망명객. 우륵을 지칭
* 秋草(추초) : 가을철의 풀. 시든 풀
* 桐音(동음) : 거문고 소리
* 鳳曲(봉곡) : 봉황의 지저귐
* 大樂(대악) : 신라 궁중에서 쓰던 음악
* 洪鈞(홍균) : 녹로, 오지그릇을 만드는 데 쓰이는 바퀴 모양의 연장
* 轉洪鈞(전홍균) : 큰 녹로를 돌리다. 태평성대를 누린다

15

을지문덕(乙支文德)의 '살수(薩水)경영'으로 안보위기 돌파하자

　문재인 대통령은 취임 이후 △2017년 북 미사일 연쇄 발사 다음 날 휴가 △러 군용기 독도 상공 침범 때도 NSC 불참 △ 서해 공무원 피살에도 책임 있는 대응 전무(全無) △ 한국이 사드 추가배치를 하지 않고, 미국의 미사일방어 시스템에 참여하지 않으며, 한·미·일 군사동맹을 하지 않는다는 '3불(不)'과 이미 배치된 사드 포대의 운용을 제한하는 '1한(限)' 등 안보 실정(失政)을 초래했다. 이런 당사자가 최근 청와대 용산 이전에 대해 '안보 공백' 운운하는 것은 고소(苦笑)를 금치 못할 일이다.

　1,400년 전, 수(隋)나라[135]는 100년 동안 분열되었던 중원을 통일했다. 589년. 동북아 국제정세는 힘의 균형이 급격하게 수나라로 쪽으로 기울어 긴장이 고조되고 있었다. 이때 을지문덕(乙支文德, ?~?)은 고구려의 대신이었다. 〈삼국사기〉에는 "가문의 계보는

---

135) 수(隋)나라 : 581년에 중국 북주(北周)의 양견(楊堅)이 정제(靜帝)의 선양(禪讓)을 받아 세운 왕조. 581년에 개국하였으며, 589년에 진(陳)나라를 합쳐 중국을 통일하였으나, 618년에 당나라 고조 이연(李淵)에게 망하였다.

알 수 없고, 자질이 침착하고 굳세며 지략과 문장력도 갖추었다."라고만 적혀 있다. 그러나 〈해동명장전(海東名將傳)〉[136]에는 "을지문덕은 평양 석다산(石多山) 사람이다."라고 하였다.

서기 612년. '살수대첩(薩水大捷)'[137]에서 고구려군이 세계 전사(戰史)에 빛날 대승을 거둔 이유는 무엇일까? 그것은 영양왕(嬰陽王)[138]의 '전략적 과감성'과 을지문덕 장군의 '위기관리 리더십'이라 하겠다. 노희상 작가는 이를 '살수경영'이라 정의하고 있는데, 그의 〈살수경영 전략〉을 재정리해 본다.

첫째, 적의 강·약점을 알고 그에 대비했다. 10대 1이라는 수의 열세를 극복하기 위해 정규전보다 유격전으로 승부하고, 적의 기도를 간파하는 데 그치지 않고 적을 유인하는 전법을 창안하여 적기에 활용했다.

둘째, 죽음을 무릅쓰고 적의 실상을 살폈다. 을지문덕은 "적을 알고 나를 알면 백번 싸워도 위태롭지 않다(知彼知己百戰不殆·지피지기백전불태)"는 손자병법을 손수 실천했다. 필사즉생(必死卽生)의 각오로 적진에 들어가 거짓 항복의사를 내비치면서 적장(敵將)을 안

---

136) ≪해동명장전(海東名將傳)≫ : 정조 18년(1794)에 홍양호가 삼국시대부터 조선 인조 때까지의 유명한 장수 46명의 전기를 수록한 책. 기술 방법은 정사(正史)의 열전을 본떴으며, 책머리에 지은이의 자서(自序)가 들어 있다. 6권 3책.
137) 살수대첩(薩水大捷) : 고구려 영양왕 23년(612)에 고구려와 수나라가 살수에서 벌인 큰 싸움. 수나라의 양제가 고구려를 정복하려고 200만의 대군을 인솔하고 쳐들어왔으나, 을지문덕 장군이 지휘한 고구려 군사가 살수를 건너온 수나라의 별동대 30만 5,000여 명을 몰살하였다.
138) 영양왕(嬰陽王, ?~618/ 재위 590~618) : 고구려의 제26대 왕. 일명 평양왕(平陽王). 동왕 9년(598)에 수나라 문제(文帝)의 30만 대군을 격퇴하였으며, 23년(612)에는 수나라 양제(煬帝)가 침입하자 을지문덕을 시켜 이를 섬멸하게 하였다.

심시킨 뒤, 적정(敵情)을 염탐하고 돌아왔다.

셋째, 심리전(心理戰)으로 적의 기를 꺾고 화를 돋웠다. 을지문덕이 수양제(隋煬帝)[139]에게 보낸 '여수장우중문시(與隋將于仲文詩)'[140]는 철저히 자신을 감춘 심리전이자 적의 기를 꺾는 공포의 예봉이었다. 이 글을 받고 적장들이 벌벌 떨었을 정도로 수군은 크게 동요되었다.

넷째, 군민(軍民) 합작의 수성(守城)·청야작전(清野戰術)을 전개했다. 청야전술은 주변에 적이 사용할 만한 모든 군수물자와 식량, 물 등을 없애 적군을 지치게 만드는 전술이다. 고구려군은 대민심리전에 강한 군대였던 것이다.

다섯째, 지리적 이점을 최대한 살렸다. 을지문덕이 살수 지역에서 수많은 강줄기에 소가죽과 뗏목 그리고 돌 등으로 임시 보를 만들어 물을 가두었다가 일시에 터뜨린 것은 지형지세의 이점을 십분 살린 전술이었다.

---

139) 수양제(隋煬帝, 569~618/ 재위 604~618) : 수나라의 제2대 황제. 성은 양(楊). 이름은 광(廣). 대운하(大運河)를 비롯한 토목 공사를 크게 일으켰고, 대군을 보내어 고구려를 침입하였다가 을지문덕에게 패배하였다.

140) 여수장우중문시(與隋將于仲文詩) : 을지문덕이 30만 대군으로 고구려를 침공해온 수나라 장수인 우중문을 희롱하며 지어 보낸 한시로《삼국사기》에 실려 전한다. 우중문이 이 시를 받자 군사들은 싸울 기력을 잃었다고 전한다. 원시(原詩)는 다음과 같다.

귀신같은 책략은 하늘의 이치를 다했고 [신책구천문(神策究天文)]
오묘한 꾀는 땅의 이치를 깨우쳤네 [묘산궁지리(妙算窮地理)]
싸움에서 이긴 공이 이미 높으니 [전승공기고(戰勝功旣高)]
만족함을 알고 그만두기를 이르노라 [지족원운지(知足願云止)]

이처럼 을지문덕은 '천시지리인화(天時地利人和)'[141]를 잘 활용하여 국난을 극복한 천하 명장이었다. 단재 신채호 선생은 〈을지문덕전〉에서 "을지문덕은 우리나라 4천년 역사에 유일무이한 위인일 뿐 아니라, 또한 전 세계 각국에도 그 짝이 드물 도다!"라고 평했다. 조선의 창업공신 조준(趙浚)은 시를 지어 을지문덕을 찬했다.

"살수의 물이 하늘에 출렁이는데/수나라 백만대군이 물고기가 되었음이여/이제는 어부나 나무꾼의 이야기로만 남아/나그네의 작은 웃음거리도 못 되는구나."

대한민국이 신냉전과 각자도생의 높은 파고를 헤쳐 나가기 위해서는 '살수경영'의 리더십으로 총력전을 펼쳐나가야 한다. 안보와 경제는 불가분의 관계에 있다. 국방을 필두로 정치·경제·사회문화·교육노동·복지환경 등 모든 분야에서 을지문덕이 나와야 하는 이유다.

〈삼국사기〉의 '열전'에서 김유신 다음으로 두 번째로 등장하는 영웅, 을지문덕 장군을 경모하는 필자의 자작 한시를 소개한다.

---

141) 천시지리인화(天時地利人和) : 맹자가 그의 왕도론(王道論)을 전개할 때 한 말로, 《맹자》〈공손추(公孫丑)〉 하의 첫 문장이다. 맹자는 승패의 기본적인 요건을 첫째 하늘의 때, 둘째 땅의 이득, 셋째 인화의 세 가지로 보았다. 즉, 민심을 얻는 자가 천하를 얻는다는 뜻이다.
"하늘의 때는 땅의 이득만 못하고, 땅의 이득은 사람의 화합만 못하다(天時不如地利 地利不如人和 · 천시불여지리 지리불여인화)."
"3리의 내성(內城)과 7리의 외곽(外廓)을 에워싸고 공격하지만 이기지 못한다. 에워싸고 공격을 하는데는 반드시 하늘의 때를 얻겠지만, 이기지 못하는 것은 하늘의 때가 땅의 이로움만 못하기 때문이다. 그러나 성이 높지 않은 것도 아니고, 못이 깊지 않은 것도 아니며, 병기와 갑옷이 굳고 이롭지 않은 것도 아니고, 군량이 많지 않은 것도 아닌데 성을 버리고 간다. 이는 땅의 이로움이 사람의 화합만 못하기 때문이다."

통일중원역재편(統一中原域再編)	수나라가 중원을 통일하니 천하는 재편되었고
고수충돌광요변(高隋衝突廣遼邊)	고구려와 수나라가 넓은 요하 주변에서 충돌했네
수성청야군민총(守城淸野軍民總)	수성 · 청야전술로 군과 민이 힘을 하나로 합쳤고
신책선공적진전(神策先攻敵陣顚)	신묘한 책략과 요서(遼西) 선공으로 적진을 전복했네
백만대군위조식(百萬大軍爲鳥食)	수나라 백만 대군은 나는 새들의 먹이가 되었고
을지경작세민권(乙支耕作世民權)	을지문덕이 승리하여 당태종이 권세를 잡게 되었네
명공천고심회통(名公千古心懷痛)	훌륭한 재상을 천고의 세월 동안 그리워하는데
살수유유준걸언(薩水悠悠俊傑焉)	살수는 유유하게 흐르건만 호걸은 어디에 있는가

----

* 中原(중원) : 중국 문화의 발원지인 황하강 유역. 군웅이 할거했던 중국의 중심부나 중국 땅
* 高隋(고수) : 고구려와 수나라
* 遼(요) : 요하(遼河). 중국의 동북지역에 있는 강. 중국 7대강 중 하나
* 世民(세민) : 이세민. 중국 당 왕조의 2대 황제인 당태종
* 名公(명공) : 훌륭한 재상. 높은 벼슬뿐만 아니라 덕까지 갖추어 명성이 높은 사람
* 心懷(심회) : 마음속에 품고 있는 생각이나 느낌
* 痛(통) : 1. 아프다. 2. 번민하다. 3. 간절하다 4. 고통 5. 원망
* 悠悠(유유) : 장구한 모양. 아득한 모양. 이어지는 모양

16

'포용인사'로 성공한 정복군주 진흥대왕(眞興大王)

 국가발전과 국운융성을 위해서는 무엇보다도 국가목표와 지도자의 리더십이 바로 서야 한다. 윤석열 대통령 취임 후 외교·안보는 자리를 잡아가고 있지만, 국내정치는 혼란스럽고 경제는 불안하다. 설상가상 '이태원 참사'로 정부는 여리박빙(如履薄氷)의 위기상황을 맞게 되었고, 북은 국가애도 기간에 NLL 이남으로 미사일을 쏘는 반인륜적 행태를 자행하고 있다.

 정부는 낮은 자세로 책임을 규명하고 참사를 수습, 재발 방지에 힘을 모아야 한다. 무엇보다 가짜뉴스로 촉발된 광우병 난동과 세월호 참사의 트라우마를 조기에 잠재워야 한다. 좌파 세력은 비극적 참사를 정치적으로 악용해서는 안 된다. 국민적 추모를 욕보이는 '정치선동' 촛불집회는 용서받지 못할 짓이다.

 지도자의 리더십은 절체절명의 위기 상황에서 빛난다. 세계대전과 경제공황의 어려운 상황에서 위기를 기회로 반전시킨 영국 처칠(Churchill)[142] 수상의 예가 그러하다. 윤 대통령은 그 옛날 신라

---

142) 처칠(Churchill, Winston Leonard Spencer, 1874~1965) : 영국의 정치가·저술가. 제1차 세계대전 때 해군장관·군수장관·육군장관을 지냈으며, 제2차 세계대전 중에 연립내각의 수상이 되어 전쟁을 승리로 이끌었다. 그림과 문필에도 뛰어나 ≪제2차 세계대전 회고록≫으로 1953년 노벨 문학상을 받았다.

제24대 진흥대왕(眞興大王, 534~576/재위 540~576)의 치세(治世)에서 교훈을 얻기 바란다.

진흥대왕은 성은 김, 이름은 삼맥종(三麥宗), 시호(諡號)는 진흥이다. 제23대 법흥왕의 동생인 입종갈문왕(立宗葛文王)[143]의 아들이며, 어머니는 법흥왕의 딸인 지소(只召)부인[144]이다.

진흥대왕은 처음부터 '준비된 지도자'는 아니었다. 7세에 왕위를 물려받아 모후(母后, 지소태후)가 섭정했다. 또한 '국제정세의 한계'를 지니고 있었다. 진흥대왕은 삼국 중 후진국의 한계를 딛고 국가중흥을 이끌어 삼한일통의 기반을 구축했다.

신라의 '국가목표'는 삼국통일과 국태민안(國泰民安)이었다. 진흥대왕이 세운 '국가경영전략'은 화랑과 불교를 양대 축으로 부국강병을 이룩하는 일이었다. 그는 화랑제도로 문무에서 빼어난 인재를 길렀으며, 불법(佛法)을 통해 민심안정과 국민통합을 도모했다. 스스로 '짐' 혹은 '태왕(太王)'이라 칭하여 왕의 권위를 높였고, 거칠부(居漆夫)를 시켜 신라 역사책 〈국사(國史)〉[145]를 편찬하게 하였다.

이사부, 거칠부 등 전통 귀족들을 세력기반으로 가야계의 김무

---

143) 입종갈문왕(立宗葛文王, ?~537) : 신라시대의 왕족이다. 지증왕의 아들이고, 법흥왕의 아우이자 사위이며, 진흥대왕·숙흘종의 아버지이다.
144) 지소태후(只召太后, ?~574년 이후) : 진흥대왕의 모후로, 법흥왕과 보도왕후 김씨의 딸이자, 입종갈문왕의 부인이다. 진흥대왕 초기에 섭정을 통해 신라를 다스렸다. 별칭은 지소부인(只召夫人).
145) ≪국사(國史)≫ : 진흥왕 때 편찬된 역사서. ≪국사(國史)≫의 편찬은 유례없는 영토확장과 체제정비를 배경으로 하고 있는 만큼, 중앙집권적 고대국가 건설의 문화적 기념탑이라고 할 수 있다.

력(金武力, 김유신의 조부)을 중용했고, 고구려에서 귀화한 승려 혜량(惠亮)[146]을 승통(僧統)으로 삼았다. 가야 출신 우륵(于勒)의 음악을 받아들여 신라 음악을 한 단계 끌어올렸다. 진흥대왕 대의 '르네상스'는 출신성분을 가리지 않은 '포용인사'에 따른 결과이다.

551년(진흥대왕 12). 18세가 된 진흥대왕은 친정(親征)에 나섰다. 연호를 '개국(開國)'[147]으로 바꾸고 백제와 연합해서 고구려 남쪽 변경을 공격했다. 신라는 고구려의 10개 군을, 백제는 6개 군을 점령했다. 진흥대왕은 거칠부에 명해 백제가 70년 만에 되찾은 한성지역의 6개 군마저 공격하여 차지했다.

553년(진흥대왕 14). 백제의 동북 변경을 빼앗아 신주(新州)를 설치하고, 아찬(阿湌) 김무력을 그곳의 군주(軍主)로 임명했다. 백제 성왕은 이를 보복하기 위해 왜와 힘을 모아 554년 신라의 관산성(管山城)을 공격했으나, 김무력이 이끄는 신라군에 패했고, 자신도 전사했다. 이로써 120년 동안이나 계속되던 나제동맹은 완전히 깨지게 되었다.

그때 한강유역을 빼앗긴 고구려와 백제는 다시는 중원(中原)을 회

---

[146] 혜량법사(惠亮法師) : 고구려의 승려. 신라로 귀순하여 진흥대왕 12년(551)에 신라의 국통(國統)이 되었음. 고구려에 있을 때, 국력을 염탐하러 온 신라 장수 거칠부(居柒夫)의 목숨을 구해주었음.
[147] 개국(開國) : 551년부터 567년까지 사용. 진흥대왕은 7세의 어린 나이로 왕위에 올라 어머니 지소부인(只召夫人) 김씨의 섭정을 받아오다가, 551년에 이 연호로 개원(改元)하였다.
아마 이는 진흥대왕이 성인이 되어 친정을 시작한 것을 의미하는 듯하다. 그뒤 진흥대왕은 연호의 글자 그대로 새로운 국가를 창업하듯이 활발한 정복전쟁을 전개하여 신라의 국가적 면모를 일신하였으며, 568년에 대창(大昌)으로 연호를 고쳐 그 발전상을 상징하게 하였다.

복하지 못했고, 신라는 이를 발판 삼아 100년 후 삼한일통의 대업을 완수할 수 있었다. 신라가 한강유역을 차지한 6세기를 '삼국 항쟁 제2기'라고 한다.

진흥왕대은 562년(재위 23)에 대가야를 통합하고, 2년 뒤 서해안의 당항성(黨項城)[148]을 통해 중국 남북조(南北朝)[149]와 활발한 외교활동을 벌였다. 북쪽 국경지역을 순행하면서 북한산·황초령·마운령 등에 순수비(巡狩碑)를 세워서 유교적인 정치이념을 표방하였다.

〈해동고승전〉에는 진흥대왕이 말년에 머리를 깎고 승복을 입었으며, 스스로 법운(法雲)이라는 이름을 짓고 살았다고 전한다. 신라의 영토를 세배나 확장해 삼한일통의 기반을 구축한 진흥대왕은 576년(재위 37) 43세의 아까운 나이에 붕어(崩御)했다.

연구소 창밖으로 멀리 보이는 북한산 비봉에 우뚝 서있는 '진흥왕순수비(眞興王巡狩碑)'[150]를 바라보며 냉엄한 역사의 교훈과 난마처럼 얽힌 우리 정치 현실을 생각한다. 하늘이 내린 위대한 정복군주 진흥대왕을 경모하는 필자의 자작 한시를 소개한다.

---

148) 당항성(黨項城) : 경기도 화성시 구봉산에 위치한 산성. 둘레는 1,200미터이며, 산정식과 포곡식이 결합된 형태이다. 진흥대왕이 한강 유역을 장악한 후 축조하였으며, 삼국시대에 중국으로 진출하기 위한 교통의 요지이다.

149) 남북조시대(南北朝時代) : 남조는 420년 동진에 이어 강남에 건국한 송·제·양·진 등 네 왕조를 말하며, 오·동진을 합쳐 6조라고도 부른다. 북조는 북위·동위·서위·북제·북주 등의 5조를 말한다. 북위가 5호 16국을 통일한 시점에서 수나라 통일까지의 기간을 지칭한다.

150) 진흥왕순수비(眞興王巡狩碑) : 진흥대왕이 한강 유역에서 동북 해안에 이르는 지대와 가야를 쳐서 영토를 넓힌 다음, 신하들과 변경(邊境)을 두루 살피며 돌아다닐 때에 세운 기념비. 현재 북한산비(555), 황초령비(568), 마운령비(568), 창녕비(561)의 넷이 남아있다.

少年登極致中興(소년등극치중흥)　어린 나이에 임금이 되어 (신라를) 중흥시켰고
後進多難勢急增(후진다난세급증)　후진국으로 많은 어려움을 겪고 국력을 키웠네
自古江邊爭奪場(자고강변쟁탈장)　옛부터 한강변 지역은 (삼국의) 쟁탈장이었고
至今畿內曠前勝(지금기내광전승)　지금 경기도는 비교가 안 되는 복된 땅이네
花郎五戒開三敎(화랑오계개삼교)　화랑오계는 유·불·도교의 세 가지 사상을 열었고
佛法一心進上層(불법일심진상층)　불교의 한마음으로 일치해 다시 한층 더 올랐네
日就基盤巡狩北(일취기반순수북)　날로 진보해 통일 기반 위해 북쪽을 순수하였고
騰騰氣勢泰山弘(등등기세태산홍)　영웅(진흥대왕)의 등등한 기세는 태산처럼 높네

――――――――――

* 自古(자고) : 예로부터
* 江邊(강변) : 강기슭. 한강 유역
* 畿內(기내) : 경기도 안
* 曠前(광전) : 비교할 만한 것이 이전에는 없음
* 花郎五戒(화랑오계) : 원광법사가 지은 화랑이 지켜야 했던 다섯 가지 계율. 사군이충(事君以忠)·사친이효(事親以孝)·교우이신(交友以信)·임전무퇴(臨戰無退)·살생유택(殺生有擇)
* 三敎(삼교) : 유교·도교·불교, 또는 유교·불교·선교를 통틀어 이르는 말
* 日就(일취) : 나날이 다달이 자라거나 발전함. 일취월장(日就月將). 일진월보(日進月步)
* 巡狩(순수) : 임금이 나라 안을 두루 살피며 돌아다니던 일
* 氣勢(기세) : 기운차게 뻗치는 형세

17

삼한일통(三韓一統)의 기반을 다진 선덕여왕(善德女王)

역사상 여왕은 많지 않다. 서양에만 클레오파트라(Cleopatra)[151] 같은 여왕이 있는 게 아니라 중국은 측천무후(則天武后)[152]가 있었고, 일본도 여성 천황이 8명 있었다. 우리 역사에는 세 명의 여왕이 있었다. 선덕여왕, 진덕여왕, 진성여왕인데 모두 신라의 왕이다.

신라에만 여왕이 있는 이유는 '골품제(骨品制)'[153]라는 독특한 신분제도 때문이다. 법흥왕 무렵부터 성골(聖骨)만이 왕위에 오르게 되어, 성골 신분이 여자만 남게 되면(聖骨男盡 · 성골남진) 여자가 왕이 될 수밖에 없었던 것이다.

---

151) 클레오파트라(Cleopatra, B.C.69~B.C.30/ 재위 B.C.51~B.C.30) : 고대 이집트 프톨레마이오스 왕조의 여왕. 카이사르의 원조로 잃었던 왕위를 회복하였다. 악티움 해전에서 옥타비아누스에게 패하자 독사로 가슴을 물게 하여 자살하였다고 한다.
152) 측천무후(則天武后, 624?~705) : 당나라 고종의 황후. 성은 무(武). 이름은 조(曌). 중국 역사에서 유일한 여제(女帝)로 고종을 대신하여 실권을 쥐고, 두 아들을 차례로 제왕의 자리에 오르게 하였으며, 스스로 제왕의 자리에 올라 국호를 주(周)로 고치고 성신황제(聖神皇帝)라 칭하였다.
153) 골품제(骨品制) : 신라 때에, 혈통에 따라 나눈 신분제도. 왕족은 성골(聖骨)과 진골(眞骨)로, 귀족은 육두품 · 오두품 · 사두품으로, 평민은 삼두품 · 이두품 · 일두품으로 나누었다.

그러나 신라를 세운 박혁거세의 비인 알영(閼英)은 혁거세와 함께 "두 명의 성인"으로 불린 독립적 여성이었다. 이런 역사적 사실을 주목해 볼 때 신라에서 여왕의 탄생은 예외라기보다 우리 역사의 새로운 장을 여는 장면이라고 볼 수 있다. 신라는 모계 존중이 두드러졌고, 하늘에 지내는 왕실 제사도 공주를 천관으로 삼아 주관했다. 화랑 이전에 '원화(源花)' 제도[154]가 있었으며, 왕의 사위도 왕이 될 수 있었던 나라였다.

신라 제27대 선덕여왕(善德女王, 재위 632~647)은 우리나라 최초의 여왕이다. 이름은 덕만(德曼)이다. 진평왕(眞平王)의 맏딸로 태어났으며, 어머니는 복승갈문왕(福勝葛文王)의 딸인 마야부인(摩耶夫人)[155] 김씨이다.

선덕은 자라면서 '용봉(龍鳳)'의 자태와 '천일(天日)'의 위의를 지녀 성품이 관인명민(寬仁明敏)하였다. 나라 사람들은 선덕이 중생을 구제하는 여래불로 태어났다고 생각했고, '성조황고(聖祖皇姑, 성스러운 조상을 둔 하늘 여신)'라고까지 했다.

선덕여왕은 치국의 요법을 체득한 현명한 군주였다. 즉위 원년

---

154) 원화(源花) : 신라 때에, 사회의 전통적 가치와 질서를 익히며 예절과 무술을 닦던 청소년 단체. 또는 그 우두머리. 화랑(花郞)의 전신(前身)으로서, 진흥왕 때 귀족 출신의 처녀 두 명을 뽑아 단체의 우두머리로 삼고 300여 명의 젊은이를 거느리게 하였으나 서로 시기하는 폐단 때문에 폐지하고 남성을 우두머리로 하는 화랑으로 고쳤다.
155) 마야부인(摩耶夫人) : 신라 제26대 진평왕의 왕비. 성은 김씨, 이름은 복힐구(福肹口)이며, 복승갈문왕의 딸이다. 진평왕은 마야부인에 이어 승만부인(僧滿夫人) 손씨를 후비로 두었으나, 왕통을 이을 왕자를 얻지 못하였다. 그리하여 마야부인 소생 덕만(德曼)이 왕위에 올라 선덕여왕이 되었다.

에 사궁(四窮, 鰥寡孤獨·환과고독, 홀아비, 과부, 고아, 독거노인)을 진휼했고, 다음 해에 일 년 부세를 덜어 주어 국인이 안업낙생(安業樂生)하도록 힘썼다. 일연은 〈삼국유사〉에서 '선덕왕 지기삼사(知幾三事, 선덕왕의 기미를 알아차린 세 가지 일)'라는 제목으로 지혜로움을 묘사하였다.

당에서 보내온 모란꽃 그림에 나비가 그려져 있지 않은 것을 보고 모란에 향기가 없음을 알았으며, 왕궁 서쪽의 옥문지(玉門池)에 개구리가 많이 모여들었다는 이야기만 듣고서 서남쪽 변경의 옥문곡(玉門谷)에 백제군이 잠입해 있다는 사실을 예견하여 이를 격퇴하였으며, 죽을 때 "도리천(忉利天)에 묻어달라."고 유언하면서 낭산(狼山)에 능을 쓰라고 하였는데, 후일 낭산 아래 사천왕사(四天王寺)가 창건되면서 결국 선덕왕릉이 도리천에 자리잡는 형국이 되었다는 이야기이다. 지기삼사에 나타난 '기행이적(奇行異蹟)'만 보아도 진평왕의 후계자 선택이 옳았음을 알 수 있다.

선덕여왕은 집권 후기에 고구려·백제의 '공침(共侵)'에 시달렸다. 642년(선덕여왕11) 가을, 백제 의자왕(義慈王)이 신라 서쪽 40여 성을 점령했고, 백제 고구려 연합군이 당항성(唐項城)을 빼앗았다. 또 백제 윤충(允忠)[156]이 대야성(大耶城, 경남 합천)을 공격해 김춘추의 딸

---

156) 윤충(允忠, ?~?) : 윤충은 642년(의자왕 2) 8월에 군사 1만 명을 이끌고 신라의 대야성을 공격하였다. 아찬(阿飡) 서천(西川)이 김춘추의 사위인 성주 품석(品釋)에게 항복을 권유하였다. 품석은 죽죽(竹竹)의 반대에도 불구하고 처자와 함께 항복하자 성을 함락시켰다. 윤충은 품석과 그 처자들의 머리를 베어 사비성(泗沘城: 부여)으로 보내고 사로잡은 주민 1,000명은 백제의 서쪽 주현으로 옮겨 거주시켰다. 이 대야성의 전공으로 윤충은 말 20필과 곡식 1,000석을 하사받았다.

(고타소)¹⁵⁷과 사위(품석)¹⁵⁸가 죽었다.

상황이 이렇게 돌아가자 동양에서 가장 오래된 천문대인 '첨성대'와 향기나는 황제절인 '분황사'를 세운 바 있는 선덕여왕은 불교 진흥을 통해 국론 결집에 나섰다. 대국통(大國統) 자장율사의 건의로 백제의 탑 만드는 기술자 아비지(阿非知)를 불러와 3년 동안 세계 최대의 '황룡사9층목탑(높이 82미터)'을 건립했다.

9층목탑은 신라 중심의 질서를 세우겠다는 '세계화 프로젝트'이다. 백제·고구려·일본 외에도 남쪽으로 탐라·오월, 북쪽으로 말갈·거란·여진, 나아가 중국이 조공한다는 원대한 비전 제시는 오늘날 대한민국에도 유용한 가치라고 하겠다.

647년 1월 8일. 선덕여왕은 상승(常勝)장군 김유신에 의해 '비담(毗曇)의 난'¹⁵⁹이 진압되기 열흘 전에 타계(他界)했다. 파란이 많은 공전(空前)의 16년 재위였다.

김유신과 김춘추라는 걸출한 영웅을 발탁해서 이청득심(以聽得心)과 소의간식(宵衣旰食, 부지런히 정사에 힘씀)으로 삼한일통의 기반을 닦은 선덕여왕을 경모하는 필자의 자작 한시를 소개한다.

---

157) 고타소랑(古陀炤娘, ?~642) : 대야성주 김품석의 부인으로, 김춘추의 딸이자 김법민(문무대왕)의 여동생이다. 대야성이 함락되자 김품석 일가는 자살했다고 전해진다. 고타소랑의 유해는 647년 김유신에 의해 신라로 오게 된다.
158) 김품석(金品釋, ?~642) : 고타소 공주의 부군으로, 김춘추의 사위이다. 대야성주를 지내던 중에 백제 윤충 장군에게 죽임을 당한다.
159) 비담의 난(毗曇―亂) : 645년 상대등에 취임한 비담은 647년 선덕여왕이 정치를 잘못한다는 명분을 내걸고 스스로 왕위에 오르려고 염종 등과 더불어 반란을 일으켰다. 반란의 와중에 선덕여왕이 죽고 진덕여왕이 즉위하는 등 왕실이 위기를 맞이하였다. 그러나 김춘추·김유신이 반란을 진압하고 비담 등 주모자의 구족(九族)을 멸하였다.

敬天明敏呼皇姑(경천명민호황고) 하늘을 공경하고 명민하여 '하늘 여신'이라 불리었고
龍鳳寬仁海內珠(용봉관인해내주) 용봉의 자태와 너그럽고 어진 성품 신라의 보배였네
四恤安民稱頌有(사휼안민칭송유) 사궁을 진휼하고 백성을 편안히 해 칭송이 자자했고
三奇異蹟隱憂無(삼기이적은우무) 세 가지 기이한 행적은 숨은 깊은 근심 없앴네
九層受貢高懷立(구층수공고회입) 황룡사구층탑은 주변국 조공 받는 큰 생각을 밝혔고
新國中心世界謨(신국중심세계모) 신라 중심의 세계관을 (국내외에) 도모했네
晝夜不分基一統(주야불분기일통) 부지런히 정사에 힘써 삼한일통의 기초를 세웠고
女初聖主拓前途(여초성주척전도) 최초의 여자 성군으로 신라의 앞길을 개척했네

----

* 皇姑(황고) : 하늘 여신
* 龍鳳寬仁(용봉관인) : 용과 봉의 자태와 너그럽고 어진 성품
* 九層(구층) : 황룡사구층목탑
* 三奇異蹟(삼기이적) : 세 가지 기이한 행적
* 隱憂(은우) : 남모르는 숨은 근심이나 시름
* 高懷(고회) : 고상하고 거룩한 마음이나 생각
* 新國(신국) : 신라
* 晝夜不分(주야불분) : 밤낮을 가리지 않고 힘씀. 불분주야(不分晝夜)
* 聖主(성주) : 성군
* 前途(전도) : 앞으로 나아갈 길. 신라의 앞길

18

'회색인 보수들'과 백제의 충신 성충(成忠)

　국민의힘 전당대회에 나온 '얼치기 보수' 후보가 당원들의 눈살을 찌푸리게 하고 있다. 3년 전 CBS 유튜브 채널에 출연해 "박정희 대통령은 평가할 만한 대통령이 아니다."라고 했던 천하람 후보는 2023년 2월 23일 강원도 합동연설회에서 "신영복 선생을 존경한다고 말한 안철수 후보가 종북좌파냐. 신영복 선생의 베스트셀러 책을 읽은 국민들도 종북좌파냐."고 말했다.
　이 발언에 관해 기사 댓글에서는 "간첩을 존경한다는 걸 종북좌파라 안 부르면 '깨어 있는 시민'이라고 불러야 하나?"라는 등의 비판이 비등했다. 보수 정당 국민의힘의 뿌리인 박정희 대통령을 비하하고, 간첩으로 전향하지 않은 자(신영복)를 '선생'이라 칭하는 천 후보의 주장에 동조할 당원들이 얼마나 될까.

　천 후보를 포함한 멘토 격인 이준석, 유승민 등은 정통 보수 정당이라는 옷에 어울리지 않는 '회색인(灰色人)'이 아닐까. 이준석 전 대표는 2021년 6월 국민의힘 전당대회에서 "박근혜 대통령 탄핵은 정당했다."는 주장을 해 보수 정치인의 정체성을 완전히 포기했다.

　유승민 전 의원이 윤석열 대통령을 수렁으로 몰아넣는 '내부 총질'을 벌이자 보다 못한 홍준표 대구시장은 "같은 보수 진영에서 내부 분탕질로 탄핵사태까지 가고 보수 궤멸을 가져온 것은 어떻게 바라봐야 하냐."라며 '박근혜 탄핵 원죄론'까지 꺼내 들은 적이 있다.

　박근혜 대통령 탄핵은 잘못된 것이었고, 보수궤멸을 통해 대한민국 체제탄핵으로 이어져 우리 헌정사에 큰 오점으로 기록될 것이다. 그래서 지난 2021년 11월 국민의힘 대선후보 경선 과정에서 홍준표, 원희룡 후보는 어떤 형식으로든 탄핵에 대해 대국민 사과를 했다. 그러나 유승민 후보는 "다시 그런 상황이 와도 탄핵하겠다."라며 적반하장(賊反荷杖)으로 일관했다.

　정당은 정체성이 같은 사람들이 정권을 잡고 정치적 이상을 실현하기 위한 결사체이다. 개혁보수로 위장하여 '보수의 정체성'을 어지럽히고 '우파의 가치'를 파괴하고 있는 천하람, 이준석, 유승민은 한패가 되어 조롱성 메시지들로 정치를 퇴행시키고 있다. 이들은 선당후사(先黨後私)의 대의(大義)를 백제의 충신 성충에게서 배워야 한다.

　성충(成忠, ?~656)은 일명 '정충(淨忠)'이라고도 하며, 의자왕(義慈

왕)¹⁶⁰⁾과 같은 부여(扶余)씨¹⁶¹⁾로 백제 왕족 출신이다. 논리가 명확하며 언변이 뛰어나고 병법에 밝아 가히 하늘이 낳은 재사라 할만했다.

백제가 멸망하기 4년 전인 656년(의자왕 16) 3월. 좌평(佐平, 1품)¹⁶²⁾ 성충은 자만과 주색에 빠진 의자왕에 극간(極諫)하다가 투옥되었다. 성충은 "살아서 내 두 눈으로 백제가 망하는 것을 보고 싶지 않다."라며 단식하다가 옥중(獄中)에서 다음과 같은 비장한 상소를 올린 후 스스로 목숨을 끊었다.

"충신은 죽더라도 임금을 잊지 못하는 법입니다. 그래서 죽으면서 한 말씀만 드리겠습니다. 신이 항상 시세의 흐름을 볼 적에 머지않아 반드시 전쟁이 일어날 것 같습니다. 그때 군대를 사용함에 있어서는 그 지리적 조건(地勢, 지세)을 잘 이용하여야 하는데, 강 상류에서 적병을 맞이하면 나라를 보전할 수 있습니다.

---

160) 의자왕(義慈王, ?~?/ 재위 641~660) : 백제의 제31대 마지막 왕. 642년에 신라를 공격하여 미후성(獼猴城) 등 많은 지역을 점령하고, 고구려와 화친하는 등 기울어져 가는 국위의 선양에 힘썼다. 만년에 사치와 방탕에 흘러, 660년에 나당 연합군에 항복하여 당에 압송되었다가 병사하였다.
161) 부여(扶余)씨 : 백제의 왕은 부여씨였다. 고구려와 마찬가지로 부여에서 비롯되었다는 뜻에서 부여를 성씨로 삼았고, 주변에 있던 해씨와 진씨 부족을 포함하는 나라로 성장했다.
≪고기(古記)≫에 천제(天帝)가 흘승골성(訖升骨城)에 내려와 도읍을 정하여 북부여(北夫余)라 하고, 해모수(解慕漱)의 해(解)로 성(姓)을 삼았다. 그 후 동부여로 옮아가고 그 자리에 동명제(東明帝)가 북부여에 이어 졸본부여(卒本夫余)를 세웠다.
162) 좌평(佐平) : 백제 때에 둔 전체 십육 관등 가운데 첫째 등급. 고이왕 27년(260)에 둔 것으로, 내신좌평·내두좌평·내법좌평·위사좌평·조정좌평·병관좌평의 여섯 좌평이 있었다.

적병이 만약 오거든 육로로는 탄현(炭峴)[163]을 통과하지 못하게 하고, 수로로는 기벌포(伎伐浦)[164]에 들어오지 못하게 해야 하며, 그 험준하고 좁은 곳에 의지하여 방어하여야만 이길 수 있을 것입니다."《삼국사기》

계백(階伯) 장군의 5천 결사대가 황산벌(黃山伐)[165]에서 패전했다는 전황(戰況)을 보고받은 의자왕은 "후회로다. 내가 성충의 충성된 말을 듣지 않다가 이 지경에 이르렀구나."라고 탄식하였다. '초심을 유지하면 절대 일을 망치지 않는다(初心不亡·초심불망)'는 철리를 망각한 의자왕은 스스로 재앙을 불러들여 오욕을 뒤집어썼으니 참으로 애석한 일이라 하겠다.

'당나라 침공'과 '전쟁 대비'의 주장을 펴 '선견지명의 충절'을 발휘했던 비운의 주인공, 성충을 경모하는 필자의 자작 한시를 소개한다.

---

163) 탄현(炭峴) : 백제가 신라의 침략에 대비하기 위해 방어시설을 구축한 요충지. 《삼국사기》〈백제본기〉에 따르면, 501년(동성왕 23) 7월에 탄현에 목책을 설치하여 신라의 침략에 대비하였다고 한다.
또한 660년 충신 흥수(興首)가 의자왕에게 "백강(白江)과 탄현은 우리나라의 요충지여서 한 명의 군사와 한 자루의 창으로 막아도 1만 명이 당할 수 없을 것입니다. 마땅히 용감한 군사를 뽑아 지키게 하여, 당군이 백강에 들어오지 못하고 신라군이 탄현을 넘지 못하게 하고, 대왕은 여러 겹으로 막아 굳게 지키다가 적의 군량이 다 떨어지고 사졸이 피로함을 기다린 연후에 힘을 떨쳐 치면 반드시 깨뜨릴 것입니다"라고 하였다. 결국 흥수의 조언을 듣지 않아 신라군이 탄현을 넘어 황산벌에서 계백의 결사대 5천과 싸워 승전하게 되었다.
164) 기벌포(伎伐浦) : 충남 서천군 장항읍 일대. '금강 하구' 일대. 백제 때 사비성을 지키던 중요한 관문이었다. 나당전쟁 시기에 신라군과 당군 간에 기벌포전투가 벌어졌던 곳이다.
165) 황산벌(黃山伐) : 충남 논산시 연산면 일대의 넓은 들. 계백 장군이 김유신의 신라군을 맞아 싸운 격전지이며, 후백제의 신검(神劍)도 이 벌판에서 고려의 왕건에게 항복했다.

忠臣炯眼不堪亡(충신형안불감망)　충신은 통찰력으로 나라 망함을 견딜 수 없었고
落日扶蘇苦憶樑(낙일부소고억량)　부소산에 해가 지면 괴롭게 대들보를 그리워하네
慢恃潛龍能護國(만시잠룡능호국)　(백마강)잠룡이 호국 신이라고 오만하게 믿었는가?
若依險勢保全王(약의험세보전왕)　험한 지세 의지했다면 왕을 지킬 수 있었을 텐데.
上疏耿耿公明策(상소경경공명책)　옥중 상소는 제갈량의 묘책처럼 굳은 믿음 있는데
誤判區區桀紂疆(오판구구걸주강)　보잘것없는 (조정)오판은 하·은처럼 멸망 초래했네.
白馬天寒灃益愴(백마천한풍익창)　백마강 날씨가 차면 파도 소리 더욱 슬프고
奈何破棄佐平方(내하파기좌평방)　어찌하여 성충의 방책을 파기해 나라를 잃었는가?

―――――――――

* 炯眼(형안) : 빛나는 눈. 사물에 대한 뛰어난 관찰력을 비유
* 不堪(불감) : 감당하지 못함. 불감당(不堪當)
* 扶蘇(부소) : 부여군 백마강 기슭에 있는 산. 백제의 옛 궁터·낙화암 등의 고적이 있음
* 苦憶(고억) : 몹시 그리워함. 애태우며 생각함
* 公明(공명) : 제갈공명(諸葛孔明). 중국 삼국시대 촉한(蜀漢)의 승상
* 桀紂(걸주) : 포악무도한 중국 하(夏)나라 걸왕과 은(殷)나라 주왕
* 疆(강) : 1. 지경. 2. 끝. 3. 국토. 4. 굳은 땅
* 白馬(백마) : 백마강. 부여군 북부를 흐르는 강
* 灃(풍) : 1. 강의 이름 2. 감천(甘泉), 단물 나는 샘. 3. 파도(波濤) 소리
* 佐平(좌평) : 백제의 16 관등 가운데 첫째 등급. 6좌평이 있음
* 奈何(내하) : 어찌함. 어떻게
* 方(방) : 1. 방법. 2. 도리. 3. 국가. 4. 방위. 5. 장소

19

나라를 나라답게 만든 백제의 계백(階伯) 장군

　고대 그리스의 철학자 디오게네스(Diogenes)[166]는 대낮에 등불을 들고 사람을 찾아 헤맸지만, "사람은 많아도 쓸만한 사람을 찾기가 매우 어렵다."고 했다. 사람다운 사람을 찾는 일의 간고(艱苦)함이 고금(古今)이 어찌 다를 것인가 마는 지도자 한 사람이 때로는 나라를 안정시킬 수도 있다(一人定國 · 일인정국).

　당나라 시인 두목(杜牧)[167]이 〈번천문집(樊川文集)〉에서 신라의 장보고(張保皐)[168]를 찬양한 말을 음미해 보자. "옛말에 이르기를 '나라에 현인이 한 사람만 있어도 그 나라는 망하지 않는다.'고 하였다. 대저 나라가 망하는 것은 사람이 없어서가 아니라 정녕 그 나

---

166) 디오게네스(Diogenes, B.C.412?~B.C.323?) : 고대 그리스의 철학자. 견유학파의 한 사람으로, 자족과 무치(無恥)가 행복에 필요하다고 말하고, 반문화적이고 자유로운 생활을 실천하였다. 키니코스학파의 창시자이다.
167) 두목(杜牧, 803~852) : 당나라 말기의 시인. 자는 목지(牧之). 호는 번천(樊川). 두보(杜甫)에 상대하여 소두(小杜)라 부르며, 시풍은 호방하면서도 청신(淸新)하며, 특히 칠언 절구에 뛰어났다. 작품에 〈아방궁부(阿房宮賦)〉, 〈산행(山行)〉 따위가 있다.
168) 장보고(張保皐, ?~846) : 통일 신라 시대의 장군. 본명은 궁복(弓福) · 궁파(弓巴). 당나라에 건너가 무령군(武寧軍) 소장(小將)이 되어 활약하였으며, 귀국 후 청해진 대사(大使)로 임명되어 황해와 남해의 해상권을 장악하고 당나라와 일본으로 왕래하며 동방 국제무역의 패권을 잡았다.

라가 망할 즈음에 어진 이를 쓰지 않기 때문이니, 만일 그런 이를 쓸 수만 있다면 한 사람만으로도 넉넉한 것이다."

우리 역사는 나라를 나라답게 만든 인물들의 보고(寶庫)이다. "차라리 계림의 개돼지가 될지언정 왜국의 신하는 될 수 없다."며 분사(憤死)한 박제상(朴堤上)[169]은 신라의 자존을 지킨 수호신이다. 고구려의 신하였던 대조영(大祚榮)은 조국이 망하자 발해를 건국하여 대제국을 형성, 15대 230년간 지속했다. 불사이군(不事二君)의 단심(丹心)으로 선죽교에서 격살되어 '절신(節臣)'의 신화가 된 정몽주(鄭夢周)는 고려의 자부심이다. '경술국치'를 당하자 "세상에서 지식인 노릇 하기 어렵기만 하구나."라며 절명한 황현(黃玹)은 조선을 조선답게 한 선비이다.

백제의 의자왕(義慈王)은 즉위 이후 유교정치 이념을 신봉하였고, 용맹스럽고 효심이 깊어 '해동증자'라고 칭송받았다. 그는 백제가 멸망하기 불과 5년 전만 해도 신라의 30여 성을 빼앗았을 만큼 활발한 정복사업을 펼쳤다.

이후 자만과 사치와 주색에 물든 의자왕은 '3충신'(성충, 흥수, 계백)을 가지고도 망국의 군주로 전락하여 700년 왕업을 목적(牧笛, 목동이 부는 피리)에 부쳤으니, "나라가 망하는 것은 어진 이를 쓰지 않기 때문이다."라는 두목의 말이 증험(證驗) 된 것이라 하겠다.

---

[169] 박제상(朴堤上, ?~?) : 신라 눌지왕 때의 충신. 고구려에 볼모로 가 있던 왕제(王弟) 복호(卜好)를 데려왔으며, 왜(倭)에 볼모로 간 왕제 미사흔(未斯欣)을 돌려보내고 자신은 체포되었는데, 왜의 협박과 회유에도 굴하지 않고 충절을 지키다가 피살되었다. 부인은 그를 기다리다 '망부석'이 되었다는 전설이 있다.

계백(階伯, ?~ 660)은 황산벌 싸움의 영웅으로 망한 나라 백제를 상징하고, 고려의 최영(崔瑩) 장군과 조선의 남이(南怡)[170] 장군과 함께 대표적인 '한국사의 비운의 장군'이다. 충신 성충(成忠)과 흥수(興首)[171]는 "육로로 적이 오면 탄현(炭峴, 옥천)을 넘지 못하게, 수군이면 기벌포(伎伐浦, 금강하구)에 들어오지 못하게 해야 한다."고 의자왕에게 간언하였지만, 의자왕은 이를 듣지 않았다. 5만 명의 나당 연합 군사가 백강(기벌포)과 탄현을 지났다는 소식을 듣고서야 의자왕은 계백을 불렀다. 이때 그의 관직은 달솔(達率, 2관등)[172]이었다.

출정하기 전에 계백은 처자(妻子)를 모두 죽여 대의멸친(大義滅親)의 비장한 결의를 보였으며, 황산벌에 '5천 결사대'를 모아 놓고 배수진(背水陣)의 결의를 밝혔다.

"옛날 월(越)왕 구천(句踐)[173]은 5천 명의 군사로 오(吳)나라 70만 대군을 격파하였다. 오늘 우리는 마땅히 각자 분발하여 싸우고, 반드시 승리하여 나라의 은혜에 보답해야 한다!"

---

170) 남이(南怡, 1441~1468) : 조선시대의 무신. 1467년 이시애의 난을 진압하여 이름을 떨치고 28세에 병조판서가 되었으나, 유자광의 무고로 죽었다.

171) 흥수(興首, ?~?) : 백제 의자왕 때의 대신). 660년 성충과 함께 사치와 유흥에 빠져가는 의자왕에게 간하다가 유배되었으며, 나당(羅唐) 연합군이 백제를 침공하였을 때에, 그 방어책을 진언하였으나 받아들여지지 않았다.

172) 달솔(達率) : 백제의 16관등(官等) 중 제2위의 품관(品官).《후주서(後周書)》에 따르면 정원은 30명이고, 관은 은화(銀花)로 장식하고 자색(紫色)의 옷을 입었으며, 수도 5부와 지방 5방(方)의 장인과 방령(方領)의 직위에 달솔이 임명되었다.

173) 구천(句踐, 재위 BC 496~BC 465) : 춘추시대 말기의 월(越)나라의 왕. 오왕 합려와 싸워 그를 죽였고 아들 부차에게 패했다. 그 후 부차를 꺾어 자살하게 하고 서주(徐州)에서 제후와 회맹하여 춘추 패자가 되었다.

660년 음력 7월 9일~10일. 계백은 3개의 군영을 설치하고 10배나 되는 신라군과 4번 접전해 승리했지만, 결국은 장렬히 전사하고 말았다. 계백은 성충, 흥수와 함께 '백제의 3충신'으로 불린다. 부여 부소산성 남문터 아래 있는 삼충사(三忠祠)는 이들 3충신을 모신 사당이다. 조선의 유학자들은 처자를 죽이고 절개를 지킨 계백을 '충절의 표본'으로 여기고 부여 의열사, 연산 충곡서원에 제향했다.

조선의 안정복(安鼎福)[174]은 〈동사강목(東史綱目)〉[175]에서 계백 장군을 이렇게 평가했다. "삼국 때에 충신과 의사가 필시 많았지만, 역사서에 보이는 것을 가지고 말한다면 마땅히 계백을 으뜸으로 삼아야 할 것이다."

신라의 김유신과 의자왕이 쟁패를 겨루던 당시의 삼국 정세는 신라가 최약세였다. 그러기에 백제의 최후는 너무나 허망했다. 의자왕은 660년 7월 18일 나당연합군에게 항복을 했고, 8월 2일 사비성에서 패전의 책임을 지고 사죄하며 술을 따라 올리는 '행주(行酒)의 예'를 행했다. '의자왕의 실패'에서 지도자의 리더십이 얼마나 중요한지 알 수 있다.

황산벌 싸움의 '비극적 영웅'으로 살신구국(殺身救國)의 자세로 산화한 계백 장군을 경모하는 필자의 자작 한시를 소개한다.

---

174) 안정복(安鼎福, 1712~1791) : 조선 정조 때의 학자. 자는 백순(百順). 호는 순암(順菴). 이익의 문인으로, 과거의 역사·지리학을 비판하고 우리 역사의 정통성과 자주성을 세웠다. 저서에 ≪동사강목≫, ≪순암집≫, ≪가례집해(家禮集解)≫ 등이 있다.
175) 동사강목(東史綱目) : 안정복이 지은 역사책. 단군조선에서부터 고려 말에 이르기까지의 역사를 주희의 ≪통감강목(通鑑綱目)≫을 참고로 하여 편년체로 기록하였다.

若無當世大干城(약무당세대간성) 만약 그 시대(백제)에 큰 인물(계백)이 없었더라면
古國扶餘寂寞京(고국부여적막경) 백제의 수도(부여)는 적막하게 느껴졌을 것이니
聯合羅唐精銳隊(연합나당정예대) 5만의 나당연합군은 정예 대오를 형성했고
五千決死最强兵(오천결사최강병) 5천의 백제 결사대는 최강병으로 구성했네
黃山節士無時泣(황산절사무시읍) 황산벌의 목숨을 바친 병사는 때가 없이 곡하고
白馬宮人悽絶聲(백마궁인처절성) 백마강에 몸 던진 삼천 궁녀는 처절하게 우네
地裂天催支柱沒(지열천최지주몰) 하늘 꺾이고 땅 갈라져 나라의 기둥 죽었으니
興亡悔恨我長鳴(흥망회한아장명) 백제 흥망에 대한 회한에 슬피 울고 싶네

---

* 若無(약무) : 1. 마치 없는 것 같다. 2. 만약 …이 없다면
* 當世(당세) : 바로 그 시대. 또는 바로 그 세상
* 干城(간성) : 방패와 성. 군대나 인물. 대간성은 계백을 지칭
* 古國(고국) : 역사가 오래된 나라. 백제
* 黃山(황산) : 황산벌. 논산시 연산면 일대
* 節士(절사) : 절개를 지키는 사람
* 白馬(백마) : 백마강. 부여군 북부를 흐르는 강. 금강(錦江)의 본류
* 地裂天催(지열천최) : 천최지열(天催地裂). 하늘이 꺾이고 땅이 갈라짐
  　　　　　　　　　백제의 멸망을 비유
* 支柱(지주) : (나라의) 기둥
* 長鳴(장명) : 소리를 길게 내어 욺

20

당태종의 '천하욕(天下慾)'을 꺾은 연개소문(淵蓋蘇文)

2024년 4.10 총선을 앞두고 북의 김정은은 남북 관계를 동족 관계가 아니라 했고, 대한민국을 '교전 중인 적대국'으로 규정했다. 이처럼 '빙탄불상용(氷炭不相容, 얼음과 숯은 서로 용납할 수 없음)'의 남북 관계에도 불구하고 남한 내 종북·친북세력들은 "북한의 인권 문제와 미사일 발사, 북핵을 비난하면 반민족·전쟁광·극우"라고 비난해왔다.

이재명 민주당 대표는 1월 19일 김정은이 도발한 최근 남북 긴장 고조에 대해 "이러다 전쟁 나는 거 아니냐는 국민의 걱정이 커진다."며 '전쟁이냐 평화냐'라는 좌파의 '전가지보(傳家之寶)'를 다시 꺼내 들었다.

이 대표는 이날 국회에서 열린 최고위원회의에서 "(김정은의) 선대들, 우리 북한의 김정일·김일성 주석의 노력들이 훼손되지 않도록 애써야 할 것"이라고 했다. 이 대표에게 묻고 싶다. 김정일과 김일성에게 '우리'를 쓸 수 있는지. 그들의 노력이 과연 무엇인지.

아무리 선거가 급하다 해도 '양비론'으로 윤석열 정부의 대북 안보관을 흔들면 안 된다. 유일한 평화의 길은 대한민국이 압도적인 전쟁 억지력을 보유하는 것이며, 국론분열은 망국으로 가는 지름길이다. 이 대표는 당나라 군대에 성문을 열어준 내부 반역 세력의 '적전분열(敵前分裂)'로 멸망한 고구려를 반면교사(反面敎師)로 삼아야 한다.

당태종(唐太宗)이 즉위한 후 중국 중심의 세계질서를 구축하려는 '팽창정책'을 쓰자, 영류왕(榮留王)[176]과 귀족들은 '서수남진(西守南進)' 정책으로 당나라에 대해 굴욕적인 저자세 외교로 일관했다. 반면 고구려가 천하의 중심이라는 세계관을 가진 고구려무장 세력들은 '남수서진(南守西進)' 정책으로 영류왕의 정책에 반발했다.

연개소문(淵蓋蘇文, ?~665?)은 대당 강경파의 선봉으로 당나라의 침입을 물리친 혁명가이다. 일명 개금(蓋金)이라고 한다. 성품이 호방하고 의표가 웅위하였고, 동부(東部)의 대가(大加, 부족장)[177]였던 아버지가 죽은 뒤 그 직을 계승하였다.

642년 9월. 연개소문의 세력이 커지자 이를 두려워한 여러 대신과 영류왕이 그의 제거를 모의했다. 이를 눈치챈 연개소문은 정변

---

176) 영류왕(榮留王), ?~642/ 재위 618~642) : 고구려 제27대 왕. 이름은 건무(建武). 당나라와 평화적인 관계를 맺어 수나라의 고구려 원정 때 잡혀간 포로를 찾아왔으며, 도교를 처음으로 받아들였다.
177) 대가(大加) : 부여와 고구려시대의 부족장. 부여의 경우 마가(馬加)·우가(牛加)·저가(猪加)·구가(狗加) 등을 들 수 있다. 고구려의 경우 연맹왕국을 형성한 오부족(五部族)의 족장 후예들과 전왕족(前王族)이나 왕비족 집단의 우두머리가 해당된다.

을 일으켜 영류왕 이하 반대파 중신들 100여 명을 시해하고 보장왕(寶藏王, 영류왕의 조카)[178]을 추대한 후 대막리지(大莫離支)[179]가 되어 무단정치를 하였다.

  645년 6월. 연개소문을 누르고 '천하의 주인'이 되고 싶었던 당 태종은 장량(張亮)·이세적(李世勣)[180]을 앞세워 수십만 대군을 이끌고 고구려에 침입하여 '안시성(安市城)[181]을 포위하였으나, 성주 양만춘(楊万春)[182]이 이를 물리쳤다. 당태종은 647년 재침을 강행하였으나, 연개소문은 연이은 당나라의 침략전을 승리로 이끌었다.

  연개소문이 생존했을 때까지 당나라는 더는 고구려를 공격하지 못했다. 그러나 멸망 직전까지 전성기를 누렸던 700년 역사의 고구려가 망한 원인은 '내부 분열'과 '반역자의 적과의 내통' 때문이었다.

  665년. 연개소문은 "너희 형제는 고기와 물같이 화합해 작위를 다투는 일을 하지 말라. 만일 그런 일이 있으면 반드시 이웃들의

---

178) 보장왕(寶藏王, ?~682/ 재위 642~668) : 고구려의 제28대 마지막 왕. 이름은 보장(寶藏). 668년 나당연합군의 침공으로 고구려는 망하고, 보장왕은 당나라로 압송되었다.
179) 대막리지(大莫離支) : 삼국 시대 후기에 둔, 고구려의 으뜸 벼슬. 연개소문이 집권하고 나서 그의 벼슬을 기존의 막리지보다 한 등급 올려 부른 것이다.
180) 이세적(李世勣, 594~669) : 당나라의 명장. 중원 평정과 돌궐, 서역, 설연타, 고구려를 상대로 많은 공을 세웠다. 본명은 서세적(徐世勣)이나, 당고조 이연에게 이씨 성을 하사받았다. 이세민이 황제로 즉위하자 세민과 겹치는 '세'자를 피휘하여 이적(李勣)이라고 했다.
181) 안시성(安市城) : 요령성 해성시 영성자촌 소재. 고구려가 요하유역에 설치한 방어성.
182) 양만춘(楊万春, ?~?) : 고구려의 명장. 보장왕 4년(645) 안시성에서 중국 당태종의 30만 대군을 맞아 격전 끝에 이를 물리쳤다. 정사(正史)에는 그의 이름이 나타나지 않는다.

웃음거리가 될 것이다."라는 유언을 남겼다. 그러나 큰아들 남생(男生)[183]이 동생 남건(男建)[184]·남산(男産)과의 골육상쟁(骨肉相爭) 끝에 당에 투항하였고, 동생인 연정토(淵淨土)[185]가 신라에 투항하자, 나당연합군의 공격으로 고구려는 668년에 멸망했다.

연개소문에 대한 역사적 평가는 크게 상반된다. 김부식은 〈삼국사기〉에서 임금을 죽인 역적이며, 고구려의 멸망을 초래한 장본인으로 기록했지만, 신채호는 〈조선상고사〉에서 위대한 혁명가로, 박은식은 〈천개소문전(泉蓋蘇文傳)〉[186]에서 독립 자주정신과 담략을 지닌 우리 역사상 일인자로 평가했다.

당시의 국제정세를 정확하게 읽어내지 못해 외교적으로 고립되고 후계자를 제대로 기르지 못해 나라를 망친 인물이라는 과(過)가 있지만, 강력한 리더십으로 동북아시아를 지배하던 강한 고구려를 이끌었고, 당태종의 천하욕(天下慾)에 맞서 민족의 자주적 기상을 떨친 공(功)이 더 큰 연개소문을 경모하는 필자의 자작 한시를 소개한다.

---

183) 남생(男生, 634~679) : 연개소문의 맏아들. 666년 연개소문이 죽자 대막리지가 되어 3군대장군을 겸하고, 여러 성을 순시하러 나간 사이에 동생 남건·남산이 그의 아들 헌충(獻忠)을 죽이고, 남건이 스스로 대막리지가 되었다. 남생은 아우들에게 패하고 국내성으로 쫓겨 당나라에 구원을 청하였고, 그 뒤 이적, 신라군과 함께 고구려를 멸망시켰다.
184) 남건(男建, ?~?) : 연개소문의 둘째 아들. 667년에 당나라 이적(李勣)이 남생과 고구려에 침입, 신성(新城)이 함락되자 군사를 옮겨 압록강을 건너오는 당군을 막았다. 이듬해 평양이 함락되자 자결하려다 실패, 당나라에 잡혀가 검주(黔州)에 유배되었다.
185) 연정토(淵淨土, ?~?) : 고구려 말기의 대신. 연개소문의 아우로, 형이 죽고 내외 정세가 고구려에 불리하게 되자 12성(城)을 가지고 신라에 항복하였다.
186) 〈천개소문전(泉蓋蘇文傳)〉: 당고조 이연(李淵)의 휘를 피해 연(淵)을 천(泉)으로 표기.

雄飛天下志經營(웅비천하지경영)　웅비하는 천하 영웅 국가경영에 뜻을 두었고
一變成功一廓淸(일변성공일곽청)　한 번의 정변 성공으로 일시에 혼란 종식했네
安市守城欣奏樂(안시수성흔주악)　안시성전투에서 성을 지켜 음악 연주를 기뻐했고
高唐對敵遂追兵(고당대적수추병)　고당전쟁에서 당나라와 싸워 마침내 적을 쫓았네
艱難外患風波始(간난외환풍파시)　고생스런 외적 침입 걱정은 풍파의 서막이었고
悽慘相爭亡國行(처참상쟁망국행)　처참한 형제간 골육상쟁은 망국의 길이었네
七百廟堂雖已沒(칠백묘당수이몰)　700년 고구려 비록 망해 사라졌지만
千秋武烈有餘情(천추무열유여정)　오랜 세월 군사 공적 사람 마음 격동시키네

――――――――――

* 一變(일변) : 한 번의 정변
* 廓淸(곽청) : 세상의 혼란을 깨끗이 몰아냄
* 奏樂(주악) : 음악을 연주함. 또는 그 음악
* 追兵(추병) : 추격하는 군사
* 艱難(간난) : 매우 힘이 들고 고생이 됨. 간난신고(艱難辛苦)의 줄임말. 간고(艱苦)
* 外患(외환) : 1. 외적의 침범에 대한 걱정. 2. 외적의 침입으로 인한 재앙
* 相爭(상쟁) : 골육상쟁(骨肉相爭). 가까운 혈육끼리 서로 싸움
* 廟堂(묘당) : 1. 조정 2. 의정부
* 武烈(무열) : 1. 군사상의 공적. 2. 싸움에 열렬하고 용감한 일
* 餘情(여정) : 남은 정

남북국시대 III

문무대왕　　　　　대조영

III

21. 포스코의 '제철보국' 정신과 김유신(金庾信)의 통일 리더십
22. '통일대박'의 선례를 이룩한 태종무열왕(太宗武烈王)
23. 해양경찰의 날과 문무대왕(文武大王)의 통일전략
24. 국민통합과 원효(元曉)의 '일심·화쟁'사상
25. 신라 설총(薛聰)의 '상소문'과 언로 소통
26. 발해의 건국시조 대조영(大祚榮)과 중국의 '동북공정(東北工程)'
27. 우리 역사상 최초의 세계인, 신라의 혜초(慧超)
28. 해동성국의 기반을 세운 발해 문왕(文王) 대흠무(大欽茂)
29. 실크로드의 영웅, 고구려 유민(遺民)의 장수 고선지(高仙芝)
30. 무역의 날과 '해상왕' 장보고(張保皐)의 세계경영
31. 최치원(崔致遠)의 지혜와 한중 외교의 새 지평

21

포스코의 '제철보국' 정신과 김유신(金庾信)의 통일 리더십

고대국가 삼국 중에서 가장 약한 신라가 삼한일통을 이룰 수 있었던 힘의 원천은 무엇이었을까. 그것은 임금과 백성이 하나가 된 국론통일과 신라인의 기백과 역동성이라고 본다. 신라는 당나라에 유학생을 보내 선진문물을 배웠고, 세속오계(世俗五戒)로 대표되는 화랑정신(花郎精神)[187]으로 무장했다. 화랑은 국가를 위해 죽을 수 있는 첨병이었고, 통일의 중추가 됐다.

신라와 가야지역의 무덤에서는 많은 철기유물들과 '철정(鐵鋌)'이라 부르는 쇳덩이가 발견되는데, 이것은 영남지역의 앞선 제철 능력이 신라 국력 증강의 배경이 되었음을 시사한다. 신라가 통일의 주인공이 된 것은 철기민족 가락(駕洛)의 선진 철기문화 영향이 컸다.

7월 3일은 포항제철소의 준공일이다. 신라 개국 이후 2,000년

---

187) 화랑정신(花郎精神) : 화랑의 이념인 다섯 가지 정신. 곧 나라에 충성하고, 부모에게 효도하고, 벗을 믿음으로 사귀고, 죽이는 일을 삼가고, 싸움에 물러서지 않는 정신을 말한다.

만인 1973년 '영일만의 개벽'이 있었다. 이 개벽은 포항제철의 용광로 속에서 이루어졌다. 상무·기술민족의 원형질을 잃어버리고 농경민족으로 살아온 대한민국의 민족융성을 위한 거보(巨步)였다. 쇠가 불의 사용과 함께 인류문명을 바꾸어 놓았듯이, 포스코는 대한민국 근대화의 견인차 역할을 했다.

박정희 대통령의 '미래지향적 통찰력'과 박태준 회장의 '제철보국 정신'이 만들어낸 '제철신화'는 아직도 진행 중이다. 최근 최정우 회장 등 포스코 경영진이 "더 이상 포스코는 국민기업이 아니다."라는 요지의 '포스코 정체성'을 부정하는 홍보를 하고 있는데, 지하에 계신 박태준 회장이 이를 용서치 않을 것이다. '포스코의 혼'은 면면히 계승발전되어야 한다. 포스코는 단순한 기업이 아니고, 민족의 피 값으로 건설된 민족기업이기 때문이다.

〈삼국사기〉에는 통일의 영웅인 김유신(金庾信, 595~673)을 "풀 베는 아이와 가축을 기르는 아이까지도 그를 알고 있으니…"라고 기록하고 있다. 철의 왕국 가야계로 철제무기로 삼한을 일통한 김유신 장군은 어찌 보면 포스코의 선구자가 아니었을까.

김유신은 가야국 시조 김수로왕의 12대손으로 595년에 김서현(金舒玄)[188]과 만명부인(万明夫人)[189] 사이에서 만노군(万弩郡, 충북 진천)에서 태어났다. 김서현이 만노군 태수로 나가 있을 때였다.

---

188) 김서현(金舒玄, ?~?) : 신라 때의 장군. 김유신의 아버지로 양주 총관(良州摠管)이 되어 백제와의 싸움에서 여러 차례 공을 세웠다. 고구려의 낭비성을 함락시켰다.
189) 만명부인(万明夫人, ?~?) : 신라 중고기의 왕족. 가야 왕족 김서현의 부인으로 할아버지는 갈문왕 입종(立宗), 아버지는 진흥왕의 아우 숙흘종(肅訖宗)이다.

김유신은 15세에 화랑이 되었고, 그 낭도들을 '용화향도(龍華香徒)'[190]라고 하였다. 17세에 고구려·백제·말갈이 신라의 강토를 침범하여 노략질하는 것을 보고 외적을 평정할 뜻을 품고 홀로 중악(中嶽, 단석산)[191]의 석굴로 들어가 수련했다.

선덕여왕과 진덕여왕이 가야계 김유신을 중용한 것은 인재등용에 출신성분을 따지지 않는 '포용의 인사'였다. 김유신은 백전백승의 명장이요, 탁월한 전략가였다. 김대문(金大問)[192]은 〈화랑세기(花郎世記)〉[193]에서 "김유신은 가야지종(加耶之宗, 가야의 우두머리)이고 신국지웅(新國之雄, 신라의 영웅)이다. 삼한을 통합해 우리 동방을 바로잡고 혁혁한 공을 세워 이름을 남기니 해와 달과 더불어 견준다." 고 평했다.

---

190) 용화향도(龍華香徒) : 진평왕 때 화랑 김유신을 따르던 낭도의 이름. 원래 향도(香徒)는 승속(僧俗)의 신앙단체를 말한다. 또 용화(龍華)라는 것은 불교의 미륵신앙에서 내세불인 미륵불이 도솔천(兜率天)에서 용화수(龍華樹) 아래로 내려와 3번 설법한다는 것에서 나왔다. 당시 신라에서 낭도는 미륵을 따르는 무리로, 화랑은 미륵의 현신(顯身)으로 이해하고 있음을 알 수 있다.

191) 중악(中嶽) : 경주의 단석산. 경주에서 가장 높은 산(827m)으로 신라 국방의 요충지였다. 김유신은 중악의 석굴에 들어가 목욕재계 하고 천지신명에게 고구려, 백제, 말갈을 물리칠 수 있는 힘을 달라고 기도하자, 4일 만에 한 노인(난승·難勝)이 나타나 김유신의 인내와 정성을 가상히 여겨 비법이 담긴 책과 신검(神劍)을 주었다고 〈삼국사기〉, 〈동국여지승람〉, 〈동경잡기〉에 소개되어 있다. 김유신은 이 신검으로 고구려, 백제와 싸울 때마다 승리를 거두었다고 하며, 당시의 화랑들이 수도하던 산에서 김유신은 이 칼로 무술연마를 하면서 바위들을 베었다고 하여, 이름이 단석산(斷石山)이 되었다.

192) 김대문(金大問, ?~?) : 통일신라 초기의 귀족·학자. 당대 으뜸가는 문장가이며, 《계림잡전》, 《고승전》, 《화랑세기》 등 수많은 저서는 후일 김부식의 《삼국사기》를 편찬하는 데 귀중한 사료(史料)가 되었으나, 모두 전하지 않는다.

193) 《화랑세기(花郎世記)》 : 신라의 대학자 김대문에 의해 저술된 화랑도의 우두머리인 풍월주의 역사를 기록한 책이다. 성덕대왕의 재위기간(702~737) 사이에 쓰였다. 《화랑세기》는 김부식이 삼국사기를 서술할 때까지 남아있었으나, 이후 소실된 것으로 추정된다.

김유신은 동북아 국제정세를 꿰뚫어보는 혜안이 있었다. 당의 설인귀(薛仁貴)가 670년 동돌궐 기병 11만 대군을 이끌고 티베트고원 대비천(大非川)에서 토번(吐蕃)과 맞붙어 전멸당한 사실에 주목했다.

670년 3월, 고구려 유민군 1만명과 신라군 1만명이 압록강을 건너 당군을 선제공격함으로써 7년간에 걸친 '나당전쟁(羅唐戰爭)¹⁹⁴⁾이 시작되었다.

673년(문무대왕13) 7월. 김유신은 삼한일통을 완수하고, 79세를 일기로 타계했다. 그는 사후 흥무대왕(興武大王)으로 추존(追尊)되었다. 왕보다 높은 대우를 받게 됨과 동시에 후손들은 왕족으로 대우받았다. 우리 역사에서 왕을 하지도 않고도 대왕 칭호를 받은 사람은 김유신이 유일하다.

676년(문무대왕16) 11월. 신라는 나당전쟁(羅唐戰爭)의 승리로 삼한일통을 완수하는 동시에 자주권을 회복하였다. 삼국 통일기에 신라가 당시 세계 최강국인 당(唐)의 식민지가 되지 않은 것은 김유신의 자주국방 의지와 신라인의 기백 덕분이었다.

한반도에 영토적 야심을 가지고 지배하려 한 당에 담대히 맞서 '유연한 외교'와 '결연한 전쟁' 투트랙으로 한국사를 창조한 영웅. 김유신의 '통일 리더십'을 경모하는 필자의 자작 한시를 소개한다.

---

194) 나당전쟁(羅唐戰爭) : 나당연합군에 의해 660년 백제가 멸망하였고, 668년 고구려가 멸망하였다. 삼한일통 후 한반도의 영토 문제로 나·당이 대립, 결국 전쟁으로 비화되었다.
나당전쟁은 670년부터 676년까지 7년간 이어졌다. 670년 3월 신라의 오골성 선제공격으로 시작되어, 672년 8월 석문 전투에서 신라가 크게 패하였다. 나당전쟁의 분수령은 675년 9월에 발생한 매소성 전투였으며, 이 전투에서 신라가 승리하면서 전세는 신라로 기울었다. 이후 676년 11월 기벌포 전투를 끝으로 전쟁은 마무리되었다.

日月之雄駕洛鄕(일월지웅가락향)	해와 달 같은 영웅(김유신)은 김수로왕의 후손이고
獨修中嶽劍書彰(독수중악검서창)	홀로 단석산에 들어가 수련해서 문무가 드러났네
親朋斷指全能相(친붕단지전능상)	친붕(김춘추)과 단지동맹으로 전능한 재상 되었고
士卒同心不敗將(사졸동심불패장)	군사들과 마음을 같이 하여 불패의 명장이 되었네
三國一家尤赳赳(삼국일가우규규)	삼한을 한민족으로 만들어 오히려 용맹하게 했고
對唐百勝更堂堂(대당백승갱당당)	당군에 백전백승하여 더욱 당당한 나라 만들었네
花郞氣魄成功事(화랑기백성공사)	화랑의 기백은 성공(삼한일통)의 단서가 되었고
興武推尊永世望(흥무추존영세망)	흥무대왕으로 추존되어 영원토록 우러름을 받네

––––––––––––

* 日月之雄(일월지웅) : 해와 달과 같은 영웅. 김유신에 비유
* 獨修(독수) : 스승 없이 혼자서 배워 익힘
* 中嶽(중악) : 경주시에 있는 단석산(斷石山). 김유신이 무술수련을 한 산
* 親朋(친붕) : 가까이하여 친한 사람
* 斷指(단지) : 굳은 결심을 보이려고 손가락을 자르는 일. '단지동맹'
* 尤(우) : 1. 더욱. 2. 오히려. 3. 허물
* 赳赳(규규) : 당당하고 용맹한 모양
* 更(갱) : 1. 다시. 2. 더욱. 3. 반대로 * 고칠 경. 1. 지나가다. 2. 변경되다. 3. 겪다
* 興武(흥무) : 흥무대왕. 신라 42대 흥덕왕은 김유신을 '순충장렬흥무대왕'으로 추존했음
* 推尊(추존) : 왕위에 오르지 못하고 죽은 이에게 왕의 칭호를 올리는 것을 말함

22

'통일대박'을 이룩한 태종무열왕(太宗武烈王)

　2014년 1월 14일. 박근혜 대통령은 신년 기자회견에서 "통일은 대박이다. 이렇게 생각합니다."라는 발언으로 '통일대박' 정책의 시작을 알렸다. 이 선언으로 통일이 필요하다는 국민 여론이 한 때 82.6%에 이르렀으나, 현재는 아예 "통일이 필요 없다."는 젊은이들이 30%에 이르고 있다.

　근래 "통일하지 말고 그냥 살자."는 통일에 대한 젊은 세대들의 회피 의식이 늘어나고 있는 것도 사실이다. 그러나 남북의 긴장 완화, 경제적 실익, 평화적 삶 등을 위해서 통일은 반드시 해야 한다. 통일 없이 반쪽으로 산다면 해마다 분단비용을 치러야 하며, 대륙과 해양 세력에 끼여 사는 '샌드위치의 운명'을 벗어날 길이 없다. 통일 10년 후 시점에 북한은 남한의 절반 소득을 따라오게 된다. 실제 미국 월가 최대 투자은행인 골드만삭스는 2007년과 2009년에 "한국이 통일되면 2050년에는 국민 소득이 '8만 7000달러'로 미국에 이어 세계 2위가 될 것이다."라고 예상한 바 있다.

우리 역사상 최초로 민족 통합시대를 연 왕은 신라 제29대 태종무열왕(太宗武烈王, 604~661, 재위 654~661)이다. 이름은 김춘추(金春秋). 진지왕(眞智王)[195]의 손자로 김용춘(金龍春)[196]의 아들이다. 어머니는 천명부인(天明夫人)[197]으로 진평왕의 딸이다. 비는 문명왕후(文明王后)[198]로 김서현의 딸이자, 김유신의 누이동생 문희(文姬)이다.

김춘추는 의표(儀表)가 영특하고 어려서부터 제세(濟世)의 뜻을 가지고 있었다. 642년(선덕여왕 11) 신라의 국방 요충인 대야성(大耶城, 경남 합천)이 백제에게 함락되고, 김춘추의 딸 고타소와 사위 김품석(金品釋)은 죽임을 당했다. 김춘추는 죽음을 무릅쓰고 고구려에 원병을 청하러 갔으나, 진흥왕 때에 신라가 고구려로부터 공취(攻取)한 한강 상류 유역의 영토반환 문제로 결렬되었다.

647년, 김춘추, 김유신 등의 신귀족 세력은 구귀족 세력인 상대등 '비담(毗曇)의 반란'을 진압하였다. 난 와중에 선덕여왕이 붕어하

---

195) 진지왕(眞智王, ?~579/ 재위 576~579) : 신라 제25대 왕. 성은 김(金), 이름은 사륜(舍輪)·금륜(金輪). 내리서성(內利西城)을 쌓아 백제의 잦은 침공을 방비하였다. 중국의 진(陳)나라와 수교하여 화친을 도모하였다.
196) 김용춘(金龍春, ?~?) : 진지왕의 아들이자 태종무열왕의 아버지이다. 일명 용수(龍樹). 내성 사신을 역임하고, 629년(진평왕 51) 대장군으로 부장(副將) 김유신과 함께 고구려의 낭비성(娘臂城, 청주)을 공격, 5천여 명을 죽이고 성을 함락시켰다. 635년(선덕왕 4) 왕명으로 주현(州縣)을 돌아다니며 백성을 위로했고, 황룡사구층목탑의 건립을 주관하였다. 아들이 왕위에 오르자 문흥대왕(文興大王)의 칭호로 추대되었다.
197) 천명부인(天明夫人, ?~?) : 진평왕의 딸이며, 이찬(伊飡) 김용춘의 부인이다. 아들 김춘추가 왕위에 오름으로써 654년(태종무열왕 1) 4월 문정태후(文貞太后)로 추봉되었다.
198) 문명왕후(文明王后, 610~681) : 태종무열왕의 왕후로, 이름은 문희(文姬), 아명은 아지(阿之)이다. 소판(蘇判) 김서현의 차녀이다. 인물과 지혜가 뛰어났는데, 언니인 김보희의 꿈을 사서 김춘추와 결혼하게 되었다는 전설이 전해진다.

자, 신귀족은 정치적 실권을 장악하여 진덕여왕(眞德女王)[199]을 즉위시켰고, 김춘추는 외교활동과 내정개혁을 주도했다. 김춘추는 가야계인 김유신을 포용하고 당태종과 일본과의 등거리 외교를 통해 삼국통일의 기반을 구축했다.

648년(진덕여왕 2). 김춘추는 당나라에 파견되어 아래와 같은 '3대 전략'으로 당태종과 '나당 군사동맹'을 성사시켰다.

첫째, '문화전(文化戰)'이다. "공자를 배우고, 신라에 가르치고 싶다."는 '한화(漢化)정책' 제안이다. 관복을 당의 관제로 바꾸고, 당의 연호를 사용하였다.

둘째, '경제심리전(經濟心理戰)'이다. "군량미 평양 이송을 신라가 맡겠다."는 제안이다. 당의 입장에서는 백제보다는 신라가 덜 위협적이라는 시각을 역이용하였다.

셋째, '인질전(人質戰)'이다. 좌무위장군(左武衛將軍, 당 황제 경호 담당)에 제수된 김문왕(金文王, 김춘추의 3남)[200]을 장안에 남겨, 당 조정의 고관들과 관계를 강화하는 전략이다.

654년. 김춘추는 진덕여왕 사후 신라 중대왕실(中代王室)의 첫 왕

---

199) 진덕여왕(眞德女王, ?~654/ 647~654) : 신라 제28대 왕. 성은 김(金). 이름은 승만(勝曼). 연호를 태화(太和)로 정하고, 648년 김춘추를 당나라에 보내 군사 원조를 받았으며 김유신을 기용하여 국력을 키워 삼국통일의 기초를 닦았다.

200) 김문왕(金文王. ?~665) : 태종무열왕의 셋째 아들이며, 문무대왕의 동생으로 친당외교에 일익을 담당하였다. 648년(진덕여왕 2)에 입당(入唐)하여 좌무위장군(左武衛將軍)에 제수되었고, 한동안 당에 머물러 숙위하다가 귀국하였다.
655년(태종무열왕 2)에 이찬(伊飡)이 되어 그 다음해에 다시 당에 들어갔고, 658년에는 집사부 중시에 임명되었다. 661년에는 대당장군(大幢將軍) 품일(品日)을 도와 백제 부흥군과 사비성 부근에서 싸웠으나 패전하였다.

이 되니, 52세의 늦은 나이였다. 660년 7월. 나당연합군으로 백제를 멸망시켜 삼한일통 대업의 토대를 마련한 태종무열왕은 이듬해 재위 8년 만에 58세로 승하했다. 시호(諡號)는 무열이고, 묘호(廟號)는 태종이다.

단재 신채호는 김춘추를 '외세 의존적인 음모가'라고 비판했지만, 이는 현대의 민족주의적 시각을 고대사에 투사한 무리한 해석이다. 삼국시대까지는 하나의 '동포'라는 인식은 없었고, 삼국은 서로 생존을 위해 대결할 수밖에 없는 적대적·경쟁적 세력이었다.
아들인 문무대왕이 통일 이후 나당전쟁에서 승리해 웅진·계림도독부 등 당 세력을 한반도에서 몰아냈기 때문에 김춘추(태종무열왕)를 '사대주의자'로 폄훼하는 것은 잘못된 평가라 하겠다. 김춘추는 신라가 오늘날 한국 사회의 본류가 되도록 한 영걸이다.

북한은 자신들이 '고조선-고구려-발해'를 계승했다고 강변하며 민족주의 사관을 악용하고 있다. 북의 '신라 삼국통일' 폄하는 '대한민국은 미국과 결탁한 반민족적 정권'으로 매도하기 위한 술책으로 이에 현혹되어서는 안 된다.

국가의 존망이 걸린 상황에서 목숨을 걸고 고구려와 왜, 당에 건너가는 개인적인 희생을 감수했고, 탁월한 외교술과 통찰력으로 삼한일통 대업의 토대를 세워 한민족 형성에 크게 기여한 영웅. 태종무열왕을 경모하는 필자의 자작 한시를 소개한다.

不時族降不運逢(불시족강불운봉) 뜻하지 않게 골품을 강등당한 불운의 집안 태생으로
隆準龍顔一世風(융준용안일세풍) 콧대 우뚝하고 얼굴이 용과 같아 한 시대 풍미했네
日月婚姻王室守(일월혼인왕실수) 해와 달과 같은 귀한 혼인으로 왕실(나라)을 지켰고
羅唐聯合四方攻(나당연합사방공) 나당 군사동맹으로 고구려 백제를 정복했네
昇平握手今和合(승평악수금화합) 나라가 평온하게 악수해 지금은 서로 화합했고
對敵包容竟大同(대적포용경대동) 마주 대한 적을 포용하여 마침내 크게 하나 되었네
統攝三韓基業定(통섭삼한기업정) 삼한을 통합해 다스리는 기초사업을 정했고
其魂再現裂邦融(기혼재현열방융) 그 혼을 오늘에 다시 되살려 남북한을 화합시키리

――――――――――

* 族降(족강) : 신분이 떨어짐(성골→진골)
* 隆準龍顔(융준용안) : 콧대는 우뚝하고 얼굴 생김새가 용과 같다
* 一世(일세) : 한 시대나 한 세대
* 風(풍) : 풍미(風靡). 어떤 사회적 현상이나 사조 따위가 널리 사회에 퍼짐
* 日月(일월) : 해와 달. 김춘추와 문희 부인
* 昇平(승평) : 나라가 태평함
* 統攝(통섭) : 전체를 도맡아 다스림. 통치. 통합
* 裂邦(열방) : 찢어진 나라. 남북한

23

해양경찰의 날과 문무대왕(文武大王)의 통일전략

9월 10일은 '해양경찰의 날'이다. 우리나라 해양주권과 국민안전 수호에 애쓰는 해경의 노고를 기리기 위해 제정한 법정기념일이다. 바다를 지배하는 자가 세계를 지배하는 법이다. 미국 해군대학교관 앨프리드 세이어 머핸(Alfred Thayer Mahan)[201]은 1890년 〈해양력이 역사에 미치는 영향〉을 발표했다. 이 책은 20세기 이후 미국의 운명을 바꿔 놓은 세계전략 지침서가 됐다.

Mahan은 미국이 세계 해군국이 되기 위해 준비해야 할 일로 ▲대해군 건설, ▲해외 해군기지 획득, ▲파나마운하 건설, ▲하와이

---

[201] 앨프리드 세이어 머핸(Alfred Thayer Mahan, 1840~1914) : 미국 해군제독, 전략지정학자, 전쟁사학자로 "19세기 미군의 전략에서 가장 중요한 인물"로 꼽힌다. 강력한 해군을 보유한 국가가 세계적으로 더 강력한 영향력을 점유할 수 있다는 머핸의 생각은 '해양력'(sea power)이라는 개념으로 드러나며, 이것을 집대성한 것이 1890년에 쓴 책, 《해양력이 역사에 미치는 영향》(The Influence of Sea Power upon History)이다.
머핸의 해양력 개념은 전 세계 해군의 전략에 엄청난 영향을 미쳤는데, 특히 미국, 독일, 영국 등이 그 영향을 많이 받았다. 그 때문에 1890년대 유럽의 해군력 증강 경쟁이 일어났으며, 이것은 제1차 세계대전의 원인 중 하나가 된다. 머핸의 사상은 지금도 미국 해군 교리 곳곳에 남아있다.

왕국 병합을 제시했다. 미국은 Mahan의 주장대로 서태평양으로 진출해 오늘날 세계 패권국가가 되었다. 1997년 덩샤오핑의 유해가 홍콩 앞바다에 뿌려졌다. 대해(大海)인 "태평양에 뿌려 달라"는 그의 유언에 따른 것이다. 태평양 진출에 대한 덩샤오핑의 유언이 있은 후 10년 뒤 후진타오는 '대양해군(大洋海軍)'을 선언했다. 시진핑의 중국은 지금 G2로 미국과 세계 패권을 다투고 있다.

신라는 Mahan과 중국의 '해양굴기' 보다 1,400년 전에 해양력을 키운 '해륙정책(海陸政策)'을 폈다. 신라 제30대 문무대왕(文武大王, ?~681)은 성은 김, 이름은 법민(法敏)이다. 태종무열왕의 맏아들로 김유신과 함께 삼한을 일통(一統)한 후 당나라를 한반도에서 몰아냈다.
그는 죽어서도 '바다의 용(龍)'이 되어 나라를 지키고자 했다. 불교식으로 화장한 문무대왕의 분골(粉骨)은 항아리에 담아 바닷속 바위에 고이 안장됐다. 왜구들이 수시로 출몰해 노략질을 일삼는 것에 대비하고, 당과 왜가 연합하여 통일신라를 침범할지도 모르는 국제정세에 대비한 유비무환(有備無患)이었다.

신라와 당은 백제(660년)와 고구려(668년) 멸망 후 한반도 영토문제로 대립하게 되었고, 결국 '나당전쟁'으로 비화되었다. 문무대왕과 김유신은 절체절명의 위기 앞에서 '전쟁이냐, 평화냐'를 선택해야 했다. 두 영웅은 '평화를 원하면 전쟁을 준비하라'는 것을 알았다. 또 '평화를 구걸한다고 평화가 보장되는 것은 아니다'라는 것도 알았다.

두 영웅은 당나라에 유학 가 있던 의상대사(義湘大師)[202]를 통해 동북아 정세를 파악한 후 굴욕적인 평화가 아닌 민족자존을 지키기 위한 전쟁을 선택했다. 670년 3월, 설오유(薛烏儒)[203]의 신라 특수부대 1만과 고연무(高延武)[204]의 고구려부흥군 1만 병력이 봉황성(鳳凰城, 오골성)을 선제공격한 이후, 676년 11월 '기벌포전투(伎伐浦戰鬪)[205]'를 끝으로 '나당7년전쟁'에서 승리해 평화를 얻었다.

김유신이 나당전쟁이 끝나기 전에 노환으로 죽자, 처자식을 데리고 당나라로 도망가려 한 귀족마저 있을 정도였지만, 문무대왕은 이 모든 것을 이겨내고 초인적인 의지로 당나라를 한반도에서 몰아내는데 성공한 것이다.

한민족 최고의 전쟁인 '삼국통일전쟁'은 국제전이었다. 삼국 외에 당·왜가 직접 참전했으며, 돌궐(突厥)·철륵(鐵勒)[206]·해(奚)[207] 등 북아시아 유목국가들이 당군의 일원으로 동원됐다. 신라는 설연타

---

202) 의상대사(義湘大師, 625~702) : 의상은 삼국시대 화엄종의 개조이자 화엄십찰의 건립자인 승려이다. 부석사를 비롯한 화엄십찰을 전국에 세웠고 화엄경을 강론하며 3000명의 제자를 길러냈다.

203) 설오유(薛烏儒, ?~?) : 신라군의 지휘관으로 오골성 전투를 지휘하여 나당전쟁을 전개한 인물이다. 그의 가계는 전하지 않으나, 관등은 사찬(제8관등)을 지냈다. 설총, 설중업 등의 사례를 볼 때 6두품 신분의 인물로 여겨진다.

204) 고연무(高延武, ?~?) : 고구려의 장군. 고구려가 망하자, 유민(流民)을 이끌고 고구려 부흥운동을 전개하면서 당나라에 항쟁하였다. 보덕국에서는 대장군 태대형(太大兄)을 지냈다.

205) 기벌포전투(伎伐浦戰鬪) : 문무대왕 16년(676년) 11월에, 금강 하구인 기벌포에서 신라와 당나라 간에 벌어진 전투. 나당전쟁에서 매소성 전투와 함께 신라의 승리에 기여한, 결정적인 전투이다.

206) 철륵(鐵勒) : 고대 중앙아시아에 존재하던 돌궐을 제외한 여러 튀르크 계열의 부족연맹을 통칭하는 퇼레스(Töles)의 한자 음차이다.

207) 해(奚) : 4세기 무렵부터 동부 몽고에서 유목 생활을 하던 선비(鮮卑)의 한 부족. 8세기 후반부터 세력을 키웠으나, 10세기에 거란에게 정복되어 흡수되었다.

(薛延陀)[208]와 토번(吐蕃, 티베트)[209] 등이 당나라와 대결하는 동북아 국제정세를 이용해 당을 한반도에서 몰아냈다. 결국 당은 신라에게 대동강 이남 지역지배를 인정하고, 요동으로 만족해야 했다. 그리고 698년 대조영의 발해(渤海)가 세워지면서 '남북조 시대'가 전개되었다.

대한민국은 지정학적으로 배와 등의 양쪽, 곧 앞뒤로 적을 맞아야 하는 '복배수적(腹背受敵)'의 형세에 놓여 있다. 우리는 강대국의 틈바구니에 끼어 있는 '대한민국'을 지켜내고, 자유민주적 기본질서에 입각해서 평화통일을 이루어 선진강국을 만들어야 한다. 이를 위해서는 문무대왕의 국가경영 리더십과 호국정신, 포용과 통합정신을 배워야 한다.

1,300년 전의 당나라나 지금의 중국은 여전히 한반도에 영토적 야심을 가지고 있다. 문무대왕의 수중고혼(水中孤魂)이 살아 숨 쉬는 '대왕암(大王巖, 문무대왕릉)[210]'은 의구하게 대한민국을 지키고 있지만, 문무대왕은 지금 마음이 편치 못해 포효(咆哮)하고 있다. 삼한일통으로 한민족의 시작을 알린 위대한 민족 영웅을 기리는 필자의 자작 한시를 소개한다.

---

208) 설연타(薛延陀) : 6~7세기에, 몽골 중가리아(Jungaria) 북부에 있던 터키계 유목 민족. 627년 이후 돌궐을 무너뜨리고 몽골고원을 지배하였으나, 646년 당군의 토벌로 멸망하였다.
209) 토번(吐蕃) : 송찬간포가 토번 부족을 통일한 서기 7세기부터 9세기까지 현재의 티베트와 남아시아, 중앙아시아에 존속했던 제국이다.
210) 대왕암(大王巖) : 경북 경주시 양북면 봉길리 앞바다에 있는 신라 문무대왕의 수중왕릉. 사적 정식 명칭은 '경주 문무대왕릉'이다. 사적 제158호.

虎步龍行戰役行(호보용행전역행) 위풍당당한 행보로 '통일전쟁'을 수행했고
英雄相結束同盟(영웅상결속동맹) 영웅들이 서로 결합하여 '나당동맹'을 결속시켰네
周遊域內民心合(주유역내민심합) 삼한을 주유천하 하여 세상민심을 합했으며
遍踏前方各地平(편답전방각지평) 싸움터를 편력하여 백제와 고구려를 평정했네
逐出外軍丕業就(축출외군비업취) 당군 · 왜군을 축출하여 민족사의 큰 위업을 이뤘고
圖謀邦國小康成(도모방국소강성) 수단과 방법을 꾀해 통일신라의 태평성대를 이뤘네
洗兵一統靑邱始(세병일통청구시) 전쟁을 끝낸 삼한일통은 한민족의 시작이었으며
死守震檀倭不爭(사수진단왜부쟁) 죽어서 나라를 지켜 왜구가 침범하지 못하게 했네

----

* 虎步龍行(호보용행) : 龍行虎步. 위풍당당한 행보(걸음걸이)
* 戰役(전역) : 전쟁
* 域內(역내) : 경개의 안. 삼한의 영토
* 遍踏(편답) : 이곳저곳을 널리 돌아다님
* 前方(전방) : 싸움터
* 丕業(비업) : 큰 사업
* 小康(소강) : 소강사회. 보통 사람도 부유하게 사는 이상사회
* 洗兵(세병) : 병기를 씻어서 거둠. 전쟁을 끝냄
* 一統(일통) : 삼국통일
* 靑丘(청구) : 예전에 중국에서 우리나라를 이르던 말
* 震檀(진단) : 우리나라를 예스럽게 이르는 말

24

국민통합과 원효(元曉)의 '일심·화쟁'사상

  어떤 국가도 국민을 하나로 통합하지 못하면 사상누각(沙上樓閣)이 되고 만다. 우리나라는 선진국에 진입했지만, 정쟁으로 찌든 정치 환경으로 국민통합은 요원한 과제이다. '국민통합을 위한 정치' 없이 나라 발전을 기대할 수는 없다.
  2022년 12월 21일. 대통령 직속 국민통합위원회는 국민통합 추진성과 및 전략 보고회를 개최하여 ①다양성 존중, ②사회갈등 및 양극화 해소, ③신뢰에 기반을 둔 공동체 실현, ④국민통합 가치 확산을 '4대 전략목표'로 설정하고, 윤석열정부표 국민통합을 만들겠다고 했다.

  완성된 중앙집권 고대국가인 '삼국'은 그 이전보다 훨씬 치열한 규모로 전쟁을 벌였고, 태종무열왕은 신라-백제-고구려 간 통일전쟁으로 피폐해진 삼국 백성의 고통을 어루만져 주는 '국민통합'을 고민했다.
  백제-고구려 유민들이 신라인들과 하나 되기 위해서는 '사상의 통일'이 절실했다. 여기에는 불교 대중화('민중불교')와 호국불교가 필요했고, 그 적임자가 '통합의 대가'인 원효(元曉, 617~686) 스님이었다.

원효는 617년 압량군(경산) 불지촌(佛地村)에서 6두품 설담날내말(薛談捺乃末)의 아들로 태어났다. 15세에 불교에 입문하여 계정혜(戒定慧)[211] 삼학을 통달하였다. 당시 그를 '아무도 대적할 수 없는 상대(萬人之敬·만인지경)'라고 기록하고 있다.

원효는 군종 승려로 전쟁터를 따라다녔고, 나라의 요청에 의해 백제 영역을 다니면서 망국민을 위로해줬다. 또한 신라 왕실의 적극적 지원에 힘입어, 전쟁에 지친 민중들과 백제와 고구려 유민(遺民)들의 마음을 위로하면서 통일신라를 건설하는데 혼신의 힘을 기울였다.

원효는 "수허몰가부(誰許沒柯斧) 아작지천주(我斫支天柱)", "누가 자루 없는 도끼를 빌려주겠는가? 내가 하늘 떠받칠 기둥을 깎아보련다!"고 노래 부르며 서라벌 저잣거리를 돌아다녔다.

태종무열왕은 '대사가 귀부인을 얻어 어진 아들을 낳으려고 하는구나.'라고 간파하고 과부가 된 둘째 딸 요석공주(瑤石公主)[212]를 원

---

211) 계정혜(戒定慧) : 불도에 들어가는 세 가지 요체(要諦). 계율(戒律)·선정(禪定)·지혜(智慧)의 준말. 계는 몸·입·뜻으로 범할 나쁜 짓을 방지하는 것이고, 정은 산란한 마음을 한 경계에 머물게 하여 안정하도록 하는 것이며, 혜는 진리를 깨닫는 지혜이니, 이 셋은 서로 도와 증과(證果)를 얻는 것이므로, 계에 의하여 정을 얻고, 정에 의하여 지혜를 얻음.
212) 요석공주(瑤石公主) : 태종무열왕과 보희 부인(김유신의 여동생) 사이의 딸. 김흠운(金欽運)의 부인. 그녀는 먼저 화랑 김흠운에게 시집갔다. 김흠운은 655년 '양산 전투'에서 백제군에 패퇴하여 전사했다. 그래서 과부가 된 요석공주는 요석궁에 들어와 살고 있었다.
원효대사가 배필(配匹)을 구한다하므로 태종무열왕이 요석공주로 그와 짝이 되게 하였다. 설총(薛聰)의 어머니.

효와 혼인시켰다. 원효는 설총을 낳은 뒤 속인의 옷으로 갈아입고 스스로 '소성거사(小姓居士)' '복성거사(卜姓居士)'라고 불렀다.

소(小)는 작다는 뜻이고, 복(卜)은 '아래 하(下)'의 아랫부분에 해당한다. 즉, 소성이나 복성이라는 말은 가장 아래에 위치한 백성이라는 뜻이 된다. 원효는 자신을 '백성 중에 가장 낮은 백성'으로 이름 지어 부른 것이다.

원효는 큰 표주박을 만들어서 '무애박'이라 이름 짓고 무애행(無碍行)[213]을 실천, 승속불이(僧俗不二)의 자유로움을 구가했고, '나무아미타불'만 외우면 누구나 극락에 갈 수 있다고 설교하여 불교대중화에 기여했다.

불교의 새로운 새벽을 연 원효의 '일심(一心)·화쟁(和諍)사상'의 키워드는 '무차별·화합'이다. '일심사상'은 인간은 누구나 불성을 가지고 있어 부처가 될 수 있다는 사상이다. 일심사상이 구현된 세계를 '정토(淨土)'라 했다. '화쟁사상'은 다양한 종파의 여러 주장들을 하나로 조화시키는 사상이다.

당나라로 유학 가던 중 해골에 고인 물을 마시고 "모든 것이 마음의 작용이구나(一切唯心造·일체유심조)."[214]라는 깨달음을 얻고 도

---

213) 무애행(無碍行) : 무엇에도 방해받지 않고 자유롭게 행동함.
214) 일체유심조(一切唯心造) : 인간 세상의 모든 일을 인간의 마음이 들어서 짓는다는 것. 곧 길흉화복(吉凶禍福)·흥망성쇠(興亡盛衰)·희로애락(喜怒哀樂) 등이 다 밖으로부터 오는 것이 아니요 인간의 마음이 들어서 그렇게 만든다는 것이 기본적인 의미이다. 각자의 마음이 들어서 온갖 조화를 다 부려 시비(是非) 선악을 가져오게 된다는 의미이다. 《화엄경》의 "만일 사람들이 삼세일체불을 알려고 한다면 마땅히 법계의 본성이 모두가 마음의 짓는 바에 달려있음을 보라(若人欲了知 三世一切佛 應觀法界性 一切唯心造)"는 표현에서 비롯한다.

당(渡唐)을 포기한 원효는 686년 70세로 입적(入寂)했다.

서양 철학은 기독교와 분리할 수 없고, 동양 철학도 불교를 빼고는 설명할 수 없드시, 우리나라 불교사도 원효를 빼곤 이야기할 수가 없다. 원효는 77부 150권에 이르는 방대한 저술 작업을 통해 대승불교를 집대성했으며, 〈대승기신론소(大乘起信論疏)〉[215]와 〈십문화쟁론(十門和諍論)〉[216] 등은 중국·일본은 물론 인도에까지 전해졌다. 원효의 책 제목에 붙는 경(經, 부처님 말씀), 론(論, 부처님 직계 제자 또는 보살의 글), 소(疏, 조사 대덕의 글)에 대한 이해가 필요하다. 대각국가 의천이 화쟁사상을 확대·계승했고, 최남선이 원효를 한국불교의 완성자로 평가했다.

원효의 화쟁사상은 특히 정치권이 진영논리에 매몰되어 '아시타비(我是他非, 나는 옳고 타인은 틀렸다)'의 외고집만을 고수함으로써 야기되는 '정치 부재'의 병폐를 해소하는 데 도움이 되리라 믿는다. 시공을 초월한 '일심·화쟁사상'을 시대정신인 국민통합에 원용하면 큰 성과를 얻을 수 있을 것이다.

신라십성(新羅十聖)[217]의 한 사람으로 한국불교 역사상 최고의 사상가인 대승(大僧). 원효 스님의 '국민통합 정신'을 경모하는 필자의 자작 한시를 소개한다.

---

215) ≪대승기신론소(大乘起信論疏)≫ : 인도의 마명이 지은 대승기신론에 대한 주석서로 여러가지 불교이론을 체계화하는 기틀이 마련되었고, 대승 경전을 풀이하여 중국 화엄사상 발전에 기여했다.
216) ≪십문화쟁론(十門和諍論)≫ : 불교 이론을 10문으로 분류하여 정리한 불교서.
217) 신라십성(新羅十聖) : 불교와 관련된 인물, 즉 아도(阿道)·염촉(厭髑, 異次頓)·혜숙(惠宿)·안함(安含)·의상(義湘)·표훈(表訓)·사파(蛇巴)·원효(元曉)·혜공(惠空)·자장(慈藏)을 지칭한다.

渡唐未留忽明醒(도당미유홀명성)	당에 유학가지 않고 홀로 밝은 깨우침 얻어
啓導三民大晏寧(계도삼민대안녕)	삼한 백성들을 계도하여 큰 태평함 가져왔네
無碍單娑街布敎(무애단사가포교)	거침없이 홀로 춤추며 거리에서 포교하여
小瓢皆敬巷恒星(소표개경항성)	표주박(원효)을 모두 존경해 마을의 영웅 되었네
一心淨土文化足(일심정토문화족)	일심으로 정토를 구현해 민족문화 뿌리 내렸고
和諍圓融統合亭(화쟁원융통합정)	화쟁 원융으로 국민통합의 정자(이정표)를 세웠네
世世生生稱祖師(세세생생칭조사)	몇 번이고 다시 환생하여 조사라 일컬어졌고
千村萬落說話形(천촌만락설화형)	수많은 촌락에서 (원효)설화가 형성되어 전하네

――――――――――――

* 啓導(계도) : 깨우쳐 이끌어 지도함
* 三民(삼민) : 삼한의 백성들
* 晏寧(안녕) : 천하가 잘 다스려져서 태평함
* 無碍(무애) : [불교] 막히거나 거치는 것이 없음
* 小瓢(소표) : 표주박. 원효를 상징
* 恒星(항성) : 붙박이별. 북극성, 북두칠성, 삼태성, 견우성, 직녀성 따위
* 僧俗(승속) : 승려와 속인
* 世世生生(세세생생) : [불교] 몇 번이고 다시 환생함. 生生世世
* 千村萬落(천촌만락) : 수많은 촌락

25

신라 설총(薛聰)의 상소문과 언로 소통

  2022년 5월 10일, 윤석열 정부가 공식 출범했다. 대통령 당선인 신분과 대통령의 가장 큰 차이점 중 하나는 소통의 어려움에 있을 것이다. 과연 상명하복에 길들여져 있는 우리 정치문화에 비춰볼 때 정치인과 장·차관 등 고위 관료들이 대통령에게 직을 걸고 직언할 사람이 몇이나 있을까 묻지 않을 수 없다.

  옛날 명군(名君)은 하루 사이에도 만 가지 일을 보살피되 깊이 생각하고 멀리 걱정하였으며, 그 좌우에는 올바른 선비를 두고서 직언을 받아들이고 부지런하여 편안히 쉴 틈이 없었다. 지금의 대통령도 다르지 않을 것이다. 듣기 싫은 얘기를 듣고 국정에 반영하는 소통과 경청이 중요하다.

  사국시대-고려-조선을 거쳐 우리나라 선비들은 고뇌에 찬 시대의식, 발산개세(拔山蓋世)의 기개, 올곧은 정의감으로 벼슬을 내놓고, 심지어 목숨을 던지면서 군주에게 직간(直諫)했다. 그 목적은 시대정신을 실천하여 세상을 바꾸는데 힘을 보태는 것이었고, 수단은 대개 상소(上疏)였다.

상소문은 대부분 국정의 난맥상을 바로잡고 부국강병과 국리민복에 이로운 정책을 제안하기 위해 활용됐다. 군주를 설득하기 위해 탁월한 경륜, 뛰어난 지혜, 고도의 문장력이 동원되다 보니 상소문도 이사(李斯)[218]의 〈간축객서(諫逐客書)〉[219], 제갈량(諸葛亮)[220]의 〈출사표(出師表)〉[221]처럼 정치문학의 높은 경지에 올랐다.

현재 전하는 우리나라 최초의 상소문은 신라 진평왕 때 병부령(兵部令) 김후직(金后稷)[222]이 올린 〈상진평왕서(上眞平王書)〉[223]이다.

---

218) 이사(李斯, ?~BC 208) : 중국 진의 재상. 자는 통고(通古). 초의 상채(허난성) 사람. 군·현 제도의 확립, 도량형 설정, 사상의 통일 등은 모두 그의 입안(立案)에 의한 것이며, 문자를 통일하기 위해 대전(大篆)에 바탕을 두고 소전을 제정했다.

219) ≪간축객서(諫逐客書)≫ : 진(秦)나라의 치수(治水) 사업을 진행하던 중 발생한 간첩 사건으로 인해 외지인 출신 관리들을 모두 진나라 밖으로 추방시키라는 '축객령(逐客令)'이 내려졌다. 그래서 초(楚)나라 출신의 객경(客卿, 외지 출신 관리) 이사(李斯) 역시 쫓겨나게 되었다. 이때 이사가 진나라 왕에게 축객령을 거두어달라는 내용을 담아 올린 상서(上書) 형식의 산문(散文), 곧 편지글이다.
"泰山不讓土壤 故能成其大 (태산불양토양 고능성기대)
河海不擇細流 故能就其深 (하해불택세류 고능취기심)"
"태산은 흙을 사양하지 않는다. 그러므로 능히 그처럼 커질 수(높아질 수) 있었고, 강과 바다는 가는 물줄기를 가리지 않았다. 그러므로 그렇게 깊어질 수 있었다."

220) 제갈량(諸葛亮, 181~234) : 중국 삼국시대 촉한의 정치가. 자(字)는 공명(孔明). 시호는 충무(忠武). 뛰어난 군사 전략가로, 유비를 도와 오(吳)나라와 연합하여 조조의 위(魏)나라 군사를 대파하고 파촉(巴蜀)을 얻어 촉한을 세웠다. 유비가 죽은 후에 무향후(武鄉侯)로서 남방의 만족(蠻族)을 정벌하고, 위나라 사마의(司馬懿)와 대전 중에 병사하였다.

221) ≪출사표(出師表)≫ : 중국 삼국시대 촉(蜀)나라의 재상 제갈공명이 위나라를 토벌하러 떠날 때 제2대 황제 유선(劉禪)에게 올린 글.

222) 김후직(金后稷, ?~?) : 신라의 충신. 지증왕의 증손이다. 진평왕 때 아찬(伊湌)을 지냈고, 580년 2월에 병부령(兵部令)이 되었다.

223) 상진평왕서(上眞平王書) : 신라 진평왕 때 김후직이 왕에게 올린 글. 왕은 지나치게 사냥을 좋아하여 김후직이 그만두기를 간하였으나 듣지 않았다. 김후직이 병으로 죽게 되자 그의 세 아들을 불러 놓고, "내가 남의 신하가 되어 대왕의 잘못을 바로잡지 못하였으니, 죽어서라도 대왕을 깨닫게 하고자 한다. 그러므로 나의 뼈를 대

신라 제26대 진평왕은 54년의 긴 재위기간 동안 커가는 신라를 반석 위에 앉혀 놓은 명군으로 고구려의 장수왕에 비견된다.

진평왕의 업적은 죽어서까지 왕의 잘못을 바로잡기 위해 소임을 다한 김후직의 간언에서 비롯된 것이니, 후세는 그를 충신의 전범으로 삼고 그의 충간을 '묘간(墓諫)'이라 하며 칭송했다.

우리 역사상 본격적인 상소는 신라 제31대 신문왕(神文王, 681~692)[224] 재위 기간의 설총(薛聰, 655년~?) 때부터라 할 수 있다. 신문왕은 고려 4대 광종(光宗), 조선 3대 태종(太宗)과 같이 삼한일통 후 왕권을 강화시킨 역할을 했다.

설총은 원효대사와 요석공주(태종무열왕의 딸) 사이의 아들로 벼슬은 한림(翰林)에 이르렀다. 한국 유학의 유종(儒宗)으로 일컬어지고 있으며, 강수(强首)[225]·최치원(崔致遠)과 함께 '신라 삼현'(三賢)으로 추앙받는 인물이다.

최초의 가전체 문학작품으로 평가되는 '화왕계(花王戒)'[226]는 유학

왕이 사냥다니는 길가에 묻으라."고 하였다. 그 뒤 왕이 사냥을 가는데 길가에서 이상한 소리가 들리므로 신하들이 가지 말기를 청하였다. 왕이 그 까닭을 물으니 신하들이 "후직 아찬의 묘에서 나는 것입니다."라 고 김후직의 유언을 전하니, 왕이 울면서 "그 사람의 충간(忠諫)은 죽어서도 잊지 않고 나를 사랑하는 마음이 이토록 깊구나!" 하고 종신토록 사냥을 하지 않았다 한다.

224) 신문왕(神文王, ?~692/ 재위 681~692) : 신라 제31대 왕. 이름은 정명(政明). 자는 일초(日怊). 국학을 세워 학문을 장려하고, 관제를 정비하여 신라의 황금시대를 이룩하였다.
225) 강수(强首, ?~692) : 신라 최초의 유학자. 육두품 출신의 문장가.
226) 화왕계(花王戒) : 신문왕 때 설총이 꽃을 의인화하여 지은 우언적(寓言的)인 한문 단편. 꽃의 왕 모란이 아첨하는 미인 장미와 충간을 하는 백두옹 사이에서 누구를 택할 것인가 주저하는 것을 보고 백두옹이 왕을 질책하였다는 내용이다.

의 정신으로 왕도를 펼 것을 권한 우리나라 최초의 유교 윤리서다. 유교적 도덕관의 중심 가치를 제공한 설총은 성균관 대성전(大成殿, 문묘 안에 공자의 위패를 모신 전각)에 문묘 18현을 배향할 때 제일 앞자리에 모셔졌다. 이런 연유 때문인지는 모르지만 육당 최남선 선생이 우리 역사상 걸인(傑人)들로 꾸린 '가상 조정(假想 朝廷)'에 설총을 교육부장관에 추천한 바 있다.

 설총은 신라에 한문이 처음으로 들어왔을 때 유교의 경전을 우리말로 풀이했다. 특히 이것은 신라 이두(吏讀, 한자의 뜻과 새김을 빌어 우리말을 적던 표기 방식)의 시초가 된다. 설총은 부친이 세상을 떠나자 그의 소상(塑像, 찰흙으로 만든 사람의 형상)을 만들어 분황사(芬皇寺)에 모시는 효성을 보였다. 이렇듯 원효는 불교를 통해, 설총은 유교를 통해 구도(求道)의 길을 제시하여 유불의 쌍벽을 이루었던 인물이다.
 김부식은 〈삼국사기〉에서, "(설총은) 글을 잘 지었는데 세상에 전해지는 것이 없다. 다만 지금도 남쪽 지방에 더러 설총이 지은 비명(碑銘)이 있으나 글자가 떨어져 나가 읽을 수가 없으니 끝내 그것이 어떤 것인지를 알 수 없다."라며 안타까워 하였다.

 국가 중흥을 위해 설총 같은 상소문을 쓸 수 있는 애국지사들이 많이 나오기를 바라는 뜻에서, 설총을 경모하는 필자의 자작 한시를 소개한다.

春眠瑤石夢靑龍(춘면요석몽청룡)	요석공주가 (원효와) 봄날 잠에서 청룡 꿈을 꾸었고
出衆能文自造墉(출중능문자조용)	(설총의) 뛰어난 문필은 스스로 성을 이루었네
吏讀敎民除後進(이두교민제후진)	이두를 집대성해서 백성으로 하여금 뒤짐을 없앴고
花王戒主馳先鋒(화왕계주치선봉)	꽃중왕이 임금에게 충고하여 앞자리를 질주했네
親賢遠小興隆吉(친현원소흥륭길)	현신을 가까이 소인을 멀리하면 (나라) 번성해 좋고
附耳聽言減退凶(부이청언감퇴흉)	귀에 대고 소곤거리는 말을 들으면 쇠퇴해 나쁘네
洙泗六經尊重大(수사육경존중대)	유학의 가르침인 여섯 가지 경서를 크게 존중했고
翰林國學仰儒宗(한림국학앙유종)	한림(설총)은 국학에 모셔져 유학의 종주로 추앙받네

──────────────

* 春眠(춘면) : 봄철의 노곤한 졸음
* 瑤石(요석) : 태종무열왕과 보희부인 사이의 딸, 설총의 어머니
* 能文(능문) : 글 짓는 솜씨가 뛰어남. 또는 그런 글
* 花王(화왕) : 꽃 가운데 왕. '모란꽃'을 달리 이르는 말
* 親賢遠小(친현원소) : 어진 신하를 가까이하고 소인을 멀리함. 친현신
　　　　　　　　　　 원소인(親賢臣遠小人)
* 附耳聽言(부이청언) : 귀에 대고 소곤거리는 말을 들음
* 洙泗學(수사학) : 유학. 공자가 산동성에 있는 수수(洙水)와 사수(泗水)
　　　　　　　　　 사이에서 제자들을 가르친 데서 유래
* 六經(육경) : 중국 춘추시대 여섯 가지 경서. 〈역경〉〈서경〉〈시경〉
　　　　　　　 〈춘추〉〈예기〉〈악기〉
* 翰林(한림) : 신라의 관직 이름
* 儒宗(유종) : 유학의 선비들이 우러러보는 큰 학자

26

발해의 건국시조 대조영(大祚榮)과 중국의 '동북공정(東北工程)'

　중국 지린(吉林)성 옌볜 조선족박물관이 발해를 건국한 고구려 유민 대조영(大祚榮, ?~719, 재위 698~719)을 '말갈 수령'으로 표기하여 역사를 왜곡하고 있다. 중국 국가박물관도 한중수교 30주년을 계기로 2022년 7월 베이징에서 개막한 고대 청동기 유물전시회의 '한국사 연표'에서 고구려와 발해를 제외했다. '중국몽(中國夢)'에 도취된 중국이 고구려사와 발해사를 한국사에서 지워버리는 역사조작을 감행한 것이다. 정부는 단호한 대응으로 중국 측의 사과와 재발 방지를 받아내야 한다.

　중국은 이 같은 '동북공정(東北工程)'[227] 망동(妄動)을 계속 저지르고 있지만, 발해가 독자적인 연호를 사용했고 외교 문서에 발해의 임금을 '고려 국왕'이라고 표현한 점 등으로 볼 때 고구려를 계승한

---

227) 동북공정(東北工程) : 중국 국경 안에서 전개된 모든 역사를 중국 역사로 만들기 위해 2002년부터 중국이 추진한 동북쪽 변경지역의 역사와 현상에 관한 연구 프로젝트. 궁극적 목적은 중국의 전략지역인 동북지역, 특히 고구려·발해 등 한반도와 관련된 역사를 중국의 역사로 만들어 한반도가 통일되었을 때 일어날 가능성이 있는 영토 분쟁을 미연에 방지하는 데 있다.

한민족의 나라가 틀림없다.

충무공이순신함과 문무대왕함에 이어 세 번째로 건조된 해군의 4,500t급 구축함이 '대조영함'이다. 발해를 건국하고 고구려의 옛 영토를 회복한 대조영의 진취적 기상을 계승하기 위한 뜻이 반영된 명칭에서 그가 한국사에 남긴 업적이 얼마나 지대한가를 보여준다.

고구려는 668년에 나당 연합군의 공격을 받아 멸망했다. 676년 '나당전쟁'에서 승리한 신라는 대동강 이남을 차지했지만, 북쪽 지역은 당이 차지하게 되었다. 그러나 고구려 옛 영토 대부분은 신라와 당 어디에도 속하지 않는, 힘의 공백 상태인 '무주공산(無主空山)'으로 남았다. 당은 고구려의 옛 영토를 다스리기 위해 '영주도독부(營州都督府)'를 설치하고, 사민(徙民) 정책에 의해 고구려 유민을 영주(營州, 지금의 조양·朝陽)로 강제 이주시켰다.

그 결과 원주민인 거란족, 이주해온 고구려 유민 그리고 말갈족 등이 영주 지방에 섞여 살게 되었다. 그런 도중인 696년 5월, 거란족 이진충(李盡忠)과 손만영(孫萬榮)[228]이 당에 대해 '반란사건(이진충의 난)'[229]을 일으켰다.

---

228) 손만영(孫萬榮, ?~697/ 재위 696~697) : 거란의 추장.
229) 이진충의 난(李盡忠亂) : 거란인 추장 이진충이 당의 지배에 항거하여 일으킨 반란. 696년 5월, 거란의 추장이며 당에 의해 거란 송막도호(松漠都護)의 벼슬을 받고 있던 이진충이 거란족을 이끌고 반란을 일으켜 영주성을 쳐 함락시키고, 영주도독 조홰(趙翽)를 죽이고 거란의 완전한 독립을 선포했다.
이 반란은 거란인들의 투쟁에서 시작되었으나 당의 지배하에 있었던 고구려 유민도 말갈인과 연합하여 반란을 일으켜 거란인과 서로 긴밀히 협동하며 투쟁했다. 거란

영주 지방은 큰 혼란에 빠졌고, 걸걸중상(乞乞仲象)[230]과 그 아들 대조영은 말갈 추장 걸사비우(乞四比羽)[231]와 함께 억류되어 있던 고구려 유민과 말갈족을 이끌고 요하(遼河)를 건너 동쪽으로 탈출했다. 그리고 백두산의 동북 지역을 차지하고, 지금의 목단강(牡丹江)인 오루하(奧婁河)에 의지해 성벽을 쌓고 방어를 튼튼히 하였다.

당은 걸걸중상에게 진국공(震國公)을, 걸사비우에게 허국공(許國公)을 책봉하며 회유하려 했으나, 이들은 거부했다. 이에 당의 측천무후는 거란 출신 이해고(李楷固)[232]에게 대군을 주어 토벌하도록 했는데, 698년 걸사비우가 먼저 교전했으나 죽고, 걸걸중상은 이미 병사한 후라 그의 아들인 대조영이 남은 무리를 이끌고 동쪽으로 달아났다.

당군이 계속 추격해 오자, 대열을 재정비한 대조영은 천문령(天門嶺)에서 크게 격파하였다.[233] 그 뒤 동부 만주 쪽으로 이동해 길림

군은 697년에는 하북(河北)의 영평(永平) 부근에서 17만 명의 당군을 거의 전멸시키고 이어 유주(幽州, 지금의 베이징)와 그 주위의 여러 성들을 함락시키는 등 세력을 떨쳤으나 돌궐이 당에 협력한 것을 계기로 반란은 실패하게 되었다. 그러나 거란인들의 활동은 동부에서 당과 투쟁한 고구려 유민·말갈인들의 투쟁에 유리한 조건을 마련해주어 발해 건국의 계기가 되었다.

230) 걸걸중상(乞乞仲象, ?~?) : 고구려의 장수이자 고구려의 부흥을 이끈 지도자이다. 고구려 왕족의 후예인데 서자 가문이기 때문에 고씨(高氏, 커씨) 대신 걸씨(乞氏, 클씨), 곧 대씨(大氏)를 성으로 사용했다. 발해의 시조인 대조영과 대야발 형제의 아버지이다. 대당 항쟁 때, 그는 속말말갈의 지도자 걸사비우와 동맹을 맺었다.
231) 걸사비우(乞四比羽, ?~698) : 고구려 유민으로 7세기에 걸걸중상과 함께 발해의 건국을 주도한 말갈족 출신 무장이다.
232) 이해고(李楷固) : 이진충의 양자였다가 당나라 장수가 된 거란족 출신 인물이다. 이진충이 죽자 당나라에 항복하였고 대조영을 토벌하라는 측천무후의 명을 받아 당나라의 우옥검위대장군(右玉鈐衛大將軍) 과 연공(燕公)의 직위까지 오른 인물이다.
233) 천문령전투(天門嶺 戰鬪) : 698년 대조영이 이끈 고구려 유민들과 말갈인 집단이 거란 출신의 장수 이해고가 이끈 당나라 군대와 천문령에서 싸운 전투이다. 대조영의

성 돈화현(敦化縣)에 있는 동모산(東牟山)[234]에 성을 쌓고 도읍을 정하였다. 698년. 마침내 고구려가 멸망한 지 30년 만에 고구려를 계승한 나라를 세우고 국호를 '발해(渤海)', 연호를 '천통(天統)'이라 하였다.

대조영은 건국 후 돌궐과 국교를 맺고, 신라에 사신을 보냈다. 719년 재위 21년만에 대조영이 붕어하자, 그의 아들 대무예(大武藝, 무왕)가 왕위를 계승하였다. 발해는 만주·연해주·북한 지역을 아우르는 대제국으로 중종 때 당나라와 외교관계를 맺은 후 15대 230년간 지속했다. 발해라는 국명은 지금 요동반도 앞의 발해만(渤海灣)으로 면면히 살아 있다. 일본 기록에 "그 나라는 말갈이 많고 고구려인이 적지만, 고구려인들이 모두 이들을 지배하고 있다."라고 적혀 있다. 최치원도 "옛날의 고구려가 지금의 발해가 되었다."고 했다.

북방민족사학자 전원철 박사는 〈고구려-발해인 칭기스칸(2015)〉이란 자신의 책에서 "칭기스칸은 대조영의 19대손이며, 고구려-발해의 후손이다."라는 놀라운 주장을 하였다.

우리 역사에서 통일신라와 발해가 경쟁하는 '남북국시대'를 맞게 해준 고왕(高王, 대조영)의 한민족 사랑을 경모하는 필자의 자작 한시를 소개한다.

세력이 승리하면서 발해가 건국되는 계기가 되었다.
《구당서(舊唐書)》와 《신당서(新唐書)》, 《오대회요(五代會要)》, 《신오대사(新五代史)》 등에 관련된 기록들이 전해진다.
234) 동모산(東牟山) : 발해의 첫 수도. 약 30년(698~730년대) 기간 동안 발해의 수도였다.

古都失鹿日昇崗(고도실록일승강) 평양성이 함락되었지만 해는 산 위에 떠오르고
魄散魂飛戀故鄕(백산혼비연고향) 넋을 잃은 고구려 유민들은 고향을 그리워하네
雪野同行人步月(설야동행인보월) 눈 덮인 들에 동행하는 백성은 달을 보며 걷고
亂中合一衆移荒(난중합일중이황) 난중에 합친 백성은 황량한 땅으로 이동했네
天門大勝追軍滅(천문대승추군멸) 천문령에서 크게 이겨 추격하는 당군을 격멸했고
敦化高城壯志成(돈화고성장지성) 돈화(동모산)에 성을 쌓아 장한 뜻을 이루었네
開拓滿洲盤盛國(개척만주반성국) (만주) 땅을 개척하여 해동성국의 기반을 닦았고
英雄定社萬秋光(영웅정사만추광) 대조영은 사직을 세워 (그 공이) 만년에 빛나네

----

* 古都(고도) : 옛 도읍. 여기서는 평양성
* 失鹿(실록) : 권좌를 잃음. 축록(逐鹿) : 제위를 얻으려 다투는 일. 〈사기(史記)〉의 '회음후전(淮陰候傳)'
* 崗(강) : 1. 언덕 2. 작은 산 3. 산등성이 4. 고개 5. 비탈길
* 魄散魂飛(백산혼비) : 혼비백산의 도치. 몹시 놀라 넋을 잃음
* 步月(보월) : 달밤에 거닒
* 合一(합일) : 고구려와 말갈 유민이 합침
* 天門(천문) : 천문령
* 滿洲(만주) : 중국 동북 지방. 요녕(遼寧), 길림(吉林), 흑룡강(黑龍江)의 삼성(三省)으로 구성
* 盛國(성국) : 해동성국(海東盛國)
* 定社(정사) : 나라의 사직(社稷)을 정하던 일

27

우리 역사상 최초의 세계인, 신라의 혜초(慧超)

"길은 가고 나면 열리는 법'이라고 루쉰(魯迅)²³⁵⁾이 말했다. 우리 역사에서 '전인미답(前人未踏)' 길을 개척한 전통을 어디에서 찾을 수 있을까. 구도(求道)의 길을 따라 인도까지 걸어서 갔다 온 순례자들에게서 찾아볼 수 있을 것이다. 신라 사람 아리나발마(阿離那跋摩)²³⁶⁾는 불교의 본모습을 보러 중국에 유학하였는데, 마침내 '오천축국(五天竺國, 인도 북부지방의 부처님 출신국을 비롯한 다섯 나라)'²³⁷⁾까지 이르렀다.

인도까지 '구법(求法, 불법을 구함)여행'을 한 신라 승려들은 아리나발마를 비롯해 무려 9명이나 된다. 그러나 구법의 길을 나선 대부분의 승려는 생불(生佛)이 되는 대신 사막에서 해골이 되었다. 아리나발마는 '돌아오고 싶은 마음 간절했으나' 끝내 뜻을 이루지 못하

---

235) 루쉰(魯迅, 1881~1936) : 중국의 작가. 본명은 저우수런(周樹人). 일본에서 유학하여 의학을 배우다가 문학으로 전환하였다. 민중애, 사회악과 인간악의 증오 및 투쟁 정신이 작품 전체에 흐르고 있다. 작품에 〈아큐정전(阿Q正傳)〉, 〈광인 일기〉 등이 있다.
236) 아리나발마(阿離那跋摩. ?~?) : 신라인으로 가장 먼저 인도로 간 승려.
237) 오천축국(五天竺國) : 고대 인도의 다섯 국가. 동·서·남·북·중 천축국.

고 나란타사(那蘭陀寺)[238]에서 죽었다.

〈동방견문록〉의 저자 마르코 폴로(Marco Polo)[239]는 사막에서의 체험을 이렇게 표현했다. "사막에는 악령의 소리가 들린다. 그 소리에 홀려, 길을 잃고 죽어간다." 일연 스님은 '귀축제사(歸竺諸師, 끝내 돌아오지 못한 길)' 조의 끝에 이런 시 한 구절을 남겼다.
 "외로운 배 달빛 타고 몇 번이나 떠나갔건만/이제껏 구름 따라 한 석장(錫杖. 승려의 지팡이)도 돌아오지 못했네."
 인도로 가는 길이 얼마나 험했는지는 1,300여 년 전 혜초(慧超, 704~787)의 〈왕오천축국전(往五天竺國傳)〉[240]에 실린 시 한 편이 잘 나타내 준다. "차디찬 눈은 얼음과 엉기어 붙었고/찬바람은 땅을 가르도록 매섭다/넓은 바다 얼어서 단을 이루고/강은 낭떠러지를 깎아만 간다." 열다섯 살의 나이에 당나라에 들어가 5년 동안 수도한 다음 결행한 4년간의 인도 여행을 어렴풋이 전해준다.

 지난 2015년 우리나라를 국빈 방문했던 모디 인도 총리가 "혜초 스님이 예전에 인도를 다녀가셨던 베나리스가 바로 제 선거구이다." "우리는 한국 전화로 통화하고, 한국 차를 타며, 한국 컴퓨터

---

238) 나란타사(那蘭陀寺) : 왕사성(王舍城) 북쪽에 인접해 있던 사원. 쿠마라굽타 1세(414-455)가 창건한 이후, 역대 왕들이 증축하여 인도 불교의 중심지가 됨.
239) 마르코 폴로(Marco Polo, 1254~1324) : 이탈리아의 여행가. 베네치아 사람으로 1271년에 아버지를 따라 동방 여행에 나섰으며, 몽골의 상도(上都) 카이핑(開平)에 가서 쿠빌라이의 우대를 받으며 17년간 아시아와 인도의 통상을 전담하였다. 1295년 제노바와의 싸움에 참가하여 포로가 되었을 때 ≪동방견문록≫을 구술하였다.
240) 〈왕오천축국전(往五天竺國傳)〉 : 신라 성덕왕 26년(727)에 혜초가 지은 책. 고대 인도의 5국과 인근의 여러 나라를 10년 동안 순례하고 당나라에 돌아와서 그 행적을 적은 글이다.

로 일하고, 한국 TV를 본다."라며 한국과 인도의 오랜 인연과 '신성한 연결고리'를 강조한 바 있다.

혜초는 밀교(密敎)[241]를 연구한 통일신라의 승려로, 704년에 태어났다. 719년(성덕왕[242] 18)에 당나라 광저우(廣州)로 건너가 인도 승려 금강지(金剛智)[243]의 제자가 되었고, 그의 권유로 19세 때 인도로 목숨을 건 '구법여행'을 떠났다. 혜초는 어느 날 순례길에 티베트 승려를 만나서는 이렇게 읊었다.

"그대는 티베트가 멀다고 한탄하나/나는 동쪽으로 가는 길이 멀어 탄식하노라/길은 험하고 눈 쌓인 산마루는 아득히 높고/ 골짜기엔 도적도 많은데/나는 새도 놀라는 가파른 절벽/아슬아슬한 외나무다리는 건너기 힘들다네/평생에 울어본 기억이 없건만/오늘따라 하염없이 눈물이 흐르네"

혜초는 당나라 남쪽 바닷길로 인도에 가 약 4년 동안 다섯 천축국의 불교 성적(聖跡)과 8대 영탑(靈塔)을 두루 순례하였고, 돌아올 때는 대식국(大食國, 아라비아), 파사국(波斯國, 페르시아)을 거쳐 파미르고원을 넘어 돈황을 지나 장안에 도착했다.

마르코 폴로의 〈동방견문록〉, 오드릭 수사의 〈동방기행〉, 이븐

---

241) 밀교(密敎) : 7세기 후반 인도에서 성립한 대승불교의 한 파.
242) 성덕왕(聖德王, ?~737/ 재위 702~737) : 통일신라의 제33대왕. 신문왕의 둘째 아들로서 형 효소왕이 후사 없이 죽자 화백회의에서 왕으로 추대했다. 즉위 후 축성과 민생안정 사업에 주력했다. 잦은 수해와 전염병 만연 상태에서 벗어나기 위해 노력했고 정전제를 실시하여 농업 생산력의 증대를 꾀했다. 발해와 당의 대립을 기회로 당과의 관계를 개선하고 패강 이남 지역에 대한 영유권도 인정받았다. 유교적 예제를 정비하고 국가불교도 고취하여 신라 천년의 역사 중 최고의 태평성대를 이룩했다는 평가를 받는다.
243) 금강지(金剛智, 671~741) : 당나라 시대의 불교승이자 밀교 경전의 역경자이다.

바투타의 〈이븐 바투타 여행기〉와 함께 '세계 4대 여행기' 중의 하나인 〈왕오천축국전〉은 원래 3권이었지만 현재는 복사본 1권만 전해지고 있고, 227행 6,400여 자로 구성되어 있다. 이 책은 프랑스 학자 펠리오(Pelliot, Paul)[244]에 의해 1908년 중국 간쑤성(甘肅省)의 둔황석굴(敦煌石窟)[245]에서 발견되었다.

〈왕오천축국전〉은 8세기의 인도 및 중앙아시아와 서아시아 각국의 역사·정치·경제·문화, 종교·풍물 등을 구체적으로 기록한 역사적인 책이다. 하루빨리 프랑스 파리의 국립박물관에 있는 〈왕오천축국전〉을 되찾아와야 한다.

중국 정통 밀교의 법맥을 이은 혜초는 당나라 장안 천복사(薦福寺)에서 금강지, 불공(不空)[246]과 함께 경전 편찬과 번역에 힘쓰다 83세(787)에 입적했다. "고향에선 주인 없는 등불만 반짝이리"라는 자신의 시처럼, 혜초는 끝내 고향 신라땅을 밟지 못했다. 동서교섭사(交涉史) 연구에 귀중한 불후의 명저를 저술한 우리 역사상 '최초의 세계인'. 혜초 스님을 경모하는 필자의 자작 한시를 소개한다

---

244) 펠리오(Pelliot, Paul, 1878~1945) : 프랑스의 동양학자. 중국 둔황(敦煌)의 천불동(千佛洞)에서 남북조시대로부터 송·원대에 이르는 수많은 고문서와 회화를 발견하고 수집하였다.
245) 돈황석굴(敦煌石窟) : 둔황 동남쪽에 있는 석굴 사원. 약 500개의 석굴로 이루어져 있으며 353년에 만들기 시작하여 13세기 말까지 계속되었다. 본생담 및 정토변상의 벽화·진흙상이 있는, 불교사상의 세계적 유적이다. 초기의 것은 간다라 말기의 양식을 나타낸다.
246) 불공(不空, 705~774) : 남인도 사자국(師子國) 출신의 승려. 720년에 스승 금강지를 따라 바닷길로 당(唐)의 낙양(洛陽)에 와서 스승의 번역 작업을 도움. 그가 번역한 경전은 금강정경(金剛頂經)을 비롯하여 총 110종 143권이라 함.

渡唐志學海東生(도당지학해동생) 15세에 당나라로 건너간 혜초는 신라 사람으로
弱冠向西未踏行(약관향서미답행) 20세에 인도를 향해 전인미답의 길을 떠났네
故國天涯思慕切(고국천애사모절) 고국 신라는 하늘 끝에 있어 그리움 절절하며
異邦地角法求精(이방지각법구정) 타국 모퉁이 땅에서 구법 여행에 정진했네
海南莫莫風波苦(해남막막풍파고) 남쪽 바다는 아득해 사나운 풍파 괴로움이고
砂北洶洶險塞荊(사북흉흉험새형) 북쪽 사막은 흉흉하여 험한 변방 가시와 같네
出自震方飛五竺(출자진방비오축) 신라에서 출발해서 인도 오천축국을 답사한
稀奇巡禮永傳名(희기순례영전명) 드물고 기이한 성지순례는 영원히 이름 떨치네

----

* 向西(향서) : 서쪽으로 향함. 서쪽 : 인도
* 未踏(미답) : 전인미답(前人未踏). 이전까지 아무도 밟지 않음
* 天涯(천애) : 하늘의 끝
* 地角(지각) : 모퉁이 땅
* 莫莫(막막) : 1. 아득한 모양 2. 무성한 모양 3. 공경하는 모양
* 洶洶(흉흉) : 인심이 흉흉한 모양. 시끄럽게 떠드는 소리
* 震方(진방) : 진(震) : 동쪽. 신라를 지칭
* 五竺(오축) : 오천축국(五天竺國). 동·서·남·북·중 천축국
* 傳名(전명) : 1.이름을 떨치다. 2. 명성이 높아지다

28

해동성국의 기반을 세운 발해 문왕(文王) 대흠무(大欽茂)

우리 역사 중 발해사는 남다른 의미와 가치를 지니고 있다. 제10대 선왕(宣王)[247] 때는 전성기 고구려의 1.5 배나 되는 가장 큰 영토를 이루었고, '해동성국(海東盛國)'[248]이라 불리는 찬란한 역사와 문화를 갖고 있기 때문이다. 발해는 웅혼한 우리 역사에 접근하는 시작점이다. 발해를 통해 고구려, 부여, 그리고 한민족의 원류인 단군조선까지 연결할 수 있다.

조선 후기의 역사가 유득공(柳得恭)[249]은 〈발해고(渤海考, 1784)〉[250]

---

247) 선왕(宣王, 재위 818~830) : 발해의 제10대 왕. 발해의 중흥군주로 '해동성국'이라는 칭호를 얻었다. 행정구역을 5경(京) 15부(府) 62주(州)로 개편하고 학술을 진흥시키는 등 전성기를 이루었다.

248) 해동성국(海東盛國) : 발해국의 전성기였던 제10대 선왕 때의 중국이 발해국을 일컫던 말. 이 시기에는 영토를 확장하여 처음에 방(方) 2천 리였던 영토가 방 5천 리까지에 이르렀으며, 5경 15부 62주의 체계로 전국을 통치하게 된 것도 이 시기이다.

249) 유득공(柳得恭, 1749~1807) : 조선 정조 때의 실학자. 자는 혜풍(惠風), 호는 영재(泠齋). 박지원의 문하생으로 실사구시의 한 방법으로 산업 진흥을 주장하였다. 저서에 ≪영재시초(泠齋詩抄)≫, ≪발해고(渤海考)≫ 등이 있다.

250) ≪발해고(渤海考)≫ : 1784(정조 8)년에 유득공이 한국, 중국, 일본의 사서(史書) 24종을 참고하여 발해의 역사를 기록한 책. 발해사를 독립적으로 다룬 유일한 책이며, 자주적인 입장에서 발해사를 체계화시켰다.

에서 남쪽은 신라, 북쪽은 발해라는 '남북국시대(南北國時代)'[251]의 역사 인식을 처음 만들어냈다. 발해가 고구려의 후계자임을 분명히 밝혀 우리 민족사의 범주로 끌어들였다.

실학자인 박제가(朴齊家)[252]도 잃어버린 발해사에 대해 개탄을 금치 못했다. "우리나라 선비들이 신라 9주 안에서 태어나 그 바깥의 일에 대해서는 눈과 귀를 틀어막아 버리니 어찌 발해의 역사를 알 수 있겠는가!"라고 통탄했다. 이는 "일통삼한(一統三韓)"이라는 삼국통일의 불완전성과 신라 중심주의를 강도 높게 비판한 것이었다.

최근 거란의 침입을 막아내고 고려를 발전시킨 현종(顯宗)과 강감찬(姜邯贊) 장군을 소재로 한 KBS 드라마 '고려거란전쟁'이 인기를 끌고 있다. 거란은 발해를 멸망시키면서 발해 유적과 서고를 모두 불태워 버렸다. 발해를 중국에 소속한 지방정권으로 규정한 중국의 '동북공정(東北工程)'에 맞서 발해사를 복원하는 것은 오늘을 사는 한국인들의 역사적 과업이다.

당나라를 선제공격하고 강경정책을 펼쳤던 2대 무왕(武王)[253]의 아들 대흠무(大欽茂)가 3대 문왕(文王, 재위 737~793)이다. 문왕은 외

---

251) 남북국시대(南北國時代) : 한국사를 시대구분할 때 통일신라와 발해가 병존한 7세기 후반부터 10세기 전반의 시기.

252) 박제가(朴齊家, 1750~1805) : 조선 후기의 실학자. 자는 차수(次修). 호는 위항도인(葦杭道人). 시문 사대가(詩文四大家)의 한 사람으로, 박지원에게 배웠으며, 시·그림·글씨에도 뛰어났으며 저서에 ≪북학의≫, ≪정유고략(貞蕤稿略)≫ 등이 있다.

253) 무왕(武王, 재위 719~737) : 발해의 제2대 왕. 본명은 대무예(大武芸)이다. 726년 흑수말갈 토벌과 동생 대문예의 당 망명 등으로 당과 긴장이 고조되는 가운데, 732년 요서지역의 거란을 지원하기 위해 당의 등주를 공격하고 돌궐 및 거란과 연합하여 '마도산전투'를 벌였다. 무왕 대의 활발한 영역확장 정책으로 문왕 대의 황제국 체제를 확립할 수 있는 기틀을 마련하였다.

적 팽창과 함께 정치 문화의 발전으로 해동성국의 기반을 닦았고, 당의 정부 조직인 3성 6부를 받아들이면서도 발해만의 독창적인 것으로 바꾸었다.

문왕은 당나라와 평화적인 관계를 유지했지만, 주변의 말갈 부족은 정벌했고, 신라와의 관계는 대체로 소극적이었지만 양국 간에 교류가 이루어졌다. 발해와 신라 간의 교역을 쉽게 하기 위한 길, 즉 '신라도(新羅道)'의 개설인데 이를 통해 사신을 파견하고 상호 교류하였다.

755년 당나라에서 안사의 난(安史의亂, 안녹산의 난[254])이 일어난 후, 758년 당나라는 발해에 4만 기병을 내어 반란군 토벌을 도와달라고 요청했지만, 문왕은 이를 거절했다. 781년에는 고구려 유민 출신 치청절도사 이정기(李正己)[255]가 당나라와 전쟁을 벌였다. 문왕은 이정기와 말 무역을 하며 우호적으로 지냈으며, 전쟁에는 개입하지 않았다.

문왕은 '금륜성법대왕(金輪聖法大王)'[256] 존호로 자신을 칭해 불교

---

254) 안사의 난(安史의亂 : 중국 당나라 현종 말엽인 755년에 안녹산과 사사명이 일으킨 반란. 현종은 촉나라에 망명하여 퇴위하고 반란군도 내부 분열로 763년에 평정되었으나 당의 중앙 집권제가 흔들리는 전환점이 되었다.
255) 이정기(李正己, 732~781) : 당나라 산둥반도 일대 15개 주를 다스린 고구려 출신의 장군이며, 번진 평로치청의 절도사. 고선지나 왕사례, 고문간 등과 더불어 고구려 유민 출신임에도 불구하고 당나라에서 크게 출세한 인물 중 하나로 손꼽힌다.
256) 금륜성법대왕(金輪聖法大王) : 이 존호는 문왕이 불법을 수호하는 전륜성왕(轉輪聖王)을 자처하였으며, 불교를 중요하게 여겼음을 보여준다.
　*전륜성왕 ; 인도신화에서 통치의 수레바퀴를 굴려, 세계를 통일·지배하는 이상적인 제왕.

를 호국 이념으로 세웠으며, 정체성을 세우기 위해 나라 이름을 발해에서 '고려'(고구려를 의미)로 바꾸어 사용했다. 또한 고구려 역대 임금처럼 자신을 '천손(天孫, 천하의 주인)'이라고 했다.

771년 문왕은 일본에 보낸 국서에서 자신을 천손으로 표시하고, 일본과의 관계를 장인과 사위(舅甥·구생)라고 하였다. 발해가 일본을 낮추어 보는 문서를 보낸 것은, 발해의 국력이 강해졌다는 자신감의 표현이라고 볼 수 있다.

정혜공주(둘째 딸)와 정효공주(넷째 딸) 묘지명에는 아버지 문왕을 황상(皇上), 성인(聖人), 대왕(大王) 등으로 표현했다. 당나라는 한동안 발해의 임금을 발해군왕(渤海郡王)이라 낮추어 불렀는데, 762년부터는 문왕을 발해국왕으로 불렀다. 문왕 시기 발해의 국력이 커지고 있었음을 당나라도 인정한 것이다.

발해가 처음 건국된 곳은 동모산(東牟山)이었다. 문왕은 상경(上京)-동경(東京)으로 수도를 옮겨 발해의 여러 곳을 개발하는 효과를 얻었다. 상경 용천부(龍泉府)[257]는 당나라 장안의 모습을 본떠 만들었다.

228년 동안 옛 고구려 영토를 지배할 수 있도록 57년간 국가 기반을 다지고, 덕을 베풀어 중국의 삼황오제(三皇五帝)[258]에 견줄 만큼 칭송을 받은 문왕을 경모하는 필자의 자작 한시를 소개한다.

---

257) 상경 용천부(龍泉府) : 발해 때에 둔 오경(五京)의 하나. 발해의 3대 문왕(文王)이 755년에 중경 현덕부에서 옮긴 후 멸망할 때까지의 수도이다. 중간에 잠시 도읍을 옮긴 적이 있으며, 지금의 중국 흑룡강성 영안시(寧安市) 동경성 일대이다.
258) 삼황오제(三皇五帝) : 중국 고대 전설에 나오는 삼황과 오제를 아울러 이르는 말.

天孫三代續英雄(천손삼대속영웅)　천손은 삼대(대조영-무왕-문왕)를 이어 영웅이 났고
皇上呼稱位相嵩(황상호칭위상숭)　스스로 황제로 호칭해 위상이 우뚝 솟았네
兩次遷都疆土廣(양차천도강토광)　두 차례 도읍을 옮겨 강토를 넓혔고
京鄕開發萬方隆(경향개발만방융)　서울과 지방 개발하여 모든 곳을 융성시켰네
安康洽洽唐虞世(안강흡흡당우세)　편안하게 흡족한 베풂은 요순의 치세였고
德治融融華夏中(덕치융융화하중)　어진 정치는 밝게 빛나 중화의 한복판이네
何事工程東北境(하사공정동북경)　무슨 일로 동북공정 역사왜곡을 하는가?
古韓盛國震檀風(고한성국진단풍)　고대 한민족의 해동성국은 우리나라 풍속이라네

----

* 嵩(숭) : 우뚝 솟다
* 萬方(만방) : 모든 곳
* 安康(안강) : 평안하고 건강함
* 洽洽(흡흡) : 흡족한 모양
* 唐虞(당우) : 당요(唐堯)와 우순(虞舜)을 말한다. 당(唐)은 요(堯), 우(虞)는 순(舜)이다
* 融融(융융) : 밝게 빛나는 모양
* 華夏(화하) : 중국. 중화(中華). 중국인들의 자칭(自稱)임
* 震檀(진단) : 우리나라
* 風(풍) : 풍속, 습속

29

실크로드의 영웅, 고구려 유민(遺民)의 장수 고선지(高仙芝)

"타향살이 몇 해련가/ 손꼽아 헤어보니/ 고향 떠나 십여 년에/ 청춘만 늙고/ 부평 같은 내 신세가/ 혼자도 기막혀서/ 창문 열고 바라보니/ 하늘은 저쪽"

암울했던 일제강점기 시절이었던 1934년. 고복수(高福壽) 선생이 불렀던 우리 민족의 노래 '타향살이'의 가사이다.

668년에 고구려가 멸망한 뒤 고구려 유민들은 신라에 복속되거나 만주 지방에 흩어져 살다 대조영이 세운 발해로 흡수되었다. 당나라는 평양에 안동도호부(安東都護府)[259]를 설치하고 2만 명의 군대를 주둔시켰다. 또 유민들의 부흥운동을 막기 위해 20만 명에 달하는 고구려 유민들을 중국 변방으로 강제 이주시켜 황무지를 개척하게 만들고, 변방을 지키는 군졸로 삼았다.

---

259) 안동도호부(安東都護府) : 고구려 멸망 후, 당나라가 고구려의 옛 땅에 설치한 최고 군정기관(軍政機關). 당나라는 태종·고종 연간에 국력이 융성해져 그 영역이 사방으로 확대됨에 따라 변경지대에 도호부를 두었다. 안동도호부는 안북(安北)·선우(單于)·안서(安西)·안남(安南)·북정(北庭) 도호부와 함께 6개의 도호부를 구성하였다.

고구려 유민들 가운데 고사계(高舍鷄)는 포로의 신분에서 당나라 변장(邊將)의 지위에 오른 입지전적인 인물이다. 그 아들 고선지(高仙芝 ?~755)는 20살 때 군인이 되었다. 〈신당서(新唐書)〉[260]에는 고선지의 용모가 수려하여 무장답지 않았다고 적혀있지만, 고선지는 영민하고 도량이 넓고 용감하여 말타기와 활쏘기를 잘하였다.

741년, 톈산산맥 서쪽에 위치한 달해부(達奚部, 돌궐의 한 갈래)에서 반란이 일어나자, 고선지는 2천 명의 기병을 이끌고 반란을 진압하여 단숨에 안서부도호(安西副都護)가 되었다가, 곧 사진도지병마사(四鎭都知兵馬使)에 올랐다.

747년, 고선지는 행영절도사(行營節度使)로 임명되어 기병 1만을 이끌고 토번 정벌을 위해 출정했다. 해발 5,000미터가 넘는 '세계의 지붕' 파미르고원을 넘어 힌두쿠시산맥의 동쪽까지 이르렀으며, 토번 서북단의 군사기지 연운보(連雲堡·와칸 계곡)와 파키스탄 북부의 소발률국(小勃律國)을 점령했다. 이 원정에서 서역 72개 나라의 항복을 받아 냈다.

당나라 시성(詩聖) 두보(杜甫)[261]는 '고도호총마행(高都護驄馬行)'에서 "안서도호 고선지 장군의 푸른 호마 이름을 날리고 홀연 장안으로 오도다. 싸움터에서는 오랫동안 당할 자 없으니 주인과 한마음이

---

[260] 《신당서(新唐書)》 : 중국 송나라 때에 구양수(歐陽脩)·송기(宋祁) 등이 편찬한 당나라의 정사(正史). 중국 이십오사(二十五史)의 하나로, 《구당서》에 빠진 것과 틀린 것을 바로잡아 펴낸 책이다. 225권.

[261] 두보(杜甫, 712~770) : 당나라 시인. 자는 자미(子美). 호는 소릉(少陵)·공부(工部)·노두(老杜). 율시에 뛰어났으며, 긴밀하고 엄정한 구성, 사실적 묘사 수법 따위로 인간의 슬픔을 노래하였다. '시성(詩聖)'으로 불리며, 작품에 〈북정(北征)〉, 〈병거행(兵車行)〉 등이 있다.

되어 큰 공을 이루었도다."라고 고선지와 그의 총마(驄馬, 흑백잡색의 얼룩말)를 찬양하고 있다.

750년, 고선지는 '제2차 원정'에 나섰다. 한반도보다 더 넓은 사마르칸트 사막을 넘어 대식국(大食國, 이슬람제국)과 동맹을 맺으려는 석국(石國, 우즈베키스탄 타시켄트)을 토벌하고 국왕을 잡아 장안으로 호송하였다. 이에 대항하여 서역 각국과 이슬람 세력은 이듬해 연합군을 편성하여 비단길이 지나는 탈라스(Talas)의 대평원으로 쳐들어왔다.

751년, 고선지는 7만의 병사를 이끌고 이슬람 군대에 맞섰으나('제3차 원정'), 동맹으로 위장한 카를루크(Karluks, 돌궐·투르크계)가 배후에서 협공하자 패배하였다. 이것이 유명한 '탈라스 전투'이다.

이때부터 당나라는 중앙아시아의 패권을 상실했고, 몽골군의 등장 전까지 이 땅을 밟지 못했다. 이후 고선지는 755년 현종(玄宗) 재위시에 일어난 '안록산의 난'을 진압하는 부사령관으로 있다가 변영성(邊令誠)의 무고로 처형당하고 말았다. 2007년 중국 인민일보가 뽑은 '10대 원통한 장수' 중 원숭환(袁崇煥)[262], 악비(岳飛)[263], 팽월(彭越)[264], 단도제(檀道濟)[265]에 이어 고선지가 5위를 기록했다.

---

262) 원숭환(袁崇煥, ?~1630) : 명말의 장군. 자는 원소(元素). 영원성(寧遠城)의 수비를 맡던 가운데 1626년 청군을 격퇴하고 태조에게 부상을 입힌 공으로 요동 순무에 추천되어 1628년 병부상서 겸 우부도어사에 임명되었다. 이후 청의 반간책에 말려 죽임을 당했다.
263) 악비(岳飛, 1103~1141) : 남송(南宋)의 무장. 자는 붕거(鵬擧). 금나라에 대하여 주전론(主戰論)를 펴다 재상 진회(秦檜)의 참소로 옥사하였다.
264) 팽월(彭越, ?~기원전 196) : 진말~한초의 군웅. 자는 중(仲)이다. 초한전쟁에서 유방을 도와 한나라를 세운 개국공신이다. 말년에 한신, 영포와 함께 토사구팽당한 비운의 명장이다.
265) 단도제(檀道濟, ?~436) : 남북조시대 송나라의 장군이다. 고평(高平) 금향(金鄕) 사람으

1937년 소련 스탈린(Stalin)²⁶⁶⁾의 강제 이주 명령에 따라 17만 명 이상의 사할린 동포들이 우즈베키스탄²⁶⁷⁾ 지역으로 이주당해, 지금 15만 명 이상의 '고려인'들이 살고 있다. 바로 그곳에 고선지 장군의 위대한 '발자취'가 남아 있다.

 프랑스의 동양학자 샤반느(Chavannes, Ed.)와 고선지의 전적지를 직접 답사한 영국의 탐험가 슈타인(M.A.Stein)은 고선지를 "알프스를 넘은 한니발²⁶⁸⁾과 알렉산더²⁶⁹⁾를 뛰어넘은 세계에서 가장 우수한 천재적인 전략가"로 평가하였다.

 유럽에 화약과 제지 기술, 나침반을 전파하게 된 '유럽 문명의 아버지'. 실크로드의 영웅 고선지 장군을 경모하는 필자의 자작 한시를 소개한다.

로, 공을 많이 세웠으나 자신을 시기한 대신들의 모함으로 죄를 받아 처형되었다.
266) 스탈린(Stalin, 1879~1953) : 소련의 정치가. 시월 혁명 때에 레닌을 도왔으며, 레닌이 죽은 후 사회주의 건설을 지도하고 헌법을 제정하였으며 1941년 수상에 취임하였다.
267) 우즈베키스탄(Uzbekistan) : 중앙아시아 아랄해에서 파미르고원에 이르는 지역에 있는 공화국. 관개농업이 발달하여 대규모의 목화지대가 있으며, 밀·쌀·포도·석탄·철 따위를 생산한다. 주민은 우즈베크인으로 이슬람교를 신봉한다. 수도는 타슈켄트로 중앙아시아에서 가장 큰 도시이며, 과거 유럽과 아시아 무역의 연결고리였다. 면적은 44만 9601㎢. '스탄'은 영토나 나라를 뜻한다. 100여개의 민족으로 이루어진 다민족 국가로 고려인은 0.6%를 차지한다.
268) 한니발(Hannibal, B.C.247~B.C.183?) : 카르타고의 장군. 기원전 218년 제2차 포에니 전쟁을 일으키고, 이탈리아에 침입하여 로마군을 격파하였다. 그 후 자마(Zama)의 싸움에서 로마군에게 패한 뒤 소아시아에서 자살하였다.
269) 알렉산더(Alexander, BC 356~BC 323, 재위 BC 336~BC 323) : 마케도니아 왕. 그리스, 페르시아, 인도에 이르는 대제국을 건설. 그 정복지에 도시를 건설하여 동서 교통과 경제발전에 기여하였고, 그리스, 오리엔트 문화를 융합한 헬레니즘문화를 이룩하였다.

安西都護出英雄(안서도호출영웅)　안서도호 고선지는 출중한 영웅으로
亡國遺民就大功(망국유민취대공)　망국 고구려의 유민으로 큰 공을 이루었네
白日操兵奇陣疊(백일조병기진첩)　한낮에는 군사를 조련해 기묘한 진법 거듭했고
黃昏飮馬遠謀窮(황혼음마원모궁)　해가 지면 말을 먹이며 깊은 병법 궁리했네
堅氷按劍誰相對(견빙안검수상대)　굳은 빙하 칼자루에 손을 대니 아무 상대가 없고
廣漠橫戈忽疾風(광막횡과홀질풍)　넓은 사막 창 비껴들고 홀연히 질풍처럼 달렸네
常勝將軍遭難去(상승장군조난거)　(서역 정복의) 상승장군 재난을 만나 죽었으나
千秋武烈不歸空(천추무열불귀공)　오랜세월 군사상의 공적 헛됨이 될 수 없네

----

* 安西都護(안서도호) : 안서도호부. 중국 당나라의 서역 경략 기관
* 出(출) : 1. 뛰어나다. 2. 내쫓다. 3. 태어나다 4. 나가다. 5. 떠나다
* 就(취) : 1. 나아가다. 2. 이루다. 3. 관대하다
* 操兵(조병) : 군대를 훈련하는 일
* 奇陣(기진) : 기묘한 진법
* 遠謀(원모) : 원대한 계책(計策)
* 堅氷(견빙) : 단단하게 굳은 얼음
* 按劍(안검) : 칼을 빼려고 칼자루에 손을 댐
* 遭難(조난) : 재난(災難)을 만남
* 武烈(무열) : 무공. 군사상의 공적

30

무역의 날과 '해상왕' 장보고(張保皐)의 세계경영

대한민국 건국 초기 해외 원조와 초근목피(草根木皮)로 연명하던 국가 경제를 국민과 기업, 정부가 혼연일체 되어 선진국으로 끌어올린 배경은 수출이다. 12월 5일은 '무역의 날'이다. 박정희 대통령은 '수출입국(輸出立國)'이라는 기치 아래 수출주도형 개방경제정책을 추진하여 한국이 세계 무역 8위, 경제력 10위가 되는 길을 닦았다. 그는 '수출이 아니면 죽음!' 이라며 '팔 수 있는 것은 뭐든지 다 팔아라!'라고 수출을 독려했다.

1963년에 수출은 8,680달러였는데 박 대통령의 독려로 1964년 11월 30일에 1억 달러를 넘어섰다. 이날이 '수출의 날'(지금은 '무역의 날')로 지정되어 지금까지 이어져 오고 있다. 1977년 제14회 수출의 날 치사에서 박 대통령은 "세계 경제대국의 하나인 서독이 수출 10억 불에서 100억 불에 이르는 데 11년이 걸렸으며, 일본도 16년이 걸린 데 비하여 우리나라는 7년이 걸렸을 뿐"이라 했다.

수출로 먹고사는 대한민국에 최근 무역역조가 가속화되고 있고, 소비자물가 상승으로 인한 내수위축도 심화되고 있다. 여야 모두 '극한 정쟁'으로 눈앞에 닥친 경제위기를 외면해서는 안 되며 경제를 좌우하는 건 심리라는 점을 인식하고 신속 대응해야 한다.

역사상 한국은 물론 중국, 일본을 넘어 이슬람 세계에서도 '무역왕'으로 공인된 영웅이 있다. 바로 '해상왕 장보고(張保皐, ?~846)'이다. 장보고는 평민 출신으로 전남 완도에서 태어났다. 본명은 궁복(弓福) 또는 궁파(弓巴)로, '활 잘 쏘는 사람'이라는 뜻이다. 어려서부터 말을 타고 창을 쓰는 데 당할 자가 없었으며 물에 익숙하였다.

장보고는 20세 전후(810년경)에 당나라로 건너갔다. 정년(鄭年)[270]과 함께 무공(武功)을 세워 서주(徐州) 무령군(武寧軍) 소장(小將)을 지냈다. 그는 해적들이 신라인을 노략(擄掠)하여 노비로 사고파는 것에 대해 분노하여 해적들을 소통하여 해상권을 평정하겠다는 야망을 불태웠다.

828년(흥덕왕 3). 장보고는 귀국 후 흥덕왕(興德王)[271]의 명으로 1만 명의 민군(民軍) 조직으로 장도(將島)에 청해진(淸海鎭)을 설치하고, 청해진대사로서 해적을 소탕하고 서남부 해안의 해상권을 장악했다. 이 해상권을 토대로 당·신라·일본의 '삼국 무역'을 주도하

---

[270] 정년(鄭年) : 신라 말기의 무장. 장보고와 함께 당나라에 건너가 무예로 이름을 떨치다 귀국하여 청해진 대사 장보고에게 의탁했다. 아찬 김우징을 왕으로 세우는 데 공을 세웠고 장보고의 뒤를 이어 청해진을 지켰다.

[271] 흥덕왕(興德王, ?~836/ 재위 826~836) : 신라의 제42대 왕. 이름은 수종(秀宗). 청해진을 만들고 장보고를 대사로 삼아 해적을 막게 하였으며, 복색제도를 개정하였다.

며 인도·이슬람까지 교역을 확대해 신라를 국제무역 중심국가로 만들었다. 세계 역사가들은 8세기 말에서 장보고 시대까지의 60여 년간을 '신라인의 황해무역(黃海貿易) 시대'로 구분하고 있다.

장보고는 골품제 같은 신분제에 구애됨 없이 유능한 인재들이 능력을 발휘할 수 있게 하였다. 또한 빈민들을 구제하고, 새로운 활동무대를 찾아 모여든 인재들을 포용해 민생경제를 번창시켰다. 846년. 장보고는 문성왕(文聖王)[272]이 보낸 자객 염장(閻長)[273]에 의해 불의에 피살되었다. 당나라 후기의 시인 두목(杜牧)은 "나라에 현인이 한 사람 있으면 그 나라는 망하지 않는다."고 했는데, 장보고가 사라진 후 신라의 국운은 쇠퇴일로로 치달아 89년 후에 멸망하고 말았다.

장보고는 한·중·일 3국의 역사서에 등장하는 우리나라 최초의 세계인이다. 그의 활약상은 우리나라 〈삼국유사〉, 〈삼국사기〉는 물론 중국 〈신당서〉, 일본의 〈일본후기(日本後記)〉[274], 〈속일본기〉[275] 등에 담겨있다.

두목(杜牧)은 〈번천문집(樊川文集)〉에서 "장보고는 동양에서 가장

---

272) 문성왕(文聖王, ?~857/ 재위 839~857) : 신라 제46대 왕. 이름은 경응(慶應). 신무왕의 태자. 재위기간 중 장보고, 양순(良順)·흥종(興宗)·김식(金式)·대흔(大昕)의 반란이 일어났다.
273) 염장(閻長, ?~?) : 신무왕 때의 장군. 846년에 장보고가 반란을 일으키자 그를 죽이고 아간(阿干) 벼슬에 올랐다.
274) 《일본후기(日本後記)》: 헤이안시대 초기에 편찬된 사서. 일본의 정사 중 하나. 《일본서기》와 《속일본기》에 이어 육국사의 3번째에 해당된다. 841년에 완성되었다.
275) 《속일본기(續日本記)》: 일본 율령시대(律令時代)의 정사(正史)인 육국사(六國史)의 하나로 헤이안시대(平安時代) 초기인 797년에 편찬하였다.

뛰어난 사람이다. 인의지심(仁義之心)이 충만하고 명견이 있으니, 그는 의리가 있는 사람"이라고 극찬하고 있다.

일본 천태종의 3대 수좌였던 '엔닌(圓仁)'[276]은 〈입당구법순례행기(入唐求法巡禮行記)〉에서 "청해진대사의 어진 덕을 삼가 우러러 볼 따름입니다."라며 극진히 예우했고, 그의 제자들은 스승 엔닌의 유언에 따라 교토 근교의 적산선원에 장보고를 해신(海神)으로 받들어 놓았다.

주일(駐日) 대사를 지낸 하버드대학교 E. O. 라이샤워 교수[277]는 "장보고는 해양상업제국의 무역왕이다."라고 극찬하며, 다음과 같이 기록하고 있다. "일본이 아직 중국의 문화수입에 급급할 때인 9세기 중엽 경에 신라는 세계사의 한 국면에 참여하고 있었다 … 한국인들은 시초시기(始初時期) 세계 해상무역의 초기 단계를 이끌었다…"(한국해양대 손태현 교수 『한국해운사』).

지금 장보고의 동상은 중국 산동성 적산에 적산명신(赤山明神)으로 우뚝 서 있어 중국인들의 추앙을 받고 있다. 바다를 무대로 나라의 미래를 개척한 영웅, 장보고를 알면 세계가 열린다.

각자도생(各自圖生)의 시대에 1,200년 전 '해상왕'이 펼친 개척정신과 도전정신, 그리고 강인한 리더십을 경모하는 필자의 자작 한시를 소개한다.

---

[276] 엔닌(圓仁, 794~864) : 일본 헤이안 시대의 승려. 당나라에 유학하여 ≪닛토구호준레이코키(入唐求法巡禮行記)≫를 지었으며, 천태종의 밀교화에 공헌하였다.
[277] 라이샤워(Edwin Oldfather Reischauer, 1910~1990) : 미국의 역사가. 도쿄(東京) 출생. 일본 역사를 전공, 1950년 이후 하버드대학 교수, 일본 문학의 번역을 발표했다.

出天弓福駭仙翁(출천궁복해선옹) 하늘이 낸 명궁으로 신선 노인을 놀라게 했고
弱冠離鄕宣武功(약관이향선무공) 20세에 당나라로 건너가서 무공을 세웠네
大使偉名平水域(대사위명평수역) 청해진대사는 위대한 이름으로 해상권을 장악했고
長風破浪靜天空(장풍파랑정천공) 긴 바람은 물결을 깨고 열린 하늘을 고요하게 했네
東洋第一文人詠(동양제일문인영) 문인(두목)은 장보고를 동양 제일의 인물로 읊었고
三國先頭靑史崇(삼국선두청사숭) 신라 · 당 · 일본은 장보고를 으뜸으로 역사에 기록했네
日夕榮華哀惜盡(일석영화애석진) 세상 영화는 하루 저녁에 애석하게 끝났지만
海神稱念奉英雄(해신칭념봉영웅) 해신은 잊지 않고 생각하는 영웅으로 받들어 지네

————————————

* 出天(출천) : 하늘이 냄
* 弓福(궁복) : 활을 잘 쏘는 사람. 장보고
* 駭(해) : 1. 놀라다 2. 소란스럽다. 3. 혼란스럽다. 4. 경계하다. 5. 흩어지다
* 仙翁(선옹) : 신선 노인
* 離鄕(이향) : 고향을 떠남
* 文人(문인) : 여기서는 중국 당나라 후기의 시인 '두목(杜牧, 803~852)'을 말함
* 三國(삼국) : 여기서는 신라, 당, 일본을 지칭함
* 稱念(칭념) : 어떤 일을 입에 올려 말하여 잊지 말고 잘 생각하여 달라고 부탁함
* 海神(해신) : 바다를 주관(主管)하는 신령(神靈)

31 최치원(崔致遠)의 지혜와 한중 외교의 새 지평

시진핑(習近平) 중국 국가주석은 최치원에 대한 존경과 관심이 남다른 것으로 알려져 있다. 그는 2013년 6월 중국을 국빈 방문한 박근혜 대통령과 정상회담에서 최치원의 한시(漢詩) '범해'(泛海)의 일부 구절('푸른 바다에 배를 띄우니 긴 바람이 만리를 통하네')을 인용, "한국과 중국은 역사가 유구하다."며 양국의 인연을 강조했다.

시 주석은 2014년 7월 서울대에서 가진 특강에서 최치원을 한중 양국관계를 상징하는 인물로 거론했으며, 2015년 1월 서울에서 열린 '2015 중국 방문의 해' 개막식 행사에 보낸 축하 메시지에서 최치원의 '호중별천(壺中別天, 동쪽 나라의 화개동은 호리병 속의 별천지)'을 인용했다.

고운(孤雲) 최치원(崔致遠, 857~?)은 유·불·선 통합을 주장했던 통일신라 말기의 대학자이자 뛰어난 문장가다. 6두품 출신의 문인으로 최승우(崔承祐)[278], 최언위(崔彦撝)[279]와 함께 '신라 삼최(三崔)' 중

---

278) 최승우(崔承祐, ?~?) : 통일신라 말기의 문인·학자. 당나라에 유학하고 빈공과에 급제하였으며 문장이 뛰어났다. 문집에 ≪호본집(餬本集)≫이 있다.
279) 최언위(崔彦撝, 868~944) : 통일신라 말에서 고려 초의 문신. 초명은 신지(愼之). 18

하나로, 경주 최씨(慶州 崔氏)의 중시조이다.

868년 12살의 나이로 당나라에 유학을 가 과거(빈공과[280])에 급제(부친 최견일이 당부한 '10년 안 급제'를 7년 만에 달성)하고, '황소의 난'을 잠재운 '토황소격문(討黃巢檄文)'[281] 등 뛰어난 글로 필명을 날렸다.

신라에 귀국 후, 894년 2월 진성여왕에게 〈시무십여조(時務十餘條)〉[282]라는 개혁정책을 건의했고, 6두품의 한계인 아찬(阿飡)까지 임명되는 등 신라 왕실의 신임이 상당했지만 이미 쇠약해진 신라 조정에서 그의 주장이 수용될 수 없었다. 이에 최치원은 40여 세 장년의 나이에 은거를 결심했다.

〈난랑비서(鸞郎碑序)〉에 보면 "나라에 현묘한 도가 있는데 이를 풍류라고 한다. 풍류의 도는 가르침을 세울 근원이 선사(仙史)에 상세히 구비돼 있다. 실로 유불선의 가르침이 이미 포함돼 있으니 이

세에 당나라에 유학하였고, 신라가 망하고 고려왕조가 세워지자 고려에 가서 태자의 사부(師傅)가 되고 문한(文翰), 한림원령(翰林院令), 평장사를 지냈다.

280) 빈공과(賓貢科) : 중국에서 외국인을 대상으로 실시하는 과거시험. 우리나라 사람이 당(唐)·송(宋) 빈공과에 급제한 경우가 많았다. 신라시대 처음 숙위유학생(宿衛留學生)이 증가하면서 빈공과에 급제한 자가 나타났다. 특히 신라말 육두품으로서 빈공과에 급제한 자가 많았는데, 최치원·최승우·최언위 등은 그 대표적인 사람들이다. 이후 원(元)·명(明) 나라의 빈공과에서도 급제자가 많이 나왔다.

281) 토황소격문(討黃巢檄文) : 당나라 희종 광명 2년에 황소(黃巢)가 모반하여 복주를 점령하고 소란을 일으키자, 조정에서는 고변을 제도행영도통을 삼아 적을 치게 하였다. 이 때 최치원은 그의 막하에서 고변을 대신하여 7월 8일에 '토황소격문'을 지었다. 이 격문은 적장의 간담을 서늘하게 한 명문으로서 최치원의 명성을 천하에 떨치게 한 글이다.

282) 시무십여조(時務十餘條) : 894년(진성왕 8)에 최치원이 진성왕에게 올린 사회개혁안이다. 신라 왕실의 안녕과 국가의 위상을 강조한 존왕적 정치이념을 담았다. 그러나 왕권이 이미 약화된 채 진골 세력이 거세게 반발하고 호족 세력이 지방 곳곳에서 성장한 상황에서 실현되기에는 버거웠다. 후삼국 시기 사회혼란 수습 요구가 부각되면서, 최치원을 계승한 최언위나 최승로 등에 의해 고려의 국가체제 정비에 적지 않은 영향을 미쳤다.

로써 군생을 교화시키는 목표에 이를 수 있다" 했다. 화랑도 정신에 기인한 풍류를 바탕으로 사회통합을 강조한 것이다. 최치원은 우리의 사상과 정체성을 제시한 공로가 크고, 수많은 시문(詩文)을 남겨 한문학의 발달에 기여하였다. 그의 개혁사상은 고려 초 증손(曾孫) 최승로(崔承老)로 이어져 고려왕조 500년의 기틀을 세우게 된다.

최치원을 존중한다던 시진핑이 돌변해서 2017년 4월 미·중 정상회담에서 트럼프에게 "한국은 사실상 과거 중국의 일부였다."고 말했다. 이 발언은 지정학적 야망을 담은 것으로 북한에 급변상황이 발생하면 중국은 '역사적 연고권'에 기초해서 북한에 진주하겠다는 속내를 드러낸 것이다.

그러나 시 주석의 주장은 사실과 부합하지 않는다. 〈삼국사기〉 '최치원열전'에 인용된 당나라 태사시중(太師侍中)에게 쓴 최치원의 편지가 이를 입증한다. 거기에는 "고구려, 백제가 전성기에는 강병이 100만 명이나 되어 남쪽으로 오(吳), 월(越)과 북쪽으로 유(幽), 연(燕), 제(齊), 노(魯)를 뒤흔들어 중국의 커다란 고민거리였다."는 대목이 있다. 오·월과 유·연·제·노를 공격할 수 있는 곳은 요서와 중원의 일부를 차지하는 위치이다.

청나라의 〈흠정만주원류고(欽定滿洲源流考)〉[283] 〈송서(宋書)〉[284] 〈남

---

283) 《흠정만주원류고(欽定滿洲源流考)》 : 청나라 때의 만주 풍속 지리지. 아계(阿桂) 등이 건륭 황제의 명에 따라 부족, 강역(疆域), 산천, 나라의 풍속 따위의 네 부분으로 나누어 상세히 기록하였다. 1739년에 간행되었다. 20권.

284) 《송서(宋書)》 : 중국 이십오사의 하나. 육조시대에, 양나라의 심약이 황제의 명에 따라 모아 엮은 송나라의 정사(正史)로, 무제에서 순제까지의 역사를 기록하였다. 487년에 간행되었다. 100권.

제서(南齊書)〉[285] 〈구당서(舊唐書)〉[286] 〈자치통감(資治通鑑)〉[287]에 "백제가 요서를 경영했다." "백제는 중국 동부를 지배한 황제국"이라는 사실을 뒷받침하는 기록들이 남아있다. 이러한 역사적 사실들은 한국이 중국의 일부였던 것이 아니라, 오히려 중국의 일부가 고조선, 부여, 고구려, 백제, 발해의 일부였음을 말해 준다.

중국 정부의 중화주의는 위험 수위에 놓여 있다. 서열 25위권 밖의 왕이(王毅) 외교부장 따위가 2017년 12월 중국을 국빈 방문한 문재인 대통의 팔을 툭 치는 외교적 망동(妄動)을 부렸고, 2020년 11월 강경화 외교부 장관과 회담 시간에 24분 지각하는 등 고압적인 태도를 숨기지 않고 있다. 안심하고 있어 화가 닥쳐오는 것도 모르는 '연작처당(燕雀處堂)'의 패망외교를 경계해야 한다.

중국에서 최치원에 대한 평가는 대단하다. 그가 벼슬을 한 적이 있는 양주시(揚州市)에서는 당성(唐城) 유적지에 '최치원 기념관'을 짓고 10월 15일을 '최치원의 날'로 정하여 매년 기념하고 있다. 한중 외교의 새로운 지평을 열어가는 데 '최치원 선생의 한시'를 활용하면 유용할 것이라는 뜻에서, 필자의 자작 한시를 소개한다.

---

285) ≪남제서(南齊書)≫ : 양나라 때에, 소자현(蕭子顯)이 남제의 역사를 적은 책. 이십오사(二十五史)의 하나이다. 59권.
286) ≪구당서(舊唐書)≫ : 후진(後晉) 때에 유구(劉昫)가 편찬하여 945년에 장소원(張昭遠)이 완성한 중국 당나라의 정사. 이십오사(二十五史)의 하나로, 당나라 일대(一代)의 사실(史實)을 적었으며, 여기에 수록된 〈음악지〉, 〈지리지〉 및 〈동이전〉은 우리나라의 역사를 연구하는 데 좋은 자료가 된다. 200권.
287) ≪자치통감(資治通鑑)≫ : 송나라의 사마광이 펴낸 편년서. 주나라 위열왕으로부터 후주(後周) 세종에 이르기까지의 113왕 1362년간의 군신의 사적(史跡)을 편년체로 엮은 것으로, 정사(正史) 이외의 풍부한 자료와 고증을 첨가하였다. 1065~1084년에 간행되었다. 294권.

渡唐英傑寸心明(도당영걸촌심명) 도당 유학한 영걸은 속으로 품은 뜻이 밝았고
七載登科夢亦驚(칠재등과몽역경) 7년 만에 과거 급제하여 꿈에서도 크게 놀라게 했네
節度信之文士對(절도신지문사대) 절도사(고변)가 최치원을 신뢰하여 문사로 대우했고
叛徒顚倒筆名轟(반도전도필명굉) (토황소격문에) 황소가 넘어져 필명이 중원에 떨쳤네
朝廷有亂忠言斥(조정유란충언척) (신라 말기) 조정은 어지러워져 충언은 배척되었고
時務無要獻策烹(시무무요헌책팽) (국가에)시급한 일은 필요없어 바친 책략은 버려졌네
一入靑山終不出(일입청산종불출) (고운이) 한번 입산 후 끝내 속세로 나오지 않았고
妙玄其道殷名聲(묘현기도은명성) 유·불·선 통합의 현묘한 도는 왕성한 명성을 남겼네

---

* 寸心(촌심) : 속으로 품은 작은 뜻
* 節度(절도) : 절도사. 당·송 시대에 지방 조직인 번진(藩鎭)을 통솔했던 수장
* 叛徒(반도) : 반란을 꾀하거나 그에 가담한 무리. 당나라 말기의 '황소(黃巢?~884)'를 지칭
* 顚倒(전도) : 엎어져서 넘어짐
* 轟(굉) : 울리다. 떠들썩하다
* 時務(시무) : 그 시대에 중요하게 다루어야 할 일
* 獻策(헌책) : 일에 대한 꾀를 드림
* 妙玄(묘현) : 이치나 기예의 경지가 헤아릴 수 없이 미묘함. 玄妙
* 殷(은) : 기운이나 세력이 한창 왕성하다

고려시대

왕건대왕   정몽주

IV

32. 분단 78년과 왕건(王建)의 '포용 리더십'
33. '정치개혁'과 고려의 명재상 최승로(崔承老)
34. 초당적 '핵무장 외교'와 우리 외교를 빛낸 서희(徐熙)
35. '현충일의 기원'과 고려의 영웅 강감찬(姜邯贊)
36. 교육개혁과 '고려 교육의 아버지' 최충(崔沖)
37. 〈삼국사기〉를 쓴 유교적 합리주의자 김부식(金富軾)
38. 역사교과서 수정과 일연(一然) 스님의 '자주사관(自主史觀)'
39. '지부상소(持斧上疏)'의 원조, 고려의 역학자 우탁(禹倬)
40. 익재(益齋) 이제현(李齊賢)의 원간섭기 '외교전략'
41. 한중 수교 30주년과 민중의 흠모 대상 최영(崔瑩)
42. 조선 불교의 초석을 세운 나옹선사(懶翁禪師)
43. 과학의 달 4월과 '화약의 아버지' 최무선(崔茂宣)
44. 중국을 놀라게 한 이곡(李穀)-이색(李穡) 부자
45. 위기의 전경련과 '기업가 정신'의 문익점(文益漸)
46. 보수당의 새 출범과 '온건개혁' 보수주의자 정몽주(鄭夢周)
47. 공공부문 고통 분담과 길재(吉再)의 '절의(節義)정신'

32

분단 78년과 왕건(王建)의 '포용 리더십'

골드만삭스[288]가 2022년 12월 8일 발표한 '2075년으로 가는 길'이라는 보고서는 매우 충격적이다. 골드만삭스는 '대한민국의 통일'을 전제하지 않은 국내총생산(GDP)을 기준으로 53년 뒤 한국의 경제규모가 파키스탄과 필리핀보다 작아질 것으로 전망했다.

인구절벽으로 미래가 암울한 와중에 계묘년(癸卯年) 새해 아침이 밝았다. 2023년 최우선 과제는 수출, 투자, 소비 등 경제의 3대 축이 흔들리는 '삼각파고'와 복합위기를 돌파하는 일이다.

또다시 '분단 78년'을 맞게 된다. 분단은 한민족의 자유 발전을 크게 억압하고 있으며, 통일은 자유를 바로 세우고 인구절벽 해소와 번영으로 가는 역사의 길이다. 통일포기와 분단고착에 따른 '두 국가체제 인정론'이 평화를 가져올 것이라는 일각의 주장은 반민족적이며 반역사적이다.

---

288) 골드만삭스 : 미국의 투자은행. 뉴욕에 본부를 두고 런던, 홍콩을 중심으로 전 세계 주요 금융센터에 거점을 운영하고 있다. 23개국 50개 사무소에 총 3만명이 넘는 임직원을 보유한 것으로 알려졌다. 주요 고객은 기업, 금융기관, 각국 정부, 고액 자산가이며 투자, 자문, 자금 조달 서비스 등의 종합 금융 서비스를 지향한다.

통일이 되면 국력이 세계 5강으로 커지고 분단으로 인한 내부 갈등과 소모가 없는 강국이 된다. 한반도 주변 열강의 위협과 간섭에서 벗어나 세계로 웅비할 수 있는 길은 '자유 통일'밖에 없다.

윤석열 정부의 대북정책의 목표는 한반도 평화와 번영, 나아가 통일한국으로 가는 길이다. 중·러·북의 관계가 돈독해지는 '반작용'을 관리하기 위해서는 유연함과 안정성을 아우르는 적절한 강온 양면정책 배합의 '새로운 길'을 모색해야 한다.

먼저 극심한 좌우 이념갈등을 봉합하여 대북문제에 관해서는 여야의 초당적 협력구도를 만들고, 통일에 대한 국제사회의 공감대와 신뢰를 형성해야 한다. 그 힘을 바탕으로 '미사일 발사'와 '드론 침공'과 같은 북한의 망동을 제압해야 한다.

'명철보신(明哲保身)'의 처세 철학으로 제왕에 옹립되고 삼한을 재통일한 인물이 고려 태조 왕건(王建, 877~943)이다. 왕건은 877년 예성강을 근거지로 삼은 신흥 호족인 왕륭(王隆)[289]과 부인 한(韓)씨 사이에 맏아들로 태어났다. 결혼한 지 얼마 되지 않은 왕륭에게 도선대사(道詵大師)[290]가 찾아와 삼한을 재통합할 영웅이 탄생할 집터를 가르쳐 주었다는 설화가 전해온다.

---

289) 왕륭(王隆, ?~897) : 신라 하대의 지방세력가. 왕건의 아버지. 초명은 왕용건(王龍建)이며, 자는 문명(文明)이다.
290) 도선대사(道詵大師, 827-898) : 통일신라 말기의 승려. 속가의 성은 김씨이며, 그의 음양지리설(陰陽地理說)과 풍수상지법(風水相地法)은 고려와 조선에도 커다란 영향을 끼쳤다.

신라 말기에는 중앙 귀족들의 왕위 다툼과 '장군', '성주'라 칭하는 80여 명의 호족들이 등장하여 왕권이 미치는 범위는 경주 일원에 불과했다. 삼한에 춘추전국시대가 펼쳐졌으나, 마침내 신라, 후고구려, 후백제로 천하가 삼분 되었다.

왕건은 송악의 경제력을 바탕으로 궁예의 신하로 공을 세우면서 세력을 키워갔다. 나주 공략은 그의 유능함과 가능성을 삼한에 각인시켜준 일대 사건이었다.

왕건은 궁예(弓裔)와 견훤(甄萱)에게 부족한 포용력을 가진 덕장(德將)으로, 한고조 유방(劉邦)이나 송태조 조광윤(趙匡胤)보다 월등한 인물이었다.

궁예의 폭정을 더 이상 참지 못한 홍유(洪儒)[291], 배현경(裴玄慶)[292], 신숭겸(申崇謙)[293], 복지겸(卜智謙)[294] 장군이 시중(侍中) 왕건을 찾아와 "쿠데타를 일으키자."고 했다. 왕건은 부인 류씨의 "인(仁)으로 불인(不仁)을 치는 것"이라는 권유에 설득되어 '역성혁명'으로 궁예를 축출하고 제위에 올라 연호를 천수(天授), 국호를 고려(高麗)라 선포했다(918).

---

291) 홍유(洪儒, ?~936) : 고려 개국1등공신. 무신. 의성부(義城府) 사람. 초명은 홍술(洪術).
292) 배현경(裴玄慶, ?~936) : 고려의 개국1등공신. 태봉의 기병장으로 궁예 밑에 있었으나, 궁예의 횡포가 심해지자 왕건을 추대하여 고려를 세우는 데 공헌하였다.
293) 신숭겸(申崇謙, ?~927) : 고려 개국1등공신. 초명은 능산(能山). 평산(平山) 신씨의 시조로, 왕건을 추대하여 왕으로 세우고 태조 10년, 견훤의 군사와 싸우다 전사하였다.
294) 복지겸(卜智謙, ?~?) : 고려의 개국1등공신. 초명은 사괴(沙瑰). 궁예가 민심을 잃자 배현경, 신숭겸 등과 함께 궁예를 몰아내고, 왕건을 추대하여 고려를 세우게 하였다.

왕건은 '호족연합과 혼인동맹'(후비 29명), '진압정책과 회유정책'(호족들에게 후한 폐백을 주며 자신을 낮추는 중폐비사 · 重幣卑辭), '2(고려+신라) 대 1(후백제) 전략', '책략으로 상대방을 굴복(견훤의 귀순, 경순왕의 귀부)시킨 모공(謀攻)' 등을 병행하여 천하를 재통일했다.

왕건이 신라의 '삼한일통(676)' 후 260년 만에 민족을 재통일한 국가방략(國家方略)은 '싸우지 않고 승리'하는 '부전이승(不戰而勝)전략'[295]과 신라의 골품제를 뛰어넘는 '개방화 전략'이었다.

왕건은 동지 규합→군사혁명→개국이라는 로드맵을 실행에 옮겨 삼한을 재통일했다. 태조는 등극 후 일관되게 '3대 국가정책'을 시행했다. 안정화를 위한 '호족세력 통합정책'(민족융합정책 · 民族融合政策), 고구려의 옛땅을 회복하려는 '북진정책(北進政策)'[296], 불교와 재래의 관습을 중시 여겨 민심을 수습하고 왕실의 안정을 도모하는 '숭불정책(崇佛政策)'을 국가정책의 기본으로 삼았다.

발해 유민까지 흡수한 '포용의 리더십'으로 외세의 도움 없이 완전한 통일을 이룬 영웅. 민족사의 새장을 연 왕건 대왕을 경모하는 필자의 자작 한시를 소개한다.

---

295) 부전이승(不戰而勝) : 싸우지 않고 이김. 〈손자병법〉은 '不戰而勝'이 최상책이고, 그 다음은 "선승이후구전(先勝而後求戰)", 즉 "이미 이긴 것과 다름없을 정도로 압도적 수준의 형세를 만들고 전쟁에 임하는 것"이 차선의 전략임을 가르친다.

296) 북진정책(北進政策) : 고려의 북진정책은 거란의 남침을 저지하려는 군사적 의도로 서북면에서 강력히 추진되었다. 정종 · 광종 · 경종의 3대에 걸쳐 서북면 지역에서의 축성이 매우 활발히 전개되었다. 993년(성종 12) 거란과 최초의 군사적 접촉을 하였을 무렵에는 이미 청천강 이북의 많은 요지에 성곽의 축조를 완료하고 있었다.

奇僧啓示聖人降(기승계시성인강)　기이한 스님이 일찍이 계시해 성인이 태어났고
龍鳳之姿國運扛(용봉지자국운강)　용과 봉의 풍채로 나라의 운명을 (어깨에) 메었네
東土自歸同一體(동토자귀동일체)　동쪽 나라(신라)가 스스로 귀부해 한몸 되었고
北人順從外内雙(북인순종외내쌍)　북쪽 발해 유민이 순종하여 안팎이 하나 되었네
千城出日陽光宅(천성출일양광택)　모든 성에 해가 뜨면 태양볕이 집을 밝게 비치고
萬里消爭喜色窓(만리소쟁희색창)　나라에 전쟁이 사라져 기쁜 얼굴빛 창에 가득하네
匡合之功民再合(광합지공민재합)　천하를 바로잡고 규합해 민족의 재통합을 이루어
大開魏闕福三邦(대개위궐복삼방)　궁궐을 크게 열어 (통치하니) 복된 나라가 되었네

---

* 奇僧(기승) : 도선대사(道詵大師). 신라 말기의 승려이며 풍수설의 대가
* 啓示(계시) : 사람의 지혜로써는 알 수 없는 진리를 신(神)이 가르쳐 알게 함
* 龍鳳之姿(용봉지자) : 용과 봉의 풍채
* 扛(강) : 1. 어깨에 메다. 2. 마주 들다. 3. 들어올리다
* 歸(귀) : 귀부(歸附) – 스스로 와서 복종함
* 陽光(양광) : 따뜻한 햇빛. 태양의 빛
* 匡合之功(광합지공) : 천하를 바로잡고 제후를 규합하는 공적. 천하통일의 공적
* 再合(재합) : 인연이나 의견, 주장 따위를 다시 합함
* 魏闕(위궐) : '조정'. 궁성의 정문 아래에 법령 따위를 게시한 데서 나온 말이다
* 三邦(삼방) : 후삼국. 후고구려, 후백제, 통일신라

33

'정치개혁'과 고려의 명재상 최승로(崔承老)

　'하나의 이치로써 모든 것을 꿰뚫는다.'는 뜻의 '일이관지(一以貫之)'란 동서고금을 관통하는 인간사회의 원리인데, 국가운영에서는 '정치개혁'으로 수렴된다. 정치는 국민들의 인간다운 삶의 영위와 직결되기 때문이다. 데이터리서치의 2022년 12월 조사에 의하면 국민은 정치개혁(90.9%), 연금개혁(81.1%), 국가재정개혁(79.8%), 교육개혁(78.8%), 노동개혁(74.1%)을 원한다. 이처럼 개혁에 대한 국민 여론은 절대적이다

　개혁이 실패하면 그 피해는 고스란히 국민과 미래 세대에게 돌아간다. 2023년은 전국단위 선거가 없는 해로, 87년 민주화 체제를 넘어 새로운 정치시스템을 만들 '개혁의 적기(適期)'이다. 윤석열 대통령은 '노동·교육·연금' 3대개혁과 선거구제 개혁에 본격 드라이브를 걸고 있다.

　3월 8일에 개최되는 국민의힘 전당대회를 앞둔 당 대표 후보들은 지속가능한 국가 발전과 국민통합을 위해 '정치개혁'에 대한 확

고한 청사진을 제시해야 한다. 정치개혁은 스스로의 희생과 손해도 감수하는 정치인의 굳은 의지와 결단이 선행되어야 한다.

우리 역사상 유교사상에 입각한 '정치개혁' 시도는 신라 최치원의 활동으로 거슬러 올라간다. 그러나 최치원의 개혁 시도는 신라 골품제도라는 낡은 틀에 얽매여 빛을 보지 못했는데, 마침내 그의 증손 최승로(崔承老, 927~989)를 통해 고려 건국의 이론적 기반을 제공한 것으로 그 열매를 맺게 된다.

최승로는 불교를 수신(修身)의 근본으로, 유교를 치국(治國)의 근본으로 삼아 고려가 법과 제도에 따라 국사가 처리되고 본격적인 문치(文治) 사회로 접어들게 만들었다. 고려 서른네 명의 왕 가운데 가장 뛰어난 성군인 성종(成宗)을 도와 유교적 통치이념에 따른 제도정비에 이바지한 유학자요, 명재상이다.

최승로는 후백제의 견훤이 신라를 침범하여 경애왕(景哀王)[297]을 죽였던 해(927년)에 경주 최씨의 시조인 고운(孤雲) 최치원(崔致遠)의 손자 최은함(崔殷諴, 6두품)[298]의 아들로 경주에서 태어났다. 935년

---

297) 경애왕(景哀王, ?~927/재위 924~927) : 신라 제55대 왕. 성은 박(朴). 이름은 위응(魏膺). 신라의 국세가 쇠퇴할 때 즉위하여 왕건과 견훤의 압박을 받았으며, 즉위 4년(927) 포석정(鮑石亭)에서 연회를 하다 견훤의 습격을 받자 자살하였다.
298) 최은함(崔殷諴, ?~?) : 《고려사》에는 최은함의 벼슬을 원보(元甫), 《삼국유사》에는 정보(正甫)로 적고 있다.
《고려사》〈최승로열전〉에는 "오랫동안 자식이 없어 기도하여 승로를 낳았다(久無嗣禱而生承老·구무사도이생승로)"고 적고 있는데, 《삼국유사》에는 최은함이 중생사(衆生寺)의 관음보살에 기도하여 승로를 얻었다는 기록과 함께 그의 어린 시절과 관련한 이야기를 전하고 있다. 최승로가 태어난 지 채 3개월이 못 되어 후백제의 견훤이 서라벌로 쳐들어와서 성 안이 어수선한 가운데, 최은함은 피난 직전에 어린 최승로를 안고 중생사로 찾아와 "이웃 나라의 군사가 갑자기 쳐들어와 사세가 급박한데 어린

(9세) 신라 경순왕(敬順王)²⁹⁹⁾이 고려 태조에게 귀부(歸附)할 때 아버지와 함께 고려에 들어왔다.

고려는 광종(光宗) 대에 힘에 의한 정치적 안정을 이룩하였지만, 성종(成宗) 대는 왕권과 신권의 화해가 필요한 시기였다. 성종은 즉위 직후 언로(言路)를 개방했다.

최승로는 우리 역사상 최초의 유학자 출신의 재상이다. 그의 삶은 성종을 성군으로 만든 '긴 기다림과 짧은 활동기'로 요약된다. 그의 기다림은 〈시무28조(時務28條)〉로 꽃피웠고, 5년 동안 열매를 맺으니, 비로소 고려왕조 500년의 기틀이 잡혔다. 고려왕조는 숭불정책을 썼지만, 국가경영의 기조는 초기부터 유교이념이었던 것이다.

최승로는 〈5대 왕에 대한 평가〉와 함께 〈시무28조〉를 성종에게 올렸다. 개혁안은 국정 전 분야를 망라하고 있으며, 국왕의 권한을 제한하는 각종 제도와 장치를 도입하자는 부분이 핵심이었다.

성종은 유학을 통치의 기본으로 선언하고, 치세(治世) 동안 지방제도 및 중앙관제를 정비하였으며, 국정 전반에 걸친 개혁을 통해 중앙집권적 국가체제의 기틀을 마련하였다.

공자는 사회발전을 세 단계로 제시했다. 첫 번째인 '온포(溫飽)'는

자식이 누가 되어 둘 다 죽음을 면할 수 없게 되었습니다. 진실로 대성(大聖)이 보내신 아이라면 크나큰 자비의 힘으로 보호하여 길러주셔서 우리 부자가 다시 만날 수 있게 해주십시오."라고 기도하고서 강보에 싸서 관음보살상 사자좌 밑에 감추어 두었다. 6개월 뒤 후백제 병사들이 물러가고, 최은함이 와서 보니 어린 최승로의 살결은 새로 목욕한 듯 깨끗했고 젖 냄새가 아직도 입에 남아있었다고 한다.

299) 경순왕(敬順王, ?~979/재위 927~935) : 신라 제56대 마지막 왕. 성은 김(金). 이름은 부(傅). 경애왕이 죽은 뒤 견훤에 의해 왕위에 올랐으나, 935년 고려 왕건에게 항복하였다.

백성들이 의식주 문제가 해결되는 수준의 사회다. 두 번째인 '소강(小康)사회'는 인간답게 살 수 있는 삶의 질이 보장된 사회다. 하나라 우왕(禹王), 은나라 탕왕(湯王), 주나라 문왕(文王)·무왕(武王)·성왕(成王)·주공(周公)이 다스리던 시대가 이에 해당한다. 마지막 '대동(大同)사회'는 무위지치(無爲之治)로 표현되는 요순(堯舜)시대의 이상향을 말한다. '대동사회'가 으뜸가는 최선의 사회라면 '소강사회'는 버금가는 차선의 사회다.

최승로가 꿈꿨던 고려도 공자가 "예의를 벼리로 삼아서(禮義以爲紀·예의이위기), 군신 사이가 바르게 되고, 부자(父子)가 돈독하게 되고, 형제가 화목하고 부부가 조화를 이룬다."고 설명한 '소강사회'를 지향했다.

최승로의 일생은 거란 왕족의 후손으로 태어나 원수의 나라인 금(金)나라에서 벼슬을 하고, 다시 몽골제국의 재상을 역임한 중국 역사상 가장 기구한 운명의 소유자인 야율초재(耶律楚材)[300]와 비슷하다. 또한 그의 업적은 이성계를 도와 조선을 건국하고 국가의 기틀을 마련한 정도전(鄭道傳)에 비견된다.

도당(渡唐) 유학을 하지 않은 국내파로 학문적으로 높은 경지에 도달한 최승로는 62세에 종1품 문하수시중에 올랐고, 이듬해(989, 성종8) 62세를 일기로 생을 마감하였다. 시호는 문정(文貞)이다. 고려왕조 500년의 기틀을 잡은 최승로 선생을 경모하는 필자의 자작 한시를 소개한다.

---

300) 야율초재(耶律楚材, 1190~1244) : 몽고제국의 공신. 자는 진경(晉卿). 요나라 왕족의 자손으로 칭기즈칸에게 중용되어 서역(西域) 원정에 종군하였으며, 태종 때 중서령(中書令)이 되어 제국 재정의 기반을 튼튼히 하였다. 저서에 ≪담연거사집(湛然居士集)≫이 있다.

文昌三代始林生(문창삼대시림생)	(최승로는) 최치원의 증손으로 신라에서 태어났고
歸附新朝待望行(귀부신조대망행)	고려에 귀부해서 희망을 갖고 송도로 떠났네
急務立綱邦正本(급무입강방정본)	'시무28조'는 계통 세워 나라 갖춤의 기본 되었고
扶危定國興中程(부위정국흥중정)	위기의 나라를 바로 세워 중흥의 길을 열었네
琢磨切切開京昭(탁마절절개경소)	(성군을) 절절하게 절차탁마시켜 조정을 밝혔고
經世申申半島盛(경세신신반도성)	세상을 화평하게 다스려 반도(나라)가 융성했네
稀罕六頭賢主補(희한육두현주보)	희한하게 육두품 재상은 현명한 군주를 보좌했고
萬千滿月大庭成(만천만월대정성)	오백년의 긴 세월 만월대는 큰 조정을 이루었네

----

* 文昌(문창) : 최치원의 시호
* 始林(시림) : 신라
* 立綱(입강) : 계통을 세움
* 新朝(신조) : 새로운 조정. 고려
* 待望(대망) : 바라고 기다림
* 扶危定國(부위정국) : 위기를 맞아 잘못됨을 바로 잡고 나라를 바로 세움
* 申申(신신) : 화평한 모양
* 大庭(대정) : 큰 조정. 庭 : 1. 뜰 2. 집안 3. 조정 4. 궁중 5. 관청

34

초당적 '핵무장 외교'와 우리 외교를 빛낸 서희(徐熙)

　해 뜰 무렵 아침에 긴 터널을 빠져나오는 철마처럼 대한민국은 건국 당시 최빈국에서부터 산업화·민주화의 길을 질풍노도처럼 달려와 선진국에 진입했다. 그러나 아직 넘어야 할 산들과 건너야 할 강들이 우리를 시험하고 있다. 진정한 선진국에 걸맞는 정치·경제·사회 모든 영역에서 품격을 갖춰야 한다.
　국가의 명운을 좌우할 북핵은 발등에 떨어진 불이지만, 우리 정치는 여전히 극단적인 좌우 이념으로 갈라져 있고 포퓰리즘에 매몰돼 있다. 대한민국이 명실상부한 선진국이 되기 위해서는 백년대계를 위한 '국가대개조 방안'을 세워야 한다. 특히 외교는 초당적이어야 국익을 지킬 수 있다.

　미국 국무부 비확산·군축 담당 특별보좌관을 지낸 로버트 아인혼 브루킹스연구소 수석연구원은 2022년 12월 '2022 한미핵전략포럼'에서 한국의 독자적 핵무장은 "순전히 한국인이 내릴 수 있는 자주적인 선택"이라는 주장을 했다. 또한 "한국이 핵무기를 확보하면 미국은 결국 이를 용인할 것이지만, 주요 안보 동반자인 미국과의 관계에 미치는 영향도 세심히 살펴야 한다."고 제언했다.

박진 외교부 장관은 북핵문제의 해법으로서 한국의 독자적 핵무장이 미국의 국익에도 전략적인 이득이 될 수 있다는 점을 미국 조야에 설득해주기 바란다.

2009년 외교부가 선정한 '우리 외교를 빛낸 인물 1호'가 고려의 서희(徐熙, 942~998)이다. 서희의 본관은 이천, 자는 염윤(廉允), 시호는 장위(章威)이다. 광종 대의 대쪽 재상 서필(徐弼)[301]의 아들이다. 19세에 문과에 급제, 광평원외랑에 이어 내의시랑이 되었다. 982년 송나라에 가서 10여 년간 단절되었던 국교를 트고 송 태조로부터 검교병부상서 벼슬을 받아 귀국했다.

고려 건국 75년이 되는 993년(성종 12), 거란은 송나라를 공략하기에 앞서 고려를 먼저 침공하였다. 봉산군(鳳山郡)[302]을 함락시킨 거란 장수 소손녕(蕭遜寧)[303]은 "80만 대군이 출병했다. 만약 항복하지 않으면 섬멸할 것이니, 국왕과 신하들은 빨리 우리 군영 앞에 와서 항복하라."고 고려를 위협했다. 그러나 서희는 당당하게 맞서

---

301) 서필(徐弼, 901~965) : 고려 전기의 관인. 내사령 서희의 아버지. 처음에는 서리로서 관직에 진출하여 벼슬이 내의령에 이르렀다. 직언을 서슴지 않았으나, 광종의 개혁 정책을 지지하여 신임을 받았다. 사후에 삼중대광 태사 내사령에 추증되었다.
302) 봉산군(鳳山郡) : 황해도 서쪽에 위치한 군. 정방산맥이 지나는 북부와 남쪽 일부를 제외하면 중부는 평탄한 구릉과 평야로 이루어져 있다.
303) 소손녕(蕭遜寧, ?~?) : 거란의 장군. 고려 성종 12년(993)에 80만 대군을 이끌고 고려에 침입하였으나, 서희와의 담판에서 굴복하여 강동 6주를 고려에 넘겨주고 물러났다.

담판으로 소손녕을 굴복시켰다. 서희가 이 외교담판에 사용한 전략은 크게 세 가지이다.

첫째, '지피지기 백전불태(知彼知己 百戰不殆)'[304] 전략이다. '적을 알고 나를 알면 백 번 싸워도 위태롭지 않다'는 〈손자병법(孫子兵法)〉의 활용이다. 서희는 송과 거란이 건곤일척의 용호쟁투(龍虎爭鬪)를 벌이는 국제정세를 정확하게 읽고 있었다. 거란이 송을 제압해 동아시아의 패자가 되기 위해 배후세력인 고려와 송의 관계를 단절하고, 고려의 중립화와 북진정책 봉쇄가 침입목적이라는 사실을 간파한 것이다.

둘째, '선항전 후협상(先抗戰 後協商)' 전략이다. 당시 고려 조정에서는 항복론과 할지론(割地論, 서경 이북의 땅 양도)로 의견이 나뉘었고, 할지론으로 기운 상태였다. 그러나 서희는 '안융진전투(安戎鎭戰鬪)'[305] 이후 산악지대 전투에 자신감을 잃은 거란군의 상황을 파악, 지형지세를 이용한 항전으로 거란군에 타격을 줄 수 있다는 판단에서 '우선 항전해보고 후에 협상해도 늦지 않다'는 대안을 제시했다.

---

304) 지피지기 백전불태(知彼知己 百戰不殆) : 중국 전국시대(戰國時代)에 지어진 병법서(兵法書)인 『손자(孫子)』에서 유래하는 말이다.
  적군을 알고 아군을 알면 백 번 싸워도 위태하지 않다(知彼知己, 百戰不殆), 적군을 알지 못하고 아군을 알면 한 번은 이기고 한 번은 진다(不知彼而知己, 一勝一負), 적군을 알지 못하고 아군도 알지 못하면 싸울 때마다 위태롭다(不知彼不知己, 每戰必殆)
305) 안융진전투(安戎鎭戰鬪) : 안융진성은 평남 문덕군 신리에 위치한 토성(土城)이다. 안융진은 993년(성종 12) 거란의 제1차침입 시기에 주요 전장이 되었다. 안융진전투에서 승리한 고려는 거란의 남하를 저지할 수 있었다.

셋째, '여명분 득실리(與名分 得實利)' 전략이다. 명분은 주고 실리를 얻는 방안으로, 송과의 국교를 단절하고 거란과 군신관계를 맺어(명분) 싸우지 않고 대군을 돌려보냈으며(不戰而勝·부전이승), 옛 고구려 땅 '강동 6주'를 고구려를 계승한 고려가 차지했으니(실리), 우리 역사상 가장 성공한 외교라 할만하다.

서희는 거란과 국교를 맺기 위해서는 여진을 내쫓고 그 땅을 고려가 차지해야 가능하다며 조건을 내걸었고, 이듬해부터 직접 군사를 이끌고 여진족을 몰아낸 뒤 강동 6주에 성을 쌓아 이 지역을 고려의 영토에 편입시켰다. 이로써 고구려 멸망 이후 처음으로 국경이 압록강에 이르렀다.

11~12세기 고려는 송·거란·금 사이에 세력균형을 정립, 평화관계를 유지하며 실리를 추구하는 대외정책을 펼 수 있었다. 그 원동력은 고려인의 '총화단결'과 유능한 외교관 서희의 탁월한 외교전략과 명장 강감찬으로 대표되는 강력한 군사력이 있었기 때문이다.

역사상 성군현신(聖君賢臣)들의 탁월한 실리외교가 전쟁을 막고 영토를 확장할 수도 있지만, 잘못된 외교전략은 국가에 치명적인 결과를 초래할 수도 있다. 국익은 안중에 없고 정쟁에만 몰두하고 있는 작금의 한국 정치에 서희 선생은 '외교는 초당적이어야 국익을 지킬 수 있다'는 가르침을 주고 있다.

대한민국이 '글로벌 코리아'로 도약하기 위해서는 1000년 전 '서희의 협상 리더십'을 배워야 한다. 영토 상실의 위기를 영토 확장의 기회로 활용한 '탁월한 전략가'이자 '외교의 영웅'. 장위공 선생을 경모하는 필자의 자작 한시를 소개한다.

不爭而勝協商雄(부쟁이승협상웅)	싸우지 않고 승리한 협상(외교)의 최고 영웅으로
北失江東返國中(북실강동반국중)	잃어버린 강동 6주 반환받아 강토로 만들었네
割地投降論議發(할지투항논의발)	(조정에서) 할지론과 투항론 논의 분분했지만
與名得實目標終(여명득실목표종)	명분 주고 실리 챙기는 전략으로 목표 정했네
謀攻赫赫圖謀狄(모공혁혁도모적)	혁혁한 '모공 병법'으로 오랑캐(여진족)를 도모했고
談判堂堂逐出戎(담판당당축출융)	(소손녕과) 당당한 담판으로 거란군을 축출했네
神策旁通諸葛過(신책방통제갈과)	신책과 해박한 견문은 제갈공명을 넘어섰으며
千斤筆舌萬秋崇(천근필설만추숭)	천근같은 문장과 언변은 만세토록 숭상받네

――――――――――

* 不爭而勝(부쟁이승) 노자의 주장. '싸우지 않고 승리하는 방법'
* 與名得實(여명득실) : 명분을 주고 실리를 얻는 전략
* 謀攻(모공) : 〈손자병법〉 '제3편'
* 戎(융) : 1. 오랑캐 2. 병장기 3. 군사
* 神策(신책) : 신기하고 뛰어난 꾀와 방법
* 旁通(방통) : 자세하고 분명하게 앎
* 諸葛(제갈) : 제갈공명(諸葛孔明). 제갈량(諸葛亮)
* 筆舌(필설) : 붓과 혀라는 뜻으로, 글과 말을 이르는 말

35 '현충일의 기원'과 고려의 영웅 강감찬(姜邯贊)

박정희 대통령은 1978년 '자주총화(自主總和) 국리민복(國利民福)', '천하수안(天下雖安) 망전필위(忘戰必危)' 두 가지의 신년 휘호를 국민에게 제시하였다. 그는 국민의 단결을 촉구하고, 이러한 단결은 결국 국가의 이익이 되고 국민에게 복이 된다는 것을 강조하였다. 또 천하가 비록 편안해도 전쟁을 잊어버리면 반드시 위기가 온다고 강조하였다.

'천하수안 망전필위'를 생각하게 하는 6월은 호국보훈의 달이다. 우리 역사상 국가를 위기에서 구해낸 '3대 영웅'으로 고구려의 을지문덕, 고려의 강감찬(姜邯贊, 948~1031), 조선의 이순신을 든다.

강감찬은 고려 성종(成宗)·목종(穆宗)·현종(顯宗)[306] 재위 시의 문신으로 948년 금주(衿州·서울 낙성대 인근)에서 문곡성(文曲星·학문을

---

[306] 현종(顯宗, 992~1031/ 재위 1009~1031) : 고려의 제8대 왕. 거란 성종의 침입에 참패하였으나 끝내 친조를 하지 않고, 6성 요구도 거절하였다. 다시 거란의 장군 소배압이 침입하자, 강감찬 장군이 이를 섬멸하여 물리쳤다. 이후 거란과의 우호관계를 회복하고 기민(飢民) 구제에 힘썼으며 불교와 유교의 발전을 도모하였다. 대장경의 제작에도 착수, 6천 권의 대부분을 완성하게 하였다.

관장하는 별)의 빛을 타고 태어났다. 아버지는 태조 왕건을 도와 벽상공신이 된 강궁진(姜弓珍)이다. 36세(983, 성종 3)에 문과에 장원급제했다.

'귀주대첩(龜州大捷)' 이전에 이미 두 번의 거란(요나라) 침입이 있었다. 고려는 수십만 대군을 이끈 소손녕의 '거란 1차 침입(993년 10월)' 때 서희(徐熙)의 담판으로 '강동 6주'를 얻었다. 하지만 거란은 뒤늦게 이를 후회하여 강동 6주를 되돌려 받기 위한 핑곗거리를 찾고 있었다.

17년 뒤인 1010년 11월. 거란의 성종은 '강조의 정변(康兆-政變)'[307](목종 퇴위, 현종 등극)을 구실로 직접 40만 대군을 이끌고 고려를 침략했다(거란 2차 침입). 총사령관 강조는 크게 패해 개경이 함락되었고, 현종은 작전상 나주까지 피신하였다.

거란은 승리하자 고려왕이 거란 조정에 들어와 예를 올리고, 강동 6주를 다시 내놓을 것을 요구했다. 거란군은 현종의 친조(親朝)를 조건으로 이듬해 1월에 철수하였다.

강감찬은 언젠가 거란이 다시 침입한다고 예측하여 전란 이후에 개경 외곽에 성곽을 쌓는 등 튼튼한 국방에 전력(專力)했다. 그의 '유비무환(有備無患) 정신'에 따라 현종은 5만 명이 안 되던 군사를 20만 명으로 증원했다.

---

307) 강조의 정변(康兆-政變) : 고려 목종 12년(1009) 강조가 일으킨 정변. 서북면도순검사(西北面都巡檢使) 강조가 김치양(金致陽)의 반역을 들어 목종을 폐위시키고 대량원군 순(大良院君詢, 현종)을 세워 왕위에 올린 정변이다. 이 강조의 정변은 1010년 거란의 제2차 침입의 구실이 되었다.

마침내 1018년(현종 9) 12월. 거란은 소배압(蕭排押)[308]이 10만 대군을 이끌고 다시 쳐들어왔다(거란 3차 침입). 거란군은 압록강을 건너자 흥화진(興化鎭, 평북 의주)을 우회하여 남하하고자 하였다. 이러한 적의 작전을 간파한 70세의 상원수 강감찬은 삼교천(三橋川) 상류의 둑을 막고 기병 1만 2천을 매복시켜 수공(水攻)을 펼쳐 거란군 1만여 명을 죽이는 큰 전과를 올렸다(흥화진 전투).

1019년 2월. 강감찬과 병마판관(兵馬判官) 김종현(金宗鉉)[309]이 압록강 근처의 귀주(龜州, 평북 구성)에서 거란군을 전멸시켜 버렸다. 살아서 돌아간 자는 겨우 수천 명에 불과했다. 비바람의 방향이 '남풍(南風)'으로 바뀌어 거란군이 있는 북쪽으로 휘몰아쳐 대승에 도움을 주었다(귀주대첩).

당대 동아시아 최강 전력인 거란군을 격멸함으로써 고려의 위상은 대외적으로 굳건해졌고, 아시아의 국제질서는 재편됐다. 26년에 걸친 '여요(麗遼)전쟁'이 끝나자 동아시아는 고려·송·요가 정립하게 되어 고려는 번영의 기틀을 맞이해 '120년 태평성대'를 열었다. 평화란 힘이 있어야 지킬 수 있다는 것이 실증된 것이다.

---

308) 소배압(蕭排押, ?~?) : 거란의 장군. 고려 현종 1년(1010)에 고려를 침공하여 개성을 점령하였고, 현종 9년(1018)에 10만 대군을 이끌고 다시 침입했으나 귀주에서 강감찬에게 대패하였다.

309) 김종현(金宗鉉, ?~?) : 고려 전기의 문신. 2019년 2월 거란군이 귀주(龜州)를 지나가자 강감찬 장군이 동쪽 들에서 맞아 싸웠는데, 양편의 군사가 서로 버티어 승패가 결정되지 않았다. 김종현은 구원군을 이끌고 치니 거란군이 패하여 북쪽으로 도망하므로 뒤쫓아 쳐서 석천(石川)을 건너 반령(盤嶺)에 이르니, 넘어져 죽은 시체가 들판을 덮고 사로잡은 군사와 말·낙타·갑옷·투구·병기는 이루 다 헤아릴 수도 없었다.

이후 고려는 개경 주위에 외성을 쌓고 국경 지역에 천리장성을 구축하는 등 방어에 신경쓰게 된다. 주변 국가들의 태도도 달라졌다. 만주 지역의 철리국(鐵利國)[310]이 사신을 보내 고려에 귀부하기를 원하는 표를 올렸다. 연이어 탐라국(耽羅國)[311]이 공물을 바쳤고, 흑수말갈(黑水靺鞨)[312]의 추장이 찾아왔다. 고려는 주변 소국을 거느린 제국으로 성장해 갔다.

고려는 스스로의 필요에 따라 송나라와 교류를 하고, 거란과도 교류를 하는 독자적인 세력이 된 것이다. 송나라를 대국으로 생각하던 고려의 태도도 달라졌다. 대등한 위치에서 발언권을 행사하려 했다.

668년 11월 18일. 문무대왕(文武大王)은 삼한일통 후 전쟁에서 죽은 자를 포상했다. 1024년 6월 6일. 강감찬은 전쟁에서 희생된 군인들의 뼈를 집으로 봉송하여 제사를 지내도록 하였는데, 이는 우리 역사상 처음으로 전몰군인에 대해 제사를 지낸 것으로 '현충일'의 기원이 되었다.

한국사의 황금시대를 연 강감찬은 1030년에 문하시중이 되었고, 2년 후 84세로 타계하였다. 시호는 인헌(仁憲)이다. 살아서는 '귀주대첩'의 영웅이었고, 죽어서는 설화 속 주인공으로 신격화된 강감찬 장군을 경모하는 필자의 자작 한시를 소개한다.

---

310) 철리국(鐵利國) : 발해(渤海)가 멸망한 뒤에 철리부의 백성들이 세운 나라.
311) 탐라국(耽羅國) : 삼국시대에 제주도에 있던 나라. 백제, 신라, 고려의 각 조(朝)에 속했다가 고려 숙종 10년(1105)에 고려의 한 군현이 되었다.
312) 흑수말갈(黑水靺鞨) : 지금의 흑룡강성(黑龍江省) 지방에 거주하였고, 고구려 초에 정복된 이후부터 고구려의 속민으로서 고구려인과 같은 정체성을 가지고 있었다.

落星傳說啓英雄(낙성전설계영웅) 별이 떨어지는 전설은 영웅탄생을 일깨워주었고
有備來侵戰勝功(유비내침전승공) 거란군의 내침에 대비해 승리하여 공을 세웠네
妙算權謀窮地極(묘산권모궁지극) 적을 막을 묘책과 계략은 지형의 양극을 통달했고
神機術數貫天中(신기술수관천중) 귀신같은 재주와 술책은 하늘의 한가운데를 뚫었네
龜州大捷南風動(귀주대첩남풍동) 귀주에서의 큰 승리는 남풍의 조력을 받았고
興化冤魂北水紅(흥화원혼북수홍) 흥화진에서 죽은 원혼은 강물을 붉게 물들였네
安不忘危延國運(안불망위연국운) 편안할 때 위태로움 잊지 않아 나라 운명 구했고
鞠躬盡瘁死欽崇(국궁진췌사흠숭) 국사를 위하여 몸을 바쳐 죽어서 흠모와 공경받네

――――――――――――――

* 落星(낙성) : 낙성대(落星垈). 서울시 관악구 봉천동에 있는 강감찬 장군의 출생지. 하늘에서 큰 별이 떨어진 날 장군이 태어났다고 하여 붙은 이름
* 地極(지극) : 지축의 양 끝. 남극과 북극을 이름
* 興化(흥화) : 평북 의주에 있는 흥화진(興化鎭). 압록강 방면의 요충지
* 安不忘危(안불망위) : 편안하게 살아도 위태로울 것을 잊지 않음. 출전 : ≪역경(易經)≫
* 鞠躬盡瘁(국궁진췌) : 온갖 정성을 다하여 진력함. 국사를 위하여 몸을 바침
* 欽崇(흠숭) : 흠모와 공경

36

교육개혁과 고려 '교육의 아버지' 최충(崔沖)

 개혁에 대한 국민 열망이 어느 때보다 드높다. 대한민국이 선진국 반열에 오를 수 있었던 원동력은 인적자원이었으나 국가백년대계와 관련 있는 교육개혁의 역사는 늘 미완의 연속이었다. 교육개혁은 교육에 몸담은 학생과 학부모들을 위한 개혁이어야 하며, 전교조를 키워낸 이념 위주의 교육정책이 되어서는 안 된다. 이를 위해 교육부는 유관 정부 부처를 아우르는 '인재양성 사령탑' 역할을 해야 한다.

 "교육부를 해체해야 교육개혁이 된다"라는 일각의 주장이 주목받는 이유는 바로 교육부가 '규제 부처'라는 이유 때문이다. 현재 대학 관련 규제는 126개나 된다. 교육 발전을 저해하는 정부 규제를 혁파하고 대학의 자율성을 높여야 하며, 교육부 조직을 재구조화해야 한다.
 대학의 규제를 혁파하는 이면에, 대전환의 시대에 대응하기 위한 '대학 자체의 개혁'이 시급하다. 특히 우리나라 최고 명문인 서울대학교는 '순혈주의'를 타파해야 한다. 서울대 교수 90%가 서울대 학부 출신이라는 사실은 전 세계 일류대학 어디에도 없는 일이다.

이런 배타적인 환경은 학문의 경쟁력을 저하시킨다. 그 결과 한국의 경제력은 세계 10위권이지만, 국내 대학의 경쟁력은 세계 40위권에도 들어가지 못한다. 참 부끄러운 일이다.

작년 10월. 영국 글로벌 대학평가기관인 '타임즈고등교육'은 2023년 전 세계 대학 순위를 발표했다. 세계 1위는 영국 옥스퍼드대, 2위는 미국 하버드대, 공동 3위는 영국 케임브리지대학과 미국 스탠퍼드대학이 올랐다. 중국 칭화대가 16위, 베이징대가 17위인데, 서울대는 56위, 연세대는 78위, KAIST가 공동 91위를 기록했다.

최충(崔沖, 984~1068)은 고려 유학을 꽃피운 '교육의 아버지'요, 명재상이다. 본관은 해주, 호는 성재(惺齋), 자는 호연(浩然), 시호는 '문헌(文憲)'이다. 984년 황해도 대영군(大寧郡, 해주)에서 해주 최씨 시조인 최온(崔溫)[313]의 아들로 태어났다. 조선 세종 때 최만리(崔萬理)[314]는 최충의 12대손이다.

최충은 좌습유를 시작으로 한림학사·간의대부 등을 역임했으며

---

313) 최온(崔溫, ?~?) : 해주 최씨의 시조. 최충의 아버지이다. 해주의 대령군(大寧郡) 사람으로 고려 성종 때 해주의 목민관으로 판리부사를 지냈고 문행으로 널리 알려진 집안이다. 최온은 재산이 많아 어려운 사람들을 구호하여 장자 호걸이라 일컬여졌고 해주목사 김흥조의 학정을 막아 백성의 어려움을 구했다고 한다.

314) 최만리(崔萬理, ?~1445) : 조선 초기의 문신. 자는 자명(子明), 호는 강호산인(江湖散人). 시호는 공혜(恭惠). 조선 전기의 뛰어난 유학 실무자이자 청렴하고 올곧은 관료로 꼽힌다. 조선왕조 519년간 217명 밖에 인정받지 못한 청백리 중 한 사람이다.

동지중추원사를 거쳐 62세에 문하시중이 되었으며, 목종·현종·덕종·정종·문종(文宗)[315]에 이르는 5대 왕을 섬겼다. 그는 현종 4년(1013)에 거란의 침입으로 소실된 역대 문적을 재편수하는 국사수찬관이 되어 감수국사 최항을 도와 〈칠대실록〉을 편찬했다.

최승로가 '시무 28조'의 정치개혁으로 고려 500년의 기틀을 잡은 인물이라면, 60년 후 태어난 최충은 교육개혁으로 문종이 '고려의 황금기'를 이끌 수 있도록 뒷받침한 인물이다. 문종은 최충에 대해 "시중(侍中)은 여러 대에 걸쳐 가장 뛰어난 유학의 종장(宗匠, 경학에 밝고 글을 잘 짓는 사람)이었으며, 삼한의 덕을 이룬 사람이다."라고 극찬했다.

최충은 50년 관료 생활의 경험을 바탕으로 은퇴 후 후진양성이라는 새로운 '교육의 길'을 개척했다. '해동공자(海東孔子)'로 칭송되었던 최충이 세운 '구재학당(九齋學堂)'[316]은 사학교육의 원조였고, 문신 배출의 산실이었다.

구재학당이 성황을 이루자 지공거를 지낸 유학자들이 각기 11개의 사학을 개경에 개설했다. 이를 구재를 포함하여 '십이공도(十二公徒)'[317]라 했다. 이에 따라 관학보다 사학이 교육의 중심 역할을

---

315) 문종(文宗, 1019~1083/ 재위 1046~1083) : 고려의 제11대 왕. 법률 제정으로 내치에 힘썼다. 불교를 신봉했고, 유학도 장려하였다. 동여진의 침입을 토벌했고, 송나라의 선진문화를 수입했다. 고려시대 중 가장 찬란한 문화황금기를 이룩했다.
316) 구재학당(九齋學堂) : 고려시대 개경에 있었던 사학(私學) 십이도(十二徒)의 하나로서 구재(九齋)·문헌공도(文憲公徒)·시중최공도(侍中崔公徒)라고도 함.
317) 12공도(十二公徒) : 고려시대에, 개경에 있던 열두 사학(私學). 문헌공도(文憲公徒), 홍문공도(弘文公徒), 광헌공도(匡憲公徒), 남산도(南山徒), 서원도(西園徒), 문충공도(文忠公徒), 양신공도(良愼公徒), 정경공도(貞敬公徒), 충평공도(忠平公徒), 정헌공도(貞憲公徒), 서시랑도(徐侍郞徒), 귀산도(龜山徒)를 이른다.

담당하게 되었다.

최충은 1068년(문종 22) 85세를 일기로 타계하였다. 고려의 이제현과 조선의 서거정(徐居正)[318]은 최충을 이렇게 극찬했다. "우리나라의 문물이 더욱 성하고 이로부터 뛰어난 문사가 많이 나와 중국에서조차 '시서(詩書)의 나라'로 일컬어져 지금에 이른 것은 오로지 최충의 덕택이다."

최충은 평소 유선(惟善), 유길(惟吉) 두 아들에게 '계이자시(戒二子詩, 두 아들을 위한 훈계의 시)'[319]라는 유훈(遺訓)을 내렸다. "선비가 권세로 출세하면 유종의 미를 거두는 일이 드물고, 문덕(文德)으로 영달(榮達)해야 경사(慶事)가 될 것이다."라는 가르침은 이후 해주 최씨 가문의 정신적 규범이 되고 있다.

유학의 종장(宗匠)으로 '해동공자(海東孔子)'로 칭송되었던 성재 선생을 경모하는 필자의 자작 한시를 소개한다.

---

318) 서거정(徐居正, 1420~1488) : 조선 전기의 학자. 자는 강중(剛中). 호는 사가정(四佳亭). 성리학을 비롯하여 천문·지리·의약 따위에 정통하였고, 문장과 글씨에도 능하여 ≪경국대전≫, ≪동국통감≫ 등의 편찬에 참여하였다. 저서에 ≪동문선≫, ≪필원잡기≫ 등이 있다.

319) 계이자시(戒二子詩)
吾今戒二子(오금계이자) 내가 두 아들에게 훈계하노니
付與吾家珍(부여오가진) 우리 집안의 보배로 삼아라
淸檢銘諸己(청검명제기) 청렴하고 검소함을 각자 몸에 새기고
文章繡一身(문장수일신) 문장으로 몸을 장식하여라
傳家爲國寶(전가위국보) 집안에 전하여 나라에 보배가 되고
繼世作王臣(계세작왕신) 대를 이어 신하가 되어라
莫學粉華子(막학분화자) 사치와 허영을 배우지 마라
花開一餉春(화개일향춘) 꽃은 봄철 한때 피느니라

經訓隆盛九齋長(경훈융성구재장) 경서 가르침이 크게 번성하는 '구재학당'을 세웠고
淸儉銘心仕五王(청검명심사오왕) 청렴과 검소함을 마음에 새겨 다섯 왕을 섬겼네
魏闕元勳臣僚順(위궐원훈신료순) 고려 조정의 원훈으로 모든 신하가 따랐고
儒林宗匠諸生仰(유림종장제생앙) 유교의 우두머리로 모든 문생이 높이 받들었네
高山抑抑景行懸(고산억억경행현) 덕행이 높은 산처럼 아름다워 행실이 높이 걸렸고
春水洋洋氣韻創(춘수양양기운창) 문필이 봄철 물처럼 득의해 풍격과 정취 이루었네
代代孫孫廊廟進(대대손손낭묘진) 대를 이어 후손들이 조정에 나아가 동량이 되었고
其先餘蔭益興昌(기선여음익흥창) 그 선조가 쌓은 공덕으로 자손의 복 더욱 흥창했네

----

* 經訓(경훈) : 경서의 가르침
* 淸儉(청검) : 청렴하고 검소함
* 魏闕(위궐) : '조정'을 이르는 말. 궁성의 정문 아래에 법령 따위를 게시한 데서 나온 말
* 宗匠(종장) : 어떤 방면에서 가장 뛰어난 사람
* 抑抑(억억) : 아름다운 모양
* 景行(경행) : 1. 훌륭한 행실 2. 크고 넓은 길
* 氣韻(기운) : 문장이나 서화의 아담(雅淡)한 멋. 韻(운) : 1. 운 2. 운치 3. 정취 4. 기품
* 廊廟(낭묘) : 궁전. 조정
* 餘蔭(여음) : 선조가 쌓은 공덕으로 자손이 받는 복
* 益(익) : 1. 더욱. 2. 이익. 3. 더하다. 4. 이롭다. 5. 진보하다
* 興昌(흥창) : 일어나 창성하다

37

〈삼국사기〉를 쓴, 유교적 합리주의자 김부식(金富軾)

　대문호(大文豪) 이문열 선생은 2023년 10월 한 언론 인터뷰에서 "사회 분위기상 우리나라의 절반 이상이 왼쪽으로 기울어져 있다."며 "자기가 좌익 활동을 하는 줄 모르면서 좌익 노릇을 하는 사람들이 제법 많다."고 탄식했다. 이어 "우리나라는 지금 극렬한 간첩 활동만 아니면 좌익에 대해 굉장히 관용하는 사회가 됐다. 예전에는 골수 좌익만 하던 발언들을 지금은 우리가 예사롭게 듣고 대하는 세상"이라며 "전체적으로 국민들이 너무 (좌익 위협에) 둔감해져 있다."고 염려했다.

　이러한 현실은 어디에 기인한 것일까? 학교에서 좌편향된 역사교육을 시킨 업보이고, 우리의 근·현대사가 이념과 사상으로 왜곡되어 제대로 정립되지 못한 결과이다. 한국 사회는 지금 역사전쟁 중이다. 역사인식의 차이에 기인해 국론은 사분오열되고 지역간, 세대간 갈등구조가 심화되고 있다. 진영에 갇힌 자들은 협치를 할 수 없고 포용력을 갖는 것도 불가능하다.
　역사는 미래를 여는 창이며 이정표이다. 이제 '좌편향된 역사'에서 탈피, 이념과 포퓰리즘에 갇힌 역사를 바로잡아야 한다. 한강의 기적 및 경제성장에 대한 자긍심을 가르쳐 민족과 국가의 희망찬 미래를 열어가야 한다.

김부식(金富軾, 1075~1151)은 고려 중기의 역사가·정치가로 유교적 합리주의자다. 1075년(문종 29)에 신라 태종무열왕의 후손 집안에서 태어났다. 본관은 경주, 자는 입지(立之), 호는 뇌천(雷川), 시호는 문열(文烈)이다.

13·14세 무렵에 아버지 김근(金覲)[320]을 여의고 편모슬하에서 자랐다. 22세에 과거시험에 합격했고, 4형제 모두 과거를 통해 관직에 진출하였다. 얼굴이 검고 우람하였으며, 고금의 학식에 있어 김부식을 당할 사람이 없었다.

인종(仁宗)[321] 4년(1126)에 '이자겸(李資謙)의 난'[322]으로 개경의 궁궐이 불에 타자, 묘청(妙淸)[323]이 '서경천도론(西京遷都論)'[324]을 주장

---

320) 김근(金覲, ?~?) : 고려 중기의 학자. 김부식의 아버지. 벼슬이 예부시랑(禮部侍郞)에서 국자좨주(國子祭酒), 좌간의대부(左諫議大夫)에 올랐다.
321) 인종(仁宗, 1109~1146/ 재위 1122~1146) : 고려 제17대 왕. 이자겸의 난을 평정하였고, 묘청이 난을 일으켰으나 김부식을 서경 정토대장으로 삼아 이를 평정했다. 주·현에 학교를 세웠으며, 서적소를 설치했다. 김부식에게 명하여《삼국사기》50권을 편찬하게 했다.
322) 이자겸(李資謙)의 난 : 1126년 문벌귀족 사회의 모순과 폐단이 드러난 사건. 이자겸은 둘째 딸이 예종의 비(妃)가 되고, 셋째와 넷째 딸이 인종의 비(妃)가 되어 권세를 독차지하였다. 이자겸은 인종을 제거하고 왕이 되려는 야심을 품고 척준경과 함께 군대를 이끌고 궁궐에 침입하여 인종을 독살하려 하였으나 실패하였다.
323) 묘청(妙淸, ?~1135) : 고려 인종 때의 승려. 도참설로 중앙 정계에 진출하여, 서경천도 등의 개혁정치와 금국정벌론을 주장하다가 반대에 부딪치자 난을 일으켰으나 실패하였다.
324) 서경천도론(西京遷都論) : '서경천도론'은 대내적으로 이자겸의 난으로 실추된 왕권을 회복해야 할 필요성과 대외적으로 요(遼)가 망하고 금(金)이 성장하는 국제질서의 대

하였는데, 천도가 어렵게 되자 묘청은 1135년(인종 13) 서경에서 난을 일으켰다. 이때 김부식은 묘청의 난을 진압하여 문하시중에 올랐다. 이 사건은 고려사회가 유교 중심의 문벌주의로 바뀌는 계기가 되었다.

김부식은 68세에 관직에서 물러난 후, 인종의 명령을 받아 1145년에 〈삼국사기〉 50권을 편찬했고, 〈예종실록〉과 〈인종실록〉도 편찬했다. 삼국시대의 정사인 〈삼국사기〉는 본기 28권(고구려 10권, 백제 6권, 신라·통일신라 12권), 지(志) 9권, 표 3권, 열전 10권으로 이루어져 있다.

김부식은 왕에게 올리는 표문에서, "우리나라의 학자들이 중국의 경전과 역사에는 능통하나 우리 역사를 모르고 있다는 사실을 개탄하면서, 첫째, 중국 문헌들은 삼국의 역사를 지나치게 간략하게 기록하고 있으니 우리 것을 자세히 써야 한다, 둘째, 예부터 전해 오던 〈고기(古記)〉[325]의 내용은 빠진 내용이 많아 다시 서술해야 한다. 셋째, 왕·신하·백성의 잘잘못을 가려 행동규범을 드러냄으로써 후세에 교훈을 삼고자 한다."고 했다.

이것이 〈삼국사기〉의 편찬 목적이며, 김부식의 당당한 역사관이다. 김부식은 자신의 한시 '결기궁(結綺宮)'에서 "국왕이란 백성을

격변 속에서 대두되었다. 묘청과 정지상, 백수한 등 서경 출신들이 주도하였다. 이들은 1128년(인종 6) 서경의 지세가 대화세(大華勢)라 하며 이곳에 새로이 궁궐을 지어 임어(臨御)할 것을 주장하였다. 이듬해 새 궁궐이 완성된 것을 계기로 칭제건원론(稱帝建元論: 황제라 칭하고 독자 연호 사용 주장)과 대금(對金) 강경론도 제기되었으나 조정에서 받아들이지 않았다.

325) ≪고기(古記)≫ : 단군고기(檀君古記). 단군본기(檀君本紀). 단군의 사적을 기록한 최고(最古)의 문헌.

헤아려서 선정을 베풀면 후세까지 칭송받지만, 백성들을 괴롭히면 곧 망한다."고 풍자했다.

　송의 서긍(徐兢)[326]은 〈고려도경(高麗圖經)〉[327]에서 김부식을 이렇게 평하였다. "박학강식(博學强識)해 글을 잘 짓고 고금(古今)을 잘 알아 학사의 신복(信服, 믿고 복종함)을 받으니, 그보다 위에 설 수 있는 사람이 없다." 또 이기백(李基白)[328] 교수는 자신의 논문 '삼국사기론(1978)'에서 "〈삼국사기〉는 합리적인 유교사관에 입각하여 씌어진 사서로 이전의 신이적(神異的)인 고대 사학에서 한 단계 발전한 사서이다."라고 평가했다.

　〈삼국사기〉와 〈삼국유사〉 가운데 어느 것이 더 소중한가 하는 물음이 있는데, 부질없는 일이다. 〈삼국사기〉는 현재 우리나라에 남아있는 가장 오래된 역사책이고, 150여 년 뒤에 나온 〈삼국유사〉는 〈삼국사기〉에 없는 불교 관련 내용이나 단군신화가 포함되어 있어서 우리 민족에게 자긍심을 심어준 책이다. 따라서 두 책은 한국 고대사의 두 수레바퀴이기 때문에 우열을 가릴 수 없다.
　삼국의 역사를 동등하게 다루고, 중국의 역사와 대등하게 인식했던 뇌천(雷川) 선생을 경모하는 필자의 자작 한시를 소개한다.

---

326) 서긍(徐兢, ?~?) : 송나라 때의 문신. 고려 인종 1년(1123)에 고려에 사신으로 다녀간 후 ≪고려도경≫을 지어 고려의 실정을 송나라에 알렸다.
327) ≪고려도경(高麗圖經)≫ : 고려 인종 때에 송의 서긍이 고려에 1개월간 머물면서 견문한 것을 귀국하여 저술한 책. 주요한 항목은 건국(建國) 세차(世次) 성읍(城邑) 문벌(門閥) 궁기(宮旗) 관물(冠物) 등으로 당시 사회 현상을 광범위하게 다루었다.
328) 이기백(李基白, 1924~2004) : 역사학자. 본관은 여주이다. 한국의 고대사에 대한 여러 업적을 남겼다.

天生强記莫能追(천생강기막능추)　천생 널리 읽고 잘 기억하여 능가할 이 없었고
慨歎時流國史卑(개탄시류국사비)　우리 역사를 비하하는 당시 풍조를 개탄했네
出帥忠君期統合(출사충군기통합)　임금에게 충성 위해 출병하여 국민통합 꾀했고
進軍討逆破分離(진군토역파분리)　역적토벌 위해 진군하여 '서경천도' 막았네
黎民濟度終塗炭(여민제도종도탄)　백성을 제도하여 도탄을 끝냈고
社稷昇平繼善治(사직승평계선치)　조정이 태평하여 선정이 계속됐네
不朽三長文武赫(불후삼장문무혁)　불후의 삼장(재·학·식)으로 문무에 빛났고
吾東正史向金枝(오동정사향금지)　우리나라 정사는 금지옥엽으로 대접받네

----

* 强記(강기) : 박람강기(博覽强記), 여러 가지의 책을 널리 많이 읽고 기억을 잘함
* 能追(능추) : 따라잡을 수 있다
* 討逆(토역) : 역적을 토벌함
* 塗炭(도탄) : 진구렁에 빠지고 숯불에 탄다는 뜻. 몹시 곤궁하여 고통스러운 지경
* 三長(삼장) : 재학식(才學識). 역사를 쓰는 데는 재주, 학문, 식견 세 가지가 모두 필요함. 출전 : (《당서唐書》 '유지기전劉知幾傳')
* 吾東(오동) : 우리나라. 예전에, 중국의 동쪽에 있다는 뜻
* 金枝(금지) : 금지옥엽(金枝玉葉). 귀한 자식. 〈삼국사기〉에 비유
* 向(향) : 1. 대접을 받다. 2. 나아가다. 3. 향하다. 4. 대하다. 5. 누리다

38

역사교과서 수정과 일연(一然) 스님의 '자주사관(自主史觀)'

　2022년 8월 말 공개된 중·고교 역사 교과서와 초등학교 사회과 교과서 1차 시안은 좌편향적 시각으로 기술돼 있었다. '6.25 남침' 서술이 빠지고, '자유민주주의' 대신 북의 인민민주주의를 포함할 수 있는 '민주주의'를 넣었다. 논란이 일자 연구진은 2차 시안에서 '6.25 남침'을 포함했지만, '민주주의' 표현은 그대로였다. 문재인 정부가 좌파 연구진을 통해 '역사교육 알박기'를 시도한 결과였다.
　나라의 근본을 좀먹는 좌편향 역사교과서로 이 나라를 이끌어갈 동량을 가르칠 수는 없다. 교육부가 2025년부터 고교생이 배우게 될 새 한국사 교과과정에 '자유민주주의'를 다시 넣고, 초·중학교 사회 교육과정에 '기업의 자유'와 '자유경쟁을 기반으로 한 시장경제'라는 표현을 명시한 것은 너무나 당연한 결정이다.

　남북 분단 77년은 남북간 국가정체성 대립의 역사였다. 국가정체성이 훼손되면 국혼(國魂)이 사라진다. 국혼이 사라지면 나라가 쇠망해 대한민국이 영속할 수 없다. 고로 대한민국의 정체성을 부정하는 사관(史觀)을 교과서를 통해 학생들에게 주입하려 했던 종북좌파 정권의 '지적 폭력'은 용서받을 수 없다.

우리는 근세 일제강점기에 벌어진 일본의 역사침탈을 경험했고, 지금도 중국의 동북공정 역사왜곡에 진저리를 치고 있다. 이런 마당에 외부의 역사침탈 보다 위험한 내부의 역사조작이 나라의 발목을 잡고 있다.

'원간섭기(元干涉期)'[329]에 민족의식을 고취하려는 거대한 움직임이 일어났다. 고조선(단군)을 우리 역사에 최초로 내세움으로써 중국과 대등한 연대로 끌어올려 민족의 정체성을 재정립한 인물이 있다. 그가 바로 일연(一然, 1206~1289) 스님이다.

일연은 최씨 무인정권(崔氏 武人政權)[330]의 전횡과 몽골의 고려 침입으로 점철된 신난(辛難)한 세월을 살았다. 칭기즈칸이 몽골을 통일한 해인 1206년 경산에서 출생했다. 아버지는 경주 김씨 언정(彦鼎)이고, 속명은 견명(見明), 자는 회연(晦然), 호는 목암(睦庵)이다. 원효는 설총을 낳았고, 일연은 그 부자 이야기를 〈삼국유사(三國遺事, 1281년)〉에 기록했으니 이 세 사람을 '삼성산(三聖山, 경산시 소재)'

---

329) 원간섭기(元干涉期) : 고려의 대몽항쟁(對蒙抗爭)이 끝나고 원의 간섭을 받기 시작했을 때부터 반원운동에 성공하여 원의 간섭에서 벗어났을 때까지의 시대. 일반적으로는 1259년부터 1356년까지 97년간의 시기를 가리킨다.
고려 영토 안에 원의 지방관청이 설치되어 일부 영토를 상실한 상태였고, 국왕의 계승도 원이 좌지우지했으며, 고려 전기 이래의 황제국 체제가 부정되고 제후국 처지로 전락했다. 원이 수행하던 여러 전쟁에 군대와 각종 물자를 제공하고, 공물과 공녀를 상납하는 등 백성들의 피해가 매우 컸다.
330) 최씨 무인정권(崔氏 武人政權) : 집권은 62년간 4대로 최충헌, 최우, 최항, 최의가 집권한 때이다.

이 낳았다고 전한다.

일연은 22세에 승과의 선불장(選佛場)[331]에 장원 급제한 후 달성의 비슬산을 중심으로 수행하였다. 44세 때 대장경 조성의 마무리 시점에 판각의 현장인 남해의 정림사(定林寺)에 와서 12년 동안 판각한 경판의 감수, 제책(製册, 제본), 보판(保版, 인쇄판을 해체하지 아니하고 보관하여 둠) 작업의 진행 등 〈팔만대장경(八萬大藏經)〉[332] 간행에 핵심적인 소임을 맡았다.

72세(1277) 때 임금(충렬왕)[333]의 명으로 청도 운문사(雲門寺)[334]에서 〈삼국유사〉 집필을 시작하여 1281~1283년(충렬왕 7~9) 사이에 편찬하였다. 내우외환 속에 사라질 위기에 있었던 우리의 민족문화 유산이 〈삼국유사〉에 실린 향가, 민담, 설화들이다. 5권 2책으로 이루어진 〈삼국유사〉는 한국 고대의 역사·지리·문학·종교·언어·민속·사상·미술·고고학 등 총체적인 문화유산의 원천적 보고

---

331) 선불장(選佛場) : 부처를 선발하는 도량이라는 뜻으로 승과고시의 과장이나 사찰의 승당이나 선방을 가리키는 불교용어.
332) 〈팔만대장경(八萬大藏經)〉 : 고려 고종 23년(1236)부터 38년(1251)에 걸쳐 완성한 대장경. 부처의 힘으로 외적을 물리치기 위하여 만들었는데, 경판(經板)의 수가 8만 1258판에 이르며 현재 합천 해인사에 보관하고 있다.
333) 충렬왕(忠烈王, 1236~1308, 재위 1274~1308) : 원 황실과 처음으로 통혼한 고려왕으로 원 세조 쿠빌라이의 사위이다. 몽골 침략 후 충렬왕의 부친인 원종(元宗)은 왕권 강화를 위해 원에 통혼을 요청하였고, 충렬왕은 연경에 들어가 세조의 딸인 홀도로게리미실 공주와 혼인하였다. 충렬왕 이후로 고려왕의 묘호는 조(祖)나 종(宗)과 묘호(廟號)를 사용하지 못하고, 충(忠)이라는 돌림자를 사용해야 했다. 원제국의 부마국으로 전락하였다.
334) 운문사(雲門寺) : 경북 청도군 운문면 호거산에 있는 절. 신라 진흥왕 21년(560)에 창건하였으며, 고려 초기에 보양(寶壤)이 중수하여 작갑사(鵲岬寺)라 하였다가, 뒤에 고려 태조가 운문선사(雲門禪寺)라 사액하면서부터 이 이름으로 불렀다.

로 평가받는다. 또한 우리나라 역사서 가운데 최초로 〈단군신화〉를 수록하였으며, 신라 향가 14수는 〈균여전〉에 실린 11수와 함께 한국 고대 문학사에서 절대적인 가치가 있는 자료이며, 신이(神異)한 사화(史話)가 많다는 점이 큰 자랑이다.

일연은 78세 때 '국존(國尊)'[335]에 책봉되어 개성에 머물러야 했지만, 이듬해 96세 어머니에 대해 효성을 다하기 위해 군위의 인각사(麟角寺)로 은퇴하였다. 5년 후인 1289년 7월 8일. 일연은 "오늘은 내가 갈 것"이라는 말을 남긴 뒤 84세로 열반에 들었다. 이후 나라에서 보각국존(普覺國尊)이라는 시호를 내렸다.

익재 이제현은 "근세의 비구로 불조(佛祖)의 도를 밝혀 후학에게 열어준 이는 보각국사로 그 문도가 수천 명에 달한다."고 밝혔다. 육당 최남선은 〈삼국유사〉에 대해 "〈삼국지위지동이전〉과 함께 한국 고대의 생활과 문화의 원형을 알려주는 최고의 자료"라고 평가했으며, "〈삼국사기〉와 〈삼국유사〉 중에서 하나를 택해야 할 경우를 가정한다면, 나는 서슴지 않고 후자를 택할 것"이라고까지 하였다.

우리 역사를 군왕의 역사에서 민중의 역사로, 사대적 역사관에서 '자주적 역사관'으로 바꿔 놓은 민족사의 거인. 일연 스님의 '장엄한 생애'를 경모하는 필자의 자작 한시를 소개한다.

---

335) 국존(國尊) : 고려시대 원(元) 간섭기에 승려에게 내린 고려의 승관직(僧官職) 가운데 하나. 국사(國師).

神君推仰玉書成(신군추앙옥서성)	단군을 추앙(역사에 등장)하는 삼국유사를 썼으며
三聖山靈聖者生(삼성산령성자생)	삼성(원효·설총·일연)산의 신령이 성자를 낳았네
及第僧科歸琵瑟(급제승과귀비슬)	(일연은) 승과에 급제한 후 비슬산으로 돌아갔고
國尊道法避京城(국존도법피경성)	국사는 깨달음의 법 통달 위해 도성을 벗어났네
南牕愛日春暉歎(남창애일춘휘탄)	남창을 보며 부모은덕에 효할 시간 없음 탄식했고
北壁打鐘秋暮情(북벽타종추모정)	북쪽 벽의 종소리에 어머니의 노쇠함을 느꼈네
垂訓千秋民草敬(수훈천추민초경)	수훈(삼국유사)은 천추에 백성의 공경을 받았고
史觀自主不磨名(사관자주불마명)	자주 역사관은 불후의(닳아 없어지지 않는) 명예네

----

* 神君(신군) : '단군'의 다른 이름
* 玉書(옥서) : 신선(神仙)이 전한다고 하는 글. 〈삼국유사〉
* 三聖(삼성) : 세 명의 성인. 원효, 설총, 일연
* 琵瑟(비슬) : 비슬산. 달성군 옥포면(玉浦面)과 청도군 각북면(角北面) 사이에 있는 산
* 國尊(국존) : 국사(國師). 승통(僧統)
* 道法(도법) : 깨달음에 이르는 법
* 愛日(애일) : 시일을 아낀다. 하루라도 더 봉양하려는 '효성'에 비유
* 春暉(춘휘) : 부모의 은덕
* 秋暮(추모) : 어머니의 노쇠함 비유. 가을날 저녁
* 垂訓(수훈) : 후세에 전하는 교훈. 여기서는 〈삼국유사〉
* 不磨(불마) : 닳아 없어지지 아니함. 불후(不朽)

39

지부상소(持斧上疏)의 원조, 고려의 역학자 우탁(禹倬)

박근혜 정부의 마지막 민정수석이었던 조대환 변호사는 '나아감(남)과 물러남(듬)의 길(도)'을 뜻하는 자신의 책 〈남듬길, 2019〉에서 "민정수석으로 겪어 본 관료들을 봤을 때 개인 욕망에 매몰된 것을 보고 절망했다. 검·판사들도 정치영합형 또는 정치주구형(走狗型)이었다."며 "그들의 동료이자 혹은 선배로 옛 선비들의 지행합일(知行合一) 의지와 경세제민(經世濟民)의 노력을 알려주고 싶었다. 그 한 방법으로 '걷기'라는 고행을 했다."라고 밝힌 적이 있다.

조 변호사처럼 '양심과 위엄의 길, 군자의 도'를 실천하는 현대판 참선비들이 없는 세태를 원망하면 무엇하랴. 보수 정당의 정치인들은 관료들보다 더 대오각성(大悟覺醒)해야 한다. 박근혜 대통령이 아무 죄 없이 탄핵당하고 보수가 궤멸되었을 때 정치인들 중 과연 책임을 다한 사람이 몇 명이 있는가? 그동안 우리 정치가 소신과 철학을 앞세운 '지사형(志士型)' 정치인들을 키우지 않은 업보이다.

'지부상소(持斧上疏)'는 나의 의견을 받아들이지 않으려면 머리를 쳐 죽여 달라는 뜻으로 도끼를 지니고 올리는 상소로, 고려의 역동(易東) 우탁(禹倬, 1262~1342)이 원조이다. 우리 역사상 지부상소로 자신의 옳음에 도전했던 기개 높은 선비는 역동을 위시해서 조선의 중봉(重峯) 조헌[336], 구한말 면암(勉菴) 최익현[337] 등 세 사람뿐이다. 일본의 조선 침략을 예견한 조헌은 1591년 조선에 온 일본 사신의 목을 베라고 지부상소를 올렸고, 최익현은 1876년 강화도조약(江華島條約)[338] 체결에 반대하며 지부상소를 올렸다.

우탁은 고려말 시조작가이자 성리학자이다. "중국의 주역이 동쪽으로 갔다(吾易東夷·오역동이)." 하여 세상 사람들은 그를 '역동 선생'이라 불렀다. 1262년(원종3) 향공진사인 우천규(禹天珪)의 아들로 충북 단양에서 태어났다. 자는 천장(天章), 호는 단암(丹巖)·백운당(白雲堂)이다.

안향(安珦)[339]의 문하로, 안향과 백이정(白頤正)[340]이 원나라에 가

---

336) 조헌(趙憲, 1544~1592) : 조선 선조 때의 문신. 의병장. 자는 여식(汝式). 호는 중봉(重峯). 이이의 문인이다. 임진왜란 때 옥천, 홍성 등지에서 의병을 일으켜 활약하였으나 금산에서 7백 의병과 함께 전사하였다. 저서에 ≪중봉집≫이 있다.
337) 최익현(崔益鉉, 1833~1906) : 구한말의 문신. 애국지사. 자는 찬겸(贊謙). 호는 면암(勉菴). 대원군을 탄핵하였으며 갑오개혁 때 단발령에 반대하였다. 을사조약을 반대하여 의병을 일으켰으며 유배지 쓰시마섬에서 단식사(斷食死)하였다. 저서에 ≪면암집(勉菴集)≫ 등이 있다.
338) 강화도조약(江華島條約) : 운양호 사건을 계기로 조선 고종 13년(1876)에 조선과 일본 사이에 체결한 조약. 군사력을 동원한 일본의 강압에 의하여 맺어진 불평등 조약이었으며, 이 조약에 따라 당시 조선은 부산 외에 인천, 원산의 두 항구를 개항하게 되었다.
339) 안향(安珦, 1243~1306) : 고려 충렬왕 때의 문신. 자는 사온(士蘊). 호는 회헌(晦軒). 미신 타파에 힘썼고, 섬학전(贍學錢)이라는 육영재단을 설치하고, 국학대성전(國學大成殿)을 낙성(落成)하여 유학의 진흥에 힘썼으며, 우리나라에서 최초로 주자학을 연구하였다.
340) 백이정(白頤正, 1247~1323) : 고려 충선왕 때의 학자. 자는 약헌(若軒). 호는 이재(彛齋). 원나라에서 성리학을 공부하고 돌아와 고려에 전파하는 데 크게 공헌하였다.

서 신유학을 받아들였다면, 역동은 '정주학(程朱學)'의 〈역경(易經, 주역)〉341)을 깊이 연구하여 후학들에게 전해주었다. 〈고려사(高麗史)〉 '열전(列傳)'에도 "경사(經史)에 통달하고, 역학(易學)에도 정통하여 점괘가 맞지 않음이 없다."고 기록될 만큼 뛰어난 역학자였다.

역동은 영해사록(寧海司錄)342)으로 있을 때, 고을에 요신(妖神, 팔령신)의 사당이 있어 민심을 현혹하므로 이를 없앴다. 또한 감찰규정(監察糾正)343)으로 있을 때, 1308년 충렬왕이 죽자 다시 복위한 충선왕(忠宣王)344)은 선왕(충렬왕)의 후궁이었던 숙창원비(淑昌院妃)345)를 숙비(淑妃)로 봉하여 패륜의 길로 들어섰다. 이에 역동은 홀로 죽음을 각오하고 흰옷을 입고 부월(斧鉞, 도끼)과 짚방석을 들고 대궐로 들어가 지부상소를 올렸다.

근신(近臣)이 임금의 노여움을 살까 두려워 상소문을 펴고도 감히 읽지를 못하자 역동은 호통을 치며 "그대는 임금의 패륜을 바로잡지 못하고 악으로 인도하니, 그 죄를 아는가!"라고 통렬하게 꾸짖

---

341) ≪역경(易經)≫ : 주역. 유학 오경(五經)의 하나. 만상(萬象)을 음양 이원으로써 설명하여 그 으뜸을 태극이라 하였고 거기서 64괘를 만들었는데, 이에 맞추어 철학·윤리·정치상의 해석을 덧붙였다.
342) 사록(司錄) : 고려시대에 삼경의 유수와 대도호부·목·부 등의 대읍(大邑)에서 장관인 유수(留守)·사(使) 등의 지방행정을 보좌하기 위하여 설치되었다.
343) 감찰규정(監察糾正) : 고려시대에, 감찰사(監察司)에 속한 종육품 벼슬. 감찰어사를 고친 것이다. 조선시대에는 사헌부감찰(司憲府監察)이 감찰규정의 직을 계승하였음.
344) 충선왕(忠宣王, 1275~1325/ 재위 1298, 1308~1313) : 고려 제26대 왕. 권세가의 탈세와 양민의 노비화를 금지하는 등 혁신정치를 실시하였고, 원나라 수도인 대도(大都 ; 연경, 북경)에 거주하면서 만권당(萬卷堂)을 세우고 고려와 원나라의 학자들을 모아 학문교류에 크게 힘썼다.
345) 숙창원비(淑昌院妃, ?~?) : 고려 충렬왕 비. 왕을 미혹하여 정사를 문란하게 하였으며 행실에 절도가 없고 모친상을 당해서도 향연을 베풀고 옷차림은 마치 공주와 같았다고 한다.

었다.

　역동은 여기서 그치지 않고 충선왕의 잘못을 극간(極諫, 끝가지 간함)했다. "(전략) 전하는 만고에 걸쳐 변할 수 없는 윤상(倫常)을 무너뜨림이 어찌 이와 같을 수 있사옵니까? 전하는 부왕이 총애하는 후궁을 숙비로 봉했는데 이는 삼강오륜에도 맞지 않을 뿐더러 종사에 전례가 없는 폐륜 이옵니다. (후략)"

　충선왕은 개혁군주였고 무도하지 않았기 때문에 윤상을 무너뜨린 자신의 패덕(悖德)한 행위를 극간한 역동을 징치(懲治)하지는 않았다. 역동은 이후 벼슬을 버리고 예안(禮安, 안동군 예안면)에 은거하여 후진 교육에 전념했다.

　역동은 최초의 우리말 시조인 〈탄로가(嘆老歌)〉[346]를 지어 어느덧 백발이 되어버린 자신의 늙어 감을 실감나게 표현하고 있다.

　"한 손에 막대 들고/또 한 손에 가시를 쥐고/늙은 것은 가시로 막고/백발은 막대로 치려했더니/백발이 먼저 알고 지름길로 오더라"

　정몽주는 역동을 '동방사림(東方士林)의 조종'으로 받들었으며, 원 황제는 "주자(朱子)가 동방에서 다시 태어났다."고 칭송했다. 이황은 역동을 '백세(百世)의 스승'이라고 흠모하여 안동에 역동서원을 창건하였다. 도학·충의·절조의 세 가지 덕을 갖춘 역동 선생을 경모하는 필자의 자작 한시를 소개한다.

---

346) 〈탄로가(嘆老歌)〉 : 모두 3수로 늙음을 한탄한 주제를 담고 있다. 우탁이 충선왕의 패륜을 극간하다가 진노를 입어 예안에 은거하면서 학문을 닦고 후진을 양성하며, 새로 들어온 주자학을 연구하다 보니 어느덧 백발이 되어 인생의 늙음을 안타까워하여 읊은 것이다.

殺身持斧肅邦基(살신지부숙방기) 몸을 희생하는 지부상소는 엄숙한 나라기강 되었고
大道成仁隱水涯(대도성인은수애) 바른 도리와 어짐 이루기 위해 물가에 은거했네
變數奇談東國蔓(변수기담동국만) 점치는 재미있는 이야기는 고려에 뻗어나갔고
二程易傳震檀遺(이정역전진단유) 정호·정이의 주역을 전해 우리나라 후세에 전했네
人生有限何歎老(인생유한하탄로) 인생은 본래 유한한데 어찌 늙음을 탄식하겠는가
日月無停似馬馳(일월무정사마치) 해와 달은 멈춘 적이 없고 말이 달리는 것과 같네
後代宣城書院立(후대선성서원립) 후대의 퇴계는 예안에 역동서원을 설립하였고
千秋享祀莫蓍龜(천추향사시귀) 오랜 세월 나랏일을 자문할 곳에 제사를 받들었네

――――――――――――

* 持斧(지부) : 지부상소
* 大道(대도) : 사람이 마땅히 지켜야 할 바른 도리
* 水涯(수애) : 물가. 낙향하여 은거한 곳. 안동군 예안(禮安)면
* 奇談(기담) : 이상야릇하고 재미있는 이야기. 기화(奇話)
* 蔓(만) : 1. 퍼지다. 2. 뻗다. 3. 덩굴(지다). 4. 감다
* 二程(이정) : 정호(程顥), 정이(程頤) 형제. 중국 북송의 유학자
* 易(역) : 1. 주역. 2. 점. 3. 바꾸다. 4. 교환하다. 5. 전파하다
* 震檀(진단) : 우리나라를 일컫는 말. 동국(東國), 해동(海東)
* 歎老(탄로) : 늙음을 탄식함
* 宣城(선성) : 예안의 옛지명
* 蓍龜(시귀) : 점칠 때 쓰는 가새풀과 거북. 나랏일을 자문하는 곳

40

익재(益齋) 이제현(李齊賢)의 원간섭기 '외교전략'

　영원한 적도 영원한 친구도 없는 신냉전 각자도생(各自圖生)의 시대가 도래했다. '글로벌 각자도생'의 시대는 현재 진행 중인 우크라이나 전쟁과 이스라엘-하마스 전쟁이 가져온 냉엄한 교훈이다.
　전문가들은 아시아에서 '제3의 전선'이 터질 위험성에 주목하고 있다. 미국 패권주의가 위기를 맞고 있다. 우크라이나와 중동 전선도 감당하기 버거운 미국의 바이든 정부는 아시아에서 제3의 전선이 형성되는 것을 우려하고 있다.

　이런 마당에 민주당의 이재명 대표는 2023년 7월 4일 국회에서 "아무리 더러운 평화라도 이기는 전쟁보다는 낫다."고 말했다. 망국적인 안보 궤변이다. 이는 문재인 정권에서 "전쟁이냐? 평화냐?"를 강요했던 이념적 협박의 다른 표현에 불과하다.
　듀런트에 의하면, 지난 3421년의 역사에서 전쟁이 없었던 기간은 8%인 268년에 불과했다. '평화를 원하면 전쟁을 준비하라(願平備戰·원평비전)'는 로마 격언과 '전쟁을 잊으면 반드시 나라가 위태롭게 된다(忘戰必危·망전필위)'는 중국 춘추전국시대 경구는 고금을 관통하는 안보 명제다.

'글로벌 각자도생'의 시대에 대한민국이 생존과 번영을 구가하기 위해서는 유비무환(有備無患)의 정신으로 국제정세 변화에 민첩하고 유연하게 대응할 수 있는 외교 인재를 육성해야 한다.

한족(송)·거란(요)·여진(금)과 동아시아 국제정세의 균형을 이루며 강성했던 고려는 13세기 초 몽골의 침략으로 국운이 쇠약해졌다. '원간섭기(元干涉期)'에 고려는 역사의 한 전환기를 맞게 된다.

이제현(李齊賢, 1287~1367)은 고려가 원나라의 간섭을 받았던 '원간섭기'(1259년부터 1356년까지 97년간의 시기) 일곱 왕 시대를 거치며 네 번이나 재상을 지낸 경륜의 정치인이요, 외교가요, 대학자다. 본관은 경주. 자는 중사(仲思), 호는 익재(益齋)·역옹(櫟翁)이다. 아버지는 검교시중 이진(李瑱)[347]이다.

쿠 빌라이 칸(忽必烈汗·홀필렬한)의 외손자인 충선왕(忠宣王)은 상왕으로 원나라 수도 연경(燕京, 북경)에 머물렀다. 그곳에 만권당(萬卷堂)을 짓고 유명한 성리학자들을 초빙하여 서사(書史)를 즐겼다. 충선왕은 이때 원나라를 대표하는 문인들과 상대할 고려 측의 인물로서 약관 28세의 이제현을 지명했다.

이후 충선왕이 세력을 잃고 유배되자, 유청신(柳淸臣)·오잠(吳潛)은 "고려가 원나라의 종속상태로 지낼 바에는 차라리 원나라의 내

---

347) 이진(李瑱, 1244~1321) : 고려 충숙왕 때의 문신. 초명은 방연(芳衍). 자는 온고(溫古). 호는 동암(東庵). 벼슬은 검교 첨의정승에 이르렀으며, 시문에 뛰어났다. 저서에 ≪동암집≫이 있다.

지(內地)와 같은 행성(行省)이 되는 것이 낫다."는 매국적인 '입성책동(立省策動)'[348]을 제기했다.

고려의 명운이 풍전등화처럼 다급해지자, 이제현은 고려 땅이 원나라에 넘어가면 다시는 한반도에 자주적인 정권이 들어서지 못할 것이라는 확신을 갖고 구국의 길에 나섰다. 이제현은 원 황제에게 상소문을 올리면서 '세 가지 전략'을 구사했다.

첫째, 유교적 명분 접근법이다. 이제현은 "원세조 쿠빌라이[349]가 아리크부거[350]와 경쟁할 때 고려의 태자(후의 원종[351])가 찾아온 것을 기뻐하며 고려가 국체를 보전하고 고유의 풍속을 유지하기를 허용했던 일"을 상기시켰다. 원의 비위를 맞추면서도 고려의 자주성을 지키려는 '심리계(心理計)'를 활용했다.

둘째, 경제적 민심중시 접근법이다. 이제현은 "우리나라가 강산

---

348) 입성책동(立省策動) : 고려 후기에 부원배들이 원나라로 하여금 고려를 직접 통치하기 위한 행성의 설치를 꾀했던 일. 원은 고려에 정동행성을 설치했지만, 고려왕이 정동행성의 장을 맡는 등 일정한 독립성을 유지하고 있었다. 4차에 걸친 입성책동은 모두 실패했다.
349) 쿠빌라이(忽必烈, 1215~1294/ 재위 1260~1294) : 몽골 제국 5대의 칸(汗·한), 원의 세조. 칭기즈칸의 손자. 헌종의 둘째 동생. 처음에 헌종은 막내동생인 아리크부카에게 양위했으나 진중(陣中)에서 이 소식을 들은 그는 스스로 즉위하여 동생을 격파하고 중국을 경략, 1271년 연경에 도읍하여 국호를 원으로 정하고, 1276년 송을 쳐서 중국을 통일했다.
350) 아리크부카((阿里不哥, ?~1266) : 칭기즈칸의 막내아들 툴루이의 일곱째 아들이다. 1261년 말에 카이핑 북쪽 시무르트호 부근의 전투에서 패하여 대세를 잃어 1264년 쿠빌라이에게 항복하였고, 1266년 병으로 죽었다.
351) 원종(元宗, 1219~1274/ 재위 1260~1274) : 고려 제24대 왕. 개경 환도를 선언하자 삼별초의 항쟁이 일어났으며 여원(麗元) 연합군에 의해 평정되었다. 원나라에서 매빙사(妹聘使)가 오자 결혼도감을 설치, 원성을 샀다.

이 좁고 국토의 7할이 삼림과 척박한 땅이라 세금을 매겨도 거둬들이는 데 돈이 더 들 것"이라 했다. 은근히 원나라 조정을 압박하는 협상전술을 쓴 것이다.

셋째, 인맥 활용 접근법이다. 이제현은 원나라 연경(북경)의 만권당(萬卷堂)에서 조맹부(趙孟頫)[352]·염복(閻復)[353]·원명선[354] 등 원의 명사들과 교류하며 원 조정에 영향력을 미칠 수 있는 역량을 키웠다. 이제현은 원의 승상 배주(拜住)·왕관·왕약(王約)[355] 등에게 부탁하여 이들이 고려를 도와 입성책동에 반대하도록 유도했다.

선진국에 들어선 우리나라는 아직도 14세기 초엽처럼 주변 4강의 이해관계에 얽매인 처지다. 국제정세에 혜안을 가졌던 익재 선생처럼 신냉전의 각자도생 시대에 통일에 기여할 수 있는 탁월한 외교가의 출현을 기대한다.

조선의 류성룡은 "이제현은 덕(德)·공(功)·언(言) 3가지 장점을 고루 갖춘 고려 5백 년 동안의 유일한 유가적 인물"이라고 평하였다. 중국의 속국이 되어버릴 운명을 막아낸 익재 선생을 경모하는 필자의 자작 한시를 소개한다.

---

[352] 조맹부(趙孟頫, 1254~1322) : 원나라의 화가·서예가·문인. 자는 자앙(子昂). 호는 집현(集賢). 서화와 시문에 뛰어나서 원나라의 사대가(四大家) 가운데 한 사람으로 꼽힌다. 저서에 ≪상서주(尙書注)≫, ≪송설재집(松雪齋集)≫ 등이 있다.
[353] 염복(閻復, 1236~1312) : 원대(元代)의 유학자이자 관리이다. 자는 자정(子靖)이다.
[354] 원명선(元明善, 1269~1322) : 원나라의 문신. 자는 복초(復初), 시호는 문민(文敏)이다. 모든 경전에 조예가 깊었지만 특히 ≪춘추(春秋)≫에 정통했다.
[355] 왕약(王約, 1252~1333) : 자는 언박(彥博)이고, 왕통(王通)의 손자다. 1276년 왕반(王磐)의 추천을 받아 관직에 나왔다. 24년(1287) 감찰어사(監察御史)에 올랐다.

益齋王命走風塵(익재왕명주풍진)	익재 선생은 상왕의 명을 받고 원나라로 떠났고
橫苦中原不足言(횡고중원부족언)	중국을 횡단(3회)한 고생은 말로 다할 수 없네
儒者燕堂相學藝(유자연당상학예)	연경의 만권당에서 원의 선비들과 학예를 닦고
詩文千片互歡親(시문천편호환친)	시문이 천편에 이를 정도로 상호 친분을 유지했네
破除立省爲人脈(파제입성위인맥)	입성책동을 파기한 것은 인맥의 도움에 의한 것이고
救命忠宣節義遵(구명충선절의준)	귀양 간 충선왕을 이배시킨 것은 절의 지킨 결과네
麗末革新誰第一(여말혁신수제일)	고려 말의 정치개혁에 누구 공이 가장 컸는지
外公莫說海東臣(외공막설해동신)	익재 선생을 제외하고는 고려의 신하를 논하지 말라

----

* 益齋(익재) : 이제현의 호. 역옹(櫟翁)
* 風塵(풍진) : 바람에 날리는 티끌. 세상에서 일어나는 어지러운 일. 원나라 여행
* 不足言(부족언) : 말할 게 없다
* 儒子(유자) : 유교를 신봉하고 이를 본업으로 하는 사람. 유생. 만권당의 선비들
* 燕堂(연당) : 연경(燕京, 북경)의 만권당(萬卷堂)
* 破除(파제) : 타파하다. 배제하다. 除破
* 立省(입성) : 입성책동(立省策動)
* 公(공) : 익제(益齋) 이제현(李齊賢)
* 莫說(막설) : 말을 그만둠. 하던 일을 그만 둠
* 海東(해동) : 발해(渤海)의 동쪽이라는 뜻으로, 예전에 '우리나라'를 이르던 말.

41

한중 수교 30주년과 민중의 흠모 대상 최영(崔瑩)

 2022년 8월 22일 '수교 30주년'을 맞는 한중 관계는 그 어느 때보다 어려운 도전을 맞고 있다. 윤석열 정부 출범 후 첫 한·중 외교장관 회담(8월 9일)에서 왕이(王毅) 부장은 박진 장관에게 '외부 영향 배제', '중대 관심사 배려', '내정 불간섭', '공급망 유지', '다자주의' 등을 열거하며 한중 관계에서 '5개의 마땅함'이라는 요구사항을 꺼냈다. 한국이 미국 편향 외교에서 벗어나 사드, 반도체, 대만 문제 등에서 중국 입장을 존중하라는 압박이다.

 왕원빈(汪文斌) 중국 외교부 대변인은 회담 다음 날 "한국 정부는 대외적으로 '3불(不) 1한(限)'의 정치적 선서를 정식으로 했다."며, 사드의 운용을 제한한다는 의미의 '1한(限)'이라는 새로운 주장까지 들고나왔다.
 문재인 정부의 대중(對中) 부채가 된 '3불(不)'('사드 추가 배치, 미국 미사일 방어 체계(MD) 참여, 한미일 동맹 불가')은 한 나라의 주권에 관한 사항으로, 중국과의 합의 대상이 아니다. 중국은 앞으로 1한(限) 이행을 줄기차게 압박해 올 것인 만큼 문 정권 관계자들이 그 당시 중국에 어떤 약속을 했는지 책임을 추궁해야 마땅하다.

북핵과 미사일 위협에 대한 대응은 자위적 방어수단이며 안보주권 사안이다. 타협이 있을 수 없다. 정부는 중국과 협력은 확대해 나가되 부당한 압력에는 단호하게 맞서서 이겨내야 한다. 중국 공산당은 상대가 약세를 보이면 굴종시키려 든다.

634년 전인 1388년(우왕 14년). 명나라 주원장(朱元璋)[356]이 철령위(鐵嶺衛)를 설치[357]한 것은 한국사의 줄기를 바꿔 놓았다. 이에 반발한 우왕[358]과 최영(崔瑩, 1316~1388) 장군이 요동정벌을 단행했는데, 이성계가 위화도(威化島)에서 회군(回軍)[359]해 조선을 개창함으로써 '대륙경영의 꿈'이 좌절되었다. 구한말 호머 헐버트는 자신의 저서 《한국사, 드라마가 되다》에서 이 사건을 율리우스 카이사르

---

356) 주원장(朱元璋, 1328~1398) : 중국 명나라의 제1대 황제. 자는 국서(國瑞). 묘호(廟號)는 태조(太祖). 국호를 명(明), 연호를 홍무(洪武)라 하였다. 중국을 통일하였으며, 과거제도의 정비, 대명률의 제정, 전국의 토지·호구 조사와 같은 업적을 남겼다.

357) 철령위문제(鐵嶺衛問題) : 고려와 명나라 사이에 일어난 영토분쟁을 말한다. 원나라가 약해지자 명나라가 일어났다. 고려에서는 공민왕이 친원파를 제거하고, 원나라의 영토였던 철령(함경도 남부) 북쪽 지역을 점령했다. 그러나 1388년(우왕 14년) 명나라는 이 지역이 원나라의 영토였으므로 철령위를 설치하고 자신들의 영토라 주장했다. 여기에 맞서 고려는 군사를 모아 요동 정벌을 추진했다. 그러나 부사령관이던 이성계는 요동 정벌을 반대해 위화도에서 회군해 정권을 장악했다. 다행히 철령위도 고려 영토로 남게 되었다.

358) 우왕(禑王, 재위 1374~1388) : 고려 제32대 왕. 1374년 공민왕이 시해되자, 이인임 등에 의해 옹립되어 10세에 즉위했다. 명이 철령위 설치를 일방적으로 통고해오자 최영의 주장에 따라 요동정벌을 단행했으나 이성계의 위화도회군으로 수포로 돌아갔다. 최영의 실각과 함께 폐위되어 강화도에 안치되었다가 이성계 제거 모의 혐의로 다시 강릉으로 이배된 후 그곳에서 죽임을 당했다.

359) 위화도회군(威化島回軍) : 1388년(우왕 14) 5월, 명나라의 요동(遼東)을 공략하기 위하여 출정하였던 우군도통사(右軍都統使) 이성계 등이 위화도에서 회군하여 왕을 내쫓고 최영을 유배한 뒤 정권을 장악한 사건. 조선왕조 창건의 기반이 되었다.

의 루비콘강 도하에 빗대어 설명하기도 했다.

최영은 명장군이자 재상이며 고려 최후의 충신이다. 본관은 동주(東州, 철원의 고려시대 지명), 사헌부 간관을 지낸 최원직(崔元直)[360]의 아들이다. 문신 가문이었지만 무장의 길을 걸었다. 최원직은 최영이 16세 경에 '황금 보기를 돌같이 하라.'는 유언을 남겼다. 후삼국 시대 때 유금필(庾黔弼), 거란의 침공 때 양규(楊規), 여진 정벌 때 척준경(拓俊京)이 있었다면 고려말에는 홍건적과 왜구의 소탕에 뛰어난 전공(戰功)을 남긴 최영이 있었다.

중국의 새 주인이 된 명나라가 공민왕이 점령했던 철령 북쪽 지역에 '철령위'를 설치하려 하자, 73세의 최영은 건국 직후의 명나라가 내정 불안정으로 전쟁에 전력하기 어렵다고 판단하고, 이 기회에 요동까지 쳐들어가자는 주장을 폈다.

그러나 신진 사대부들로부터 신망을 얻고 있던 이성계는 〈사불가론(四不可論)〉[361]을 들어 최영의 주장에 반대했고, 결국 역성혁명의 시발점이 되었다. 최영은 이성계의 '사불가론'에 맞서 〈3가지 근거〉[362]를 들어 반박했다고 한다.

---

360) 최원직(崔元直, ?~1331) : 고려 후기의 문신. 사헌규정, 사헌부 간관 등의 벼슬을 지냈다. 사후에 상호군(上護軍)과 동원부원군(東原府院君)에 추증되었다.

361) (1) 이소역대(以小逆大) : 조선이 큰 나라인 명을 거역함(성리학의 신진 사대부 영향).
    (2) 하월발병(夏月發兵) : 농번기인 여름에 군대로 사람을 동원함.
    (3) 거국원정 왜승기허(擧國遠征 倭乘其虛) : 원정가면 왜구에 후방 허점을 노출함.
    (4) 시방서우 노궁해교 대군질역(時方署雨 弩弓解膠 大軍疾疫) : 장마철이며 더욱이 아교가 녹아 활도 쏠 수 없고, 군인들이 질병에 걸릴 위험이 있음.

362) (1) 명나라가 대국이긴 하지만 북원과의 전쟁으로 요동 방비는 허술하다.
    (2) 요동을 공격하면 가을에도 경작이 가능하기에 군량 확보가 가능하다.
    (3) 장마철이란 조건은 명나라도 같으며, 명나라 군사들이 장마철에 싸우는 걸 더 싫어한다. 왜구는 정규군이 아니기 때문에 국가의 존망을 위협하기에는 무리가 있다.

우왕이 폐위되고, 아들 창왕(昌王)[363]이 즉위하자 최영의 처단을 요구한 죄목은 '공이 죄를 덮을 수 없다(功不掩罪者·공불엄죄자)'였다. 최영은 '공죄론(功罪論)'의 덫에 걸려 처형되었다.

최영은 "평생에 있어서 탐욕이 있었다면 자신의 무덤에 풀이 자랄 것이고 결백하다면 무덤에 풀이 자라지 않을 것"이라고 유언을 했다. 실제로 그의 무덤(경기도 고양시)에는 오랜 세월 동안 풀이 자라나지 않는 '적분(赤墳)'이었다.

최영의 비극적인 삶에 대한 아쉬움은 고려 멸망 후 민간 무속신앙으로 변모하였다. '최영장군' 신은 조선시대부터 널리 숭배받는 신이 되었고, 지금도 한반도 최고의 장군 신으로 군림하고 있다.

역사에서 가정은 무의미하지만 만약 최영이 "자신의 곁에 있어 달라"는 우왕의 요청을 거절하고 직접 요동정벌군을 지휘했다면 과연 고려는 어떻게 되었을까? 고려는 체제를 정비하거나 개혁할 시간을 벌어 4년 후(1392년) 조선 건국은 수십 년 늦어지고, 조선도 명에게 처음부터 휘둘리지 않았을 것이다.

고려 사회가 안고 있는 문제를 해결하려는 시도가 부족했다는 아쉬움이 있지만, 오직 나라와 군주와 백성을 위해 평생을 헌신하다 쓰러져 간 청렴의 상징이요, 고려의 마지막 충신으로 민중의 흠모 대상인 최영 장군을 경모하는 필자의 자작 한시를 소개한다.

---

363) 창왕(昌王, 1380~1389/ 재위 1388~1389) : 고려의 제33대 왕. 이름은 창(昌). 우왕의 아들로, 1388년에 이성계 일파가 우왕을 내쫓은 후 왕위에 올랐으나, 다시 이성계에 의하여 강화로 쫓겨난 뒤 살해되었다.

見金如石遺言難(견금여석유언난)　황금 보기를 돌같이 하라는 부친 유언 힘껏 따랐고
麗運傾斜德業寒(려운경사덕업한)　고려의 국운이 기울자 (최영의) 덕업이 퇴색했네
北虜南倭全粉碎(북로남왜전분쇄)　북쪽 홍건적과 남쪽 왜구를 완전히 쳐부쉈고
貪官汚吏各銷殘(탐관오리각소잔)　탐관오리들은 모두 힘없이 사그라졌네
遼東討伐專憂國(요동토벌전우국)　요동정벌은 오로지 나라를 걱정하는 마음이었으나
威化回軍忽慨嘆(위화회군홀개탄)　(백성들은) 위화도 회군을 홀연히 개탄했네
三尺街童知捏造(삼척가동지날조)　철없는 아이들도 (최영)죄가 날조된 것을 알았는데
赤墳萬古示公丹(적분만고시공단)　풀 나지 않는 묘는 만고에 최영의 단심을 보여주네

――――――――――

* 見金如石(견금여석) : 황금 보기를 돌같이 하라는 뜻으로 욕심의 절제를 이르는 말
* 傾斜(경사) : 비스듬히 기울어짐. 또는 그 정도나 상태
* 北虜南倭(북로남왜) : 북쪽에 있는 오랑캐(홍건적)와 남쪽의 왜구
* 銷殘(소잔) : 쇠가 녹듯이 힘없이 사그라짐
* 街童(가동) : 길거리에서 노는 아이들
* 捏造(날조) : 사실이 아닌 것을 사실인 것처럼 거짓으로 꾸밈
* 赤墳(적분) : 풀이 나지 않는 묘
* 公丹(공단) : 최영의 단심

42

조선 불교의 초석을 세운 나옹선사(懶翁禪師)

"청산은 나를 보고 말없이 살라하고/ 창공은 나를 보고 티없이 살라하네/ 사랑도 벗어놓고 미움도 벗어놓고/ 물같이 바람같이 살다가 가라하네."

고려와 조선의 가교역을 한 시대의 지성으로 조선 불교의 초석을 세운 '나옹선사(懶翁禪師, 1320~1376)'가 쓴 '청산혜요아(靑山兮要我)'라는 선시(禪詩)이다. 이 불후의 시는 가수 김용임의 '훨훨훨'의 노래를 통해 700년이 지나도 여전히 우리 국민의 가슴을 적시고 있다. 나라와 백성의 안녕을 위해 부처에게 비는 일인 '행선축원(行禪祝願)'은 나옹선사가 지은 것이다.

나옹은 고려 공민왕(恭愍王)[364]과 우왕의 왕사(王師)였고, 조선 태조 이성계의 왕사인 무학대사[365]의 스승이었다. 나옹은 경북 영덕에서 아서구(牙瑞具)와 정(鄭)씨 사이에서 태어났다. 법명은 혜근(慧

---

364) 공민왕(恭愍王, 1330~1374/ 재위 1351~1374) : 고려 제31대 왕. 이름은 전(顓). 호는 이재(怡齋). 왕위에 오른 뒤 원나라를 배척하고 친원파(親元派)인 기씨(奇氏) 일족을 제거하였다. 쌍성총관부를 폐지하였으며, 빼앗긴 영토를 수복하여 국위를 떨쳤으나 나중에는 정치를 그르치고 마침내 최만생(崔萬生)과 홍윤(洪倫)에게 살해되었다.
365) 무학대사(無學大師, 1327~1405) : 속가의 성은 박(朴), 흔히 부르는 '무학'은 호로 법명은 자초(自超). 이성계가 조선을 건국한 후 한양 천도를 도왔다.

勤), 호는 나옹, 당호는 강월헌(江月軒)이다.

태몽은 금빛 새매가 날아와 어머니 정씨 머리를 쪼다가 떨어뜨린 알이 품안에 드는 것을 보고 나옹을 낳았다고 전한다. 20세 때 친구의 죽음을 보고 마치 석가모니처럼 '생사(生死)'에 대한 근본 물음표를 풀기 위해 문경 묘적암(妙寂庵) 요연선사(了然禪師)를 찾아가 출가했다. 이후 양주 회암사(檜巖寺)[366]로 가서 4년 수행 끝에 깨달음을 얻었다.

28세에 원나라로 건너가 법원사(法源寺, 북경 근처)에서 인도 마가다국 왕자 출신인 지공(指空)[367]의 수제자가 되었고, 임제종(臨濟宗)을 대표하는 평산처림(平山處林)의 법을 이었다. 그리하여 나옹은 재원(在元) 고려인들의 자부심이 되었다.

나옹이 원나라를 유력(遊歷)하던 중에 절강성 남병산에 있는 절을 찾았을 때, 고승(高僧)이 물었다. "스님 나라에도 참선법이 있는가?" 중화사상이 깔린 고려인을 무시하는 발언이었다.

이에 나옹은 게송(偈頌)[368]으로 답을 했다. "해 뜨는 우리나라에서 해가 떠야 강남땅 산과 바다는 함께 붉어집니다. 그런 말씀 마시지요. 우리는 우리, 너는 너라고. 신령한 빛이야 언제나 그 빛이지요."

---

366) 회암사(檜巖寺) : 경기도 양주시 회암동 천보산에 있는 대한불교조계종 제25교구 본사인 봉선사(奉先寺)의 말사이다.
367) 지공(指空, ?~1363) : 인도 출신의 승려. 마갈타국왕(摩竭陀國王) 만(滿)의 셋째 아들. 8세에 나란타사(那爛陀寺)의 율현(律賢)에게 출가하여 대반야경(大般若經)을 배움. 19세에 남인도 길상산(吉祥山)에 가서 보명(普明)에게 사사(師事)하여 그의 법을 이어받아 서천(西天) 제108조(祖)가 되었다.
368) 게송(偈頌) : 부처의 공덕이나 가르침을 찬탄하는 한시 형식의 노래. 외우기 쉽게 게구(偈句)로 지었다.

나옹의 일갈(一喝)[369]은 통쾌했다. 고려에서 해가 떠야 비로소 중국에도 빛이 들어오는 법이고, 그래서 함께 붉어지는 거라고. 고려와 중국을 분별하는 그 마음을 돌리라고. 사람의 마음속에 있는 신령한 빛은 동과 서를 나누지 않는 법이라고.

나옹은 39세 때(공민왕 7, 1358) 귀국했다. 나옹이 공민왕과 노국공주(魯國公主)[370]의 간곡한 청으로 황해도 신광사(神光寺) 주지로 있을 때 홍건적(紅巾賊)[371]이 고려를 침범했지만, 생사에 초연한 나옹은 피난을 가지 않고 절을 지켰다. 홍건적의 우두머리는 깊은 감화를 받아 나옹에게 침향(沈香)을 올렸을 정도였다.

공민왕은 불교 교단의 통합에 많은 관심을 기울여, 양종오교(兩宗五敎) 승려들을 한자리에 모아 처음으로 공부선(功夫選, 승려 대상의 과거)을 시행하였는데, 이것을 나옹이 주관하도록 하였다.

나옹은 회암사의 중수 낙성회(落成會)에 전국의 신도들이 운집하자 대간(台諫)들의 배척을 받게 되었다. 1376년 5월 15일. 나옹은 밀양의 영원사(瑩原寺)로 추방되는 과정에 여주 신륵사(神勒寺)[372]에서 세수 57세 법랍 38세로 입적(入寂)하였다. 그때 봉미산 봉우리

---

369) 일갈(一喝) : 한 번 큰 소리로 꾸짖음. 또는 그런 말.
370) 노국공주(魯國公主, ?~1365) : 고려 공민왕의 왕비. 원나라 위왕(魏王)의 딸로 공민왕 14년(1365)에 난산(難産)으로 죽었다.
371) 홍건적(紅巾賊) : 원나라 말기에, 허베이(河北)에서 한산동(韓山童)을 두목으로 하던 도둑의 무리. 머리에 붉은 수건을 쓴 까닭에 이렇게 이르며, 두 차례에 걸쳐 고려에까지 침범하였다.
372) 신륵사(神勒寺) : 경기도 여주시 천송동 봉미산에 있는 절. 신라 때에 창건된 것으로 추정되며, 고려 우왕 2년(1376)에 나옹(懶翁)이 입적한 곳이기도 하다.

에 오색구름이 덮였고, 나옹을 태우고 가던 백마는 3일 전부터 풀을 먹지 않고 머리를 떨구고 슬피 울었다고 전한다.

시호는 선각(禪閣)이며, 공민왕으로부터 보제존자(普濟尊者)라는 호를 받았다. 다비식이 끝나고 헤아릴 수 없는 수백 구의 사리가 나오자 많은 이들이 집으로 가져가 모셨다. 나옹의 사리를 모신 '신륵사보제존자석종비(神勒寺普濟尊者石鐘碑)'[373]는 보물 228호이다.

고려 말 목은 이색(李穡)은 왕명을 받들어 나옹의 비명을 이렇게 지었다.

진실로 선을 깨친 이시며	展也禪覺(전야선각)
기린의 뿔이로다.	惟麟之角(유린지각)
임금의 스승이요	王者之師(왕자지사)
사람과 하늘의 밝은 눈이로다.	人天眼目(인천안목) (하략)

지공, 무학과 함께 '삼대화상'이라 불린 나옹이 있어 이 땅에 '살아 숨 쉬는 불교'가 가능하게 되었다. 실천하는 선(禪)으로 대중교화에 힘써 당대에 '생불(生佛)'[374]로 존숭 받은 나옹왕사를 경모하는 필자의 자작 한시를 소개한다.

---

373) 신륵사보제존자석종비(神勒寺普濟尊者石鐘碑) : 여주시 신륵사에 있는 고려시대의 탑비. 승려 혜근의 것으로, 우왕 5년(1379)에 세웠다. 비문은 이색이 짓고, 서예가 한수가 글씨를 썼다. 귀부와 이수 없이 간략화된 형식을 보인다.

374) 생불(生佛) : 살아 있는(生) 부처(佛). 활불(活佛). 뛰어난 법력 및 인품을 지닌 고승 중 일부가 받는 별칭이다. 아래는 '세계 4대 생불'이라 불리웠던 사람들이다.
- 베트남 출신으로 반전 운동을 펼친 틱낫한 스님
- 티베트를 무력 점거한 중화인민공화국조차 용서한다 말한 달라이 라마 14세
- 킬링 필드 캄보디아에서 간디라고 불리우며 비폭력 평화 운동으로 유명한 고사난다 스님
- 한국에서보다 외국에서 더 유명하며, 한국 특유의 선불교의 대표자로 불린 숭산 스님

麗末佳山大聖生(여말가산대성생)	고려말에 영덕 가산에서 석가처럼 큰 성인이 태어나
死歸何處出家行(사귀하처출가행)	죽음 후 돌아가는 곳에 대한 의문으로 승려 되었네
十年得道中原主(십년득도중원주)	10년 정진에 득도해 원나라에서 최고 선사 되었고
廿載王師海內盟(입재왕사해내맹)	20년 동안 임금의 스승 되어 고려의 종장이 되었네
如水如風見性盡(여수여풍견성진)	물처럼 바람처럼 살아 망혹 버리고 천성을 깨달았고
無憎無愛卽心成(무증무애즉심성)	사랑도 증오도 내려놓아 부처의 마음을 이루었네
空前偈頌浮雲誦(공전게송부운송)	전무후무한 게송은 덧없는 세상사를 노래했고
億兆黎民萬歲迎(억조여민만세영)	셀 수 없는 백성이 (나옹왕사를) 영원히 추앙하네

----

* 佳山(가산) : 경북 영덕군 창수면 가산리 지명
* 死歸(사귀) : 죽으면 돌아간다. 생기사귀(生寄死歸)—사람이 세상에 사는 것은 잠깐 머무는 것이고, 죽는 것은 원래의 집으로 돌아간다. 출전《십팔사략(十八史略)》의 〈권일(卷一)〉
* 出家(출가) : 세속의 인연을 버리고 성자(聖者)의 수행 생활에 들어감
* 廿載(입재) : 20년
* 見性(견성) : 성품을 본다는 의미 또는 도를 깨닫는다는 말로 '오도(悟道)'라고도 한다
* 卽心(즉심) : 즉심시불(卽心是佛). 내 마음이 곧 부처라는 뜻
* 空前(공전) : 비교할 만한 것이 이전에는 없음
* 偈頌(게송) : 부처의 공덕(功德)을 찬미하는 노래. 외기 쉽도록 게구로 지었음
* 浮雲(부운) : 하늘에 떠다니는 구름. 덧없는 세상일을 비유하는 말
* 黎民(여민) : 백성. 서민. 평민

43

과학의 달 4월과 '화약의 아버지' 최무선(崔茂宣)

'과학의 날'인 4월 21일은 박정희 대통령이 1967년 과학기술처를 설립한 날이다. 박정희 정부는 1960년대 말부터 한국과학기술연구소(KIST), 한국과학원(KAIST)을 설치하여 과학기술 연구 및 교육을 진흥했고, 정부 부처로 과학기술처를 설립하여 국가 과학기술 진흥사업을 총괄하게 하였다.

제2차 세계대전 이후 식민지에서 벗어난 140여 국가 가운데 한국이 유일하게 선진국에 들어선 나라가 되었다. 그런 까닭으로 20세기가 낳은 석학 피터 F. 드러커[375]는 90세 무렵 이렇게 자주 말했다. "20세기 역사에서 '한국의 경제기적'은 매우 중요하게 다뤄져야 한다. 여력이 있다면 이를 연구하고 싶다." 그러나 아쉽게도 그는 96세로 사망함으로써 이 연구과제를 수행하지 못했다.

선진국에서 활동하는 한국인 과학 두뇌들을 모셔와 키스트를 만

---

375) 피터 드러커(Peter Ferdinand Drucker, 1909~2005) : 미국의 경영학자. 현대 경영학을 창시한 학자로 평가받으며 경제적 제원을 잘 활용하고 관리하면 인간생활의 향상과 사회발전을 이룰 수 있다고 생각했다. 그는 이런 신념을 바탕으로 한 경영관리의 방법을 체계화시켜 현대 경영학을 확립하였다.

들고 카이스트, 기술학교를 세우는 등 과학기술 인력을 키운 업적은 박정희의 미래지향적 통찰력과 선견지명 덕분이었다. 또한 과학기술자를 우대하고 '과학입국·기술입국'의 초석을 다진 통치철학은 박정희에게는 거의 신앙이었다.

박정희는 KIST를 과학기술을 연구하는 '집현전'으로 여겼다. 한글 창제에 몰두하던 세종대왕이 집현전 학사들을 격려하기 위해 집현전에 자주 들른 것처럼, 박정희도 수시로 KIST를 방문해서 연구원들을 격려했다. 그러나 오늘날 과학기술에 대한 철학과 의지는 '박정희 시대'에 비해 오히려 빛이 바래가고 있는 것은 아닌지 되묻게 된다.

민족개조론을 들고나왔던 이광수(李光洙)[376]가 자신의 소설 〈무정〉에서 던진 화두가 "과학만이 살길이다"였다. 춘원(春園) 선생보다 570년 앞선 고려의 최무선(崔茂宣, 1325~1395)도 "왜구를 막는 데는 화약만한 것이 없으나, 국내에는 아는 사람이 없다.", "오직 화약만이 나라를 강력하게 할 수 있다."고 외쳤다.

최무선은 1325년(충숙왕 12)에 경북 영천에서 광흥창사(廣興倉使, 정5품)를 지낸 최동순(崔東洵)의 아들로 태어났다. 그는 우리 역사상 처음으로 화약 무기의 자체 개발에 성공한 위대한 장군이자 혁신적 발명가이다.

---

[376] 이광수(李光洙, 1892~1950) : 소설가. 호는 춘원(春園). 1917년에 장편 소설 〈무정〉을 ≪매일신보≫에 연재하여 근대문학의 개척자가 되었다. 1919년에 중국 상하이로 가서 임시정부에서 활동하였으나, 일제강점기 말기에 친일행위를 하여 많은 사람의 지탄을 받기도 하였으며 6.25 전쟁 때 납북되었다. 작품에 〈개척자〉, 〈흙〉, 〈유정〉, 〈사랑〉 등이 있다.

방략(方略)이 뛰어나고 병법에 밝았던 최무선은 군기시(軍器寺) 소속의 하급 관리가 된 뒤부터 화약 연구에 몰두했다. 중국의 상인 이원(李元)에게서 화약 제조법을 습득한 뒤에 1377년에 조정에 건의해 '화통도감(火筒都監)'[377]을 세우고, 화약 무기개발에 분골쇄신했다. 이때 제작한 화기는 로켓형 무기인 주화(走火), 신호용 대포인 신포(信砲)를 비롯하여 18종의 화약 무기를 개발했다.

부원수 최무선은 1380년(우왕 6)에 금강 하구의 진포(鎭浦)에 침입한 왜구 500여 척을 상원수 나세(羅世)[378]와 함께 각종 화기로 무장한 전함 100척을 이끌고 나아가 격퇴했다. 살아남은 왜구들은 육지로 도망갔는데, 병마도원수 이성계가 모두 섬멸했다(황산대첩). 이로부터 왜구의 침입이 줄어들고 항복하는 자가 서로 잇달아 나타나서, 바닷가의 백성들이 생업을 회복하게 되었다.

최무선은 〈화포법〉과 〈화약수련법〉을 써서 둘째 아들 최해산(崔海山)에게 물려주었다. 최해산은 조선 개국 후 아버지 최무선의 화약무기 개발과 왜구 퇴치의 공로를 평가받아 태종1년 군기시(軍器

---

377) 화통도감(火筒都監) : 고려 말기에 설치된 화약 및 화기 제조를 담당하는 기관. 1377년 최무선의 건의에 따라 설립되었고, 1389년에 폐지되었다. 화통도감에서는 화약을 제조하고 각종 화기, 즉 대장군(大將軍)·삼장군(三將軍)·이장군(二將軍)·육화석포(六花石砲)·화포(火砲)·신포(信砲)·화통(火筒)·화전(火箭)·철령전(鐵翎箭)·피령전(皮翎箭)·질려포(疾藜砲)·철탄자(鐵彈子)·천산오룡전(穿山五龍箭)·유화(流火)·주화(走火)·촉천화(觸天火) 등을 만들었다.
이때 만들어진 화포들은 당시 삼남지역에 출몰하여 약탈을 일삼던 왜구를 물리치는 데 사용되었다. 1380년의 진포대첩과 1383년의 관음포대첩에 화포를 사용하여 왜선을 격침시키며 대승을 거두는 데 큰 기여를 하였다.
378) 나세(羅世, 1320~1397) : 고려시대에 원나라에서 귀화한 사람. 고려 말에 홍건적과 왜구를 격퇴하는 데 큰 공을 세웠다.

寺)의 주부로 특채되었다. 세종 때 만들어진 세계 최초의 로켓 추진식 화살 병기 '신기전(神機箭)'[379]은 최무선-아들 최해산-손자 최공손(崔功孫)으로 이어진 화약 기술이 바탕이 된 것이었다.

1593년 2월. 권율이 행주대첩(幸州大捷)[380]에서 3만여 일본군에 승리한 비결도 최첨단 화약무기인 신기전과 화포 때문이었다. 행주대첩은 권율 장군의 철저한 준비와 전략, 조선 관군과 승병, 부녀자들의 살신성인(殺身成仁)의 자세, 그리고 비밀병기가 빛난 전투였다. 임진왜란 때 육지에서는 조총을 앞세운 왜군이 조선군을 유린했지만, 해전에서는 조선이 일본 수군을 화포로 압도했던 이유는 최무선의 화약 제조 덕분이었다.

1395년(태조4) 4월 21일. 최무선은 70세로 타계했다. 과학의 달 4월을 맞이하여 '화약의 아버지' 고려의 영웅 최무선을 경모하는 필자의 자작 한시를 소개한다.

---

[379] 신기전(神機箭) : 추진체로 로켓이 붙어 있는 화살. 최무선이 만든 우리나라 최초의 로켓인 주화(走火)를 세종 때(1448년) 개량한 것이다. 조총의 사정거리가 50~100m인 반면 신기전은 훨씬 긴 1.5~2km이다. <국조오례서례(國朝五禮序例)>의 '병기도설(兵器圖說)'에 그 기록이 남아있으며, 1983년 세계우주항공학회(IAF)로부터 세계 최고(最古)의 로켓 설계도로 공인받았다. 안타깝게도 조선 초에 보여준 이러한 무기 기술은 세조 이후로 큰 발전을 이루지 못했다. 조선의 화포기술을 비롯한 과학기술 자체가 침체기에 접어들었고 기술개발의 의지도 거의 없었다. 과학기술을 홀대하는 조선이 아니었다면 어떻게 달라졌을까?

[380] 행주대첩(幸州大捷) : 1593년에 권율이 이끄는 조선군과 백성들이 행주산성에서 힘을 합쳐 일본군을 크게 무찌른 싸움이다. 진주 대첩, 한산도 대첩과 함께 임진왜란의 3대첩 중 하나로 꼽힌다. 권율은 이 공로로 도원수(都元帥)가 되었다. 당시 부녀자들이 긴 치마를 잘라 짧게 만들어 입고 돌을 날라서, 석전(石戰)으로 적에게 큰 피해를 입혔고, 때문에 '행주치마'라는 명칭이 생겼다는 이야기가 전해지지만, 역사적 근거가 있는 것은 아니다.

先憂後樂小時生(선우후락소시생)　먼저 근심하고 나중에 즐거워함은 젊었을 때 생겼고
有備凶徒一戰平(유비흉도일전평)　준비가 되어 있어 외적을 한바탕 싸움에서 평정했네
鬼沒神衰船上亂(귀몰신쇠선상란)　귀신처럼 사라지고 쇠할 정도로 선단이 혼란했고
魂飛魄散陣中驚(혼비백산진중경)　혼백이 흩어질 정도로 넋을 잃어 진영이 놀랐네
連環賊計煙塵滅(연환적계연진멸)　왜적의 연환계는 연기와 먼지처럼 사라졌고
蓋世英名霹靂轟(개세영명벽력굉)　세상을 덮은 뛰어난 명성은 벼락처럼 울렸네
方略出天終止戈(방략출천종지과)　하늘이 낸 방략으로 마침내 왜적의 침입이 멈췄고
千秋不忘武功卿(천추불망무공경)　오랜 세월 장군의 무공을 영원히 잊지 않고 기리네

――――――― ――――――――

* 先憂後樂(선우후락) : 남보다 먼저 근심하고, 나중에 즐거워함. 출전 : 북송 때의 명재상이 었던 범중엄(范仲淹, 989~1052)이 지은 〈악양루기(岳陽樓記)〉
* 有備(유비) : 방비나 준비가 되어 있음
* 凶徒(흉도) : 사납고 흉악한 무리
* 連環(연환) : 쇠로 된 고리를 잇따라 꿰어 만든 사슬
* 煙塵(연진) : 1. 연기와 먼지. 2. 병진(兵塵).
* 蓋世(개세) : 기상이나 위력이 세상을 뒤덮음
* 英名(영명) : 뛰어난 명성이나 명예
* 霹靂(벽력) : 벼락. 우레
* 方略出天(방략출천) : 하늘이 낸 방략
* 止戈(지과) : 창을 멈춘다는 뜻으로, 전쟁을 끝냄을 비유
* 千秋不忘(천추불망) : 영원히 잊지 못한다

44

중국을 놀라게 한 이곡(李穀)—이색(李穡) 부자

윤석열 정부 출범 후 대통령 지지도가 떨어지다 보니 '문재인 때가 더 나았다.'는 소리가 나올 판이다. 그러나 문 정권 5년은 대한민국 체제가 탄핵되고, 국가정체성이 무너지고, 자유와 인권이 유린된 우리 '헌정사의 암흑기'였다.

문 정권의 '적폐청산' 작업은 조선시대의 사화(士禍)와 다를 바 없는 '현대판 사화'요, 보수를 궤멸시키기 위한 피비린내 나는 '정치보복'이었다. 또한 무고한 자유우파 인사들을 전과자로 만들어 공직 취임을 막고, 선거 출마를 원천봉쇄해서 좌파 장기집권을 기도한 '계획된 음모'였다.

우리 역사에도 칠흑같이 어두웠던 시절이 있었다. 일제강점기와 '원간섭기(元干涉期)'가 대표적이다. 원간섭기는 고려가 몽골과 강화를 맺고 입조한 1259년부터 공민왕의 '반원 정변'이 있었던 1356년까지 97년간의 기간을 말한다.

원간섭기에 부자(父子)가 나란히 원 과거에 수석 합격해 세상을 놀라게 한 인물이 있다. 가정(稼亭) 이곡(李穀, 1298~1351)과 목은(牧隱) 이색(李穡, 1328~1396)이 그들이다.

이곡은 1332년 원나라 정동성(征東省)[381] 향시(鄕試)에 수석을 했고, 다시 전시(殿試)[382]에 차석으로 급제하여 문명(文名)을 떨쳤던 기개 높은 공신이다. 그는 평생 동서남북을 떠돈 노마드였지만, 아들에게 정치 열정, 성리학, 코스모폴리탄과 같은 정신적 유산을 남겼다.

이곡은 스승인 이제현과 협의하여 '공녀(貢女)의 폐단'을 원 황제에게 상소하였고, 마침내 혈성(血誠)[383]이 통했다.

"한 번 채홍사가 오면 나라 안이 온통 소란하여 개, 닭까지도 불안해합니다. (중략) 한 고을에서 40~50명씩의 어린 딸들을 끌고 나가면 그 부모들은 비통을 못 가누어 더러는 샘물에 빠지고 더러는 목을 매어 죽기도 합니다. 아! 우리 고려 사람 무슨 죄가 있어 이 괴로움을 언제까지 당해야 한다는 말입니까?"

이곡의 아들 목은은 14세에 진사(進士)가 되고, 21세에 원나라에 가서 국자감의 생원이 되어 성리학을 연구하였다. 유학생으로 국자감에 입학한 것은 목은이 처음이었다. 24세에 타계한 아버지 상을 당해 귀국했다.

---

381) 정동성(征東省) : 정동행중서성(征東行中書省)의 준말. 정동행성(征東行省). 고려 충렬왕 때에, 원나라가 고려의 개경에 둔 관아. 원나라의 세조가 일본을 정벌하려고 개경에 정동행중서성을 설치하였다가 일본 정벌 계획을 그만둔 뒤로는 이것으로 고치고, 원나라의 관리를 두어 고려의 내정을 감시하고 간섭하게 하였다.
382) 전시(殿試) : 복시(覆試)에서 선발된 사람에게 임금이 친히 치르게 하던 과거.
383) 혈성(血誠) : 진심에서 우러나오는 정성.

1352년 25세의 목은은 공민왕이 즉위하자 상중임에도 전제(田制), 왜구, 무과, 학교-과거, 불교, 인사 등 '여섯 분야 시정개혁'에 대해 복중상소(服中上疏)를 올렸다.

　"천한 필부의 몸으로 외람되게 감히 아뢰오니 그 망령된 죄는 용서받지 못할 것을 잘 압니다……지금은 비상시국이므로 말하지 않을 수 없습니다……국가가 평안할 때는 공경(公卿)의 말이라도 기러기 털보다 가볍게 여기나 유사시는 필부의 말이라도 태산보다 무겁게 여깁니다."

　맹자는 "인정(仁政)은 경계에서 비롯된다(仁政必自經界始·인정필자경계시)."고 갈파했다. 목은도 "토지의 경계를 바르게 하고 정전(井田)을 고르게 하는 일이 정치의 급선무"라며 전제(田制)를 시정개혁의 선두에 언급하고 있다.

　이듬해 목은은 향시와 정동행성 향시에 1등으로 합격했으며, 1354년 원나라 제과(制科)[384] 회시(會試)[385]에 1등, 전시(殿試)에 2등으로 합격해 고려의 학문을 빛냈다. 귀국 후 지공거(知貢擧)[386]로 과거시험을 4번이나 주관했다.

　목은은 친명정책을 지지했으나 위화도회군으로 우왕이 쫓겨나자

---

384) 제과(制科): : 외국 사람이 보는 과거시험. 《고려사》를 통해 보건대 송대까지는 빈공과(賓貢科)로 칭하다가 원대에 들어서 제과로 명칭이 바뀌었다.
385) 회시(會試) : 과거의 2번째 단계 시험. 문과와 무과에서 회시는 초시(初試)·복시(覆試)·전시(殿試)의 3단계의 절차를 거치는 식년시와 증광시에만 있었다. 복시라고도 하였다. 회시에 합격해야 전시에 응시할 수 있었다.
386) 지공거(知貢擧) : 고려시대에, 과거를 관장하던 주 시험관. 동지공거의 위로, 문관 가운데서 임명하였다. 충숙왕 2년(1315)에 고시관으로 고쳤다가 충숙왕 17년(1330)에 다시 이 이름으로 고쳤다.

조민수 등과 함께 창왕을 옹립하고 이성계 세력과 맞서다 유배되었다. 조선 개국 후 태조는 목은을 한산백(韓山佰)으로 봉하고 출사(出仕)를 종용하였으나 "망국의 사대부는 오로지 해골을 고산(故山)에 파묻을 뿐"이라며 고려에 대해 지조를 지켰다.

목은은 성균관 대사성으로서 신유학의 보급과 발전에 공헌하여 조선 성리학 부흥의 길을 열었다. 운곡(耘谷) 원천석(元天錫)[387]은 자신의 시 '해동이현찬(海東二賢讚)'에서 '일대영웅반재문(一代英雄半在門, 고려 말 영웅의 반은 목은 문하에서 나왔다)'이라고 노래했다.

이처럼 고려 성리학의 시조인 '안향-이제현-이곡'을 이은 목은의 문하에서 고려 충신들과 조선 창업자들이 두루 배출되었다. 정몽주, 길재, 이숭인 등이 전자이고 정도전, 하륜, 권근[388] 등이 후자이다.

"공민왕은 목은을 한갓 공경만 할 줄 알았을 뿐, 공의 말을 다 받아들이지 못하였다"라는 권근의 주장(≪양촌집≫)에서 고려 멸망의 단초를 찾을 수 있을 것이다.

정몽주-길재-권근-김종직-조광조로 이어지는 '조선 성리학'의 '사상적 스승'으로 거족(巨足)을 남긴 목은 선생을 경모하는 필자의 자작 한시를 소개한다.

---

387) 원천석(元天錫, 1330~?) : 고려 말기·조선 초기의 은사(隱士). 자는 자정(子正). 호는 운곡(耘谷). 세상의 어지러움을 보고, 치악산에 은거하면서 당시 사적을 바로 적은 야사(野史) 6권을 저술하였으나 지금은 전하지 않는다.
388) 권근(權近, 1352~1409) : 고려 말에서 조선 초의 문신. 초명은 진(晉). 자는 가원(可遠). 호는 양촌(陽村). 왕명으로 하륜 등과 함께 ≪동국사략≫을 편찬하였다. 저서에 ≪양촌집≫, ≪오경천견록(五經淺見錄)≫ 등이 있고, 작품에 〈상대별곡〉이 있다.

東溟槐市節臣村(동명괴시절신촌) 동쪽 바다 괴시는 절개 있는 신하를 둔 고장이며
出仕終成鄒魯根(출사종성추로근) 벼슬에 나가 마침내 성리학의 뿌리를 형성했네
兩擧壯元驚內外(양거장원경내외) 양국(려·원) 과거에 장원을 해 세상을 놀라게 했고
四任座主定乾坤(사임좌주정건곤) 네 번이나 지공거를 맡아 하늘과 땅을 정했네
歸鄕隱逸渾身道(귀향은일혼신도) 귀양 간 학자는 혼신을 다해 (제자들을) 가르쳤고
朝野人材半在門(조야인재반재문) 조정과 민간 인재 반은 목은의 문하에서 나왔네
浮碧樓存興亡史(부벽루존흥망사) 평양 부벽루에는 고려의 흥망사가 남아 있고
千秋萬歲不忘恩(천추만세불망은) 천추만세토록 (목은의) 은혜를 잊지 못하네

——————————

* 槐市(괴시) : 영덕군 영해면 괴시리. 목은 이색의 탄생지. 영양 남씨 집성촌
* 節臣(절신) : 절개 있는 신하
* 出仕(출사) : 벼슬을 해서 관아에 나감
* 終成(종성) : 이루어짐
* 鄒魯(추로) : 추로지향(鄒魯之鄕). 공자는 노나라 사람이고, 맹자는 추나라 사람. 공맹(孔孟)
* 兩擧(양거) : 고려와 원나라의 과거시험
* 座主(좌주) : 고려시대에, 과거의 급제자가 시관(試官)을 이르던 말
* 乾坤(건곤) : 하늘과 땅
* 隱逸(은일) : 1.속세를 피해 숨음. 2. 숨은 학자.
* 浮碧樓(부벽루) : 평양 모란대(牡丹臺) 밑 청류벽(清流壁) 위에 있는 누각

45

위기의 전경련과 '기업가 정신'의 문익점(文益漸)

　윤석열 정부가 출범하면서 경제 부문은 민간 중심 경제에 방점이 찍히고 있다. 그 어느 때보다 정부와 기업의 긴밀한 소통이 절실히 요구되는 시점이다. 과거 '재계 맏형' 역할을 했던 63년 역사의 전경련은 2016년 최순실(최서원) 사태로 4대 그룹이 일제히 탈퇴하고 대규모 구조조정을 겪으며 위상이 급락했다.
　2023년 8월 임시총회에서 전경련은 명칭을 '한국경제인협회(한경협)'로 바꾸고 신임 회장으로 류진 풍산 회장을 추대하기로 했다. 글로벌 무대에서의 경험·지식·네트워크가 탁월한 류진 회장을 중심으로 한국경제인협회가 글로벌 중추 경제단체로 거듭나길 기대한다.

　세계 경제가 한 치 앞을 내다볼 수 없을 정도로 험난하다. 코로나19 사태와 글로벌경제의 불확실성 확대 등으로 고용이 급속히 줄어들고 있다. 기업은 인류와 사회의 진보와 발전에 공헌하는 문명의 발명품이다.

'기업가 정신' 없이는 미래도 없다. 대한민국을 더 부강하게 만드는 것은 꿈을 추구하는 혁신과 도전이다. 대한민국이 당면한 복합위기 해결을 위해 기업의 사회적 역할과 책임이 어느 때 보다 크게 요청된다.

IMF 사태나 금융위기도 기업인들이 앞장서서 잘 이겨냈던 대한민국이다. 그동안 우리 기업들은 선진국 진입에 크게 이바지했으면서도 제대로 된 평가를 받지 못했다. 기업은 지속적 혁신과 성장으로 좋은 일자리를 창출해야 한다.

아울러 기존 주주 이익 극대화보다 이해당사자들의 만족 극대화에 진력하는 '기업의 새로운 책무'가 요구된다. 이러한 기업의 헌신적인 노력이 있을 때 우리 사회의 '반(反)기업 정서'를 씻어낼 수 있고 기업이 국민의 신뢰와 사랑을 받게 될 수 있다.

삼성 이병철, 포스코 박태준 등 1세대 창업주들이 평생 가슴에 품었던 '사업보국(事業報國) 정신'과 '제철보국(製鐵報國) 정신'은 기업가 정신이었다. 우리 역사상 최초의 기업가 정신의 발현은 목화의 대중화에 성공한 고려 말 문익점(文益漸, 1329~1398)에서 찾을 수 있다.

문익점은 목화재배와 면포 생산 보급의 선구자로 여말선초의 한반도에 신산업을 일궈낸 위대한 선각자였다. 본관은 남평(南平), 자는 일신(日新)이다. 호는 삼우당(三憂堂)으로, 나라의 운수와 성학(聖學)의 발달과 자신의 학문이 부진한 세 가지를 근심한다는 뜻이다.

1329(충숙왕 16)년 경남 산청에서 문숙선(文淑宣)[389]의 아들로 태어났다. 열 살 때 유학자 이곡의 문하생이 되었으며, 1360년(공민왕 9) 문과에 급제했다.

공민왕이 즉위 후 반원개혁정치로 기철을 비롯한 부원세력을 척결하자, 1363년 기황후가 충선왕의 서자 덕흥군을 앞세워 공민왕 폐위를 시도하였고, 1364년 그 연장선상에서 압록강 넘어 군대를 보냈지만, 최영 장군이 물리쳤다.

1363년. 문익점이 사간원좌정언(司諫院左正言)으로 있을 때 서장관(書狀官)[390]이 되어 계품사(計稟使)[391]인 좌시중(左侍中) 이공수(李公遂)[392]를 따라 원나라에 갔다가 귀국할 때 길가의 목면(木綿) 나무를 보고 그 씨 10여 개를 따서 주머니에 넣어 가져왔다.

5개는 문익점 본인이 땅에 심었고, 5개는 장인인 정천익(鄭天益)에게 주어 심도록 했으나 본인 것은 모두 죽고 정천익 것에서 한그루가 싹이 터서 그 목화씨로 오늘에 이르게 되었다.

그러나 목화재배에는 성공했으나 목화씨에서 실을 뽑는 법을 몰

---

[389] 문숙선(文淑宣) : 과거(科擧)에 올랐으나 벼슬하지 않았다. 출전-〈조선왕조실록〉 '태조실록편'에 나와 있는 문익점 졸기(卒記)

[390] 서장관(書狀官) : 조선시대에 중국으로 가는 외교사절단의 지휘부 '삼사신(三使臣)' 가운데 한 관직이다. 왕복 약 5개월 동안의 사행기간 동안 보고 들은 각종 외교 정보를 기록하여 국왕에게 보고하고, 사행단의 비리나 부정을 감찰(監察)하는 임무를 맡았다. 주로 사헌부의 4품에서 6품 관원 중에서 임명되었으며, 일본 통신사도 비슷한 체제로 운영되었다.

[391] 계품사(計稟使) : 중국 황제에게 특별히 헤아려서 잘 조처하여 달라고 청원할 일이 있을 때 보내는 사신.

[392] 이공수(李公遂, 1308~1366) : 고려 공민왕 때의 문신. 호는 남촌(南村). 공민왕 10년(1361) 홍건적이 침입하자 왕의 남행(南行)을 수행하였고, 원나라가 공민왕을 폐위하고 덕흥군(德興君)을 세우려 하자 이를 미리 대비하게 하였다.

라 실생활에 접목되지 못한 상황에서 정천익의 집에 머무르던 원나라 승려 홍원(弘願)의 도움으로 목화에서 실을 뽑는 물레[393]를 만드는 방법을 전수받아 10년이 되지 않아서 전국적으로 보급했다.

문익점은 뼛속까지 투철한 '기업가정신'으로 일관한 삶을 영위했다. 그는 '목화'는 고려인의 삶의 질을 한 차원 높여주는 신상품이라는 가치를 꿰뚫어 본 미래지향적인 통찰력의 소유자였다.

살을 에는 북풍한설의 추위를 변변한 방한복 없이 견뎌야 했던 고려인들은 '의복혁명'으로 삶의 변혁을 맞이했다. 목화는 솜과 의복의 재료를 넘어 화승총의 심지, 갑옷, 돛단배의 돛, 천막, 심지어 화폐로도 쓰였으며, 면포는 조선의 국제무역에서도 매우 중요한 품목이었다.

문익점은 목화에 대한 독점적 지위로 막대한 이익을 취할 수 있었음에도 백성들에게 목화씨를 무료로 나누어 주고, 재배기술과 생산기술 등의 정보를 대가 없이 공유했다. 문익점의 '선국후사(先國後私)'의 선비정신은 오늘날 기업인의 '동반성장', '사회공헌' 등의 기업가정신과도 일맥상통한다.

문익점은 69세로 타계했다. 문익점은 최영 장군과 함께 우리나라에 세워진 사당에서 가장 많이 모셔져 있는 인물이다. 백성들을 이롭게 한 공이 매우 커서 세종은 영의정과 부민후(富民侯)로 추증했고, 시호는 충선공(忠宣公)이다. 영원한 겨레의 은인 삼우당 선생을 경모하는 필자의 자작 한시를 소개한다.

---

393) 물레 : 솜이나 털 따위의 섬유를 자아서 실을 만드는 간단한 재래식 기구.

南歸播種起溫風(남귀파종기온풍) 남쪽 지방에 파종하여 '따뜻한 의복혁명' 일으켰고
曲曲暖衣生氣逢(곡곡난의생기봉) 방방곡곡 따뜻한 옷 보급해 생기가 가득했네
槿域兩京生活順(근역양경생활순) 나라 안 개경과 서경의 생활이 순조로웠고
海東十道困難終(해동십도곤란종) 나라 안 모든 지방의 (겨우살이) 곤란이 종식됐네
安康邦國飛熊似(안강방국비웅사) 국가를 평안하고 건강하게 한 것은 강태공과 같고
救濟群黎后稷同(구제군려후직동) 많은 백성을 구제한 것은 주나라의 후직과 같네
一向滅私無晝夜(일향멸사무주야) 언제나 한결같이 욕심 버리는 뜻은 밤낮이 없었고
只今不絕萬民崇(지금부절만민숭) 지금도 끊이지 않고 모든 국민이 숭배하네

――――――――――

* 溫風(온풍) : 따뜻한 바람→따뜻한 의복 혁명
* 曲曲(곡곡) : 굴곡이 많은 산, 내, 길 따위의 굽이들. 방방곡곡(坊坊曲曲)의 준말.
* 槿域(근역) : 우리나라의 별칭.
  "군자국(君子國)은 대인국(大人國) 북쪽에 있다. 사람들은 의관을 갖추고 칼을 차며, 짐승을 주식으로 한다. 두 마리의 큰 호랑이를 옆에 두며 사냥을 좋아하고 다투지 않는다. 무궁화(槿) 라는 풀이 자라는데 아침에 났다가 저녁에 죽는다."라고 하였다.(≪산해경(山海經)≫)
* 兩京(양경) : 개경(개성)과 서경(평양)
* 安康(안강) : 평안하고 건강함
* 飛熊(비웅) : 강태공(姜太公)의 아호(雅號)
* 群黎(군려) : 많은 백성. 많은 평민
* 后稷(후직) : 주나라 왕실의 시조(始祖)
* 一向(일향) : 한결같이. 꾸준히

46

보수당의 새 출범과 '온건개혁' 보수주의자 정몽주(鄭夢周)

정치인들의 국가를 위한 '절의(節義) 정신' 실종이 정치 불신의 원인이 되고 있다. 우리의 선비정신은 공동체의 발전을 위해 필요한 덕목으로 미국의 청교도, 영국의 기사도, 일본의 사무라이 정신에 비견할 수 있다. 붓(선비정신)과 칼(사무라이 정신)은 '사(士)'라는 같은 뿌리를 두고 있고 공통점이 많다.

세종대 호사카 유지[394] 교수는 "도쿠가와 이에야스(德川家康)[395]가 평화로운 에도시대(江戶時代)[396]를 이끌 수 있었던 이유가 바로 선비정신이며, 조선 유학자들의 공로가 크다."라고 강조했다. 정유재란 때에 왜국의 포로가 된 강항(姜沆)[397]이 주자학 이념을 일본에 전수

---

394) 호사카 유지(保坂 祐二, 1956~) : 일본계 한국인 정치학자이다. 1988년부터 대한민국에 거주하였으며, 2003년에 대한민국으로 귀화하였다.
395) 도쿠가와 이에야스(德川家康, 1543~1616) : 일본 에도 막부의 초대 쇼군. 도요토미 히데요시 밑에 있었으나 그가 죽은 뒤 도요토미 일족을 멸하고 에도 막부를 세웠다.
396) 에도시대(江戶時代) : 1603년 도쿠가와 이에야스가 대장군이 되어 에도(江戶)에 막부(幕府)를 연 때부터 1867년 도쿠가와 요시노부(德川慶喜)가 정권을 천황에게 돌려준 때까지의 시기. 봉건사회 체제가 확립된 시기이며, 쇼군(將軍)이 권력을 장악하고 전국을 통일·지배하던 시기이다.
397) 강항(姜沆, 1567~1618) : 조선 선조 때의 문인·학자·의병장. 자는 태초(太初). 호는

Ⅳ. 고려시대

하는 '일본 주자학의 아버지'가 됐고, 사무라이들은 이 이념을 가지고 주군을 섬기는 것이 신하의 도리로 받아들였다.

강항이 3년 동안 일본에서 포로로 겪었던 참상을 기록한 〈간양록(看羊錄)〉에서 '간양(看羊)'은 '양을 돌본다'는 뜻이다. 중국 한나라 무제 때 흉노에 사신으로 갔다가 억류되어 흉노 왕의 회유를 거부하고 양을 치는 노역을 하다가 19년 만에 돌아온 소무(蘇武)[398]의 충절을 뜻하는 말이기도 하다. 강항이 〈간양록〉에 수록한 시 중에도 자신을 소무의 처지에 빗대는 대목이 나온다.

2023년 3월 8일. 국민의힘이 전당대회를 열고 새 지도부를 선출했다. 최고위원에 당선된 태영호 의원은 2월 제주 4.3평화공원에서 " 제주 4.3사건은 김일성의 지시로 자행된 만행"이라고 소신을 밝혔다. 북한은 '조선대백과사전'에서 4.3사건을 김일성의 호소에 호응해 촉발된 사건으로 규정하고, 김달삼 등 4.3사건 주동자들을 '통일애국열사'로 받들고 있는 것으로 확인됐다. 존 F. 케네디의 저서 '용기 있는 사람들'에 나오는 인물들처럼 국가를 위해 소신 발언한 태영호 의원의 용기가 국가정체성 확립에 기여하길 기대한다.

고려의 대표적 '절신(節臣)'인 정몽주(鄭夢周, 1337~1392)는 정운관

수은(睡隱). 정유재란 때에 남원에서 의병을 모집하여 싸웠으며, 경사백가(經史百家)에 통달하고, 포로로 일본에 있으면서 그곳에 성리학을 전하였다. 저서에 ≪간양록≫이 있다.

398) 소무(蘇武, B.C.140?~B.C.60) : 중국 전한의 정치가. 자는 자경(子卿). 흉노에 사신으로 갔다가 잡혀 19년간 억류되었다가 귀국했는데, 절개를 굳게 지킨 공으로 유명하다.

과 영천이씨 사이에서 1337년 경북 영천에서 4남 중 장남으로 태어났다. 본관은 영일(포항), 자는 달가(達可), 호는 포은(圃隱)이다.

이색의 제자인 포은은 23세에 과거의 삼장(三場, 초·중·종장)에서 장원(壯元)을 하여 이름을 떨쳤다. 그는 의창(義倉)[399]을 세워 빈민을 구제하고, 개성에 오부학당(五部學堂)[400]과 지방에 향교를 세워 교육 진흥을 꾀했다. 〈단심가(丹心歌)〉로 대표되는 시문과 서화에도 뛰어났다.

포은은 유능한 장군이었으며 외교관이었다. 1363년 여진족 토벌전에서 이성계와 처음 만난 후 왜구 토벌전에 참전해 공을 세웠다. 일본에 사신으로 가 수백 명의 포로를 구해왔으며, 명나라에 사신으로 가 세공(歲貢)[401]을 감축하고 미납된 세공 5년 치를 면제받으며 국교를 재개하는 외교적 성과를 거두었다.

1390년 포은은 이성계와 공동 수문하시중(守門下侍中)[402]이 되었다. 포은은 친명파로 이성계와 뜻을 함께했으나, 마지막 선택은 역성혁명 대신 '고려의 존속'이었다. 포은은 왕권강화와 부국강병을 주장한 온건개혁 보수주의자였다. 불사이군(不事二君)의 단심(丹心)으로 국가 리모델링을 통해 '고려 부흥'을 시도했지만, 조영규에 의

---

399) 의창(義倉) : 고려시대에, 곡식을 저장하여 두었다가 흉년이나 비상 때에 가난한 백성들에게 대여하던 기관. 성종 5년(986)에 흑창(黑倉)을 고친 것으로, 처음에는 구호 기관으로 출발하였으나 나중에는 대여기관이 되어 관리가 백성을 착취하는 기관으로 전락하였다.
400) 오부학당(五部學堂) : 고려 말·조선 초기에 중앙의 각 부에 두었던 관립 교육 기관.
401) 세공(歲貢) : 해마다 지방에서 나라에 바치던 공물(貢物).
402) 수문하시중(守門下侍中) : 고려시대에, 중서문하성에 둔 종일품 벼슬. 공민왕 5년(1356)에 첨의부를 중서문하성과 상서성으로 분리·설치할 때, 좌·우정승(左右政丞)을 문하시중과 수문하시중으로 고쳤다.

해 선죽교에서 격살되었다.

포은은 이방원의 손에 죽었으나, 이방원에 의해 되살아났다. 포은 사후 1405년, 태종은 포은을 영의정에 추증하고 익양부원군에 추봉했으며, 문충(文忠)이라는 시호를 내렸다. 세조는 단종복위(端宗復位)에 관련된 모든 사람을 벌했지만, 단 한 명 포은의 손자 정보(鄭保)는 용서했다. 정보는 사육신을 변호하다 능지처사(凌遲處死)가 결정됐다. 그런데 "충신 정몽주의 후손을 죽일 수 없으니 감형하여 유배하라."는 세조의 명으로 그는 멸문지화(滅門之禍)를 극적으로 면할 수 있었다. 숙종(肅宗)[403]·영조의 포은에 대한 칭송은 그에게서 신하의 전범을 찾고자 하는데 있었다.

이색은 정몽주를 '동방이학(理學)의 조종(祖宗)'이라 하였고, 정적(政敵)인 정도전 또한 그를 '도덕의 으뜸'으로 평가했다. 살아서는 고려의 마지막 충신, 죽어서는 조선 성리학의 시조격으로 추앙받는 인물. 고려 삼은(三隱)의 한 사람으로 '절의의 사표(師表)'인 포은 선생을 경모하는 필자의 자작 한시를 소개한다.

---

403) 숙종(肅宗, 1661~1720/ 재위 1674~1720) : 조선 제19대 왕. 이름은 순(焞). 자는 명보(明普). 대동법을 확대 실시하고, 백두산에 정계비를 세워 국경을 확대하였다.
〈포은집〉에 실린 초상을 보고 지은 숙종의 시
순수하고 온화한 기운 광풍제월(光風霽月) 같고/고고(高古)한 의관에 정채(精采)가 일어나네/재주는 왕을 보필할 만하고 학문은 성리학을 창도하여/세상에서 이단(異端)을 숭상했으나 홀로 공자를 높였네/집에서는 오직 효였고 조정에서는 충이었으니/오로지 마음에 다짐한 것은 조용히 죽음을 맞이한 것이네/시중(侍中)으로 열렬하게 강상(綱常)을 지탱했으니/하늘이 다하더라도 떨어지지 않고 아름다운 이름 영원히 전하리

祖宗理學理深幽(조종이학이심유)　동방이학(성리학)의 조종은 학문이 깊고 그윽하고
一片丹心擧國修(일편단심거국수)　나라 향한 한 조각 붉은 마음을 온 나라가 배우네
出將軒軒伸妙策(출장헌헌신묘책)　전쟁에 나가서는 장수로 위풍당당하게 묘책을 폈고
入朝納納展懷柔(입조납납전회유)　조정에 들어서는 포용력으로 어루만져 달래네
乾坤沈水無驚動(건곤침수무경동)　천지가 기운을 다해도 놀라서 움직이지 않았고
邦運西山各與猶(방운서산각여유)　나라의 운명이 위험할 지경이라 각자 꾀를 냈네
不盡飄風孤善竹(부진표풍고선죽)　간신의 발호 없어지지 않아 선죽교는 외롭고
殺身立節使人愁(살신입절사인수)　자신을 죽여 절개를 세움은 사람을 근심케 만드네

——————————

* 理學(이학) : 1. 자연과학을 통틀어 이르는 말 2. 원리를 연구하는 학문. 철학. 성리학
* 祖宗理學(조종이학) : 이학조종(理學祖宗)의 도치
* 深幽(심유) : 깊고 그윽함
* 擧國(거국) : 온 나라. 또는 국민 전체
* 軒軒(헌헌) : 위풍당당한 모양
* 入朝(입조) : 벼슬아치들이 조정의 조회에 들어가던 일
* 納納(납납) : 포용하는 모양
* 飄風(표풍) : 회오리 바람. 간신의 발호
* 善竹(선죽) : 선죽교(善竹橋)
* 使人愁(사인수) : 이 사람을 근심케 만드네

47

공공부문 고통 분담과 길재(吉再)의 '절의(節義)정신'

 더 이상 소 잃고도 외양간을 고치지 못하는 우(愚)를 범해선 안 된다. 2008년 금융위기 이후 세계 각국은 공공부문의 비중을 줄였으나, 문재인 정권 5년 동안 우리나라는 도리어 늘렸다.
 중앙정부 공무원 수는 13만 3천명 늘었고, 공공기관 정규직은 10만 8천명 늘었다. 공기업의 임금은 대기업보다도 8% 이상 높아졌고, 이자조차 갚지 못하는 공기업은 2016년 5개에서 18개로 전체의 절반이 되었다.

 지금 G2의 경기 침체 속도가 빨라지고 있고, 신흥국에서는 도미노 디폴트가 현실화하고 있어 '각자도생 시대'가 도래했다. 문제는 저하된 우리나라의 위기극복 역량이다. 정치권은 여야 공히 정파의 이익에 매몰되어 있고, 노동시장은 경직화 되어 있어 위기에 능동적으로 대응하지 못하고 있다.

 추경호 경제부총리가 얼마 전 대기업들에 임금 인상 자제를 요청한 일이 있는데, 공무원과 공공부문의 임금 동결이 선행되어야 한다. 공무원노조가 7.4% 임금 인상을 요구하고 있지만 가당찮은 일이다.

차제에 문 정권 때 늘려놓은 방만한 공공부문 군살 빼기에 나서야 한다. 고통 분담은 정부가 앞장서야 하며, '민간이 끌고 정부가 미는 역동 경제'를 뿌리내려 생산성을 강화해야 한다.

지금은 국가적 고통분담이 필요한 시기이다. 공무원들은 정년과 보수, 퇴직 이후의 삶까지 안정되어 있는 특혜집단이다. 이러한 국가위기시에 공무원노조는 더 큰 어려움을 겪고 있는 국민을 생각해야 한다.

고려의 신하가 조선 관료의 본보기가 된 사례가 있다. 야은(冶隱) 길재(吉再, 1353~1419)가 바로 그다. 야은은 1353년 구미 해평(海平)에서 태어났다. 실학자 이중환(李重煥)[404]은 〈택리지(擇里志)〉[405]에 "조선 인재의 반은 영남에 있고 영남 인재의 반은 일선(一善, 구미)에 있다."고 적고 있다.

고려 말 삼은(三隱) 중 목은(牧隱) 이색은 유배 가고, 포은(圃隱) 정몽주는 피살되고, 야은은 숨어 살며 모두 절의(節義)를 지켰다. 야

---

404) 이중환(李重煥, 1690~1752) : 조선 영조 때의 실학자. 자는 휘조(輝祖). 호는 청담(淸潭). 벼슬은 병조좌랑에 이르렀다. 이익의 실사구시 학풍을 계승하여 전국을 떠돌아다니면서 지리·사회·경제를 연구하였다. 저서에 ≪택리지≫가 있다.

405) ≪택리지(擇里志)≫ : 조선 영조 27년(1751)에 이중환이 지은 우리나라의 지리서. 8도의 지형, 풍토, 풍속, 교통에서부터 고사 또는 인물에 이르기까지 상세히 기록하였다. 1책.

은은 목은과 포은 등에게 배워, 3년 벼슬한 뒤 1390년 고려의 쇠망을 짐작하여 늙은 어머니에 대한 봉양을 구실로 사직하고 낙향했다.

〈조선왕조실록(朝鮮王朝實錄)〉 세종 원년(1419년)에 나오는 야은의 졸기(卒記)는 다음과 같다.

"상왕(上王, 태종)이 세자가 되자 불러들여 봉상박사(奉常博士)[406]의 직을 제수하니, 재(再, 길재)가 아뢰었다. '충신은 두 임금을 섬기지 아니한다 하였는데, (중략) 다시 거룩한 조정에 출사하여 풍교(風敎, 풍속을 교화함)에 누(累)를 끼칠 수 없습니다.'"

세종이 길재의 절의를 기리는 뜻에 그 자손을 서용(敍用, 벼슬을 잃은 사람에게 다시 관직을 주어 씀)하려 하자, 자신이 고려에 충성한 것처럼 자손들은 조선에 충성해야 할 것이라며 자손들의 관직 진출을 인정해주었다.

야은의 삶은 주나라가 천하를 통일하자 수양산(首陽山)으로 들어가 굶어 죽은 은나라의 이제(夷齊)[407]와 닮았다. 길재도 무학대사가

---

406) 봉상박사(奉常博士) : 국가의 제사를 주관하며 추증과 시호를 제정하는 일을 담당한 관청인 '봉상시(奉常寺)'의 정6품 벼슬.
407) 이제(夷齊) : 백이숙제(伯夷叔齊). 주(周)나라 초기의 전설적인 형제성인. 백(伯)과 숙(叔)은 장유(長幼)를 나타낸다. 묵태씨(墨胎氏)로, 백이는 이름이 윤(允)이고, 자는 공신(公信)이다. 본래는 은(殷)나라 고죽국(孤竹國, 하북성 창려현 부근)의 왕자였는데, 아버지가 죽은 뒤 서로 후계자가 되기를 사양하다가 끝내 두 사람 모두 나라를 떠났다. 그 무렵 주나라 무왕(武王)이 은나라의 주왕(紂王)을 토멸하여 주 왕조를 세우자, 무왕의 행위가 인의(仁義)에 위배되는 것이라 하여 주나라의 곡식을 먹기를 거부하고, 수양산(首陽山)에 몸을 숨기고 고사리를 캐어먹고 지내다가 굶어죽었다. 유가(儒家)에서는 이들을 '청절지사(淸節之士)'로 크게 높였다. ≪맹자(孟子)≫에 '백이와 숙제는 성인 중에서 맑은 분(夷齊聖之淸者·이제성지청자)'이라는 말이 나온다.

"인물이 날 명산이다!"라고 한 금오산(金烏山)[408] 아래서 은거하며 후학을 가르쳤다. 야은의 충절과 학덕을 기리기 위해 1768년 영조는 금오산 입구에 '고사리를 캔다'는 의미의 '채미정(採薇亭)'을 건립했다.

숙종은 친히 야은의 충절을 기리는 어제시(御製詩) '좌사간길재(左司諫吉再)'[409]를 지었다. 야은도 아래와 같은 유명한 회고가(懷古歌)를 남겼다.

'오백년 도읍지를 필마(匹馬)로 돌아드니/산천은 의구(依舊)하되 인걸은 간데 없네/어즈버 태평연월(太平烟月)이 꿈이런가 하노라'

야은의 학문은 조선 초기에 등장한 사림 세력의 출발점이 되었다. 김숙자, 김종직, 하위지, 이맹전, 김굉필, 정여창, 조광조, 장현광 등이 야은의 학맥을 이어갔다. 끝내 고려의 신하로 남았지만, 조선조 사대부들로부터 '백세청풍(百世淸風)', 절행(節行)[410]의 표상으로 숭배받은 야은 선생을 경모하는 필자의 자작 한시를 소개한다.

---

408) 금오산(金烏山) : 경상북도 구미시, 칠곡군, 김천시에 걸쳐 있는 높이 976m의 산. 금오산이라는 명칭은 이곳을 지나던 삼국시대의 승려 아도(阿道)가 저녁노을 속으로 황금빛 까마귀가 나는 모습을 보고 금오산이라 이름 지은 것에 유래한다. 신라 말기 도선대사는 금오산의 와불(臥佛)을 보고서 장차 왕이 나올 것이라고 예언했다는 이야기가 있다. 조선시대 무학대사도 이 산을 보고 왕기가 서렸다고 하였다. 박정희 대통령이 금오산의 정기를 받고 구미시에서 태어났으니, 도선대사와 무학대사의 예언이 적중했다 할 수 있다.

409) 좌사간길재(左司諫吉再) : 채미정 경모각의 어필 오언구
歸臥烏山下(귀와오산하, 금오산 아래 돌아와 은거하니) / 淸風比子陵(청풍비자릉, 청렴한 기풍은 엄자릉에 비하리라 聖主成其美(성주성기미, 성주께서 그 미덕을 찬양하심은) / 勸人節義興(권인절의흥, 후인들에 절의를 권장함일세)

410) 절행(節行) : 절개를 지키는 행실.

孤忠貫日孰能兮(고충관일숙능혜) 해를 뚫는 충성을 누가 감히 말할 수 있겠는가
秀句裁雲節槪俱(수구재운절개구) 구름을 마름질하는 뛰어난 시구는 절개를 갖추었네
寸草報恩山下屋(촌초보은산하옥) 한 치 풀 마음으로 보은하러 금오산 아래 귀향하니
諸生負笈洛東溪(제생부급낙동계) 여러 유생 배우러 낙동 산골짜기를 찾아오네
一身赫赫留名望(일신혁혁유명망) 야은은 혁혁하게 명망이 남아 있고
三隱綿綿避咎泥(삼은면면피구니) 삼은은 면면히 허물과 진흙을 피했네
不事二君千古訓(불사이군천고훈) 두 임금을 섬기지 않음은 천고의 가르침이고
斯文仰慕倍夷齊(사문앙모배이제) 유학자는 (야은을) 백이숙제 보다 갑절로 앙모하네

----

* 貫日(관일) : 해를 뚫다
* 孰能(숙능) : 누가 감히 할 수 있겠는가
* 秀句(수구) : 뛰어난 시구(詩句)
* 裁雲(재운) : 구름을 마름질하다
* 負笈(부급) : 책 상자를 진다는 뜻으로, 타향으로 공부하러 감을 이르는 말
* 赫赫(혁혁)하다 : 1. 공로나 업적 따위가 뚜렷하다. 2. 빛 따위가 밝게 빛나다.
* 三隱(삼은) : 절의를 지킨 세 학자. 목은(牧隱, 이색), 포은(圃隱, 정몽주), 야은(冶隱, 길재)
* 咎泥(구니) : 허물과 진흙
* 斯文(사문) : 1. 이 학문, 이 도(道)라는 뜻. 유학의 도의나 문화. 2. '유학자'를 높이는 말
* 仰慕(앙모) : 우러러 그리워함
* 夷齊(이제) : 백이숙제(伯夷叔齊)

조선시대 V

세종대왕   정조대왕

48. '정전(停戰)협정 70주년'과 조선을 세운 태조 이성계(李成桂)
49. '청와대 이전'과 하륜(河崙)의 미래예측 리더십
50. 다문화 가정과 '조선의 발명왕' 장영실(蔣英實)
51. 만세에 빛나는 세종대왕(世宗大王)의 '용인술'
52. 잊혀져가는 '한글날'과 만고의 충신 성삼문(成三問)
53. '백세의 스승' 김시습(金時習)의 절의와 애민정신
54. 급진 개혁의 좌절과 조광조(趙光祖)의 도학정치(道學政治)
55. 교육개혁과 퇴계(退溪) 이황(李滉)의 도의(道義)철학
56. 호국보훈과 남명(南冥) 조식(曺植)의 경의(敬義)철학
57. 예술과 사랑, 자유를 추구한 이인(異人) 황진이(黃眞伊)
58. 평등교육의 선구자이자 예술가 신사임당(申師任堂)
59. 희미해져 가는 상무정신의 복원과 서산대사(西山大師)
60. 선진통일을 위한 '국가대개조'와 율곡(栗谷) 이이(李珥)
61. 무너지는 공공의료와 '하늘이 내린 명의(名醫)' 허준(許浚)
62. 서애(西厓) 류성룡(柳成龍)의 '징비정신(懲毖情神)'과 재조산하
63. '한산·명량대첩'과 이순신(李舜臣) 정신
64. '무도(無道)한 정치'와 '40년 재상' 오리(梧里) 이원익(李元翼)
65. '학도병 정신'과 홍의장군 망우당(忘憂堂) 곽재우(郭再祐)
66. 조선 최초의 '여성 한류스타', 허난설헌(許蘭雪軒)
67. 시대를 앞서간 '비운의 혁명아' 교산(蛟山) 허균(許筠)
68. 인구정책 대전환과 최명길(崔鳴吉)의 '위기관리 리더십'
69. '조선조 당쟁'의 재탕과 고산(孤山) 윤선도(尹善道)
70. 가정의 달과 '조선의 큰 어머니' 장계향(張桂香)
71. 선진국 본진 진입을 위한 경제개혁과 김육(金堉)의 '대동법'
72. 명재상 채제공(蔡濟恭)의 '규제혁파'와 민생경제 리더십
73. '조선 세계화'의 비조(鼻祖), 연암(燕巖) 박지원(朴趾源)
74. 한국 최초의 여성 기업인, '제주 의녀(義女)' 김만덕(金萬德)
75. 조선의 르네상스를 이끈 단원(檀園) 김홍도(金弘道)
76. 개혁군주 정조(正祖)의 탕탕평평과 문예부흥
77. 공공기관 개혁과 다산(茶山) 정약용(丁若鏞)의 '애민절용(愛民節用)'
78. 문화의 달 10월과 동양의 지성 추사(秋史) 김정희(金正喜)
79. 지도를 통해 애민정신을 발휘한 고산자(古山子) 김정호(金正浩)
80. '제세구민(濟世救民)'의 동학과 수운(水雲) 최제우(崔濟愚)

48

'정전(停戰)협정 70주년'과 조선을 세운 태조 이성계(李成桂)

워싱턴에 있는 한국전 참전용사기념비에는 '자유는 거저 주어지는 것이 아니다(Freedom is not free).'라는 글귀가 새겨져 있다. 미군엔 '적진에 단 한 명도 남기지 않는다(No one left behind).'는 신조가 있다. 어떤 희생을 치르더라도 적진에 억류된 포로를 구한다는 전통이 미군을 '세계 최강군'으로 만들었다.

2023년 7월 27일은 6.25전쟁 '정전(停戰)협정 70주년'이다. 전쟁 중 이승만 대통령과 트루먼 대통령은 한미동맹의 기틀을 닦았고, 정전 직후 맺은 한미상호방위조약은 대한민국 번영의 주춧돌이 됐다. 경북 칠곡군 다부동 전적지에서 열린 두 사람의 동상 제막식은 6.25의 참화를 이겨내고 대한민국 번영을 이룬 '신뢰와 기적의 상징'이 될 것이다.

6.25전쟁 때 남북한 민간인만 53만여 명이 사망했고, 국군 실종자는 8만 명, 전시 납북자도 10만 명으로 추정된다. 7월 26일. 윤석열 대통령은 미국 전사자로 추정돼 하와이에 임시 안치됐던 최

임락 일병 등 호국영웅 유해 7위(位)가 고국으로 귀환할 때 서울공항에서 거수경례하며 맞았다. 윤 대통령은 북한에 억류된 국군포로를 마지막 한 사람까지 구해야 한다. 자유를 지키다 산화한 영웅들을 끝까지 예우하고 존중해야 자유를 지킬 수 있다.

중국의 요임금과 같은 시기에 활동한 단군왕검(檀君王儉)은 고조선을 세운 한민족의 시조이고, 그 계보를 이은 조선왕조의 건국자가 태조 이성계(李成桂, 1335~1408, 재위:1392~1398)이다.
이성계는 중앙 귀족 가문 출신이 아니라 100여 년간 원나라 지배 아래 있던 철령 이북 지방의 세력가 출신이라는 불리한 성분을 극복하고 적대적 인수·합병을 시도한 영웅이다.

본관은 전주, 자는 중결(仲潔), 호는 송헌(松軒)이다. 화령부(和寧府, 영흥)에서 이자춘(李子春)의 둘째 아들로 태어났다. 어려서부터 총명하고 담대했고, 활 솜씨가 뛰어났다.
이성계의 활약상은 실로 화려했다. 1361년 박의(朴儀)의 반란을 진압했고, 개경을 침략한 홍건적을 물리치고 수도를 탈환했다. 이듬해엔 원나라의 침입을 물리쳤으며, 1364년엔 원나라의 사주를 받은 덕흥군과 최유의 군대를 격퇴했다. 또 동북 지방에서 여진족의 반란을 진압하고 삼남 지역에서 약탈을 일삼던 왜구를 황산에서 섬멸하였다. 이처럼 100여 차례의 전투를 치르면서 '불패(不敗)의 명장', '난세를 구원할 영웅'으로 전국적 명성을 얻게 되었다.
이즈음 국제정세는 명나라의 주원장(朱元璋)이 중국 본토를 차지하면서 공민왕이 회복한 "철령 이북의 땅을 다시 반납하라."는 억지를 부리고 나섰다. 최영과 우왕은 명의 요구에 반발했고, 원·명 교체기[411]의 혼란을 틈타 요동까지 정벌하자고 나섰다.

그러나 '도저히 억누를 수 없는 가슴속 야망'을 안고 있었던 이성계는 요동정벌 '4불가론(四不可論)'을 제기했다. 그것은 △작은 나라가 큰 나라를 치는 것, △여름에 출병하는 것, △원정군이 나가면 왜구가 그 빈틈을 노릴 수 있는 것, △장마철에는 활이 제 기능을 발휘하지 못하고 전염병 발생의 우려가 있다는 것이었다.

우군도통사(右軍都統使) 이성계는 위화도에서 회군, 최영을 제거한 후 조준(趙浚)[412]의 건의에 따라 '전제개혁(田制改革)'[413]을 단행하여 신 왕조의 경제적 기반을 마련하였다. 1392년 7월 16일. 이성계는 새 왕조를 열었고, 이듬해 국호를 '조선(朝鮮)'으로 바꾸었다.

태조의 성공 요인은 조직화 된 '네트워킹(정도전과 정몽주)', 연합과

---

411) 원명 교체기 : 중원의 왕조가 원나라에서 명나라로 교체되는 시기. 원말명초(元末明初). 몽골족은 북쪽으로 달아났고 중원에서는 한족 최후의 왕조 명나라가 건국된다. 1351년 홍건적의 난부터 명나라가 건국되고 원의 수도인 대도(大都, 북경)를 함락한 때인 1368년이나 북원(北元)이 와해된 시기인 1388년까지를 '원명교체기'로 보고 있다.

412) 조준(趙浚, 1346~1405) : 고려 말기·조선 전기의 문신. 자는 명중(明仲). 호는 우재(吁齋). 이성계를 추대한 공으로 부원군에 봉하여졌다. 과전법을 실시하여 토지제도를 정비하였으며, 하륜 등과 함께 ≪경제육전≫을 편찬하였다. 저서에 ≪송당집(松堂集)≫이 있다.

413) 전제개혁(田制改革) : 옛 것은 재로 사라지고, 새로운 토지대장이 작성되면서 토지제도 또한 새로운 과전법(科田法)이 시행되었다. 과전법은 신진 사대부가 경제적 실권을 잡아 국가 재정을 확보하고, 농민의 생활을 보장한 개혁이었다.
권문세족들이 마음대로 차지했던 토지를 거두어들였기 때문에 국가 재정도 좋아졌다. 조세율도 조정하여 농민의 부담을 줄이는 방식을 취했다. 농민들은 당연히 자신들의 생활을 보호하는 정책을 펴는 신진 사대부를 성원하게 되었다.

제휴(위화도회군), 창조적 변화 선도(전제 개혁) 등을 들 수 있다. 동지 규합→군사혁명→개국이라는 왕건 방식의 혁명을 실행에 옮긴 것이다.

태조는 6년의 재위 동안 '숭유억불·농본주의·사대교린'을 치국의 방략으로 세우고 1394년 한양으로 천도했으며, 〈경제육전(經濟六典)〉[414]을 편찬하여 국가체제를 정비하였다. 그러나 비극의 시작은 세자 책봉에서 부터 시작되었다. 태조는 계비(繼妃) 강씨(康氏)의 소생인 막내아들 방석(芳碩)을 세자로 책봉하면서 신의왕후(神懿王后) 한씨(韓氏) 소생인 5남 이방원(李芳遠, 훗날 태종)에 의한 '왕자의 난(王子─亂)'[415]이라는 '골육상잔(骨肉相殘)'을 초래, 태상왕의 자리에서 쓸쓸한 노년을 맞았고, 74세에 타계하였다. 능은 경기도 구리시에 있는 '건원릉'이다.

태조는 창업에는 성공했지만, 미래를 내다보는 후계 구도를 그리지 못해 수성에는 실패했다. '500년 장수기업'을 일궈낸 혁명가 태조를 경모하는 필자의 자작 한시를 소개한다.

---

414) ≪경제육전(經濟六典)≫ : 조선 태조 6년(1397) 12월에 편찬, 간행된 법전. 도당(都堂)에서 검상조례사(檢詳條例司)로 하여금 무진년(1388)부터 당시까지 합당히 행한 조례를 육전의 형식을 갖추어 만들게 한 것임. 오늘날은 전하지 않으나 ≪경국대전≫이 나오기까지 조종성헌(祖宗成憲)으로 존중되었음.
415) 왕자의난(王子─亂) : 1398년(태조 7) 8월에 일어난 '제1차 왕자의 난'을 '방원(태종)의 난'이라 하고, 1400년(정종 2) 1월에 일어난 '제2차 왕자의 난'을 '방간의 난'이라 한다. 형제들을 죽이고 왕위에 오른 태종에 대한 태조의 증오심은 대단히 컸다. 태종이 즉위한 뒤 태조가 함주(咸州)에 있을 때, 태종이 문안사(問安使)를 보내면, 그 때마다 차사(差使)를 죽여버려 '함흥차사(咸興差使)'라는 말이 유래했다.

海東天福六龍珍(해동천복육용진) 우리나라에 천복이 내려 귀한 여섯 용이 태어났고
北虜南倭伏屈身(북로남왜복굴신) 북의 오랑캐와 남의 왜가 몸을 엎드려 굴복했네
豪宕集雲開盛夏(호탕집운개성하) 호기로운 기세에 사람이 모여 큰 세를 형성했고
凄涼滿月促過春(처량만월촉과춘) 외롭고 쓸쓸한 고려 조정은 봄이 지나길 재촉했네
善隣如舊干戈止(선린여구간과지) 옛날처럼 선린외교로 요동전쟁은 그치게 되었고
其命維新上下遵(기명유신상하준) 역성혁명으로 새 나라를 세우자 상하 백성이 따랐네
創業守成皆不易(창업수성개불이) 창업과 수성은 모두 쉽지 않았지만
戰兢五百列朝伸(전긍오백열조신) 조심한 500년의 역사는 열조(27대)를 펴게 됐네

----

* 六龍(육룡) : 이안사, 이행리, 이춘, 이자춘, 이성계, 이방원
* 屈身(굴신) : 1. 몸을 앞으로 굽힘 2. 겸손하게 처신함
* 豪宕(호탕) : 호기(豪氣)가 많고 걸걸함
* 集雲(집운) : 雲集. 구름처럼 모인다는 뜻으로, 많은 사람이 모여듦
* 滿月(만월) : 만월대(滿月臺). 개성시 송악산(松嶽山) 남쪽 기슭에 있는 고려의 왕궁터
* 干戈(간과) : 1. 창과 방패. 2. 무기의 총칭. 3. 싸움 또는 전쟁
* 其命維新(기명유신) : 세워진 지 오래된 나라가 제도를 쇄신하여 새로운 나라가 됨. 출전 : 〈시경(詩經)〉'대아편(大雅篇)'. 주수구방 기명유신(周雖舊邦 其命維新)
* 戰兢(전긍) : 몹시 두려워서 조심함. 출전 : 〈시경〉'소민편(小旻篇)'
* 列朝(열조) : 여러 대(代)의 임금의 시대

49

'청와대 이전'과 하륜(河崙)의 미래예측 리더십

　청와대 터가 풍수지리적으로 흉지라는 주장의 연원은 조선시대까지 올라간다. 세종–세조 대의 최양선(崔揚善)[416]이라는 풍수가가 지금의 청와대와 경복궁 터가 나쁜 기운이 모이는 곳이라고 주장했지만, 당시의 사관(史官)은 최양선에 대해 '성질이 우활하고 기괴하며 험악하여 자기 소견만이 옳다 하고 음양과 지리에 정통하다고 하니 천하의 미친놈(天下之妄人·천하지망인)이다.'라고 기록했다.

　그러나 일제강점기 때 조선총독을 지낸 자들은 하나같이 불행한 말년을 맞았고, 우리 역대 대통령들의 불운한 말로(末路)로 인해 청와대 터에 대한 '흉지설(凶地說)'이 그동안 회자되었다.
　"터의 좋고 나쁨을 보려거든 그곳에서 살았던 3대를 보라는 말이 있다."며 태종, 세종, 세조 때 조선이 번창했음을 들어 청와대 흉지설을 일축한 김두규 우석대 교수의 주장이 있지만, "역대 대통령들 말로가 불행한 게 거친 북악산 바로 아래 위치한 청와대 터가

---
416) 최양선(崔揚善, ?~?) : 조선 전기의 풍수지리학자. 조관(朝官)과 선배 및 동료 풍수사와 의견이 많이 달랐기 때문에 이들의 배척으로 별 영향을 발휘하지 못했다.

흉지(凶地)이기 때문"이라는 〈새로운 천년의 터〉 저자인 풍수전문가 모성학의 주장도 있다. 이런저런 연유로 김영삼 대통령 시절부터 청와대 이전 문제가 거론되다가 김대중-노무현-문재인 대통령이 청와대 이전 공약을 발표했지만 추진하지 못했다.

단재 신채호 선생은 〈조선사연구초〉에서 묘청의 평양천도운동이 좌절된 것을 '일천년래 제일 대사건'으로 규정했다. 이처럼 청와대를 옮기는 일은 천도(遷都)에 버금가는 큰일이다. 윤석열 대통령 취임으로 '용산 시대'가 열렸다. 조선 경복궁 창건 이후 600여 년, 고려 남경(南京)[417] 행궁(行宮)[418] 이후 1,000년 가까이 지속된 '청와대 시대'는 역사의 뒤안길로 사라졌다. 그러나 청와대 이전의 당부(當否)는 윤 대통령의 5년 임기 성적표가 말해줄 것이다.

하륜(河崙, 1347~1416)은 피를 부르며 권좌에 오른 태종이 조선의 기틀을 세운 실질적인 창업군주가 될 수 있도록 보좌한 책사요, 명재상이다. 순흥부사 하윤린(河允麟)과 강씨 부인 사이에서 1347년 진주에서 태어났다. 본관은 진주, 자는 대림(大臨), 호는 호정(浩亭), 시호는 문충(文忠)이다.

강직한 성품으로 간언을 서슴지 않아 고려 말 조정에서 세 번이나 쫓겨났으며, 온건 개혁 노선을 견지하여 급진개혁 정책에 대해

---

417) 남경(南京) : 고려 시대 삼경(三京) 중 하나. 지금의 인왕산 아래쪽에 존재하였던 것으로 추정된다. 고려 문종 21년(1067년) '남경길지설'에 따라 처음 설치되었다.
418) 행궁(行宮) : 이궁(離宮). 군주나 왕족이 본궁 밖에서 임시로 숙박 혹은 경숙(經宿)하는 건축물을 말한다. 왕이 도성 내외를 막론하고 숙소로 한번 결정하면 행궁이라고 불렀다. 한번 행궁이 되면 이후에도 계속해서 궁궐과 같이 대우하였다.

서는 어김없이 반기를 들었고 그 시련을 묵묵히 감수했다.

하륜은 '경사자집(經史子集)'[419]에 통달했으며, 도참사상(圖讖思想)[420]의 '3대 대가(권중화[421]·무학대사·하륜)'로 거명될 정도로 천문지리와 음양오행에 밝았다. 그리하여 태조의 계룡산 천도를 무산[422] 시킨 후 무악(母岳, 연세대 뒷산) 일대를 새 도읍지로 밀었으나, 정도전의 반대(땅이 좁다는 등)로 무산되었다.

그러나 조선의 근간이 된 통치체제, 신분, 인재선발, 사회운영제도 등은 모두 하륜의 손을 거쳤다. 정도전이 설계한 '신권 우위'의 질서와 하륜이 추구한 '왕권 중심'의 질서가 절묘하게 어우러져 조

---

419) 경사자집(經史子集) : 중국 육조시대(六朝時代)에 비롯된 서적 분류법. 경은 경서(經書), 사는 역사책, 자는 《맹자》《노자》 등의 자서(子書), 집은 시(詩)·부(賦) 등의 집(集)을 말한다.
420) 도참사상(圖讖思想) : 앞날의 길흉에 대한 예언을 믿는 사상. 음양오행설, 풍수지리설, 천인(天人) 감응설, 부서설(符瑞說) 따위를 혼합하여 천변지이(天變地異)를 설명하였다. 중국 주나라 말 혼란기에 움텄는데, 우리나라에는 신라 말기·고려 초기에 들어와 퍼졌다.
421) 권중화(權仲和, 1322~1408) : 고려 말에서 조선 초의 학자. 자는 용부(容夫). 호는 동고(東皐). 판문하부사(判門下府事)를 지냈고 고사(故事)·의학·지리·복서(卜筮) 따위에 통달하였으며, 전서(篆書)를 잘 썼다. 저서에 ≪향약간이방≫이 있다.
422) 1392년 11월. 권중화가 태조에게 계룡산(신도안)의 지도를 그려 바치면서 새로운 도읍지로 추천하였고, 이를 권근이 찬양하는 글을 올려 적임지라고 보태었다. 이에 고무된 태조 이성계는 무학대사를 데리고 현지답사 후 계룡산에 신도읍 공사가 진행되었으나, 그해 말 하륜의 건의로 공사는 중단되었다. (지금도 계룡산 신도안에 공사 흔적이 남아있다.)
당시 경기관찰사 하륜은 새도읍지 후보인 계룡산에 대하여 "도읍은 마땅히 나라의 중앙에 있어야 될 것이온데, 계룡산은 지대가 남쪽으로 치우쳐서 동면·서면·북면과는 서로 멀리 떨어져 있습니다. 계룡산의 땅은, 산은 건방(乾方)에서 오고 물은 손방(巽方)에서 흘러간다 하오니, 이것은 송(宋)나라 호순신(胡舜臣)이 이른바, '물이 장생(長生)을 파(破)하여 쇠퇴함이 곧 닥치는 땅'이므로, 도읍을 건설하는 데는 적당하지 않습니다."라고 불가하다는 건의를 하였는데, 태조 이성계는 이를 받아들여 공사를 중단시켰다.

선은 27대 518년간 이어졌다.

  1400년 11월. 하륜은 정종의 양위를 이끌어내어 이방원을 조선 3대 국왕으로 등극시켰다. 정종 때는 정사공신(定社功臣)[423]에 올랐고, 태종 때는 좌명공신(佐命功臣)[424] 1등에 올랐다. 하륜은 〈태조실록〉을 편찬하였고, 권근과 함께 역사서 〈동국사략〉을 집필하였다. 명나라가 조선이 올린 표문(表文)[425]에 무례한 내용이 있다면서 그 책임자로 정도전을 지목해 소환을 요구했을 때, 하륜은 계품사(計稟使)가 되어 정도전을 대신해 명에 가서 홍무제(洪武帝, 주원장)의 오해를 푼 탁월한 외교력을 발휘하였다.

  1416년(태종16) 11월 6일. 하륜은 함남 정평(定平)에서 제왕들의 능침을 돌아보다가 향년 70세로 순직했다. 태종은 하륜을 자신의 '장자방(張子房, 장량)'이라 불렀다. '미래예측의 리더십'으로 조선의 초석을 세운 호정(浩亭) 선생을 경모하는 필자의 자작 한시를 소개한다.

---

423) 정사공신(定社功臣) : 조선 태조 7년(1398)에 일어난 1차 왕자의 난을 평정한 공신에게 내린 훈호(勳號). 정종 때에 방의(芳毅)·방간(芳幹)·방원(芳遠) 등 12명에게 일등 공신을, 심종(沈悰)·이지란 등 17명에게 이등 공신의 책록을 내렸다.
424) 좌명공신(佐命功臣) : 조선 태종 1년(1401)에 이저(李佇), 이거이(李居易) 등 46명에게 내린 훈명. 정종 2년(1400) '2차 왕자의 난' 때 박포 등의 무리를 평정하고 태종을 임금 자리에 오르게 한 공로로 주어졌다.
425) 표문(表文) : 중국에 대한 사대문서(事大文書)로 국왕이 중국의 황제에게 올리는 글을 표문(表文), 황태후·황후 또는 황태자에게 올리는 글을 전문(箋文)이라 하였다.
표전문제(表箋文題) : 조선 건국 초기 명나라에 보낸 표전문의 글귀가 예의에 어긋났다고 명에서 트집을 잡아 발생한 양국간 불화사건. 첫번째는 1395년(태조 4) 11월 고명(誥命)과 인신(印信)을 청하러 예문춘추관태학사 정총(鄭摠)을 파견하였는데, 정총이 가지고 간 표문의 언사(言辭)가 불손하다고 명제(明帝)가 트집을 잡은 것이다.

麗朝三罷諫言謀(여조삼파간언모) 고려에서 세 번 파직 당한 간언하는 책사였고
華國雄文足上侯(화국웅문족상후) 나라를 빛낸 뛰어난 글로 명 홍무제를 만족시켰네
明主賢臣無誤謬(명주현신무오류) 명군의 어진 신하로 이치에 어긋남이 없었고
新邦柱石有宏猷(신방주석유굉유) 새로운 나라의 기둥으로 큰 계책을 많이 폈네
經書諸子全通達(경서제자전통달) 경서와 제자백가 등에 막힘없이 통달했으며
地理天文博自修(지리천문박자수) 풍수지리와 천문 등을 널리 스스로 닦았네
一德格天驚殉國(일덕격천경순국) 변함없는 덕이 하늘에 이를 놀라운 순국을 했는데
何時定社子房求(하시정사자방구) 어느 때 사직을 세운 자방(하륜)을 찾을 수 있을까

----

* 三罷(삼파) : 간언하다가 세 번 파직 당함
* 華國(화국) : 나라를 빛내다
* 雄文(웅문) : 생각이 깊고 기개가 뛰어난 글
* 上侯(상후) : 명나라 홍무제. 주원장
* 新邦(신방) : 새로운 나라. 조선
* 宏猷(굉유) : 큰 계책
* 自修(자수) : 자기 스스로 학문을 닦음
* 一德格天(일덕격천) : 한결같은 덕으로 하늘을 감동시키다
* 定社(정사) : 사직을 세우다
* 子房(자방) : 장자방. 장량(張良). 하륜을 장량에 비유

50

다문화 가정과 '조선의 발명왕' 장영실(蔣英實)

저출산 고령화에 따른 인구절벽으로 '국가소멸'이 발등의 불이다. 우리나라는 총인구의 4%(국민 25명 중 1명)가 외국인으로 '다문화 사회'를 넘어 '다민족 국가'를 향해 가고 있다. 체류 외국인 200만 시대이다. 이제는 외국인을 한국 사회의 일원으로 자연스럽게 받아들이고, 이들을 포용하고 활용하는 방법을 고민해야 할 때이다.

2020년 우리나라에서 태어난 출생아 6%는 다문화 가정의 아이인 것으로 나타났다. 30년 후가 되면 다문화 가정 인구가 우리나라 전체 인구의 20%를 넘게 된다는 예측이 있다. 글로벌시대에 맞춰 다문화 가정에 대한 인식의 대전환이 필요한 때이다.

1990년대 중·후반 이후부터 급격히 늘어난 다문화 가정은 그들의 2세가 어엿하게 군에 입대해 대한민국의 간성(干城)이 되고 있다. 그런데도 다문화 가정 2세에 대한 사회적 편견과 차별은 불식되지 않고 있어서 문제이다.

다문화 가정의 2세들이 앞으로 조국을 통일된 선진 강국으로 이끌어 갈 귀중한 자산임을 인식해야 한다. 이들이 차별 없이 커서 글로벌 인재로 성장할 수 있도록 뒷받침해 주는 것이 정부와 지방자치단체 등이 해야 할 책무이다.

북한 탈북민들이 대한민국의 당당한 국회의원이 되듯이, 민주평화통일자문회의와 해외동포청 등에 '다문화위원회'를 만들어 다문화 전문가들과 다문화 출신들을 위원으로 참여시켜 이들이 사회통합과 평화통일에 기여할 수 있는 방안을 마련해야 한다.

다문화 가정 2세의 '원조'라 할 수 있는 '조선의 발명왕' 장영실(蔣英實, 1390년경~?)은 조선으로 귀화한 원나라의 소주(蘇州)·항주(杭州) 지역 출신 후손인 장성휘(蔣成暉)와 기녀 출신 어머니 사이에서 태어났다. 장영실이 부산 동래현의 관노(官奴)로 있을 때, 그의 재주가 조정에 알려져 태종이 그를 발탁하였다.

장영실은 남양부사(南陽府使) 윤사웅(尹士雄), 부평부사(富平府使) 최천구(崔天衢) 등과 함께 세종 앞에서 선기옥형(璇璣玉衡, 혼천의) 제도를 연구·토론했는데, 세종은 이들의 연구 결과에 크게 만족하였다. 이어 세종은 이들 세 사람에게 명나라의 각종 천문 기계에 관한 내용을 배우고 오도록 하였다.

1421년(세종 3) 세 사람은 명나라에 유학하여 각종 천문관측 시설 관련 자료를 수집해 왔고, 이후 관노의 신분을 벗어나 정5품 상의원(尙衣院) 별좌(別坐)가 되면서 궁정 기술자로 활약하게 된다.

1433년경 천체의 운행과 현상을 관측할 수 있는 '간의(簡儀)[426]와 혼천의(渾天儀)[427]'를 만들었고, '앙부일구(仰釜日晷)[428]와 자격루(自擊漏)[429]' 제작에 성공했다.

이에 세종은 정4품 호군(護軍) 관직을 내려주려 했는데, 조정에서 논란이 많았다. 그러나 영의정 황희가 "김인(金忍)은 평양의 관노였사오나 날래고 용맹함이 보통 사람에 뛰어나므로 태종께서 호군을 특별히 제수하시었고, 그것만이 특례가 아니오라, 이 같은 무리들로 호군 이상의 관직을 받는 자가 매우 많사온데, 유독 영실에게만 어찌 불가할 것이 있겠습니까?"하니, 임금이 그대로 따랐다. 장영실은 종3품의 대호군(大護軍)까지 오르면서 많은 천문기구를 제작하여 조선의 과학진흥에 큰 역할을 했다.

그러나 1442년 자신이 감독하여 제작한 '세종의 가마(安輿·안여)'가 부서져 불경죄로 관직에서 파면되었고, 그 뒤 역사의 무대에서 사라졌다. 장영실은 의금부에서 80대의 장형을 받고 파직된 것으

---

426) 간의(簡儀) : 혼천의를 간략하게 만든 천문기기로, 행성과 별의 위치, 시간의 측정, 고도와 방위를 정밀하게 측정할 수 있는 조선시대의 천체관측기기이다.
427) 혼천의(渾天儀) : 고대 중국에서 천체의 운행과 위치를 관측하던 장치. 지평선을 나타내는 둥근 고리와 지평선에 직각으로 교차하는 자오선을 나타내는 둥근 고리, 하늘의 적도와 위도 따위를 나타내는 눈금이 달린 원형의 고리를 한데 짜 맞추어 만든 것이다. 중추원사 이천(李蕆), 장영실 등이 1433년 6월에 최초로 제작하였다.
428) 앙부일구(仰釜日晷) : 조선시대에 사용하던 해시계. 솥 모양의 그릇 안쪽에 24절기를 나타내는 눈금을 새기고, 북극을 가리키는 바늘을 꽂아, 이 바늘의 그림자가 가리키는 눈금에 따라 시각을 알 수 있게 만들었다.
429) 자격루(自擊漏) : 조선 세종 16년(1434)에 장영실, 김빈(金鑌) 등이 만든 물시계. 물이 흐르는 것을 이용하여 스스로 소리를 나게 해서 시간을 알리도록 만든 것으로, 나무로 되어 있고 동자(童子) 인형 모양이다. 국보로, 정식 명칭은 '창경궁 자격루'이다.

로 보인다.

　세종은 〈세종실록지〉에서 장영실을 극찬하였다. "영실의 사람됨이 비단 공교한 솜씨만 있는 것이 아니라 성질이 똑똑하기가 보통보다 뛰어나서, (중략) 이제 자격궁루(自擊宮漏)를 만들었는데, 만약 이 사람이 아니었다면 결코 만들어 내지 못했을 것이다."
　서거정(徐居正)[430]은 〈필원잡기(筆苑雜記)〉[431]에서 "세종대의 여러 장인(匠人)들 중에서 오직 장영실만이 세종의 지혜를 받들어 기묘한 솜씨를 발휘했고, 그 결과가 모두 세종의 뜻에 부합했으므로 세종이 그를 매우 소중히 여겼다."고 하였다.

　유비와 제갈량의 '삼고초려(三顧草廬)' 고사처럼, 박정희 대통령은 '과학·공업입국'과 전자산업 진흥을 위해 재미 과학자 김완희(金玩熙)[432] 박사를 설득, 귀국시켜 전자산업의 꽃을 피웠다.
　하늘과 우주를 사랑해 조선의 과학기술을 세계적인 수준으로 발전시킨 과학자 장영실을 경모하는 필자의 자작 한시를 소개한다.

---

[430] 서거정(徐居正, 1420~1488) : 조선 전기의 학자. 자는 강중(剛中). 호는 사가정(四佳亭). 성리학을 비롯하여 천문·지리·의약 따위에 정통하였고, 문장과 글씨에도 능하여 ≪경국대전≫, ≪동국통감≫ 등의 편찬에 참여하였다. 저서에 ≪동문선≫, ≪필원잡기≫ 등이 있다.
[431] 필원잡기(筆苑雜記) : 조선 전기에 서거정이 지은 수필 문학집. 고대로부터 전하는 일화 또는 한담(閑談)을 가려 모은 것으로, 풍속 연구의 자료로서 많은 참고가 된다. 2권 2책.
[432] 김완희(金玩熙, 1926~2011) : 1967년 9월. 김완희 박사는 미국 컬럼비아대의 종신교수직을 버리고 귀국해서 이 땅에 전자산업의 초석을 놓았다. 김 박사를 '한국 전자산업의 대부'라고 부르는 배경이다. 박정희 대통령과 김 박사는 이후 13년간 과학입국과 전자산업을 주제로 편지 130여 통을 주고받았다.

唯才是擧脫官奴(유재시거탈관노)	오직 재능만 보고 발탁하여 관노의 신분을 면했고
終始探求邁理途(종시탐구매이도)	처음부터 끝까지 '과학의 길' 탐구에 매진했네
跋涉中原處處歷(발섭중원처처역)	명나라를 곳곳 돌아다니며 (천체를 두루) 연구했고
大悟先進津津鋪(대오선진진진포)	(명의) 선진문물을 크게 깨달아 (조선에) 기쁘게 폈네
星辰注視千災少(성신주시천재소)	많은 별을 관찰하여 천 가지 재난을 감소시켰고
水旱關心一切無(수한관심일절무)	홍수 가뭄에 관심을 가져 (피해가) 일절 사라졌네
成事在天公盡事(성사재천공진사)	공이 소임을 다하자 하늘이 큰 성공을 밀어줬고
偉名不絶永先驅(위명부절영선구)	위대한 이름 끊이지 않고 영원히 선구자로 남았네

―――――――――

* 官奴(관노) : 관아(官衙) 소유의 남자 노비. 여자 노비는 '관비(官婢)'
* 跋涉(발섭) : 여러 곳을 두루 돌아다님
* 處處(처처) : 가는 곳 마다
* 大悟(대오) : 1. 크게 깨달음. 大悟覺醒(대오각성) 2. 번뇌에서 벗어나 진리를 깨달음
* 津津(진진) : 기쁜 모양. 넘치는 모양
* 星辰(성신) : 많은 별. 일월성신(日月星辰) : 해와 달과 별을 통틀어 이르는 말
* 水旱(수한) : 수재(水災)와 한재(旱災)
* 成事在天(성사재천) : 일이 되고 안 됨은 천운에 달렸다. 출전 : 〈삼국지연의(三國志演義)〉
* 偉名(위명) : 위대한 이름

51

만세에 빛나는 세종대왕(世宗大王)의 용인술

'백락일고(伯樂一顧)'[433]라는 고사가 있다. '명마가 백락(말을 잘 다루는 주나라 사람)을 만나 세상에 알려진다.'는 뜻으로, 알아주는 사람이 있어야 인재가 능력을 발휘할 수 있다는 말이다.

당나라 대문장가인 한유(韓愈)[434]가 쓴 '잡설(雜說)' 중에는 천리마가 등장한다. '세유백락 연후유천리마, 천리마상유 이백락불상유(世有伯樂 然後有千里馬, 千里馬常有 而伯樂不常有)'. '세상에는 백락이 있은 연후에야 천리마가 있고, 천리마는 늘 있지만 백락이 늘 있는 것은 아니다.'라는 말이다.

인재(천리마)를 알아보는 지도자가 있어야 인재가 묻혀버리지 않는다는 '인재감별'에 대한 고사이다. 윤석열 정부 들어 낮은 국정

---

433) 백락일고(伯樂一顧) : '백락이 한 번 돌아다 본다.'는 뜻으로, 그 분야의 뛰어난 사람에게 인정받음을 의미. 《전국책(戰國策)》
중국 춘추시대에 말 감정가로서 유명한 사람이 백락이었다. 하루는 어떤 사람이 자기 말을 팔려고 했으나 잘 팔리지 않는다며 백락에게 한 번만 봐달라고 청했다. 이에 백락이 그 사람의 말을 한 번 돌아다보았는데, 그 말의 값이 갑자기 열 배나 뛰었다고 한다.

434) 한유(韓愈, 768~824) : 중국 당나라의 문인·정치가. 자는 퇴지(退之). 호는 창려(昌黎). 당송 팔대가의 한 사람으로, 변려문을 비판하고 고문(古文)을 주장하였다. 시문집에 《창려선생집》 등이 있다.

지지율로 인해 많은 국민이 국정 동력이 떨어지지 않을까 걱정하고 있다.

지지율 하락의 원인은 복합적이지만, 예나 지금이나 '인사가 만사(万事)'다. 더 늦기 전에 윤 대통령은 국정 운영의 기조를 바로 잡아야 한다. 첫째, 보수정권의 뿌리에 대한 정체성을 명확하게 하고, 둘째, 대통령 스스로 덕을 닦고 몸을 낮추고, 셋째, 현능(賢能)한 자를 쓰고, 넷째, 방치된 법과 제도를 고치고, 다섯째, 헌정사에 해악을 끼친 '문재인 정권의 신적폐'를 일소해야 한다. 돌아선 민심이 다시 회복되어야 국정개혁 수행이 탄력을 받을 수 있다.

조선왕조 500년 역사에 가장 위대한 군주로 추앙받는 세종대왕(世宗大王, 1397~1450/ 재위 1418~1450)은 태종 이방원과 원경왕후 민씨 사이에 셋째 아들로 태어났다. 부인 소헌왕후(昭憲王后, 1395-1445)는 영의정 심온의 딸이다. 세종과 소헌왕후 사이에 8남 2녀를 두었다.

세종대왕의 국정철학은 '득인위최(得人爲最)'[435]와 '이위하여(以爲何如)'[436]였다. 세종대왕은 신분이 아니라 덕망과 재능으로 인재를 발탁했다. 그는 질문으로 널리 좋은 의견을 구하고, 그중 가장 좋은 해법을 국정에 담았다. 인재를 불러 모으는 것보다 중요한 건 그들의 능력을 실제 활용하는 것이기 때문이다.

세종이 태평성세(太平盛世)를 구가한 것은 당대 최고의 인재를 발

---

435) 득인위최(得人爲最) : 인재를 얻는 것이 최우선이다. 제대로 된 사람을 뽑으면 모든 일이 해결된다.
436) 이위하여(以爲何如) : 어떻게 하면 좋겠는가?

탁해서 쓴 결과이다. 자리에 적합하면 종신토록 바꾸지 않았다. 황희나 맹사성에게는 각각 24년과 8년씩 장기간에 걸쳐 정승을 지내게 하여 국정을 안정시켰다. 세종 주변엔 황희, 맹사성을 비롯하여 허조, 최윤덕 등 기라성(綺羅星)처럼 빛나는 명재상들과 청렴한 인물들이 포진해 '성공시대'를 열었다.

세종 대에만 현능하고 청렴한 인물이 태어났겠는가. 인재는 어느 시대에나 있었지만, 인재를 알아볼 줄 아는 백락 같은 정치 지도자들이 없었을 뿐이다. 세종에겐 인재를 알아보는 '예리한 눈'이 있었고, 인재를 적재적소(適材適所)에 배치하는 남다른 '용인술'이 있었으며, 신분을 따지지 않고 능력을 살 줄 아는 '포용력'이 있었다.

세종의 32년 재위 기간 중 즉위 초는 '가뭄과 화재'로 고통이 점철된 시기이다. 즉위년(1418)에, 조선은 '7년 대한(大旱)'에 접어든다. 22세의 젊은 왕은 광화문 네거리 6조 관아에 가마솥을 걸고 죽을 쒀 백성들에게 나눠줬으며, 고통 분담을 위해 경회루(慶會樓, 경복궁에 있는 누각) 앞 초가삼간에서 지냈다.

또한 즉위 당시 조선 국내외 정세는 불안했다. 정종과 태종 2명의 상왕이 버티고 있었고, 병권은 태종이 틀어쥐고 있었다. 북쪽에선 여진족이 국경을 위협하고 남쪽에선 왜구들의 노략질이 이어졌다.

그러나 경연(經筵)과 호학(好學)의 군주 세종은 위기에 흔들리지 않는 강력한 리더십을 발휘했다. 때가 되자 세종은 육조직계제(六曹直啓制)[437]를 의정부서사제(議政府署事制)[438]로 개편하여 국왕에게 집중된 권력을 신하들에게 과감히 이양, 왕권과 신권의 조화를 이룬 '군신공치(君臣共治)'를 이뤄나갔다.

세종 리더십의 핵심은 '진정한 애민(愛民)'이다. 한글 창제도, 과학기술 발전을 위한 관노 출신 장영실의 파격 등용도, 고려 말에 비해 농지는 2.4배, 1결당 수확량은 4배가 늘어난 것도 여민동락(與民同樂)[439]한 결과다.

세종은 말한다. "백성은 나라의 근본이며 먹는 것을 하늘처럼 우러러보는 사람들이다. 만약 한 사람의 백성이라도 굶어죽는 자가 있다면 감사나 수령에게 그 죄를 물을 것이다."(1419년)

신병주 건국대 교수는 '자주-민본-실용'을 세종대의 시대정신을 대표하는 키워드로 제시하고 있다. 포용의 리더십과 탁월한 인재 등용으로 조선의 정체성을 확립하고, 조선 최고의 전성기를 이끈 세종대왕을 경모하는 필자의 자작 한시를 소개한다.

---

437) 육조직계제(六曹直啓制) : 조선시대에, 의정부의 실무를 폐지하고 육조에서 임금에게 국무를 직접 보고하여 처리하게 하던 제도. 태종과 세조는 왕권 강화를 위해 실시하였다.
438) 의정부서사제(議政府署事制) : 태조가 건국 초부터 추진한 국가 통치체제. 의정부가 3정승의 합의에 의해 국가의 중대사를 처리하도록 했으며, 6조의 판서는 업무를 의정부에 보고하고 의정부의 지시에 따라 업무를 처리했다. 태종이「왕-6조-속아문」으로 연결되는 '6조직계제'로 바꾸었다가 세종 때 다시 시행되었고, 세조 때 다시 6조직계제로 돌아갔다가 중종 대에 다시「왕-의정부-6조-속아문」의 체제로 되돌렸다. 이 제도는 왕의 부담을 덜어주므로, 후대까지 이어졌다.
439) 여민동락(與民同樂) : '백성과 즐거움을 함께하다'라는 뜻으로, 백성과 동고동락하는 통치자의 자세를 비유하는 말이다. 출전 :《맹자(孟子)》

民惟邦本食爲天(민유방본식위천) 백성은 나라의 근본으로 먹는 것을 하늘로 여기며
俊乂多賢共治宣(준예다현공치선) 훌륭한 인재와 많은 현자와 함께 다스림 베풀었네
八道平康生業樂(팔도평강생업락) 조선 팔도(나라 안)가 평안해 생업이 즐거웠고
四方安定國防全(사방안정국방전) 사방(변방)이 안정되어 국방이 안전했네
正音白白文明導(정음백백문명도) 훈민정음이 뚜렷하여 문명 창달을 선도했고
經筵申申興起先(경연신신흥기선) 경연이 화평하여 떨쳐 일어남을 선도했네
以進大同皆和睦(이진대동개화목) 이렇게 대동사회로 나아가 백성들은 화목했고
流芳百世不虛傳(유방백세불허전) 위대한 이름이 후세에 전함이 헛된 것이 아니네

— — — — — — — — — — — — —

* 邦本(방본) : 나라의 근본이라는 말로, 백성을 지칭함
* 食爲天(식위천) : 먹는 것을 하늘로 여긴다
* 俊乂多賢(준예다현) : 훌륭한 인재와 많은 현자
* 共治(공치) : 여러 정치 지도자들의 지혜와 경륜을 모아 나라를 다스리는 통치 형태
* 平康(평강) : 마음에 걱정이 없고 편안함. '평안', '평화'
* 申申(신신) : 화평한 모양
* 白白(백백) : 명명백백(明明白白). 분명하고 명백함
* 興起(흥기) : 감동(感動)되어 떨쳐 일어남
* 大同(대동) : 대동사회. 이상적인 사회. 출천 〈禮記(예기)〉 '禮運篇(예운편)'
* 流芳百世(유방백세) : 꽃다운 이름이 후세에 길이 전함
* 虛傳(허전) : 거짓으로 전함. 또는 그런 말

52

잊혀져가는 '한글날'과 만고의 충신 성삼문(成三問)

다시 한글 창제 576돌을 맞는다. 1443년 완성되어 1446년 반포된 한글은 세계에서 '가장 과학적이고 독창적인 문자'로 인정받고 있다. 중국과 미국의 문맹률이 각각 50%, 21%인데, 우리의 문맹률이 0%에 가까운 것은 한글의 간결함과 과학성 때문이다. 컴퓨터로 메시지를 전하는데 한글은 일본어나 중국어보다 7배나 빠르다.

그러나 한글창제 이후 한글의 고난사(苦難史)는 말로 형용하기 어렵다. 조선시대에는 선비들에 의해 '언문(諺文)'[440]이라고 천대받았다. 일제강점기에는 한민족 말살을 위해 한글 사용을 금지했고, 조선어학회사건(朝鮮語學會事件)[441]으로 한글학자들을 투옥했다. 미군정 시기에는 영어를 섞어 써야만 지식인으로 대접받았다.

---

440) 언문(諺文) : '한글'을 속되게 이르던 말. 세종대왕이 훈민정음을 만들고 나서 한글은 저급한 것으로 평민이나 상민, 부녀자들이 쓰는 언어이고, 양반이나 선비들은 한자를 사용한다고 하여 우리말 '훈민정음'을 '언문'이라고 낮추어 칭하였다.

441) 조선어학회사건(朝鮮語學會事件) : 1942년 10월에 일본어 사용과 국어 말살을 꾀하던 일제가 조선어학회의 회원을 투옥한 사건. 일제는 조선어학회를 학술단체를 가장한 독립운동 단체라고 꾸며, 회원들에게 혹독한 고문을 자행하였다. 이 사건으로 학회는 해산되고 편찬 중이던 국어사전 원고의 상당한 부분이 없어졌다.

선진국이 된 대한민국에서도 한글 고난은 계속되고 있다. 외국에서는 한국어를 가르치는 세종학당(世宗學堂)[442]이 대기자로 넘치고, 한국어능력시험(韓國語能力試驗)[443] 응시자가 매년 30만 명에 달하는데 정작 국내에서는 우리말을 홀대하고 있다.

한국통신, 서울지하철, 담배인삼공사 등도 이름을 케이티(KT), 서울메트로, 케이티앤지(KT&G) 따위로 바꾸었다. 정부가 발표하는 질병관련 단어도 외래어 투성이다. 코로나 '펜데믹'은 코로나 '대유행'으로, '위드' 코로나는 '공존' 코로나처럼 우리말을 쓰면 된다. 구태여 외래어를 써야 하는 이유를 알 수 없다.

거리의 간판, 아파트 명칭, 골프장 이름에서도 한글은 이제 천연기념물(?)이 되었다. 세계화 시대에 한글만을 고집하자는 주장이 아니다. 내 나라말을 사랑해야 한글이 언제가 국제적인 통용어가 되지 않을까.

정부는 '국가 정체성'은 말과 글에서 시작된다는 것을 잊어서는 안 된다. 한글은 막대한 문화·경제적 가치를 창출해 준다. 따라서 정부부터 한글 사용에 앞장서야 한다. 한글의 세계화는 한글 존중에서 시작된다.

1443년(세종 25) 세종대왕이 훈민정음 28자를 만들 때, 정인

---

442) 세종학당(世宗學堂) : 전 세계에 분포해 있는 한국어 교육기관. 한국어 교육을 통해 문화교류를 활성화하기 위한 교육기관이다.

443) 한국어능력시험(韓國語能力試驗) : 한국어를 모국어로 하지 않는 재외동포와 외국인의 한국어 사용 능력을 측정하고 평가하는 시험. 한국어를 세계에 보급하여 한국어 학습방향을 제시하고 시험 결과를 국내대학 유학 및 취업 등에 활용하기 위한 목적으로 시행하며, 국립국제교육원이 주관한다.

지, 신숙주, 최항, 박팽년, 이개 등과 더불어 성삼문(成三問, 1418~1456)이 주도적 역할을 했다. 성삼문의 본관은 창녕, 자는 근보(謹甫), 호는 매죽헌(梅竹軒)이다.

1418년 홍성군 외가에서 성승(成勝)[444]과 박씨 사이에서 장남으로 태어났다. 그가 태어날 때 하늘에서 "낳았느냐?"고 묻는 소리가 세 번 들려와 이름을 '삼문(三問)'으로 지었다고 한다.

18세에 생원시에 합격하고, 21세에 식년문과에 급제한 뒤 집현전 학사로 발탁되었다. 29세(1447, 세종29) 때에 문과중시(文科重試, 승진시험)가 시행되었는데, 책문(策問)은 "법이 제정되면 그에 따라 생기는 폐단의 대책을 논하라."는 것이었다. 장원을 차지한 매죽헌은 답안지에 "마음은 정치의 근본이고, 법은 정치의 도구"라고 했다. 백성의 마음에 맞는 정치를 펴야한다는 뜻이었다.

신숙주와 함께 요동을 13차례나 왕래하면서 명나라 학자 황찬(黃瓚)[445]으로부터 음운학을 배웠으며, 서역 문자까지 연구하고 그 성과들로 훈민정음을 창제했다. 중국에 간 매죽헌은 '이제비(夷齊碑, 백이숙제비)'가 서있는 곳을 지나다 시 한수를 지었다.

"수양산 바라보며 백이와 숙제를 한탄하노라/굶어죽을지언정 고사리를 뜯어먹어야 되겠는가/비록 푸성귀라도 그것은 누구의 땅에서 났던고?"

---

444) 성승(成勝, ?~1456) : 조선 단종 때의 무신. 호는 적곡(赤谷). 도총관(都摠管)을 지냈으며, 세조 2년(1456)에 단종복위 모의에 가담하였다가 사육신과 함께 처형되었다.
445) 황찬(黃瓚) : 요동(遼東)에 귀양 왔던 명나라 초엽의 한림학사(翰林學士)·음운학자. 세종은 훈민정음을 창제(創製)할 때에 음운(音韻)을 묻기 위하여 신숙주·성삼문 등으로 하여금 13차례나 방문하게 했음.

수양대군이 계유정난(癸酉靖難)[446]을 일으켜 단종을 내쫓고 1455년에 왕위에 오르자, 이듬해 매죽헌은 단종복위(端宗復位)[447]를 기도하다 발각되어 사육신(死六臣)[448]과 함께 39세에 능지처참을 당하고, 멸문(滅門)의 화를 입었다. 처형 직전에 지은 '절필(絕筆)'이라는 시에 매죽헌의 추상같은 기상이 잘 드러나 있다.

"일사고지충의재(一死固知忠義在, 한목숨 바치는데 충의가 있음을 알겠거니)
 현릉송백몽의의(顯陵松栢夢依依, 현릉[449]의 송백이 꿈속에 아련하네)."

매죽헌은 사육신의 죽음 이후 200년이 지난 뒤인 숙종 때에 역모 혐의가 풀렸고, 영조 때에 이조판서 관직이 추증되고 '충문(忠文)'의 시호를 받았다. 고려의 포은 정몽주처럼 조선 제일의 충의절신(忠義節臣)인 매죽헌 선생의 의리와 기개를 경모하는 필자의 자작 한시를 소개한다.

---

446) 계유정난(癸酉靖難) : 단종 원년(1453)에 수양대군이 정권 탈취를 목적으로 반대파를 숙청한 사건. 10월 10일의 정변으로, 김종서·황보인 등은 피살되고 안평대군은 사사(賜死)되었다.
447) 단종복위(端宗復位) : 조선 제6대 왕 단종이 숙부인 수양대군에게 폐위되자 성삼문·박팽년 등 사육신이 주동이 되어 복위를 시도했던 거사.
448) 사육신(死六臣) : 세조 2년(1456)에 단종복위를 꾀하다가 처형된 여섯 명의 충신. 성삼문(成三問)·박팽년(朴彭年)·이개(李塏)·하위지(河緯地)·유성원(柳誠源)·유응부(俞應孚)를 이른다.
생육신(生六臣) : 세조가 단종으로부터 왕위를 탈취하자 목숨을 잃지 않고 살았지만 평생 벼슬길에 나아가지 않고 초야에 묻혀 살았던 사람. 김시습(金時習)·원호(元昊)·이맹전(李孟專)·조려(趙旅)·성담수(成聃壽)·남효온(南孝溫)이다. 사육신이 절개로 생명을 바친 데 대하여 이들은 살아 있으면서 귀머거리나 소경인 체, 또는 방성통곡하거나 두문불출하며, 단종을 추모하였다.
449) 顯陵(현릉) : 경기도 구리시에 있는, 조선 문종과 비 현덕왕후의 능. 동구릉(東九陵)의 하나이다.

傲霜節義自天萌(오상절의자천맹)　서리처럼 굴하지 않는 절의를 태어날 때 싹틔웠고
獨創正音數十行(독창정음수십행)　독창적인 한글창제 위해 중국을 수십 번 여행했네
簒奪王權禽獸怒(찬탈왕권금수노)　왕위를 찬탈하자(계유정난) 모든 짐승이 노했고
見危臣誓百花驚(견위신서백화경)　위험을 보고 신하가 맹세하자 온갖 꽃이 놀랐네
魯山曲曲山川泣(노산곡곡산천읍)　단종의 굽이굽이 맺힌 한에 산천이 곡했고
謹甫堂堂大塊鳴(근보당당대괴명)　성삼문의 당당한 모습에 대자연이 울었네
擊鼓催命皆痛哭(격고최명개통곡)　형장의 북소리가 목숨을 재촉하자 모두 통곡했고
何時有極我悲情(하시유극아비정)　언제나 끝이 날까 내 한없이 슬픈 마음

——————————

* 傲霜孤節(오상고절) : 서릿발이 심한 추위 속에서도 굴하지 않고 홀로 꼿꼿함. 충신. 국화
* 正音(정음) : 백성을 가르치는 바른 소리. 훈민정음
* 百花(백화) : 온갖 꽃
* 魯山(노산) : 조선의 제6대 국왕 단종(端宗)
* 謹甫(근보) : 성삼문의 자
* 大塊(대괴) : 하늘과 땅 사이의 대자연
* 擊鼓(격고) : 북을 침. 재앙이나 시간을 알려주는 구실
* 催命(최명) : 1. 죽음을 재촉하다. 빨리 죽게 하다. 2. 사람을 못살게 굴다. 바싹 조이다
* 悲情(비정) : 비감. 슬픈 감정(느낌)

53

'백세의 스승' 김시습(金時習)의 절의와 애민정신

　세계 경제가 마치 폭풍전야(暴風前夜)와 같은 시계 제로다. 위기의 근원은 물가폭등이다. 각국은 '물가와 전쟁'을 치르고 있다. OECD(경제협력개발기구) 회원국의 2022년 4월 평균 물가상승률은 9%대로 34년 만에 가장 높다. 한국도 24년 만의 6%로 정책수단을 총동원해 후폭풍을 최소화해야 한다.
　물가가 치솟을수록 가장 피해를 보는 계층이 복지 사각지대에서 고통받는 '기초생활수급자'들이다. 이들의 실상을 정부는 세심히 살펴 수급 기준을 현실화할 대책을 조속히 내놓아야 한다.

　정부는 최근 발표한 경제정책 방향에서 "기초생활수급자 생계·주거급여를 확대하고, 취약계층을 두껍게 지원하기 위해 사회안전망을 보강한다."고 밝혔다. 올바른 방향이나 사후약방문(死後藥方文)이 되지 않도록 속도를 내야 한다. 비는 안 와도 걱정이고, 많이 와도 낭패인 법이다. 정책입안자들은 재해의 원인을 자신에게서 찾으려 했던 옛사람들의 자세를 본받을 필요가 있다.

김시습(金時習, 1435~1493)은 조선 초의 학자이며 서예가이다. 한양에서 태어났으며, 본관은 강릉, 자는 열경(悅卿), 호는 매월당(梅月堂), 법호는 설잠(雪岑)이다. 단종 복위를 꾀하다 죽임을 당한 사육신의 주검을 거둔 절의(節義)의 선비이다. 생육신의 한 사람으로 생애는 당나라의 시선(詩仙) 이백(李白)[450]에 비견되나, 시풍은 시성(詩聖) 두보(杜甫)[451]처럼 '사회 풍자시'를 많이 썼다.

매월당의 애민정신은 〈영산가고(詠山家苦)〉[452] 시에 잘 나타나 있다. 이 시는 관리들의 수탈에 쫓기는 산민(山民)의 고초를 읊고, 새 임금을 맞아 이러한 고통이 끝나기를 희망하는 뜻을 노래했다. 또한 호환(虎患)의 위험을 무릅쓰고 깊은 산속에서 사는 이유는 세금이 없기 때문이라 하여, '가혹한 정치는 호랑이보다 무섭다(苛政猛於虎, 가정맹어호).'[453]는 말을 실감나게 보여주고 있다.

특히, 어린 싹은 해충에게 피해를 입고, 익은 곡식은 새와 쥐가 먹고, 그나마 거두어들인 것은 관리에게 빼앗기고, 겨우 남은 것은

---

450) 이백(李白, 701~762) : 당나라의 시인. 자는 태백(太白). 호는 청련거사(靑蓮居士). 안녹산의 난으로 유배되는 등 불우한 만년을 보냈다. 시선(詩仙)으로 불린다. 칠언 절구에 특히 뛰어났으며, 이별과 자연을 제재로 한 작품을 많이 남겼다. 시문집에 ≪이태백시집≫ 30권이 있다.

451) 두보(杜甫, 712~770) : 당나라의 시인. 자는 자미(子美). 호는 소릉(少陵)·공부(工部)·노두(老杜). 율시에 뛰어났으며, 긴밀하고 엄격한 구성, 사실적 묘사 수법 따위로 인간의 슬픔을 노래하였다. 시성(詩聖)으로 불린다. 작품은 〈북정(北征)〉, 〈병거행(兵車行)〉 등이 있다.

452) 〈영산가고(詠山家苦)〉 : 김시습이 지은 한시. 칠언절구 8수로 ≪매월당집(梅月堂集)≫ 권12에 수록되어 있다. 1수에서 7수까지는 산속에서 사는 백성들의 비참한 삶을 형상화하고 있다. 8수에서는 앞선 임금들의 전철을 밟아 향락적인 생활을 하지 말도록 경계하고 있다. 조선 초기 관료정치의 부패상의 일면과 백성들의 참상을 잘 보여주는 시 중의 하나이다.

453) 가정맹어호(苛政猛於虎) : 출전 ≪예기(禮記)≫의 〈단궁하편(檀弓下篇)〉

또 무당과 중에게 갈취당하는 '연쇄적 수탈현상'을 통하여 농민의 참상을 여실히 보여주고 있다.

매월당은 4세에 시를 지었다. 배우기만 하면 외워버려 이름도 '시(時)'와 '습(習)'으로 지었다고 했을 정도로 '생이지지(生而知之)'의 조선 최고 신동이었다. 소문을 듣고 정승 허조(許稠)[454]가 찾아와 "내가 늙었으니 늙을 노(老)를 넣어 시를 지어보라."고 청하자, '노목개화심불노'(老木開花心不老, 늙은 나무에 꽃피니 마음은 늙지 않았네)라고 지어 허조를 놀라게 하였다.

5세에 대궐에 불려가서 "네 이름을 넣어서 글을 지을 수 있겠느냐?"고 하자, 망설이지 않고 "포대기에 싸여서 온 김시습(來時襁褓 金時習·래시강보김시습)"이라고 해서 중신들이 혀를 내둘러야 했다. 세종대왕이 "장차 크게 쓸 재목이니 열심히 공부하라."고 당부하고 선물을 내렸다고 하여 '오세문장(五歲文章)'이라는 별호를 얻게 되었다. 매월당이 이날 세종에게 받은 비단 30필을 직접 묶어 허리에 차고 궁궐을 나갔다는 일화는 유명하다.

21세 때인 1455년(세조 1) 계유정난(癸酉靖難) 소식을 듣고 3일 동안 통곡한 후 세상을 등졌다. 〈자규사(子規詞)〉[455]를 지어 수양대군

---

454) 허조(許稠, 1369~1439) : 조선 초기 문신. 특히 왕조의 예제(禮制)와 법전 정비에 큰 공헌을 하였다. 또한 황희(黃喜)·맹사성(孟思誠)과 더불어 세종 대의 명재상으로 꼽힌다.
455) 〈자규사(子規詞)〉: 조선 6대 임금 단종(端宗)이 강원도 영월로 귀양갔을 때 매죽루(梅竹樓)에 올라 자규의 울음소리를 듣고 자신의 애처로운 심정을 읊은 글. 이 사(詞)에 화답(和答)한 조상치-김시습-박도-김일손의 차운시가 전해지고 있다.

의 왕위찬탈을 규탄하고 단종의 죽음을 애도하였다. 이후 스스로 머리를 깎고 승려가 되어 전국 각지를 탕유(宕遊, 방탕한 유랑)하였다. 평소 무릉도원을 노래했던 시인인 도연명(陶淵明)[456]을 좋아한 매월당은 경주 금오산에 은거하며 우리나라 최초의 한문소설인 〈금오신화(金鰲新話)〉[457]를 썼다. 〈금오신화〉는 현실 세계와 초현실 세계가 공존하는 이중적 구조를 가지고 있으며, 우리나라 전통사상과 민간신앙을 접목했다는 점에서 큰 의미가 있다.

  뒷날, 선조의 분부를 받아 〈김시습전(金時習傳)〉[458]을 지은 율곡 이이는 매월당의 면모를 '백세의 스승'이라 칭송했으며, 매월당의 삶을 '심유적불'(心儒跡佛)[459]이라는 네 글자로 집약했다.
  과거의 역사를 현재의 문제를 풀어 가는 소재로 인식한 '한국 최초의 역사철학자'이자 '영원한 자유인'. 민초(民草)와 함께 한 매월당 선생의 애민정신을 경모하는 필자의 자작 한시를 소개한다.

---

456) 도연명(陶淵明, 365~427) : 중국 동진의 시인. 이름은 잠(潛). 호는 오류선생(五柳先生). 연명은 자(字). 405년에 팽택현(彭澤縣)의 현령이 되었으나, 80여 일 뒤에 〈귀거래사(歸去來辭)〉를 남기고 관직에서 물러나 귀향하였다. 자연을 노래한 시가 많으며, 육조(六朝) 최고의 시인이라 불린다. 시 외의 산문 작품에 〈오류선생전〉, 〈도화원기〉 등이 있다.

457) ≪금오신화(金鰲新話)≫ : 조선 세조 때에 김시습이 지은 한문 소설. 우리나라 최초의 소설로, 〈남염부주지〉, 〈만복사저포기〉, 〈이생규장전〉, 〈용궁부연록〉, 〈취유부벽정기〉의 5편의 작품이 전한다.

458) ≪김시습전(金時習傳)≫ : 1582년 이이가 김시습에 대해 지은 전(傳). 불문(佛門)에 의탁하여 방외(方外)에 놀았으나 김시습의 중심은 언제나 유자(儒者)의 위치에 머물렀음을 지적하였다. "의(義)를 세우고 윤기(倫紀, 윤리와 기강)를 붙들어서 그의 뜻은 일월과 그 빛을 다투게 되고, 그의 풍성(風聲, 들리는 명성)을 듣는 사람들은 겁쟁이도 용동하는 것을 보면 가히 '백세의 스승' 되기에 남음이 있다."고 평가. 이이는 "김시습이 영특하고 예리한 자질로써 학문에 전념하여 공과 실천을 쌓았다면 그 업적은 한이 없었을 것"이라면서 애석해하였다.

459) 심유적불(心儒跡佛) : 마음은 유자, 자취는 불자. '선비의 마음에 스님의 발자취'란 의미. 김시습은 일생의 절반 정도를 설잠(雪岑)이라는 승려의 이름으로 살았기 때문이다.

幼年詩作巨峯遺(유년시작거봉유)　어린 나이에 시문을 쓴 뛰어난 인물로 남았으며
文彩彬彬駭主僖(문채빈빈해주희)　문장의 아름다움이 잘 갖추어져 왕을 놀라게 했네
浪跡無爲波浪笑(낭적무위파랑소)　허허로운 방랑 여정 원대한 포부 생각하며 웃고
鎖門孤獨怨魂思(쇄문고독원혼사)　문을 걸어 잠그고 외로이 사육신을 생각했네
閑吟乍雨一時弄(한음사우일시농)　한가히 읊은 '사청사우'는 일시 변심을 희롱했고
破著金鰲萬古禧(파저금오만고희)　파격적 저서 '금오신화'는 오랜 세월 동안 축복이네
跡佛心儒稀罕混(적불심유희한혼)　마음은 유자, 자취는 불자로 희한하게 혼재됐지만
焉知奇客海東師(언지기객해동사)　어찌 알았으랴, 기인이 조선의 스승인 것을

----

* 詩作(시작) : 시를 지음. 또는 그 시
* 巨峯(거봉) : 1. 크고 높은 봉우리. 2. 뛰어난 인물을 비유
* 文彩(문채) : 문장의 아름다움
* 駭(해) : 놀라게 하다
* 彬彬(빈빈) : 문조와 바탕이 잘 갖추어져 훌륭함
* 主(주) : 임금. 세종대왕
* 浪跡(낭적) : 정처 없이 떠돌아다닌 자취
* 波浪(파랑) : 원대한 포부. 장풍파랑(長風波浪) : 큰 바람을 타고 끝없는 바다 저쪽으로 배를 달린다. 대업을 이룸. 출전 : 이백(李白)의 〈행로난(行路難)〉
* 乍雨(사우) : 乍晴乍雨(사청사우). 잠시 개었다 또 비가 내린다. 김시습이 지은 시
* 稀罕(희한) : 매우 드물거나 신기한
* 奇(기) : 기이하다 2. 의지하다 3. 뛰어나다

54

급진 개혁의 좌절과 조광조(趙光祖)의 도학정치(道學政治)

2022년 5월 10일. 제20대 윤석열 대통령이 취임함으로써 5년 만에 보수우파 세력이 정권 탈환에 성공했다. 격동하는 내외 정세를 감안하면, 윤 정권의 앞날에 많은 난제와 도전이 기다리고 있다.

국내적으로는 전임 정권이 실패한 경제, 안보, 외교 등 정책 전반의 교체가 거야(巨野)의 방해에 부딪쳐야 하고, 대외적으로는 한미동맹 강화에 따른 중국과의 관계 조정 문제, 북한의 무력 위협에 대응할 전략 등이 난제로 떠오른다.

정당은 항상 시대에 발맞추어 '자기 개혁'을 쉼 없이 할 때 진화하고 발전한다. 그런데 집권당이 된 국민의힘은 처절함이 부족하다. 점진적인 '보수 개혁'으로 다시 태어나야 한다. 임무는 무겁고 갈 길은 먼데(任重道遠·임중도원), 혁명보다 어려운 것이 개혁이다.

더불어민주당이 2022년 3월 9일 대선에서 패배한 이유는 자신들은 개혁세력인 '선(善)'이고, 국민의힘은 수구세력인 '적폐(積弊)'라는 '내로남불'과 도덕성 결여의 이중 잣대에 국민이 피로감을 느꼈기 때문이다.

정암(靜庵) 조광조(趙光祖, 1482~1519)는 '개혁'이란 화두가 필요한 격변기 때마다 소환되는 개혁의 상징이다. 조광조의 개혁정치를 한마디로 말하면 유교적 이상정치와 도덕정치의 실현이다. 조광조를 비롯한 당대의 진보적 선비들은 '정심성의(正心誠意)'를 수기치인(修己治人)의 요체라고 확신했다. 그러나 너무 과격하고 급진적인 개혁은 실패할 수밖에 없다는 역사의 교훈을 조광조의 사례에서 반면교사로 삼아야 한다.

김종직(金宗直)[460]의 학통을 이은 사림의 영수였던 조광조는 연산군이 중종반정(中宗反正)[461]으로 물러나고, 성리학적 질서 회복이 시대적 요구로 떠오른 상황에서 역사의 전면에 등장했다. 그는 어지러운 세상을 바꾸려 했던 급진 개혁주의자로 필연적으로 시대와 충돌했고, 마침내 38세에 불꽃 같은 삶을 마감한 유학의 태산북두(泰山北斗)이다.

조광조는 왜 실패했을까. 개혁의 주제와 방향, 속도를 잘못 잡았기 때문이다. 조광조는 도교의 제천 행사를 주관하던 소격서(昭格

---

460) 김종직(金宗直, 1431~1492) : 조선시대의 성리학자. 문신. 자는 계온(季昷). 호는 점필재(佔畢齋). 세조 5년(1459)에 문과에 급제하고, 형조판서·지중추부사 등을 지냈다. 문장과 경술이 뛰어나 영남학파의 종조(宗祖)가 되었다. 그의 〈조의제문(弔義帝文)〉은 뒷날 무오사화의 원인이 되었다. 저서에 ≪점필재집≫, ≪청구풍아≫ 등이 있다.
461) 중종반정(中宗反正) : 조선 중종 1년(1506)에 성희안, 박원종 등이 연산군을 몰아내고 성종의 둘째 아들인 진성대군(晉城大君), 곧 중종을 왕으로 추대한 사건.

署)를 혁파하고, 중종을 왕위에 오르게 한 공신들(靖國功臣·정국공신)의 4분의 3에 해당되는 76인의 훈작을 삭제 ('위훈삭제·僞勳削除')했으며, 천거를 통해 인재를 등용하는 현량과(賢良科)를 실시해 사림 28명을 조정으로 불러들였다.

이처럼 조광조가 백성들의 먹고사는 문제인 민생과는 상관없는 일종의 세력 교체에 해당하는 사안들을 밀어붙인 결과, 기득권 세력인 훈구파(勳舊派)[462]들은 "조(趙)씨가 왕이 된다"는 뜻의 '주초위왕(走肖爲王)'설을 퍼뜨려 '기묘사화'(己卯士禍)[463]를 일으켰다. 애석하게도 조광조 이하 사림 70여 명(己卯名賢·기묘명현)은 모두 사사(賜死)되었다.

조광조 일파는 '군자와 소인'이라는 개념을 강조했다. 훈구 세력은 조선의 병폐를 이끈 '소인'이고, 자신들 신진 사림은 '군자'이니 소인을 배격하고 군자가 정치를 주도하면 나라가 발전할 수 있다는 논리였다.

---

[462] 훈구파(勳舊派)와 사림파(士林派) : 조선 초기를 이끈 두 지배세력. 조선 초 정계는 세조를 도왔던 훈구파와 향촌에서 학문을 연구한 사림파로 나뉘었다.
훈구파 : 세조가 단종을 내치고 정권을 장악하는 과정에 힘을 보태 권력을 얻은 사람들. 이들은 성종 대까지 수차례 공신이 되어 정치권력을 독점하였으며 공신전과 과전 등을 소유해 큰 경제적 기반을 갖고 있었다. 한명회, 권람, 정인지, 신숙주 등이 대표적 인물이다.
사림파 : 조선 건국에 참여하지 않고 시골에 묻혀 학문을 연구하던 선비의 후예들이다. 이들은 향촌에서 학문을 연구하며 제자를 키우는 데 힘쓰고 도덕과 의리를 중시하였다. 주로 길재의 제자들이 많았는데, 김종직, 김굉필, 조광조 등이 대표적 인물이다.

[463] 기묘사화(己卯士禍) : 조선 중종 14년(1519)에 일어난 사화. 남곤, 심정, 홍경주 등의 훈구파가 성리학에 바탕을 둔 이상정치를 주장하던 조광조, 김정 등의 신진파를 죽이거나 귀양 보냈다.

조광조는 유교의 지치주의(至治主義)⁴⁶⁴)에 기반을 둔 개혁정치를 주장하였지만 뜻을 펴지 못했다. 그러나 그가 꿈꾸었던 이상사회는 이후 후학들에 의해 조선의 발전에 기여하였고, 역사는 조광조를 '시대를 앞서나간 개혁가'로 기억한다.

율곡 이이는 〈동호문답(東湖問答)〉⁴⁶⁵)에서 조광조 개혁의 실패 원인을, 그의 학문이 숙성되지 않았다는 점, 너무 급진적이었다는 점, 기본에 충실하지 않았다는 점 등에서 찾고 있다. 율곡의 이 같은 지적은 오늘의 우리 정치에도 여전히 유효한 것은 아닐까?

육당 최남선은 〈청춘〉 제14호(1918년 6월)에 쓴 '만고도목(萬古都目)'에서 검찰총장에 조광조를 추천했다. 선비들이 사랑방에 모여 뛰어난 역사적 위인들로 이상적인 조정을 구성해보는 역사지식 자랑 놀이가 '만고도목'이다.

만고도목은 반만년 유구한 역사 속의 수많은 인물 가운데 업적·능력이 탁월한 인재만을 전형하여 적소에 안배하니, 교언영색(巧言令色)으로 벼슬자리를 거머쥐고, 당동벌이(黨同伐異)⁴⁶⁶)로 명멸한 파당꾼들은 감히 거명되지도 못한다. 시대를 초월해서 회자(膾炙)하는 조광조의 '개혁정신'을 추모하는 필자의 자작 한시를 소개한다.

---

464) 지치주의(至治主義) : 조광조 등이 인간 세상을 하늘의 뜻이 펼쳐진 이상세계가 되도록 해야 한다고 주장한 유교 교리. 지치란 ≪서경≫ 〈군진편(君陳篇)〉의 '지치형향감우신명(至治馨香感于神明)'에서 따온 것으로, 잘 다스려진 인간세계의 향기는 신명(神明)을 감명시킬 수 있다는 뜻.
465) ≪동호문답(東湖問答)≫ : 선조 2년(1569)에, 이이가 왕도정치의 이상을 문답의 형식으로 서술하여 왕에게 올린 글.
466) 당동벌이(黨同伐異) : 옳고 그름을 가리지 않고 같은 의견의 사람끼리 한패가 되고 다른 의견의 사람은 물리친다는 말. 출전 ≪후한서(後漢書)≫의 〈당고열전(黨錮列傳)〉

諍臣憂國在胸中(쟁신우국재흉중)	직간하는 신하의 나라 걱정이 가슴속에 있었지만
至治完成不世通(지치완성불세통)	이상정치 완성으로 어지러운 세상을 바꾸지 못했네
忠越時空身苦勞(충월시공신고로)	충성심은 시공을 넘어 몸이 괴롭고 수고로웠고
勇撑宇宙魄勳功(용탱우주백훈공)	용기는 우주를 지탱할 정도로 넋이 공훈을 남겼네
大儒動地千言發(대유동지천언발)	큰선비의 세상 움직임은 수만 사람의 말로 시작했고
巨木驚天一斫終(거목경천일작종)	하늘을 놀라게 한 큰 인물은 한번 베임으로 끝났네
失晶三光雲雨覆(실정삼광운우복)	해와 달과 별이 빛을 잃고 구름과 비가 뒤집혔고
四民悼惜哭丹衷(사민도석곡단충)	온 백성이 모두 슬퍼해 (정암의) 붉은 충정에 곡하네

---

* 諍臣(쟁신) : 왕의 잘못을 바른말로 간하는 신하
* 至治(지치) : 세상이 잘 다스려진 정치
* 苦勞(고로) : 괴로움과 수고로움
* 撑(탱) : 1. 버티다. 2. 취하다. 3. 헤치다. 4. 배부르다. 5. 버팀목, 지주
* 動地(동지) : 커다란 세력이나 힘 등이 세상을 크게 놀라게 함의 비유
* 斫(작) : 베다. 자르다
* 失晶三光(실정삼광) : 삼광실정(三光失晶)의 도치. 해도 달도 별도 빛을 잃다
* 四民(사민) : 사·농·공·상 네 가지 신분의 백성.
* 悼惜(도석) : (죽은 사람을) 애석하게 여기어 슬퍼함
* 丹衷(단충) : 조광조의 붉은(거짓 없는) 충정

55

교육개혁과 퇴계(退溪) 이황(李滉)의 도의(道義)철학

　연금·노동·교육 '3대개혁'은 대한민국의 명운을 가를 중대하고 시급한 과제인데, 문재인 정부는 5년을 허송세월했다. 윤석열 대통령은 취임 후 첫 국회연설에서 '3대개혁'을 새 정부 국정과제로 제시했다.
　2022년 사교육비는 26조원으로 역대 최고치를 찍었다. 사교육비 탓에 한국에서 자녀를 18세까지 키우는 데 드는 양육비용이 1인당 국내총생산(GDP)의 7.8배로 세계 최고 수준이다. 독일(3.64배), 프랑스(2.24배) 등 다른 선진국의 2~3배에 이른다.
　한국 교육은 6·3·3학제, 이·문과 분리제 등 70년 된 낡은 시스템의 획일적 교육에 갇혀있다. 지방소멸에 따른 대학소멸, '불평등 세습' 교육, 전교조의 좌편향 교육 등 산적한 과제가 새 정부를 시험하고 있다.

　가난한 나라 조선의 역사를 정의로운 반석 위에 올려놓았던 명현(明賢)들은 한둘이 아니다. 〈조선왕조 5백 년〉의 저자 신봉승 선생은 조선의 명현들을 골라내어 대한민국의 총리·장관으로 임명한다면, 그 결과 세계에 자랑할 만한 모범국가를 만들어 낼 수 있다고 했다.

신봉승 선생은 퇴계(退溪) 이황(李滉, 1501~1570년)을 대한민국 정부 조직의 첫 자리인 기획재정부 장관으로 추천했지만, 육당 최남선 선생은 퇴계를 서울대 총장으로 추천했다. 그러나 필자는 오히려 죽어서 영의정으로 추숭되었던 퇴계를 교육부 장관으로 추천하고 싶다.

퇴계는 예안현 온계리에서 이식(李埴)과 박씨 부인 사이의 7남 1녀 중 막내로 태어났다. 출생한 지 일곱 달 만에 아버지가 별세하여 32세의 어머니는 자식들을 엄하게 훈육하였다.

퇴계는 평소에 '사무사'(思無邪, 생각에 사특함이 없음), '무자기'(毋自欺, 자기 자신을 속이지 아니함), '신기독'(愼其獨, 홀로 있을 때도 삼가함), '무불경'(毋不敬, 공경하지 않음이 없음) 네 가지를 좌우명으로 삼았다.

늦은 나이인 34세에 출사한 퇴계는 평생 사임(辭任)과 재서용(再敍用)을 되풀이했으며, "무르익지 않은 공부로 관직을 바라지 말라."고 제자들을 가르쳤다. 그는 '귀거래사(歸去來辭)'를 지은 도연명(陶淵明)의 시와 삶을 좋아했으며, 정갈한 삶과 정신세계를 보여주는 2,300여 수의 시를 남겼다. 또한 61세에 도산서당(陶山書堂)[467]을

---

467) 도산서당(陶山書堂) : 지역 이름을 딴 것인데, 이 지역을 도산(陶山)이라고 한 까닭은 질그릇을 굽던 곳이 있었다는 이야기와 함께 산이 접힌 모습이 빚은 것처럼 보여 도산이라고 한 것 같다는 이야기가 전해진다. 1570년, 퇴계 사후 도산서당은 도산서원으로 바뀐다.

세워 학문을 완성하고 인재를 길러 조선 사회를 바꾸려고 노력했다.

무진년(1568년) 선조가 17세의 어린 나이로 즉위하자, 68세의 퇴계는 대제학을 맡아 군왕이 갖춰야 할 덕목과 몸가짐을 정리한 〈무진육조소(戊辰六條疏)〉를 올렸다. 이 '무진육조소'는 율곡 이이의 〈만언봉사(萬言封事)〉와 더불어 조선 성리학의 정치이념을 잘 드러내는 저술로, '6가지 내용'으로 요약된다.

▲지난 임금들의 뜻을 이어받아 인과 효를 온전히 할 것 ▲아침하는 말로 이간하는 자들을 막아 양궁(兩宮)이 친하게 지낼 것 ▲성학으로 다스림의 근본을 세울 것 ▲도덕과 학술을 밝혀 인심을 바로 잡을 것 ▲충성되고 어진 신하를 찾아 눈과 귀를 통하게 할 것 ▲모든 다스림에 있어 하늘의 사랑을 이어받을 것

"조정의 신하들 가운데 바른 사람을 질시하여 틈만 나면 일을 저지르는 자는 단연코 미리 눌러야 할 것입니다. 그러나 스스로 현명하고 착한 사람들을 멀리하고 서로 배척하게 되면 도리어 손해를 보게 될 것입니다. 오직 보수적이고 상리(常理)만을 지키는 신하에게만 의지하면 새로 분발하고 진작하여 잘 다스리는 데 지장이 있을 것이며, 반대로 지나치게 진취적이고 새로운 것만을 좋아하는 자에게 일을 맡기면 자칫 기존질서가 문란해질 것입니다."

이 '무진육조소'에는 군주가 국가를 경영함에 있어 갖춰야 할 리

도산서원(陶山書院) : 안동시 도산면 토계리에 있는 서원. 선조 7년(1574)에 퇴계 이황의 학덕을 기리기 위하여 문인과 유림이 중심이 되어 창건하였으며 이듬해에 선조에게서 편액(扁額)을 받아 사액서원이 되었다. 조선 후기에 영남유림의 정신적 중추 구실을 하였다.

더십이 빠짐없이 담겨있어 통치자의 수기치인(修己治人)을 담아 성군의 길을 제시한 '동양판 군주론'이라고 할 수 있다.

같은 해 퇴계는 '국왕이 힘써야 할 학문의 길'을 밝힌 〈성학십도(聖學十圖)〉[468]를 지어 올렸다. 서문의 '사지습지 진천리지 반복종시(思之習之 眞踐履之 反復終始)'는 '생각하고 익히고, 참되게 실천하며, 반복하여 시종일관하라.'는 가르침으로, '경(敬)이 그 마음을 주재'하는 자기혁신의 실천적 방법론이다.

퇴계는 70세에 타계하기 2년 전 제자에게 왜구의 창궐을 걱정하는 편지를 보냈다. "남쪽 바다에 왜구의 흉한 기운이 날뛰니 나라가 장차 무엇으로써 이 캄캄한 밤의 한탄을 막아 낼 것인가 알 수 없다. 산골의 벽촌도 견딜 수 없겠거늘 하물며 나라 강토를 어찌하면 좋으냐." 사후의 국가적 환란을 걱정한 대학자의 예지력이 돋보인다.

퇴계는 율곡 이이와 더불어 조선 성리학의 양대 거봉이자, 동양 3국의 도의철학(道義哲學)의 건설자이며 실천자이다. '동방의 주자(朱子)'라고 불린 퇴계의 사상은 일본 성리학에도 큰 영향을 끼쳤다.

대한민국은 선진국 수준에 걸맞은 '교육개혁'이 필요하다. 퇴계 같은 성공한 교육부 장관이 나오길 바라는 뜻에서 이퇴계 선생을 경모하는 자작 한시를 소개한다.

---

468) ≪성학십도(聖學十圖)≫ : 이황이 성학(聖學)의 개요를 그림으로 설명한 책. 성학과 심법(心法)의 요점을 설명하기 위하여 여러 성리학자들의 도설(圖說)을 취사하여 채택하고, 자신의 의견을 첨부하였다. 숙종 7년(1681)에 오도일이 간행하였다.

暗香慈訓始終追(암향자훈시종추)　매화 향기 같은 어머니의 가르침을 시종일관 따랐고
行道安人出處基(행도안인출처기)　도를 행해 남을 편안케 하는 게 벼슬살이 기초였네
四勿無違吾自踐(사물무위오자천)　네 가지 좌우명을 어기지 않으려고 스스로 실천했고
六條聖學帝王隨(육조성학제왕수)　〈무진소육조〉〈성학십도〉는 왕이 따르는 법이 었네
有山嶷嶷衝天立(유산억억충천립)　산(학문의 길)은 높고 높아 하늘을 찌를 듯이 서있고
持水源源向海馳(지수원원향해치)　물(성인의 길)은 깊고 깊어 바다를 향해 달렸네
九曲東流非浪說(구곡동류비낭설)　구곡(주자)이 동쪽으로 왔다는 말이 낭설이 아니었고
傳經絶倫萬邦師(전경절륜만방사)　경학 전하심 매우 뛰어나 만국의 스승 되었네

――――――――――

* 暗香(암향) : 그윽이 풍기는 향기. 매화의 향기
* 慈訓(자훈) : 모훈(母訓). 어머니의 훈육
* 出處(출처) : 관직에 나아감. 出處進退(출처진퇴) : 관직에 나아감과 물러남
* 四勿(사물) : 좌우명 네가지. 사무사(思無邪) 무자기(毋自欺) 신기독(愼其獨) 무불경(毋不敬)
* 吾自(오자) : 나 자신이. 나 스스로
* 六條聖學(육조성학) : 〈무진육조소(戊辰六條疏)〉와 〈성학십도(聖學十圖)〉
* 嶷嶷(억억) : 높고 높음
* 九曲(구곡) : 무이구곡(武夷九曲). 중국 복건성에 있는 무이산의 아홉 계곡. 송의 주희가 '구곡가(九曲歌)'를 지은 데서 나온 말
* 傳經(전경) : 경학 전하심

56

호국보훈과 남명(南冥) 조식(曺植)의 경의(敬義) 철학

6월은 호국보훈의 달이다. 온 국민이 독립운동과 한국전쟁에 희생한 선열(先烈)과 그 가족에게 감사와 존경의 마음을 표시하는 달이다. 전쟁을 맞아 나라가 누란지위(累卵之危)에 처했을 때 분연히 일어나 목숨을 바친 호국영령들 중에는 의병(義兵)을 빼놓을 수 없다.

2011년 6월 1일. 제1회 '의병의 날' 기념식이 경남 의령군에서 개최되었다. '호국보훈의 달' 첫째 날인 6월 1일이 의병의 날로 선정된 이유는 임진왜란시에 곽재우(郭再祐) 장군이 최초로 의병을 일으킨 음력 4월 22일을 양력으로 환산한 것에서 유래한다.

오늘 우리가 누리는 자유와 평화는 순국선열의 고귀한 희생이 있었기 때문이고, 의병을 생각할 때 떠오르는 인물이 임진 의병장들의 스승인 조식(曺植, 1501~1572) 선생이다.

조식의 자는 건중(健中), 호는 남명(南冥), 시호는 문정(文貞)이다. 본관은 창녕으로, 어려서부터 학문연구에 몰두하여, 주자(朱子)·정자

(程子) 등의 초상화를 손수 그려 병풍으로 만들어 펼쳐놓고 자신을 독려하였다.

　남명은 조선의 선비들과는 아주 달랐다. 한평생 열 차례 이상 조정으로부터 벼슬을 받았지만, 단 한 번도 벼슬에 나아가지 않고 처사(處士)[469]로 자처하면서 학문과 제자들의 교육에 힘썼다.
　조선시대 영남의 유학은 '좌퇴계·우남명'이란 말이 함축하듯, 낙동강을 중심으로 경상좌도에 '퇴계(이황)학파'와 경상우도에 '남명(조식)학파'가 양대 산맥을 이루었다.[470] 동갑내기 두 사람은 편지로 교류했지만, 일생동안 만나지는 못했다. 퇴계는 남명과의 관계에 대해, 얼굴은 보지 못하고 정신만으로 사귄다고 해서 '신교(神交)'라 표현했다.

　남명은 외환(外患) 위기를 예상하여 제자들에게 유비무환의 정신을 가르쳤다. 남명 사후 20년 후에 발발한 임진왜란에 곽재우(의령), 정인홍(합천), 김면(고령) 3대 의병장 등 제자 57명, 사숙인 131명의 의병장들이 1만 여명의 경상우도 의병단을 이끌었다.

---

[469] 처사(處士) : 조선 중기 벼슬을 하지 않고 초야에서 은둔한 선비들을 일컫는 말. 16세기 붕당정치(朋黨政治)로 인해 중앙관직으로 출사를 단념하고 고향에서 사림(士林)을 형성하며 지방에 은둔하게된 선비들이 형성되었다. 이들 선비들은 다양한 용어로 불리게 되었는데 처사뿐만아니라 은사(隱士), 유일(遺逸), 은일(隱逸), 일사(逸士), 일민(逸民) 등으로 불렸다. 특히 당시 북인(北人)으로 분류되어 중앙정치에 참여할 수 없었던 남명(南冥) 조식(曺植)을 호칭하는 용어로 사용되었고, 화담(花潭) 서경덕(徐敬德)을 처사라고 호칭하였다.
[470] "퇴계가 소백산 밑에서 태어났고, 남명이 두류산 동쪽에서 태어났다. 모두 경상도의 땅인데, 북도에서는 인(仁)을 숭상하였고 남도에서는 의(義)를 앞세워, 유교의 감화와 기개를 숭상한 것이 넓은 바다와 높은 산과 같게 되었다. 우리의 문화는 여기에서 절정에 달하였다."(이익의 ≪성호사설≫ 중에서)

1555년, 남명은 〈을묘사직소(乙卯辭職疏-단성소)〉[471]에서 조정이 외척의 발호로 극도의 혼란에 빠져드는 것과 국정의 난맥상에 대해 통렬한 지적을 했다.

"(중략) 자전(慈殿, 문정왕후)께서는 생각이 깊으시지만 깊숙한 궁중의 한 과부일 뿐이고, 전하께서는 어리시어 단지 선왕의 한 고자(孤子, 고아)에 지나지 않습니다. 그러니 백천 가지의 천재(天災)와 억만 갈래의 인심을 무엇으로 감당하고 무엇으로 수습하시겠습니까?"

조선을 움직인 한 편의 상소에 조정은 발칵 뒤집혔다. 말 한마디로 목숨이 날아갈 절체절명의 순간을 자초한 남명에 대해로 "군주에게 불경을 범한 남명을 처벌하자."는 주장이 제기되었지만, 상당수의 대신이나 사관들은 "표현이 적절하지 못하지만 그 우국충정은 높이 살 만하고, 남명에게 죄를 주면 언로가 막힌다."는 논리로 남명을 적극 변호함으로써 파문은 가라앉을 수 있었다. 이후 이 〈을묘사직소〉는 조선의 뜻있는 유학자들에게 '상소'의 전범(典範)과도 같은 것으로 여겨졌다.

남명은 〈제덕산계정주(題德山溪亭柱)〉라는 시에서 '하늘이 울어도 지리산은 울지 않는다(天鳴猶不鳴·천명유불명)'고 했는데, 선비의 높은 기상으로 속세와 타협하지 않고 만고불변의 지리산처럼 의연함을 지키고 싶다는 자신의 이상을 표현했다. 남명은 평생 우국과 위

---

471) 남명 선생이 〈을묘사직소〉를 쓴 때는 조선 명종 11년(1555년)이다. 1592년 임진왜란으로 온 나라가 쑥대밭이 되기 불과 37년 전이다. "척족 세력이 날불한당과 같은 정치를 펼치고 있었고, 논밭을 빼앗기고 유랑하는 백성이 농사짓는 백성보다 많았던" 시기이다.

민을 바탕으로 한 경(敬)과 의(義)를 학문의 실천 지표로 삼은(敬義之學·경의지학) 칼(敬義劍·경의검)을 찬 선비였다.

칼 손잡이 앞뒤에 '내명자경(內明者敬) 외단자의(外斷者義)'라는 글자를 새겼다. 안으로 마음을 밝히는 것은 '경'이요, 밖으로 행동을 결단하는 것은 '의'라는 뜻이다. 그는 '경'으로써 마음을 곧게 하고, '의'로써 외부생활을 처리하여 나간다는 '의리철학'을 표방하였다.

또한 남명은 허리춤에 방울(惺惺子·성성자, 항상 깨어있음)을 달고 다녔다. 조금만 방울이 울려도 스스로를 경계하여 두려워하는 마음을 유지하기 위해서였다. 남명은 특히 실천궁행(實踐躬行, 실지로 몸소 이행함)을 강조하였는데, 일상생활에서도 철저한 절제로 일관하여 불의와는 일체 타협하지 않았다.

바른말이 사라진 우리 시대이다. 아무도 공의(公義)를 말하지 않는다. 선비정신은 우리나라가 세계에 자랑할 수 있는 문화적인 자긍심이다. 퇴계는 조식의 상소를 두고 "조식은 풍진(風塵, 어지러운 일이나 시련) 중에서도 절대 머리를 숙이지 않는 '고항지사(高亢之士, 뜻이 높아 남에게 굽실거리지 않는 선비)'다."라고 했다.

지리산 천왕봉(天王峯) 아래 산천재(山天齋)[472]에서 강학(講學)에만 전념한 '기개와 절조의 최고봉'인 남명 선생의 선비정신을 흠모하는 필자의 자작 한시를 소개한다.

---

472) 산천재(山天齋) : 남명 조식이 말년에 후학을 양성하기 위해 산청군 시천면 사리에 세운 학당. 이곳은 남명이 생의 후반부를 보내며 살았던 곳이다. 그는 61세 때 산청 지역에 정착하여 지리산 천왕봉이 바라보이는 곳에 산천재를 짓고 후학을 양성하였다. 정면 세 칸, 측면 두 칸의 팔작지붕이며 마당에는 매화가 심어져 있다.

成林桃李滿三朝(성림도리만삼조) 제자들이 숲을 이룬 게 삼대의 조정에 이르렀고
佩劍雙鈴敬義標(패검쌍령경의표) 허리에 찬 칼과 한 쌍의 방울은 '경·의' 표시였네
處士修行名利越(처사수행명리월) 선비(남명)의 수행은 명예와 이익을 뛰어넘었고
民兵蜂起死生超(의병봉기사생초) 의병(제자들)의 세찬 봉기는 죽음과 삶을 초월했네
弊端混混今封事(폐단혼혼금봉사) 폐단으로 사회풍조가 혼탁하면 바로 상소를 올렸고
塵土紛紛卽思焦(진토분분즉사초) (마음속) 티끌이 어지러우면 곧 마음을 태워버렸네
避世子陵悠自適(피세자릉유자적) 세상을 피한 자릉(동한의 현자)처럼 유유자적했고
天王萬古卓然昭(천왕만고탁연소) 지리산 천왕봉처럼 만고에 높이 뛰어나게 빛나네

----

* 成林(성림) : 나무가 자라서 숲을 이룸. 또는 그 숲
* 桃李(도리) : 제자. 복숭아와 자두. 남이 천거한 어진 사람
* 三朝(삼조) : 삼대의 조정. 중종·명종·선조
* 佩劍(패검) : 허리에 찬 작은 칼
* 處士(처사) : 벼슬을 하지 아니하고 초야에 묻혀 살던 선비. 조식
* 混混(혼혼) : 사회풍조가 혼탁한 모양
* 封事(봉사) : 상소. 임금에게 밀봉하여 올리던 글
* 紛紛(분분) : 어지러운 모양
* 子陵(자릉) : 중국 후한 시대의 은둔지사 '엄광(嚴光)'의 자
* 悠自適(유자적) : 유유자적(悠悠自適). 속세를 떠나 아무 속박 없이 조용하고 편안하게 삶
* 天王(천왕) : 천왕봉. 지리산에서 가장 높은 봉우리(1,915미터)
* 卓然(탁연) : 탁월(卓越)한 모양

57

예술과 사랑, 자유를 추구한 이인(異人) 황진이(黃眞伊)

　기녀(妓女)는 전통사회에서 잔치나 술자리에서 노래·춤 및 풍류로 흥을 돋우는 일을 업으로 삼았던 여자를 지칭한다. 기녀는 한번 기적(妓籍)에 올려지면 천민이라는 신분적 굴레에서 벗어날 수 없었으며, 기녀와 양반 사이에 태어난 경우라도 천자수모법(賤者隨母法)[473]에 따라 아들은 노비, 딸은 기녀가 될 수밖에 없었다.
　기녀들은 국문학에 큰 영향을 끼쳤다. 오늘날까지 전해지는 정한(情恨)이 짙은 고려가요(高麗歌謠)[474]는 대부분 기녀들의 작품으로 보여진다. 조선 말기에 이르면 기녀는 일패(一牌, 관기), 이패(술집 작

---

[473] 천자수모법(賤者隨母法) : 고려시대의 노비 세전법(世傳法). 천자는 노비를 말한다. 노비 상호간의 혼인으로 생긴 소생의 소유권을 비의 소유(婢主·비주)에게 귀속시킨다는 법규이다. 또한 양인 남자와 여자 종이 혼인하는 비가양부(婢嫁良夫)의 경우에도 적용되어, 소생은 어머니의 신분과 같이 노비로 하고, 비주가 이를 소유할 수 있도록 하였다. 그것은 노비를 소유하고 있던 지배층들의 지속적인 노비 증식의 방편으로 활용되었다.
　조선 세종 11년(1429) 대사헌 김효손(金孝孫)이 인륜을 어지럽히는 종부법(從父法)을 폐지하고, 천자수모법으로 환원할 것을 제의했고, 1432년 맹사성(孟思誠)도 적극 주장하였다. 그리하여 같은 해 종모법(從母法), 즉 천자수모법을 기본으로 하고, 종부법을 예외적으로 적용하는 절충법이 나타나게 되었다.

[474] 고려가요(高麗歌謠) : 고려시대에 창작된 시가로 주로 민중 사이에 널리 전해진 속요(俗謠)를 뜻하여, 고려속요라고도 불린다. 넓은 뜻으로는 고려시가(高麗詩歌) 모두를 포함하며 고려가사(高麗歌詞) 등으로 부른다.

부), 삼패(창녀)로 나뉜다. 일패 기녀는 시·서와 음률 등 예술적 재능이 뛰어나고 함부로 몸을 맡기지 않는 관기(官妓)로, 이들에 의해 우리 전통 가무가 보존, 전승되었다고 해도 과언이 아니다.

일제 강점기 조선의 기생들 가운데는 독립운동에 관여하거나 독립군을 돕다가 희생당한 이들이 많다. 3.1운동 때는 기생들도 태극기를 들고 거리로 뛰쳐나와 '대한독립 만세'를 외쳤다.

부안 명기 이매창(李梅窓)[475]은 당시 문인들과 교분이 두터웠으며, 송이(松伊)·소춘풍(笑春風) 등은 시조시인으로 이름을 남겼다. 진주 기녀 논개(論介)는 대표적 의기(義妓)로 꼽힌다.

우리 역사 인물 가운데 시서와 음률에 뛰어났던 개성 기녀 황진이(黃眞伊, 조선 중종 대/생몰년 미상)만큼 체제를 넘어 남·북한에서 널리 사랑받은 인물도 흔치 않을 것이다. 소설로, 드라마로, 영화로 여러 차례 조명받은 그녀는 기개가 있고 도전과 창조정신으로 충만했던 신여성이었다.

예술과 사랑, 자유를 추구한 이인(異人, 재주가 비범한 사람) 황진이는 조선 중기 재색(才色)을 겸비한 여류시인의 대명사이다. 본명은 황진(黃眞), 일명 진랑(眞娘). 기명(妓名)은 명월(明月)이다. 출생에 관하여서는 황진사의 서녀(庶女)와 맹인(진현금)의 딸이라는 설이 있는

---

475) 이매창(李梅窓, 1573~1610) : 조선 중기 때의 여류시인. 명기(名妓). 자는 천향(天香). 아명은 향금(香今). 호는 매창(梅窓). 부안(扶安)의 기생으로 가사(歌詞)·한시(漢詩)·시조(詩調)·가무(歌舞)·현금(玄琴) 등에 뛰어난 여류 예술인이었다. 유저(遺著)에 《매창집》이 있으며, 그가 정을 주던 학자 유희경(劉希慶)과 이별하면서 지은 시조가 《청구영언(靑丘永言)》 등에 실려있고, 이능화(李能和)의 《조선해어화사(朝鮮解語花史)》에도 시조 10수가 전한다.

데, 기녀의 신분이라는 점에서 후자가 유력시되고 있다.

 기계(妓界)에 투신하게 된 동기는 15세 경에 자신을 사모하다 병들어 죽은 이웃집 총각의 상여를 움직이게 하려고 속곳을 벗어던져 준 '사건'이 계기가 되었다. 황진이는 16세기 조선 사회의 규범에 따라 당시 기녀들의 소망이었던 사대부의 첩 자리를 마다하고 '자유'를 택했다. 사대부들의 이중성을 고발하고 양반도 상놈과 다를 바 없는 인간이라는 것을 알리고 싶었기 때문이다.

 황진이의 시들은 세련된 언어 구사를 표현하고 있고, 남녀간의 애정을 노래하면서 정교하고 빈틈이 없어 완성도가 높이 평가되었다. 황진이는 시 한 수로 왕족 벽계수(碧溪水)를 유혹했고, 그녀의 격조 높은 '유혹 시' 앞에 벽계수는 군자로서의 허울을 벗어 던졌다. 이 일로 황진이는 일약 유명세를 탔다. 또 황진이는 생불(生佛)로 통하던 지족선사(知足禪師)를 유혹, 색계(色戒)를 범하게 하여 파계시켰다. 도학군자로 명성이 높은 화담(花潭) 서경덕(徐敬德)을 유혹하려 하였으나 실패한 뒤에 사제관계를 맺었다. 서화담·박연폭포와 함께 '송도삼절(松都三絕)'이라 일컬어진다.

 황진이는 한양 제일의 소리꾼인 선전관 이사종과 6년간 전국을 유람하였다. 두 사람은 조선 '최초의 계약결혼' 당사자라 할 수 있을 것이다. 소세양과의 애틋한 30일간의 사랑을 끝으로 황진이는 40세의 짧은 인생을 마감하였다. 황진이의 방향(芳香)은 죽은 뒤에도 조선팔도에 널리 떨쳤다. 그녀의 기(氣)와 예(芸)를 높이 평가했던 임제(林悌)[476]는 서도병마사를 제수받아 임지로 가는 길에 황진이의 무덤에 시를 바친 것이 말썽이 돼 파직당했다.

이덕형(李德馨)[477]은 〈송도기이(松都記異)〉[478]에 황진이를 아리따운 '선녀'와 천재 시인이자 '절창(絕唱)'으로 그렸으며, 류몽인(柳夢寅)[479]은 〈어우야담(於于野談)〉[480]에 "뜻이 크고 높았으며 호협(豪俠)한 기개(氣槪)가 있었다"라고 추켜세웠다.

세속의 규범과 관습을 벗어나 진정한 자유를 누리고(方外之遊·방외지유) 구도(求道)의 길을 걸은 황진이를 경모하는 필자의 자작 한시를 소개한다.

---

476) 임제(林悌, 1549~1587) : 조선 선조 때의 시인. 자는 자순(子順). 호는 백호(白湖). 당대의 명문장가로 호방하고 쾌활한 시풍을 보였으며, 속리산에서 학문에 몰두하였다. 문집에 ≪백호집≫이 있고, 작품에 〈수성지〉 등이 있다. 황진이의 무덤을 지나며 읊은 시조는 유명하다.
청초(靑草) 우거진 골에 자는다 누엇다 홍안(紅顔)은 어디두고 백골만 무쳤느냐 잔 잡아 권할 이 없으니 그를 슬퍼하노라
477) 이덕형(李德馨, 1561~1613) : 조선 중기의 문신. 자는 명보(明甫). 호는 한음(漢陰). 선조 25년(1592)에 예조 참판에 올라 대제학을 겸임하였다. 임진왜란이 일어나자 동지중추부사로서 일본 사신 겐소(玄蘇)와 화의를 교섭하였으나 실패했다. 그 후 왕을 정주까지 호종하였고, 청원사(請援使)로 명나라에 파견되어, 원병을 요청하여 성공을 거두었다. 광해군 즉위 후에 영의정에 올랐다. 저서에 ≪한음문고(漢陰文稿)≫가 있다.
478) ≪송도기이(松都記異)≫ : 조선 인조(仁祖) 때 이덕형이 송도(松都) 유수(留守)로 나가 있을 때 송도에 얽힌 기이한 이야기들을 모아 엮은 야담 설화집. ≪대동야승(大東野乘)≫에도 실려 있다.
479) 유몽인(柳夢寅, 1559~1623) : 조선 중기의 문장가. 자는 응문(應文). 호는 어우당(於于堂). 설화 문학의 대가였으며, 글씨에도 뛰어났다. 인조반정으로 벼슬을 내놓고 전전하다가 역모로 몰려 사형당하였다. 저서로는 ≪어우야담≫, ≪어우집≫ 등이 있다.
480) 〈어우야담(於于野談)〉 : 조선 최초의 야담집이자 수필집이다.

麗都盲女出天才(여도맹녀출천재)　고려 도읍(개성)의 맹인 어머니는 천재를 낳았는데
片愛緣由解語魁(편애연유해어괴)　한쪽 사랑(상사병) 때문에 기생의 으뜸이 되었네
明月空山心醉切(명월공산심취절)　공산에 떠 있는 밝은 달에 마음을 빼앗겨 취했고
夕陽高閣彈琴哀(석양고각탄금애)　석양 무렵 높은 누각에서 거문고 타는 소리 슬프네
詩歌絶唱奇聞展(시가절창기문전)　시와 노래의 뛰어난 명창은 기이한 소문 전개했고
方外交遊佳話開(방외교유가화개)　세속의 규범을 벗어난 교유로 좋은 이야기 열었네
三絶芳香南北振(삼절방향남북진)　송도삼절 꽃다운 향기는 조선팔도에 떨쳤고
依依姿態向乾杯(의의자태향건배)　아련한 자태 향해 술잔 들어 올리고 싶네

----

* 麗都(려도) : 고려의 도읍. 개경
* 片愛(편애) : 한쪽 사랑. 상사병
* 解語(해어) : 해어화(解語花). 1. '기생'을 달리 이르는 말 2. 미인. 말을 알아듣는 꽃
* 絶唱(절창) : 1. 뛰어난 명창. 2. 뛰어난 시 또는 노래
* 奇聞(기문) : 기이한 소문
* 方外(방외) : 1. 세속을 벗어난 곳 2. 고향에서 멀리 떨어진 곳 3. 범위의 밖
* 佳話(가화) : 아름답고 좋은 내용의 이야기
* 三絶(삼절) : 송도삼절(松都三絶). 서경덕, 황진이, 박연폭포
* 南北(남북) : 남쪽과 북쪽. 조선팔도
* 依依(의의) : 1. 아련한 모양 2. 가볍게 흔들리는 모양

58

'평등교육'의 선구자이자 예술가 신사임당(申師任堂)

　1336년(충숙왕 복위 5) 봄. 고려의 이곡(李穀)은 원나라 인종 황제에게 '동녀구색(童女求索)' 중지를 탄원하는 상소문을 올렸다. "고려의 풍속을 보면, 차라리 아들을 별거하게 할지언정 딸은 내보내지 않으니, 이는 옛날 진(秦)나라의 데릴사위와 비슷한 점이 있다고 할 것입니다. 그래서 부모를 봉양하는 일은 전적으로 딸이 주관하고 있기 때문에, 딸을 낳으면 애정을 쏟아 돌보면서 얼른 자라나 자기들을 봉양해 주기를 밤낮으로 바라고 있습니다...."

　이 상소문을 통해 고려시대에는 가정에서 남녀가 평등했고, 때로 여성이 우위에 있기도 했다는 시대 상황을 엿볼 수 있다. 이러한 혼인을 바탕으로 한 가족문화는 조선시대 중기인 16세기까지 계속되었다. 이른바 '남귀여가혼(男歸女家婚)'[481]으로 여자 집에서 신

---

481) 남귀여가혼(男歸女家婚) : 신랑이 신부집에 가서 혼례를 치르고 신부집에서 혼인생활을 시작하는 한국의 전통적 혼인방식. 그 기원은 고구려의 '서옥제(壻屋制)'로 추정된다. 남귀여가혼은 신랑이 신부의 부모·형제·자매를 비롯한 처가 식구와 돈독한 관계를 갖게 되어 가부장적 질서 속에서도 여성의 권리와 지위 유지에 상당한 도움이 되었다는 점에서 나름의 의의를 찾을 수 있다.

혼살림을 시작하고 신랑은 본가와 처가를 주기적으로 오가는 형태였다. '삼종지도(三從之道)'[482]에 충실한 부계 중심의 가족문화가 완전히 뿌리내린 것은 17세기 이후였다.

우리 역사에 세계 최초의 모자(母子) 화폐 인물이 있다. 그 주인공은 신사임당(申師任堂, 1504~1551)과 율곡 이이다. 사임당은 본관이 평산(平山), 진사 신명화(申命和)와 용인이씨 사이의 다섯 딸 중 둘째로, 1504년(연산군 10)에 강릉 북평촌(北坪村)에서 태어났다. 주나라 문왕의 어머니인 태임(太任)[483]을 본받기 위해 당호를 '사임당'으로 지었다. 우리나라 현행 화폐에 등장하는 5인의 인물(세종대왕, 이황, 이이, 이순신, 신사임당) 중 2인이 모자(母子) 사이라는 건 다소 형평에 맞지 않는것 같다.

사임당은 19세에 덕수(德水)이씨 원수(元秀)[484]와 결혼하여 4남 3녀를 두었다. 율곡(栗谷) 이이(李珥)가 강릉에서 태어나 6세 때 서울

---

482) 삼종지도(三從之道) : 예전에, 여자가 따라야 할 세 가지 도리를 이르던 말. 어려서는 아버지를, 결혼해서는 남편을, 남편이 죽은 후에는 자식을 따라야 하였다. 출전 ≪예기≫의 의례(儀禮) 〈상복전(喪服傳)〉
483) 태임(太任) : 주(周) 나라 왕계(王季)의 비(妃)이며 문왕(文王)의 어머니. 상(商) 나라 사람으로 지국(摯國)의 중녀(仲女)로서 임(任)씨 성을 가짐. 태임의 성품은 바르고 곧으며 참되고 엄격하여 오로지 덕(德)을 행하였다고 함.
문왕을 임신했을 때는 눈으로는 나쁜 것을 보지 않았으며 귀로는 음란한 소리를 듣지 않았으며 입으로는 거만한 소리를 내지 않았다고 하여, 태교(胎敎)를 말할 때 인용됨. 유향(劉向)의 ≪열녀전(列女傳)≫에서는 주실(周室)의 삼모(三母)로서 태임 외에 태강(太姜)·태사(太姒)를 들고 있음.
484) 이원수(李元秀, 1501~1561) : 조선 중기의 문신이다. 자는 덕형(德亨). 율곡 이이의 아버지이며 부인은 신사임당이다. 종부시(宗簿寺) 주부, 사헌부(司憲府) 감찰(監察) 등을 역임하였다.

로 왔을 만큼 사임당은 혼인 후 거의 친정에서 살았고, 근 20년 만에 서울 시집에 정착했다.

그녀는 남편과는 돈독치 못했다. 여류 천재시인 허난설헌이 남편 김성립과의 갈등으로 일찍이 세상을 떠났듯이, 사임당도 그리 길지 않은 48세의 삶을 살았지만, '현모양처(賢母良妻)'를 상징하는 인물로 추앙받고 있다.

조선 후기 정내주(鄭來周, 1680~1745)가 지은 〈동계만록(桐溪漫錄)〉에 사임당이 남편에게 "제가 죽은 뒤에 당신은 다시 장가들지 마세요. 우리가 이미 자녀를 7남매나 두었는데 또 무슨 자식을 더 낳아서 〈예기(禮記)〉에 가르친 훈계를 어기기까지 하겠는지요."라며 간곡히 당부한 얘기가 전한다.

율곡이 지은 사임당의 행장(行狀)[485]에 보면 "가군(家君)[486]께서 어쩌다 실수가 있으면 반드시 간하고, 자녀가 잘못이 있으면 따끔하게 훈계하였다."라는 기록이 나오는데, 이는 남편에게 순종적인 '양처' 모습보다는 독립된 인격체로서의 삶을 개척한 당찬 여성의 모습을 떠올리게 한다.

사임당의 그림과 글씨와 시는 뛰어났고, 정결한 지조와 순효(純孝)한 성품은 만세의 귀감이 된다. 명종 때 어숙권(魚叔權)[487]은 〈패

---

485) 행장(行狀) : 1. 죽은 사람이 평생 살아온 일을 적은 글. 2. 몸가짐과 품행을 통틀어 이르는 말.
486) 가군(家君) : 남에게 자기 아버지를 높여 이르는 말.
487) 어숙권(魚叔權, ?~?) : 조선 전기의 학자. 호는 야족당(也足堂). 시평·시론에 뛰어났으며, 이두와 중국어에 능하여 중종 때에 이문학관이 되었다. 편서에 ≪고사찰요≫, ≪패관잡기≫가 있다.

관잡기(稗官雜記)〉488)에서 "사임당의 포도와 산수는 절묘하여 평하는 이들이 안견(安堅)489) 다음에 간다."라고 격찬하였다. 어쩌면 사임당이 대학자 율곡의 어머니였기 때문에 오히려 예술가로서의 올바른 평가를 받지 못했을 수도 있다.

역사상 위대한 인물의 뒤에는 반드시 훌륭한 어머니가 있었다. '사임당정신'은 교육열이 높은 대한민국 어머니들의 자녀교육 자양분이 되고 있다. 오늘날 현모양처는 어떠한 모습이 되어야 할까. 꼼수, 비리, 불법을 저지르면서 명문대를 진학시키는 어머니를 '현모'라고 할 수 있을까. 재벌의 2세 3세들, 정치인의 자녀들이 마약을 하는 작금의 현실은 가정교육의 중요성을 환기시킨다.

사임당은 자녀교육에 있어 '맞춤형 교육'과 아들딸을 차별하지 않는 '평등 교육'을 실시하였다. 3남 율곡을 '백대의 스승'으로, 4남 이우(李瑀)490)를 서화가로, 맏딸 이매창(李梅窓)491)을 화가로 키운 사임당 선생을 경모하는 필자의 자작 한시를 소개한다.

---

488) ≪패관잡기(稗官雜記)≫ : 조선 명종 때의 문인 어숙권이 지은 패관 문학서. 우리나라의 정사(政事), 인물, 풍속, 일화(逸話), 시화(詩話), 민속, 문물 제도 따위를 모아 해설을 붙인 것이다. ≪대동야승≫에 제4권까지 수록되어 있으며, ≪시화총림(詩話叢林)≫에는 시화에 관한 부분만 발췌·수록하고 있다. 6권.
489) 안견(安堅, ?~?) : 조선 전기의 화가. 자는 가도(可度). 호는 현동자(玄洞子). 산수화를 잘 그렸으며, 작품에 〈몽유도원도〉, 〈적벽도(赤壁圖)〉, 〈청산백운도(靑山白雲圖)〉 등이 있다.
490) 이우(李瑀, 1542~1609) : 조선시대 「설중매죽도」, 「수과초충도」, 「포도도」 등을 그린 서화가. 자는 계헌(季獻), 호는 옥산(玉山).
491) 이매창(李梅窓, 1529~?) : 조선 중기의 화가. 매창(梅窓)은 호이다. 조말생의 4대손인 조건의 아들이자 종부시직장(宗簿寺直長)을 지낸 조대남과 결혼해서 조영 등을 낳았다.

女中君子北坪鳴(여중군자북평명) 여자 중의 군자는 강릉 북평촌에서 태어났고
髫齔無比墨跡創(초츤무비묵적창) 일곱 살에 묵적에 아주 뛰어나 비길데가 없었네
鶴髮臨瀛醒不忘(학발임영성불망) 임영에 있는 늙은 어머니 깨어서는 잊지 못했고
家山烏竹夢歸行(가산오죽몽귀행) 고향산천 오죽헌으로 꿈속에서도 돌아가길 바랐네
良妻諤諤依名士(양처악악의명사) 어진 아내는 바른말 하며 남편에게 의지했고
賢母揚揚振棟樑(현모양양진동량) 어진 어머니는 득의하게 동량을 떨쳐 일으켰네
均等育英先世導(균등육영선세도) 차별 없는 평등교육을 시대를 앞서 선도했고
闇然陰德大明彰(암연음덕대명창) 어렴풋한 숨은 덕행은 해와 달처럼 드러났네

――――――――――

* 北坪(북평) : 강릉 북평촌. 신사임당 고향
* 髫齔(초츤) : 7~8세 나이
* 鶴髮(학발) : 하얗게 센 머리. 늙은 어머니
* 臨瀛(임영) : '강릉'의 옛 이름
* 家山(가산) : 고향의 산천
* 諤諤(악악) : 기탄없이 바른말을 하는 모양
* 揚揚(양양) : 득의에 찬 모양
* 闇然(암연) : 어렴풋한

59

희미해져 가는 상무정신의 복원과 서산대사(西山大師)

　최근 북한 무인기 침투와 관련한 안보시스템 상의 여러 문제점과 우리 군의 허술한 대응이 문제다. 부대 간 무인기 상황 전파도 지연돼 손발이 안 맞은 셈이다. 초기 대응작전 실패가 그저 운이 나빠 '안보참사'가 벌어진 것이 아님이 명백하다.
　우리나라가 진정한 선진국이 되고자 한다면 문약한 풍조를 청산하고 '상무정신'을 드높여야 한다. 상무정신이 희미해져 가는 나라들의 운명은 역사 속에 패배자들로 기록됐다.
　향후 장비 보강뿐만 아니라 장비를 운용하는 인력과 시스템, 그리고 군의 훈련강화와 정훈교육이 필요하다. 군은 이번 작전 실패를 전화위복의 계기로 삼아 향후 안보역량을 획기적으로 보강해야 한다.

　1593년(선조26) 4월 12일. 〈선조실록〉 기사를 쓴 사관(史官)이 붙인 평가가 폐부를 찌른다. "전란을 당해 날래고 건장한 장수들조차 두려움에 떨었는데 엄청난 전공(戰功)이 도리어 죽을 날이 멀지않은 늙은 승려에게서 나왔다. 이것이 어찌 무사들만의 수치이겠는가."

〈선조실록〉의 사가는 서산대사(西山大師, 1520~1604)의 수제자인 사명대사(泗溟大師)[492] 유정(惟政)의 분전(奮戰)을 인용하면서 임진왜란 때 도망가기 바빴던 무신은 물론 조정 대신들까지 비판하고 있는 것이다.

서산대사는 임진왜란 때 승병을 일으켜 일본군을 크게 물리친 조선의 승려이다. 본관은 완산(完山). 1,520년 평남 안주에서 최세창(崔世昌)과 김씨 사이에서 태어났다. 자는 현응(玄應), 호는 청허(淸虛), 법명은 휴정(休靜)이다. 1549년(명종 4) 승과에 급제하여 선교양종판사(禪敎兩宗判事)를 겸임했으며, 보우(普雨)[493] 대사를 이어 봉은사 주지가 되었다.

휴정은 임진왜란이 발발하자 73세에 묘향산에서 나와 왕명에 따라 팔도십육종도총섭(八道十六宗都摠攝)이 되어 팔도 승려들에게 격문을 띄웠다.

"아, 하늘의 길이 막히도다. 조국의 운명이 위태롭도다. (중략) 단군의 피가 흐르는 이 땅의 젊은이들은 모두 창칼을 들고 일어나야 될 것이오! (중략) 의

---

492) 사명대사(泗溟大師, 1544~1610) : 조선 중기의 승려. 평양을 수복하고 도원수 권율과 의령에서 왜군을 격파했고, 정유재란 때 울산의 도산과 순천 예교에서 전공을 세웠다. 1604년 일본으로 건너가 강화를 맺고 조선인 포로 3,000여 명을 인솔하여 귀국했다.
493) 보우(普雨, 1509~1565) : 조선 명종 때의 승려. 호는 허응(虛應). 문정왕후의 신임을 얻어 봉은사와 봉선사를 각각 선종(禪宗)과 교종(敎宗)의 본사(本寺)로 정하고, 승과(僧科)를 부흥하는 등 불교를 부흥시켰다. 문정왕후가 죽은 뒤 유신(儒臣)의 탄핵을 받아 참형되었다. 저서에 ≪허응당집≫, ≪불사문답(佛事問答)≫ 등이 있다.

V. 조선시대

(義)를 위해 나를 희생하는 바, 또 무릇 중생을 대신하여 고통을 받는 바가 곧 보살이 할 바요 나아갈 길이라. 일찍이 원광법사(圓光法師)께서 임전무퇴(臨戰無退)라 이르시니, 무릇 나라를 지키고 백성을 구함은 불법을 따른 우리 조상들이 대대손손 받들어 온 전통이오. 조선의 승병들이여! 우리 백성이 살아남을지 아니할지, 우리 조국이 남아있을지 아니할지, 그 모두가 이 싸움에 달려있소!. (하략)"

이 격문을 읽고 비분강개하여 통곡하지 않은 승병이 없었다. 제자 처영(處英)[494]은 지리산에서 궐기하여 권율의 휘하에서 종군(從軍)했고, 유정(惟政, 사명대사)은 금강산에서 1,000여 명의 승군을 모아 평양으로 왔다. 휴정은 문도 1,500명의 의승군(義僧軍)을 모집하여 명군(明軍)과 합세, 한양 수복에 큰 전공(戰功)을 세웠고, 전쟁 후(1604년) 강화교섭을 위해 일본에 사신으로 가 3천5백여 명의 포로를 송환하는 큰 외교적 성과를 거두었다. 승병들은 죽음을 그저 귀향과 같이 여겨 몸 바쳐 나라의 위난에 달려간 것이다.

휴정은 좌선견성(坐禪見性)을 중시하였고, "선은 부처님의 마음이고 교는 부처님의 말씀이다(禪是佛心 敎是佛語·선시불심 교시불어)."라며, 교를 선의 한 과정으로 보아 선종에 교종을 일원화시켰다. 선교에 대한 이와 같은 정의는 간단명료하게 진수를 밝힌 선교관(禪敎觀)이라 할 수 있다. 이와 같은 정의는 '사람은 누구에게나 불성

---

494) 처영(處英, ?~?) : 휴정의 제자. 임진왜란 때 호남에서 의승군(義僧軍)을 일으켰다. 권율의 군사를 따라 평양·개성에서 싸워 크게 이겼다. 정조 18년(1794) 대흥사의 표충사(表忠祠)와 묘향산의 수충사(酬忠祠)에 휴정·유정 등과 함께 진영(眞影)이 안치되었다.

이 있기' 때문에 누구나 닦으면 성불(成佛)할 수 있다고 하는 성도문(聖道門)에 입각하고 있다. 또한 유·불·도(儒佛道)는 궁극적으로 일치한다고 주장, '삼교통합론(三敎統合論)'의 기원을 이루어 놓았다.

1604년 1월. 휴정은 묘향산 원적암에서 '생야일편부운기 사야일편부운멸'(生也一片浮雲起 死也一片浮雲滅)이라는 게송(偈頌)을 남겼다.[495] 이어 자신의 영정(影幀)을 꺼내어 그 뒷면에 "80년 전에는 네가 나이더니 80년 후에는 내가 너로구나(八十年前渠是我 八十年後我是渠)."라는 시를 적어 유정과 처영에게 전하게 하고 가부좌하여 앉은 채로 입적(入寂)하였다. 나이 84세, 법랍(法臘) 66세였다. 입적후 21일 동안 그 방안에는 기이한 향기가 가득했다고 한다. 저서로 ≪선가귀감(禪家龜鑑)≫이 있고, 전쟁 중에 권선징악(勸善懲惡)의 뜻을 담은 ≪회심곡(回心曲)≫이라는 노래를 지어 널리 부르게 하였다.

조선시대 최고의 선승이며 전쟁의 아비규환(阿鼻叫喚)에서 백성을 구한 민족의 영웅인 휴정을 경모하는 필자의 자작 한시를 소개한다.

---

495) 생야일편부운기(生也一片浮雲起) 삶도 한 조각 뜬구름이 일어남이요,
　　사야일편부운멸(死也一片浮雲滅) 죽음도 한 조각 뜬구름이 스러짐이다.
　　부운자체본무실(浮雲自體本無實) 뜬 구름 자체가 본래 실체가 없는 것이니,
　　생사거래역여시(生死去來亦如是) 나고 죽고 오고 감이 역시 그와 같다네.
　　〈임종게(臨終偈)〉
　　千計萬思量(천계만사량) 생각하고 꾀하던 모든 것들
　　紅爐一點雪(홍노일점설) 화롯불에 떨어진 흰 눈 한 송이
　　泥牛水上行(니우수상행) 진흙으로 만든 황소가 물 위로 가고
　　大地虛空裂(대지허공렬) 대지와 허공이 꺼져버렸네

急聞王事下山峰(급문왕사하산봉)　왕사(왜군 침입)를 급하게 듣고 묘향산에서 내려와
犬馬之忠海內宗(견마지충해내종)　국가에 바치는 충성은 나라 안에서 으뜸이라네
救國告僧戎馬隨(구국고승융마수)　구국 위해 승려들에게 띄운 격문에 병마는 따랐고
抗倭拔劍義人從(항왜발검의인종)　왜군에 대항해 칼을 뽑자 의로운 인사들이 쫓았네
鳳車秩秩宏都邑(봉차질질굉도읍)　임금 수레는 질서정연하고 크게 한양으로 귀환했고
聖寵紛紛鬱赤松(성총분분울적송)　임금의 은총이 적송(소나무)처럼 크게 내려졌네
玄道慧禪誰第一(현도혜선수제일)　불교의 지혜와 선에는 누가 제일인가
濟民快擧斗星重(제민쾌거두성중)　백성을 구제한 쾌거는 북두칠성처럼 중하네

―――――――――

* 王事(왕사) : 임금이나 왕실에 관한 일
* 犬馬之忠(견마지충) : 신하나 백성이 임금이나 나라에 바치는 충성을 낮추어 이르는 말
* 戎馬(융마) : 전쟁에서 쓰는 수레와 말. 군대
* 鳳車(봉차) : 임금이 타던 수레. 어가(御駕)
* 秩秩(질질) : 질서정연한 모양
* 紛紛(분분) : 1. 많은 모양 2. 어지러운 모양
* 赤松(적송) : 소나무. 경복궁을 지을 때 사용한 목재
* 玄道(현도) : 깊고 묘한 도(道). 불도(佛道)
* 慧禪(혜선) : 지혜. 선
* 斗星(두성) : 북두칠성
* 濟民(제민) : 도탄(塗炭)에서 허덕이는 백성을 구해 줌

60

선진통일을 위한 '국가대개조'와 율곡(栗谷) 이이(李珥)

역사의 모든 시기는 창업(創業)-수성(守成)-경장(更張)의 3기로 구분된다. 역사의 전개에서 수성의 시기가 오래 지속하다 보면, 정신과 문물제도가 병들게 되는 시기가 필연적으로 오게 마련이다.

16세기 조선에 대한민국의 현재를 대입해서 살펴보자. 필자는 선진국 문턱을 넘은 74년 된 대한민국도 법도가 문란하고 기강이 해이해져서 국가 이념이 망각되는 '경장의 시기'에 들어섰다고 생각한다.

세금으로 사유재산을 위협하고, 세계 초일류 원전(原電) 기술을 죽이며, 수백조(兆) 빚을 미래에 떠넘기는 문재인 종북좌파 정권은 건국 70여 년 동안 전진(前進)하던 대한민국의 성장엔진을 멈춰 세웠다. 온 나라가 낡고 좌편향된 국정이념의 포로가 되었으며, 국민은 좌·우 이념으로 분열되었고, 국가비전과 전략은 실종된 지 오래다. 더 늦기 전에 이를 바로 잡아야 한다. 종북좌파의 숙폐(宿弊)를 청산하고 시무(時務)를 밝혀 다시금 국민과 나라의 정신과 문화

V. 조선시대 **331**

를 일신해야 한다.

 윤석열 정부의 밑그림을 그리는 대통령직인수위원회가 2022년 4월 18일로 출범 한 달을 맞았다. 시급한 현안이 많지만, 무엇보다도 '선진통일을 위한 국가 대개조'의 그랜드 디자인이 필요하다.
 대한민국호(號)가 안팎의 위기를 극복하고 다시 전진하기 위해서는 '박정희정신'을 부흥하고 박정희 모델을 발전적으로 계승해야 한다.

 이이(李珥, 1536~1584)는 200년 된 조선을 큰 병을 앓고 있는 '중쇠기'(中衰期)로 진단하여 여러 부문에서 '경장론(更張論)'을 제시하였다. 그리고 "경장을 위해서는 국론통일이 필요하다."고 주장했다.
 이이의 본관은 덕수(德水), 자는 숙헌(叔獻), 호는 율곡(栗谷)이다. 1536년 사헌부 감찰을 지낸 이원수(李元秀)와 신사임당(申師任堂)의 셋째 아들로 강원도 강릉에서 태어났다.

 우리 역사상 가장 많은 상소를 올린 선비가 율곡이다. 율곡은 34세(1569년, 선조 2) 때 홍문관교리(弘文館校理)[496]로 사가독서(賜暇讀書, 젊은 문신들에게 휴가를 주어 학문에 전념하게 한 제도)하면서 왕도정치의 이상을 문답의 형식으로 지은 〈동호문답(東湖問答)〉[497]을 왕에게 올

---
496) 홍문관교리(弘文館校理) : 정오품(正五品). 1470년(성종 1)에 집현전의 성격을 계승한 홍문관이 설치되면서 2명으로 구성되어, 주로 문한(文翰)에 관련된 일을 담당하였다.
497) ≪동호문답(東湖問答)≫ : 왕도정치(王道政治)의 이상을 〈논군도(論君道)〉, 〈논신도(論臣道)〉, 〈논군신상득지난(論君臣相得之難)〉 등 11편으로 나누어 논했다.

렸다.

39세(1574년, 선조 7) 때 우부승지(右副承旨)[498] 재직 시, 선조의 도량이 넓지 못하고 공부가 부족해 문제라는 〈만언봉사(萬言封事)〉[499]는 '세상의 잘못된 점 일곱 가지'를 일만 자로 쓴 상소문이다.

▲위와 아래가 서로 믿지 않는다 ▲신하들이 일을 책임지지 않는다 ▲경연에서 성취되는 실상이 없다 ▲현명한 사람을 등용하지 않는다 ▲재변을 당하여도 구제할 대책이 없다 ▲여러 가지 정책에 백성을 구제하는 실상이 없다 ▲인심이 선(善)을 지향하는 실상이 없다 등으로 자신의 안민(安民) 경세론을 선언한 것으로, 김육이 '대동법'을 시행하는 데 좌표가 되었고, 요즘 우리 정치현실에도 딱 들어맞는 지적이다.

40세(1575년, 선조 8) 때 홍문관부제학(弘文館副提學)[500]으로, 선조에게 제왕학의 지침서인 〈성학집요(聖學輯要)〉[501]를 제출하였고, 48세(1583년, 선조 16) 때 병조판서가 되어 선조에게 〈시무육조(時務六

---

498) 우부승지(右副承旨) : 조선시대에, 중추원이나 승정원에 속한 정삼품 벼슬. 태종 원년(1401)에 우부대언으로 고쳤다가 뒤에 다시 이것으로 고쳤다.
499) ≪만언봉사(万言封事)≫ : 율곡이 1574년(선조 7)에 지어 올린 봉사(封事). 성학의 대요를 논하였고, 수기안민지요(修己安民之要)와 기천영명지술(祈天永命之術)도 언급하였다.
500) 홍문관부제학(弘文館副提學) : 조선시대 홍문관에 두었던 정삼품 당상관(堂上官)으로 정원은 1명이다. 궁중의 경서 및 사적(史籍)을 관리하며, 문서를 처리하고 왕의 자문에 응하고 경연관을 겸임하였다. 부제학 이하 부수찬까지를 통칭하여 '옥당(玉堂)'이라고 한다.
501) 〈성학집요(聖學輯要)〉 : 율곡이 ≪대학(大學)≫의 본뜻을 따라서 성현들의 말을 인용하고 설명을 붙인 책. 통설(統說), 수기(修己), 정가(正家), 위정(爲政), 성학도통(聖學道統)의 다섯 편으로 되어 있다.

條)〉[502]의 개혁안을 올렸다.

 율곡은 "집이 오래되면 서까래가 썩고 기와가 부서지듯이 왕조도 창업하여 200년 정도 지나면 붕괴의 길을 걷는다."는 역사의 흐름을 간파하고 있었다. 율곡은 16세기를 '토붕와해'(土崩瓦解)[503]에 직면한 시대라고 진단했고, 그의 염려대로 그가 세상을 떠난 지 8년 뒤에 임진왜란이 발발했다.

 율곡은 시대를 통찰하는 혜안으로 늙고 병든 조선왕조를 혁신하기 위해 '경장(更張)'을 주장했고, 조선 후기에 하나둘 실현되기 시작하여 대동법(大同法)[504], 균역법(均役法)[505], 서얼허통(庶孼許通)[506] 등으로 나타났다.

 필자는 70년 전진이 멈춰선 누란지세(累卵之勢)의 대한민국이 선진통일로 나아가는 데 율곡의 '경장론'이 방향등 역할을 할 수 있다고 생각한다. 이에 율곡의 '개혁론'을 경모하는 필자의 자작 한시를 소개한다.

---

502) 〈시무육조(時務六條)〉: 첫째로 어질고 재능있는 인재를 뽑을 것, 둘째로 군사와 백성을 기르고 돌볼 것, 셋째로 부족한 재물을 채울 것, 넷째로 국경과 병영을 튼튼하게 할 것, 다섯째로 전쟁용 말을 갖출 것, 여섯째로 올바른 가르침으로 이끌 것 등이다.

503) 토붕와해'(土崩瓦解): 흙이 무너지고 기와가 깨진다. 일이 근본부터 뒤엉켜 도저히 어찌할 도리가 없음. 출전 ≪史記(사기)≫ 〈秦始皇本紀(진시황본기)〉.

504) 대동법(大同法): 조선 중기·후기에, 여러 가지 공물(貢物)을 쌀로 통일하여 바치게 한 납세제도. 방납(防納)의 폐해를 시정하기 위하여 일찍이 조광조, 이이, 류성룡 등이 제기하였으나 광해군 즉위년(1608)에 이원익의 주장에 따라 경기도부터 실시하였다. 지역에 따라 쌀 대신에 베를 거두기도 하였는데, 고종 31년(1894)에는 쌀 대신 돈으로 바치게 하였다.

505) 균역법(均役法): 영조 26년(1750)에 백성의 세금 부담을 줄이기 위하여 만든 납세제도. 종래의 군포를 두 필에서 한 필로 줄이고, 어업세·염세·선박세 따위로 보충하였다.

506) 서얼허통(庶孼許通): 조선시대 서얼(庶孼)들에게 금고법(禁錮法)을 풀어 과거에 응시하도록 허락한 제도.

能言知字口傳聞(능언지자구전문) 말을 시작할 때 글자를 알았다는 이야기를 들었고
脫俗修行自警文(탈속수행자경문) 승려로 수행한 것을 스스로 반성하는 글을 썼네
九度爲魁人未踏(구도위괴인미답) 과거에 아홉 번 장원 급제한 것은 전인미답이었고
一新改革大功勳(일신개혁대공훈) 아주 새로운 개혁론을 설파하는 큰 공훈을 세웠네
支離滅裂風前暗(지리멸렬풍전암) (조선은)지리멸렬 바람앞의 등불 같은 밤이 되었고
累卵更張換燈昕(누란경장환등흔) (나라가)위태해 경장과 등을 바꿔야하는 새벽이네
時務變通千古訓(시무변통천고훈) 시대에 힘쓸 일 변통이라는 것은 오랜 가르침이고
東湖問答萬秋薰(동호문답만추훈) 왕도정치의 이상을 밝힌 글은 만세토록 향기 나네

----

* 口傳(구전) : 말로 전하여 내려옴. 또는 말로 전함
* 脫俗(탈속) : 1. 속세를 벗어남. 승려가 됨. 2. 부나 명예를 추구하는 마음을 벗어남
* 自警文(자경문) : 스스로를 경계하는 글
* 魁(괴) : 1. 장원. 2. 으뜸. 3. 우두머리, 괴수
* 人未踏(인미답) : 아직 아무도 밟지 않음. 전인미답(前人未踏)
* 風前(풍전) : 불어오는 바람의 앞. 풍전등화(風前燈火)
* 昕(흔) : 1. 새벽. 2. 밝은 모양. 3. 처마. 4. 밝다. 5. 선명하다
* 變通(변통) : 형편과 경우에 따라서 일을 융통성 있게 잘 처리함
* 東湖問答(동호문답) : 율곡이 왕도정치의 이상을 문답형식으로 서술하여 선조에게 올린 글

61

무너지는 공공의료와 '하늘이 내린 명의(名醫)' 허준(許浚)

　코로나19가 4년 차에 접어들었지만 아직도 세계인들은 마치 안개 속을 걷는 것처럼 불안 속에서 삶을 영위하고 있다. 삶이 불안할수록 세계인들은 공공의료에 크게 의존하고 있다. 우리나라는 'K 의료'로 불릴 만큼 의료산업이 세계 최고 수준으로 평가되고 있다.
　그러나 대학병원에서조차 아이들을 돌볼 소아과 전문의가 없어 입원 진료를 중단하는 초유의 사태가 벌어지고 있다. 합계출산율 0.78이라는 전 세계 최저 출산율로 전공의들은 '소아청소년과' 지원을 기피하는 실정이며, 소청과 개원 의사단체가 2022년 3월 29일 '폐과' 선언을 했다. 상황이 열악한 건 외과·흉부외과·응급의학과·산부인과 등도 마찬가지다.

　공공의료와 지방 의료계는 붕괴 위기에 직면해 있다. 필수진료 과목 전문의의 태부족과 의료진의 수도권 쏠림 현상으로 의료 시스템이 제대로 작동하지 않아 응급환자를 죽음에 이르게 하는 경우도 늘고 있다.

2020년 기준 국내 인구 1,000명당 의사 수는 2.5명으로 경제협력개발기구(OECD) 회원국 평균 3.7명에 많이 못 미친다. 전국 의과대학 정원은 2006년부터 17년째 3,058명에 꽁꽁 묶여 있다.

정부는 '교육개혁' 차원에서 의료 인프라의 완성을 위해 의대정원 확대, 소아청소년과 개원 유도, 필수진료 과목 전공자 우대, 지방 의무근무 지역의사제 도입 등 최소한의 실효적인 개선책을 내놓아야 한다. 의대 증원은 의료 붕괴의 재앙을 막기 위한 국가적 과제이고 국민의 한결같은 요구이다. 의협 등 기존 의료계는 허준의 '보민(保民)[507] 정신'을 깊이 새겨 기득권을 내려놓고 정원 확대에 협조해야 한다.

'하늘이 내린 명의' 허준(許浚, 1539~1615)은 용천부사를 역임한 허론(許碖)과 지방무관인 영광김씨 김욱감(金郁瑊)의 서녀인 소실(小室) 사이에서 1539년에 경기도 양천현(陽川縣)[508]에서 태어났다. 본관은 양천(陽川), 자는 청원(淸源), 호는 구암(龜巖)이다. 서자 신분은 의관의 길을 택하는 데 작용하였지만, 허준은 양반 가문의 배경 덕에 경전·역사·의학에 관한 소양을 충실히 쌓을 수 있었다.

허준은 30세에 유학자 유희춘(柳希春)[509]의 얼굴에 생긴 종기를

---

507) 보민(保民) : 백성을 보호하여 편안하게 함.
508) 양천현(陽川縣) : 양천현 파릉리(현 서울특별시 강서구 등촌2동)
509) 유희춘(柳希春, 1513~1577) : 조선 중기 전라도관찰사, 이조참판 등을 역임한 문신. 〈미암일기(眉巖日記, 보물 제260호)〉를 남겼다. '미암일기'는 1592년 임진왜란 이후 국가의 사료가 많이 소실되자 이이의 〈경연일기(經筵日記)〉와 함께 ≪선조실록(宣祖實錄)≫ 편찬의 사료가 되었다. 마찬가지로 '미암일기'로 인해 허준의 초기 삶이 제대

완치한 적이 있는데, 그로 인해 유희춘은 이조판서 홍담(洪曇)⁵¹⁰⁾에게 허준을 내의원에 천거했고, 1573년(선조 6)에 허준은 종4품 내의원⁵¹¹⁾ 첨정(僉正)⁵¹²⁾의 자리에 올랐다.

1590년 광해군의 천연두를 고치자, 선조는 통정대부(通政大夫)⁵¹³⁾(정3품 당상관)의 벼슬을 내리며 그 공을 치하했다. 임진왜란 중 다시 한번 광해군의 병을 고치면서 동반(東班)⁵¹⁴⁾에 올랐다.

임란이 끝나자 선조는 자신을 끝까지 호종(扈從)⁵¹⁵⁾한 문무관 17명을 공신에 책봉하고, 허준에게 종1품 숭록대부(崇祿大夫)⁵¹⁶⁾ 벼슬을 내렸다. 이처럼 허준의 출세는 조선 역사에서 거의 유례를 찾기 힘들 정도로 파격의 연속이었다.

허준은 30여 년 동안 내의원(內醫院)의 어의(御醫)로 활약하는 한

로 밝혀졌다.
510) 홍담(洪曇, 1509~1576) : 조선 중기의 문신이다. 본관은 남양. 영의정 홍언필의 아들이며, 영의정 홍섬의 동생이고, 영의정 송질의 외손자이다.
511) 내의원(內醫院) : 조선시대에 국왕 이하 왕족과 궁중에서 쓰이는 약을 조제하고, 백성들의 건강을 다스리던 관청으로, 지금의 보건복지부, 식약처에 해당한다. 상약(尙藥)이라고도 한다.
512) 첨정(僉正) : 조선시대, 중앙관서에 설치한 종4품의 관직이다. 주로 정3품 아문에 해당하는 시(寺), 감(監), 원(院) 등의 위상을 가진 관서에 설치되었다. 1466년(세조 12) 관제 개편 이후 정3품 아문의 일반적인 관직 체계가 확립되었다. '정(正)-부정(副正)-첨정(僉正)-판관(判官)-주부(主簿)-직장(直長)-봉사(奉事)-참봉(參奉)'이다.
513) 통정대부(通政大夫) : 조선 시대에 둔, 정삼품 문관의 품계. 고종 2년(1865)부터 종친과 의빈(儀賓)의 품계로도 썼다.
514) 동반(東班) : 양반 가운데 '문반'을 달리 이르던 말. 궁중의 조회 때 문관은 동쪽에, 무관은 서쪽에 벌려 선 데서 나온 말이다.
515) 호종(扈從) : 임금이 탄 수레를 호위하여 따르던 일. 또는 그런 사람.
516) 숭록대부(崇祿大夫) :조선시대에 둔 종일품 상(上) 문무관의 품계. 고종 2년(1865)부터 종친과 의빈(儀賓)의 품계에도 아울러 썼다. 고려시대의 삼중대광(三重大匡)에 해당한다.

편, 8종의 의학서적을 집필하였다. 1608년 선조가 승하하자 책임어의로서 책임을 추궁당해 의주로 유배되었는데, 1610년(광해군2)귀양 기간 중 〈동의보감(東醫寶鑑)〉을 완성했다. 이 책은 총 25권 25책으로 당시 국내 의서인 〈의방유취〉〈향약집성방〉〈의림촬요〉를 비롯하여 중국측 의서 86종을 참고하여 편찬한 것이다. 그 내용은 내경(內景)·외형(外形)·잡병(雜病)·탕액(湯液)·침구(鍼灸) 등 5편으로 구성된 '백과전서'로서 오늘날까지 애용되고 있다.

중국판 서문에는 '천하의 보(寶)를 천하와 함께한 것'이라 하였고, 일본판 발문(跋文)[517]에는 '보민(保民)의 단경(丹經, 신선의 글)이요, 의가(醫家)의 비급(秘笈, 소중히 보존되는 책)'이라 평했다.

허준은 조선 의학사의 독보적인 존재로 한국·동아시아·세계의 학사에 크게 이바지했으며, 동의(東醫, 한국 의학)의 위상을 높였다. 1615년 76세에 타계했고, 정1품 보국숭록대부(輔國崇祿大夫)[518] 작위가 추증되었다.

신묘한 의술로 박애를 실천해 '의성(醫聖)'이 되었고, 신분을 극복하고 최고의 자리에 오른 구암 선생을 경모하는 필자의 자작 한시를 소개한다.

---

517) 발문(跋文) : 책끝에 본문(本文)의 내용의 대강이나 간행의 경위·날짜·저자 기타 관계되는 사항을 간략하게 적은 글.
518) 보국숭록대부(輔國崇祿大夫) : 조선시대 관계(官階)의 최고관. 정1품의 종친·의빈(儀賓)과 문무신에게 주는 벼슬로, 대광보국숭록대부(大匡輔國崇祿大夫)·현록대부(顯祿大夫)·흥록대부(興祿大夫)·유록대부(綏祿大夫)·성록대부(成祿大夫) 등과 같은 계열에 속한다.
이 관위(官位)에 속하는 벼슬로는 영의정·좌의정·우의정·군(君)·사부(師傅)·영사(領事)·위(尉)가 있다. 초기에는 문무신에만 쓰다가 뒤에 종친·의빈에게도 통용하였다.

杏林春滿顯人才(행림춘만현인재)　(조선) 의술의 고명함이 인재(허준)로부터 드러났고
疫襲方知妙術開(역습방지묘술개)　역병이 엄습해서 비로소 신묘한 의술 만개 알았네
立志成名渾破格(입지성명혼파격)　뜻을 세워 명의 명성 얻음은 그야말로 파격이었고
飛黃騰達忽鳴雷(비황등달홀명뢰)　지위가 급상승한 것은 홀연히 우레 울음 같았네
家家祕笈華佗技(가가비급화타기)　집집마다 소중히 보존된 책은 화타의 의술 같았고
戶戶丹經扁鵲材(호호단경편작재)　집집의 백성 지키는 신선 글은 편작의 재료였네
三國一時無價物(삼국일시무가물)　삼국(조선·명·일)에서 일시에 값이 없는 보물이 된
貴成寶鑑泰山魁(귀성보감태산괴)　고귀하게 완성된 동의보감은 태산과 같은 으뜸이네

――――――――――――――――

* 杏林春滿(행림충만) : 의술이 고명함
* 方(방) : 바야흐로, 장차
* 妙術(묘술) : 1. 교묘(巧妙)한 꾀 2. 기묘(奇妙)한 술법(術法)
* 時疫(시역) : 전염병
* 飛黃騰達(비황등달) : 지위가 매우 빨리 높아지고 신분이 귀하여짐
* 祕笈(비급) : 가장 소중히 보존되는 책
* 華佗(화타) : 중국 후한 말기의 의학자
* 扁鵲(편작) : 중국 전국시대(戰國時代)의 의술인
* 三國(삼국) : 여기서는 조선·명나라·일본
* 無價物(무가물) : 값이 없는 보물
* 寶鑑(보감) : 본보기가 될 만한 것들을 적은 귀중한 책. 동의보감

62

서애(西厓) 류성룡(柳成龍)의 '징비정신(懲毖情神)'과 재조산하

왜적(倭敵)에 맞설 힘이 없었던 나라. 왜국의 '정명가도'(征明假道)[519] 요구를 거절한 조선은 자신의 땅을 전쟁 앞마당으로 내줄 수밖에 없었다. 용렬한 조선의 국왕인 선조(宣祖)[520]는 도망가기 바빴고, 관군은 무기력해서 의병이 대신했다. 200년 역사의 나라가 2년 먹을 양식이 없었다. 당시 왜국은 인구가 1,500만 명에 달해 700만 명으로 추산되는 조선보다 강국이었다.

선진국 문턱을 갓 넘은 우리 경제는 짧은 절정기를 넘어 긴 하락기로 접어든 게 아닌가 하는 우려가 앞선다. 1990년대부터 5년마다 1%포인트씩 성장률이 떨어지는 '5년 1% 하락의 법칙'이 계속

---

519) 정명가도(征明假道) : 조선 선조 때에, 일본의 도요토미 히데요시가 조선 조정에 대하여 중국 명나라를 치는 데 필요한 길을 빌려 달라고 요구한 말. 선조 24년(1591) 3월에 통신사 편에 보내온 도요토미의 서신 가운데 들어 있었다고 하는데, 그 의도는 조선과 동맹을 맺고 명나라를 치자는 것이었으나 조선은 단호히 거절하였으며 이것을 빌미로 임진왜란이 일어났다.

520) 선조(宣祖, 1552~1608/ 재위 1567~1608) : 조선의 제14대 왕. 이름은 연(昖). 초명(初名)은 균(鈞). 이황·이이 등의 인재를 등용하고 유학을 장려하였으나, 그가 왕위에 있는 동안 정여립 사건과 임진왜란이 발발했고, 이후 조선사회는 무너져 내렸다. 조선시대 왕 가운데 고종과 함께 무능한 왕으로 평가된다.

작동하고 있다. 역대 정부가 노동·교육·의료·금융 등 모든 분야의 구조개혁을 방기한 까닭이다. 더 늦기 전에 정부는 '국가대개조'에 나서야 한다. '국가재조지운'(國家再造之運, 나라를 다시 만들 운이 돌아왔나이다)이라는 말은 서애(西厓)가 이순신이 '한산대첩'을 거두자 선조에게 올린 상소문의 한 구절이다.

류성룡(柳成龍, 1542~1607)은 임진왜란의 일등공신이며, 고구려의 을파소, 신라의 김유신, 고려의 이제현과 같은 명재상의 계보를 잇는 조선 최고의 재상이다. 본관은 풍산(豊山), 자는 이현(而見), 호는 서애(西厓)이다. 류중영(柳仲郢)[521]의 둘째 아들로 태어난 서애는 21세 때 퇴계(退溪) 이황(李滉)에게서 "하늘이 내린 인재이니 반드시 큰 인물이 될 것"이라는 칭찬을 들었다.

서애는 임란(壬亂) 발발 1개월 전에 〈증손전수방략(增損戰守方略)〉[522]이라는 병서를 저술하여 이순신 장군에게 보내어 실전에 활용토록 했다. 1592년 4월 14일. 왜군의 1진이 부산에 상륙하여 불과 2개월 만에 조선 삼도(三都, 세 도읍, 한양·개성·평양)가 모두 함락되었다.

평양성 어전회의에서 "만약 조선 8도가 모두 함락되면 명나라에 내부(內附, 한 나라가 다른 나라 안으로 들어가 붙음)해야 한다."는 공론에

---

[521] 류중영(柳仲郢, 1515~1573) : 조선 중기의 문신. 자는 언우(彦遇). 호는 입암(立巖). 류성룡의 아버지. 중종 때 과거에 급제하여 좌부승지·황해도관찰사·승지를 역임하였다. 경연관으로서 왕의 총애를 받고 왕도 확립을 위하여 힘썼다. 문집에 《입암집》이 있다.

[522] 이순신은 《난중일기(亂中日記)》에서 "3월 5일에는, 좌의정 류성룡이 〈증손전수방략(增損戰守方略)〉이란 책을 보내왔는데, 여기에 수전(水戰), 육전(陸戰), 화공법(火攻法) 등에 관한 전술을 일일이 설명했다. 참으로 만고에 뛰어난 이론"이라고 썼다.

서애는 "어가가 만약 이 강산을 한 걸음이라도 벗어난다면(大駕離東土一步地·대가이동토일보지), 조선 땅은 우리의 소유가 아니다(朝鮮非我有也·조선비아유야)."라고 극력 반대하여 국내 항전태세를 굳혔다.

서애는 이순신과 권율을 천거하는 지인지감(知人之鑑)[523]을 발휘해서 '인력으로서는 어떻게 할 수 없는 나라'를 구했고, 명군의 온갖 횡포와 조선 분할 획책을 저지하여 조선의 사직을 지켜냈다. 또한 전란에도 불구하고 파벌이익 수호를 위해 당쟁을 일삼은 뿌리까지 썩은 조정을 개혁했다. 서애는 전시(戰時) 영의정과 도체찰사(都體察使)[524]로서 전쟁을 승리로 이끌었지만, 1598년 11월 19일 파직됐다. 하늘이 만든 운명처럼 이날 이순신도 순국했다.

서애는 낙향해서 7년 전란의 과정을 상세히 담은 〈징비록(懲毖錄)〉[525]을 남겼다. 〈징비록〉은 서애가 임진왜란을 겪은 피와 땀과 눈물의 기록이다. 징비(懲毖)는 '미리 징계하여 후환을 경계하다'라는 뜻이다.

〈시경(詩經)〉의 송(頌)편에 '소비(小毖)'라는 제목의 시가 있는데, 첫 구절에 '내가 지금 깨우치고 경계하는 건 후환에 대비하기 위함

---

[523] 지인지감(知人之鑑) : 재능이 있는지 없는지 사람을 잘 알아보는 감식력(鑑識力).
[524] 도체찰사(都體察使) : 조선시대에 의정(議政)이 맡은 전시(戰時)의 최고 군직(軍職). 국가비상시 왕명에 따라 1개 도(道) 또는 몇 개 도의 군정과 민정을 총괄하였다. 정1품이 도체찰사, 종1품은 체찰사, 정2품은 도순찰사로 임명하였다가 세조 때에 이르러 품계에 관계없이 모두 순찰사라 하였다.
[525] ≪징비록(懲毖錄)≫ : 류성룡이 임진왜란에 대하여 적은 책. 임진왜란 당시 도체찰사였던 작자가 전쟁이 끝난 뒤 벼슬에서 물러나 고향으로 돌아와서 지었다. 임진왜란의 원인, 전황 따위의 수난상을 수기(手記)로 기록한 중요한 사료이다. 국보로, 16권 7책의 목판본.

이라네(여기징·予其懲, 이비후환·而毖後患)'라는 말이 나온다. 류성룡은 여기에서 징(懲), 비(毖) 두 글자를 따온 것이며, 이 '징비'라는 말을 평생 동안 가슴에 새기면서 살았다.

서애는 〈징비록〉의 첫머리에서 "신숙주(申淑舟)의 경고를 잊어버려 임진년의 왜란을 당했다"고 탄식했다. 〈징비록〉에는 서애의 인재 중시의 '이기는 전략'이 다음과 같이 기록돼 있다.

"천 마디 말이나 만 가지 계략이 다 필요 없고 오직 뛰어난 장수 한 사람이 중요하다. 거기에 조조(曹操)의 3가지 요소(지형 이용, 군사 기강, 우수한 병기)가 누락되지 않고 더해진다면 다른 어떤 것도 필요 없다."

1695년에 일본에서 〈징비록〉이 국책사업으로 출간되었다. 이후 〈징비록〉은 30여종 이상 발간되면서 일본의 베스트셀러이자 스테디셀러가 되었다. 가이바라 엣켄은 일본판 서문에서 다음과 같이 적고 있다.

"비록 나라가 커도 전쟁을 좋아하면 반드시 망한다. 비록 천하가 평안해도 전쟁을 잊으면 반드시 위험하다. 전쟁을 좋아하고 잊는 두 가지를 어찌 경계하지 않겠는가? 조선은 전쟁을 잊었기 때문에 거의 망할 뻔하였다."

서애는 인재무시와 군사방략이 미비한 전략은 무의미함을 강조하였다. 그런데 우리 지도층은 과연 지금 '징비'하고 있는가? 난세에 '징비'하는 지도자와 서애 류성룡 같은 명재상의 출현을 기대하며 필자의 자작 한시를 소개한다.

西厓出處曲江村(서애출처곡강촌)	류성룡 선생은 강이 굽이 도는 하회마을 출신으로
天所生儒景浩門(천소생유경호문)	"하늘이 낸 선비이다"라고 칭찬한 퇴계의 문인이네
海賊來侵前薦擧(해적내침전천거)	왜군의 침범에 대비하여 미리 (장수를) 천거했고
汝諧勝戰後報恩(여해승전후보은)	이순신 장군은 승리하여 후에 은혜에 보답했네
扶危社稷和平世(부위사직화평세)	사직의 위기를 구해 화목 평온한 세상을 만들었고
再造山河禁禍根(재조산하금화근)	나라를 다시 세워 재앙의 근원을 없앴네
懲毖錄訓防自滅(징비록훈방자멸)	'징비록' 교훈은 스스로 멸망함을 막자는 것이고
干戈不備亂之源(간과불비난지원)	전쟁에 대비하지 않는 것이 환란의 원인이라네

---

* 曲江(곡강) : 마을을 'S'자 모양으로 감싸 안고 흐르는 강. 안동 하회(河回) 마을
* 景浩(경호) : 퇴계(退溪) 이황(李滉)의 자
* 汝諧(여해) : 이순신의 자
* 扶危(부위) : 위급한 사태를 해결함
* 平世(평세) : 태평한 세상
* 再造山河(재조산하) : 임란 당시 류성룡에게 이순신이 적어 준 글귀. '나라를 다시 만들다'
* 干戈(간과) : 방패와 창. 전쟁 또는 병란
* 不備(불비) ; 1. 방비하지 않다. 2. 제대로 갖추지 못하다

63

'한산·명랑대첩'과 이순신(李舜臣) 정신

　성웅 이순신 장군의 한산대첩(閑山大捷)[526]을 그린 '한산: 용의 출현'이 개봉 49일째인 2022년 9월 14일 누적 관객수 724만 명을 넘었다. 1592년 7월 8일. 조선을 지키기 위해 필사즉생(必死卽生)의 각오로 임한 이순신과 수군의 '살신구국(殺身救國)'을 그린 전쟁 액션 대작이다.

　이순신이 없었다면 전쟁에 패했을 것이고, 류성룡이 없었다면 나라가 망했을 것이다. 우리 역사에서 살아서 영웅이었지만, 죽어서 영생(永生)한 분이 있다. 유네스코 세계기록유산으로 등재된 〈난중일기(亂中日記)〉[527]를 남긴 충무공 이순신(李舜臣, 1545~1598)이 바로 그다.

　200여 년 동안 역사 속에 묻혀있던 이순신이란 이름을 세상에 소환한 주인공은 정조대왕이다. 파당으로 갈라진 조정의 의견을

---

526) 한산대첩(閑山大捷) : 조선 선조 25년(1592)에 한산도 앞바다에서 이순신 장군이 왜군과 싸워 크게 이긴 일. 김시민의 진주성 대첩, 권율의 행주대첩과 함께 '임란3대첩(壬亂三大捷)'의 하나로. 일본의 함선 47척을 격침하고 12척을 나포하였다.

527) ≪난중일기(亂中日記)≫ : 임진왜란 때 충무공 이순신이 진중(陣中)에서 쓴 일기. 현재 현충사에 보관되어 있다. 우리나라 국보로. 정식 명칭은 '이충무공난중일기부서간첩임진장초(李忠武公亂中日記附書簡帖壬辰章草)'이다. 9책.

하나로 모으기 위한 '진충보국(盡忠報國)'의 표상으로 이순신을 택해, 1792년 〈이충무공전서(李忠武公全書)〉[528] 발간을 지시했다. 이듬해 정조대왕은 이순신을 영의정으로 추증했다.

또한 이순신을 '군신(軍神)' '성웅(聖雄)'으로 완전히 부활시킨 사람은 박정희 대통령이다. '부국강병(富國强兵)'을 이루기 위해서는 멸사봉공, 유비무환 정신의 고양이 필요했고, '이순신 정신'에서 그 답을 찾은 것이다. 1968년 4월 27일. 마침내 광화문에 이순신 장군의 동상을 세워 국가수호의 상징이 되게 했다.

이순신의 본관은 덕수(德水), 자는 여해(汝諧)이다. 1545년 한성부 건천동(인현동)에서 이정(李貞)과 초계 변씨(草溪卞氏)와의 사이에서 4남 중 3남으로 태어났다. 역사의 구비마다 국가존망지추(國家存亡之秋) 시에 충무공은 소환되었고, 부활했다. 지금이 바로 그때가 아닐까.

충무공은 선조의 피난 소식을 접한 후 충신의 단심과 장부의 기개를 표현한 '서해어룡동 맹산초목지(誓海魚龍動 盟山草木知))[529]라는

---

528) ≪이충무공전서(李忠武公全書)≫ : 이순신의 전집(全集). 정조 19년(1795)에 왕명에 따라 윤행임(尹行恁)이 편집, 간행하였다. 교유(敎諭), 도설(圖說), 세보(世譜), 연표(年表), 시(詩), 잡저(雜著), 장계(狀啓), 난중일기, 부록 등이 실려 있고, 책 머리에는 정조의 윤음(綸音)이 실려 있다. 14권 8책의 인본(印本).
529) 〈진중음(陣中吟, 진중에서 읊다)〉 삼수 중 제1수에 나오는 싯구.
　　天步西門遠(천보서문원) 임금님 서쪽 멀리에 있고,
　　君儲北地危(군저북지위) 세자는 북쪽 변방에서 위급한 처지일세.
　　孤臣憂國日(고신우국일) 외로운 신하는 나라 걱정하고,
　　壯士樹勳時(장사수훈시) 장수들은 공훈을 세울 때로다.
　　誓海魚龍動(서해어룡동) 바다에 다짐하니 고기와 용이 감동하고,
　　盟山草木知(맹산초목지) 산을 두고 맹세하니 초목도 알아준다네.
　　讐夷如盡滅(수이여진멸) 왜적들을 모조리 무찌른다면,
　　雖死不爲辭(수사부위사) 비록 죽음도 어찌 사양하리오.

시구(詩句)를 남겼다.

충무공이 원균의 모함으로 권율 도원수 밑에서 백의종군하다 다시 삼도수군통제사 자리에 오른 뒤, 선조가 '얼마 남지 않은 수군과 전선을 포기하고 육군으로 싸워라.'는 명을 내렸지만, 이순신은 오히려 '금신전선 상유십이 미신불사(今臣戰船 尙有十二 微臣不死, 전하. 신에게는 아직 12척의 배가 남아 있고, 저는 죽지 않습니다)'라는 해상결전의 반대상소를 올렸다.

1597년 9월 15일. 명량해전 하루 전날. 충무공은 '일부당경 족구천부(一夫當逕 足懼千夫, 한 사람이 길목을 지키면 천명을 두렵게 한다.)'라면서 수군들을 독려하였다. '죽고자 하면 살고 살고자 하면 죽는다(必死則生 必生則死·필사즉생 필생즉사)'는 결연한 의지로 명량 바다로 출전해 13척의 함선으로 133여 척의 적군과 대결해 31척을 격침하는 기적적인 승리를 거뒀다.

'학익진'(鶴翼陣)[530]과 일자진(一字陣)[531]과 같은 독창적 전술과 거북선 등 신무기로 무장한 데다 솔선수범해 장졸들에게 용기를 줬고, 백성을 귀하게 여긴 결과 그들과 하나 돼[532] 전쟁을 승리로 이

---

530) 학익진(鶴翼陣) : 학이 날개를 편 듯이 치는 진. 적을 둘러싸기에 편리한 진형이다. 이순신 장군이 '한산대첩'에서 왜군을 섬멸할 때 펼쳤던 진(陣).
531) 일자진(一字陣) : '一' 자 모양으로 좌우로 길게 뻗쳐서 친 진(陣). 이순신 장군이 '명량대첩'에서 대승을 거둔 진(陣).
532) 중국 전국시대 진나라의 법가를 대표하는 상앙(商鞅, 기원전 390~기원전 338)은 ≪상군서(商君書)≫에서 이렇게 경책한다. "백성들이 용감하면 싸움에서 이기고, 백성들이 용감하지 못하면 싸움에서 진다(民勇者 戰勝 民不勇者 戰敗·민용자 전승 민불용자 전패)."

끈 지도력의 결과다. 이런 것이 바로 23전 23승 전승(全勝)을 이뤄낸, 위기를 기회로 만드는 '이순신정신(李舜臣情神)'이다.

개관사정(蓋棺事定), '관이 덮여야 일이 정해진다'는 말이다. 조선 개국공신 정도전은 역적 누명을 벗는 데 467년이 걸렸지만, 이순신은 사후 45년이 지난 후인 1643년(인조 21년)에 '충무공(忠武公)' 시호를 받았다.

숙종은 아산 현충사 제문에 다음과 같은 글을 올렸다.

"살신순절 고유차언(殺身殉節 古有此言, 절개에 죽는단 말은 옛부터 있지만), 망신국활 시견사인(亡身國活 始見斯人, 제 몸 죽여 나라 살린 것 이분에게서 처음 보네.)"

1598년 11월 19일. 노량해전에서 이순신이 전사하기 전에 명의 수군도독 진린(陳璘)[533]은 신종 황제에게 편지를 올렸다. "황제 폐하, (중략) 만일 조선수군통제사 이순신을 황제 폐하께서 귀히 여기신다면 우리 명국의 화근인 저 오랑캐(훗날 청나라)를 견제할 수 있을 뿐 아니라, 저 오랑캐의 땅 모두를 우리 국토로 귀속시킬 수 있을 것이옵니다." 진린은 이순신 사후에 그의 공을 '욕일보천(浴日補天, 해를 씻고 하늘을 메운 공)'이라고 극찬했다.

'어적보민(禦敵保民, 적을 막아 백성을 살린다)'으로 '애민'과 '보국'을 몸소 실천한 '불멸의 이순신'을 경모하는 필자의 자작 한시를 소개한다.

---

533) 진린(陳璘, 1543~1607) : 중국 광동성(廣東省) 출신 무관, 제독(提督)이다.

國難時讀陣中吟(국난시독진중음) 나라가 위태로울 때 (충무공의) '진중음'을 읽으니
二百朝廷瞬陸沈(이백조정순육침) 이백년 된 나라가 순식간에 멸망상태가 되었네
壯士平民團合志(장사평민단합지) 장사와 백성이 (나라 지킬) 단합된 뜻을 가졌고
盟山誓海樹勳心(맹산서해수훈심) 산과 바다에 맹세하여 공훈을 세울 마음 가졌네
三分鶴翼機先制(삼분학익기선제) (한산대첩의) 세 갈래 학익진으로 기선을 제압했고
一字鳴梁異跡臨(일자명량이적임) 명량대첩 (13척의) 일자진으로 기적이 이뤄졌네
必死卽生其大訓(필사즉생기대훈) 반드시 죽고자 하면 사는 것이 '이순신 정신'이고
補天浴日不忘今(보천욕일불망금) 해를 씻고 하늘을 메운 공을 지금도 잊지못하네

————————————

* 陣中吟(진중음) : 충무공의 시
* 瞬(순) : 1. 눈 깜짝할 사이 2. 잠깐 3 보다 4. (눈을)감짝이다
* 陸沈(육침) : 1. 나라가 적에게 망함. 2. 현인이 속세에 숨어서 삶
* 盟山誓海(맹산서해) : 서해어룡동(誓海漁龍動) 맹산초목지(盟山草木知)
* 樹勳(수훈) : 공훈을 세움
* 鶴翼(학익) : '학익진(鶴翼陣)' 전법. 적은 수의 전투선을 학(鶴)의 날개(翼) 형태로 펼침
* 鳴梁(명량) : 명량대첩
* 大訓(대훈) : 1. 본받을 만한 훌륭한 교훈 2. 명사 임금이 백성에게 주는 훈시
* 補天浴日(보천욕일) : 하늘을 메우고 해를 씻음

64

'무도(無道)한 정치'와 '40년 재상' 오리(梧里) 이원익(李元翼)

한비자의 '법(法)·술(術)·세(勢)' 개념은 동아시아 국가의 정치사상 속에 깊숙이 자리 잡고 있다. 그 중 '술(術)'은 왕이 신하를 은밀하게 통제하는 기술을 말한다. 국민의힘 초선의원들이 집단적인 '연판장 공격'으로 당 대표 경선판을 '구맹주산(狗猛酒酸)'[534]으로 몰아가고 있다. 이 같은 하극상은 대통령이 특정 경선 주자를 지지한다는 예단을 주는 것으로 집권당 지도부 구성 및 운영에 악영향을 주는 하지하책(下之下策)이다.

민주당이 2023년 1월 임시국회를 단독 소집했지만, '개점휴업' 상태다. 이 기간에 외유를 떠난 국회의원은 1월 12일 기준 44명에 달하며, 이 중 민주당 의원이 절반이 넘는다. 결국 국회는 단군 이래 가장 큰 개인적 부정비리 사건으로 검찰수사를 받고 있는 '이재명 방탄' 도구로 전락했다.

---

534) 구맹주산(狗猛酒酸) : 「개가 사나우면 술이 시어진다.」는 뜻으로, 한 나라에 간신배(奸臣輩)가 있으면 어진 신하가 모이지 않음을 비유한 말. 출전 : ≪한비자(韓非子)≫의 〈외저설우(外儲說右)〉

윤석열 정부는 '대선은 이겼지만 정권교체는 못 했다.'는 소리를 들을 정도로 거대 야당의 '방탄 정치'에 가로막혀 있다. 3월 8일 전 당대회를 앞두고 있는 국민의힘이나 당 대표가 퇴출 위기에 있는 민주당 공히 '무도(無道)한 정치'에서 탈출해야 한다.

대한민국이 건국된 지 75년이 지났지만 광화문 광장에는 조선왕조의 세종대왕과 이순신 장군의 동상만 서 있을 뿐, 대한민국을 대표하는 영웅들의 동상은 찾아볼 수 없다. 하루빨리 대한민국을 건국하고 중흥시킨 이승만, 박정희 대통령의 동상이 광화문 광장에 세워져야 한다.

우리 역사에는 여러 정권에 걸쳐 봉직한 재상이 있다. 고려의 이제현은 문하시중을 네 번 역임했다. 조선의 이원익(李元翼, 1547~1634)은 선조·광해군·인조 3대에 걸쳐 여섯 번의 영의정을 역임했다.

이원익은 태종의 열두째 아들인 익녕군(益寧君) 이치(李袳)[535]의 4대손이다. 본관은 전주, 자는 공려(公勵), 호는 오리(梧里), 시호는 문충(文忠)이다. 아버지 함천군 이억재(李億載)는 부인 단양 우씨와 혼인하였으나 자식이 없었고, 뒤에 사헌부 감찰 정치(鄭錙)의 딸인 동래 정씨와 혼인하였다. 1547년(명종2) 한양의 유동천달방(지금의 동숭동)에서 4남 3녀 중 둘째 아들로 태어났다.

---

535) 익녕군(益寧君) 이치(李袳, 1422~1464) : 조선 전기의 왕족. 태종 이방원의 서8남이자 막내아들로, 태종이 죽은 뒤에 태어난 유복자이다. 어머니 선빈 안씨에게는 차남이자 막내아들이다. 친남매로는 형 혜령군과 누나 소숙옹주, 경신옹주가 있다.

승문원권지부정자(承文院權知副正字, 종9품)로 관직생활을 시작하여 88세로 장수한 까닭에 임진왜란(45세, 이조판서)-인조반정(76세, 영의정)-정묘호란(80세, 영중추부사) 같은 역사의 소용돌이 중심에 있었다.

오리는 관직생활 64년 중 40년을 재상으로 봉직한 '직업이 재상'인 인물이다. 또한 두 칸 초가집에 산 '초가집 정승'이자 청백리였다. 세종 때 황희(黃喜), 숙종 때 허목(許穆)[536]과 더불어 임금으로부터 집을 하사받은 3인 중 한 명이다.

오리는 남인으로 경기 대동법(大同法)[537]을 실시하여 세금을 감면했고, 붕당의 폐단 극복과 능력위주의 인사정책 등 국정 전반에 걸친 과감한 개혁을 주장했다. 그는 '안민제일(安民第一)'과 '민안국승(民安國勝)'의 신념을 일관되게 지켰다. 이런 이유로 선조는 "우리나라에는 오직 이원익이 있을 뿐이다."라는 말을 했으며, 정조는 "내가 이 사람을 재상으로 쓸 수 없어 아쉽다."라고 토로했다.

---

536) 허목(許穆, 1595~1682) : 조선 숙종 때의 문신. 학자. 자는 문보(文甫), 호는 미수(眉叟). 제자백가와 경서 연구에 전념하였으며 특히 예학(禮學)에 밝았다. 저서에 ≪경설(經說)≫, ≪동사(東事)≫ 등이 있다.

537) 대동법(大同法) : 조선 광해군-숙종 시기에 지방의 특산물로 바치던 공물을 쌀로 통일하여 바치게 한 세금제도. 토지의 결수에 따라 1결당 12두씩을, 또는 산간지역 등 쌀이 잘 나지 않는 지역의 경우에는 삼베, 무명, 나중에는 동전까지 거두었다. 양반과 지주들의 반대에 부딪혀 경기도에서만 시행하다가, 100여 년 후에야 전국적으로 시행할 수 있었다.
각 지방의 특산물을 바치는 것을 공(貢)이라 하는데, 대동법은 이것을 일률적으로 미곡으로 환산하여 바치게 하는 제도이며, 이때 걷은 쌀을 '대동미(大同米)'라 한다.
대동법의 실시를 놓고 논란이 확산되어 김육, 김좌명, 김홍욱, 이원익, 조익 등의 찬성파와 안방준, 김집, 송시열 등의 반대파가 팽팽히 맞서게 된다. 김육 생전에 충청도와 전라도에서 부분 시행되었고, 숙종 때 제주도, 평안도, 함경도를 제외한 전국으로 확산되었다.

광해군이 난폭해지자, 오리는 대비에 대한 효도, 형제간의 우애, 여색에 대한 근신, 국가 재정의 절감 등을 간쟁했다. 그는 항상 목숨을 걸고 누군가를 변호하는 '신념과 의리'의 화신이었고, 자리를 지키려 정권에 영합하지 않았다.

오리는 이순신을 복권시켰으며, 류성룡을 변호하다 사직했고, 임해군(臨海君)[538]과 영창대군(永昌大君)[539]의 처형과 '인목대비(仁穆大妃)[540] 폐위'를 반대하다 귀양갔다. 인조반정(仁祖反正)[541] 뒤 "광해군을 사사(賜死)해야 한다."는 주장이 비등했을 때도 "광해군을 사사한다면 자신도 관직에 더는 있을 수 없다."고 맞서 광해군의 목숨을 지켰다. 1634년(인조 13) 정월. 88세로 숨을 거두었다. 탁월한 실무적 경륜과 강직한 원칙의 생애가 높은 평가를 받고 있다.

'지행상방 분복하비'(志行上方 分福下比, 뜻과 행실은 위를 향하고, 분수와 복은 아래에 견주어라)를 평생의 좌우명으로 삼고 실천한 명재상. 연속된 국란(國亂)의 고난을 국로(國老)의 영예로 승화시킨 '오리 선생'을 경모하는 필자의 자작 한시를 소개한다.

---

538) 임해군(臨海君, 1574~1609) : 선조의 맏아들. 초명은 진국(鎭國). 임진왜란 때 왜군의 포로가 되었다가 석방되었다. 광해군 즉위 후 유배되었다가 사사(賜死)되었다.
539) 영창대군(永昌大君, 1606~1614) : 선조의 아들. 이름은 의(㼁). 정비(正妃) 인목 왕후(仁穆王后)의 소생이었으나 이이첨 등의 무고로 강화에 유배되어 죽임을 당하였다.
540) 인목대비(仁穆大妃, 1584~1632) : 선조의 계비(繼妃). 선조 35년(1602) 왕비에 책봉되었으나 광해군이 즉위하자 대북파의 모략으로 서궁에 유폐되었다가 인조반정으로 풀려났다.
541) 인조반정(仁祖反正) : 광해군 15년(1623)에 이귀·김유 등 서인(西人) 일파가, 광해군 및 집권 대북파(大北派)를 몰아내고 능양군(綾陽君)인 인조를 즉위시킨 정변.

一員宗室獻陵孫(일원종실헌릉손)　조선 종실의 일원으로 태종의 5대손이었고
東土竿頭國老存(동토간두국로존)　백척간두의 조선에는 '나라의 원로' 밖에 없다네
支廈虹梁淸白吏(지하홍양청백리)　큰집을 받드는 굽은 대들보 같은 청백리였고
屹波砥柱不憂軒(흘파지주불우헌)　거센 물결 버티는 돌기둥 같은 근심 없는 수레였네
再興九廟維新本(재흥구묘유신본)　사직을 다시 일으킨 유신의 본령이었고
歷仕三朝改革源(역사삼조개혁원)　3대 조정을 내리 섬긴 개혁의 근원이었네
四十貧廚風俗厚(사십빈주풍속후)　40년 동안 청백리로 풍속을 두텁게 했으니
人道我相不忘恩(인도아상불망은)　사람들 말하길 우리재상 은혜 잊어선 안 된다 하네

----

* 獻陵(헌릉) : 조선 태종과 비 원경왕후의 능
* 東土(동토) : 조선
* 竿頭(간두) : 백척간두(百尺竿頭). 몹시 어렵고 위태로운 지경
* 支廈虹梁(지하홍양) : 큰집을 받드는 대들보
* 屹(흘) : (산이) 우뚝 솟다. (산이) 우뚝 솟은 모양
* 砥柱(지주) : 격류 속에도 움직이지 아니하는 돌기둥. 어려운 시기에 지조를 지키는 사람
* 九廟(구묘) : 종묘사직
* 三朝(삼조) : 3대의 조정. 여기서는 선조, 광해군, 인조 3조
* 貧廚(빈주) : 가난한 살림
* 風俗厚(풍속후) : 선정을 베풀어 인심을 두텁게 하다. 풍속 : 그 시대의 유행과 습관 따위
* 我相(아상) : 우리 재상

65

'학도병 정신'과 홍의장군 망우당(忘憂堂) 곽재우(郭再祐)

 강군을 이끌어갈 육해공군 사관생도는 올바른 국가관과 역사관이 바탕 되어야 한다. 2023년 3월 2일 임관한 육사 79기 중 '6.25 전쟁사' 과목을 이수하지 않은 생도들(280여 명 가운데 75%인 210여 명)이 2022년 가을부터 보충수업으로 뒤늦게 이수한 사실이 밝혀져 충격적이다.

 육사는 2023년 2월 13일 "2024년 교육과정에서 '6.25 전쟁사, 전쟁과 전략, 북한학' 등 안보관·역사관·대적관 관련 3개 과목을 '공통 필수' 과정으로 복원하는 방안을 추진하고 있다."고 밝혔다. 문재인 종북좌파 정부에서 2019년 선택과목으로 만든 이들 3과목을 필수과목으로 복원하겠다는 것이다.

 6.25전쟁 당시 북한의 남침으로 대한민국이 붕괴 위기에 처하자 수많은 학도병(學徒兵)[542]이 자원입대해서 조국을 지켰다. 낙동강

---
542) 학도병(學徒兵) : 6.25 전쟁 당시 학생 신분으로 자원하여 국군하고 미군, 유엔군에 배속되어 싸운 학생들로 학도의용병(學徒義勇兵)이라고 부른다. 학생들은 1950년 6.25 전쟁이 발발한 후 인민군의 10개 보병사단, 1개 기갑사단, 1개 기계화부대 등 198,380명의 병력에 150여 대의 탱크, 200여 대의 항공기를 동원하여 남침을 일

방어선의 최대 요충지인 포항·안강·장사·영천 전투 등에 참전해 이름도 빛도 없이 산화한 학도병들의 애국정신을 잊어서는 안 된다.

　'교육구국(敎育救國)'의 창학 이념으로 설립한 경주중고등학교 출신 학도병은 1950년 7월 7일 1차로 170여 명, 2차로 50여 명, 3차로 100여 명 등 합계 320여 명이 참전했다. 전몰학도병은 현재 59명의 영령이 추념비 명판에 각명되어 있지만, 총 139명이 순국했다. 경주 지역에서 자원한 학도병 용사들의 서명이 적힌 태극기[543]는 등록문화재로 지정되어 있다.

　연전에 작고한 이한동(李漢東) 전 국무총리는 필자에게 "대구·경북에서 대통령이 다섯 분 나온 것은 6.25 학도병들의 피값이다."라고 말씀하신 기억이 새롭다. 필자는 '학도병정신'의 근원은 삼한일통의 바탕이 된 신라의 '화랑정신'과 임진왜란 당시 최초의 의병을 일으킨 곽재우 장군의 '충군애민정신'이라고 생각한다. 구한말 역사학자 박은식(朴殷植)은 "나라는 멸할 수 있어도 의병은 멸할 수 없다."라고 했다.

으킨 상황에서 '책 대신 수류탄하고 총을 달라'면서 자원 입대하였다. 이들은 제대로 된 훈련도 받지도 못한 채 계급장이나 군번도 없이, 오로지 이 풍전등화의 위기에 처한 나라를 지켜내야겠다는 일념으로 수류탄 몇 개에다 총 한 자루만을 들고서 전장에 뛰어들었다.

543) 흰 바탕에 인쇄되었으며 태극 문양과 4괘 등 오늘날의 태극기 모습을 갖추었다. 두 모서리에는 학도병들의 서명과 함께 전장으로 향하는 각자의 소감이 적혀있다. 가운데에 "남북통일"이라는 글자가 한자로 크게 씌어 있다. 그 외에도 "우리의 죽음은 역사의 꽃이 되라", "17세 붉은 피 오직 조국에!", "서라벌의 용사여 잊으랴 화랑정신" 등 6·25전쟁 중 학도병들의 굳은 의지와 각오가 바탕에 가득 생생하게 표현되어 있다.

곽재우(郭再祐, 1552~1617)는 1552년(명종 7) 곽월과 진주강씨 사이에서 경남 의령현에서 태어났다. 본관은 현풍(玄風), 자는 계수(季綏), 호는 망우당(忘憂堂), 시호는 충익(忠翼)이다. 남명 조식의 외손서(外孫壻, 외손녀의 남편)이다. '천강홍의대장군(天降紅衣大將軍)'의 깃발을 들고 붉은 옷을 입고 흰 말을 타고 다녀 '홍의장군(紅衣將軍)'으로 불렸다. 이것은 곽재우의 카리스마를 더욱 불러일으켰고, 왜군으로 하여금 곽재우 의병 부대를 두려워하게 만들었다.

망우당은 33세 때 과거에 2등으로 합격했지만, 지은 글이 왕(선조)의 뜻에 거슬린다는 이유로 무효가 되자 평생 은거할 결심을 했다. 1592년 4월 14일. 임진왜란이 발발하여 나라가 존망의 위기에 빠지자 40세의 망우당은 "나라를 지키는 일을 관군에게만 맡길 수 없다."는 기치로 의령현에서 의병을 일으켰다. 처음에는 노비 10여 명에 불과했는데, 그 수가 2,000명에 달할 정도로 규모가 커졌다.

망우당은 단기(單騎)로 적진에 돌진하거나 위장·매복 전술 등의 신출귀몰한 병법으로 적을 교란하고 무찌르는 유격전을 구사했으며, 심리전·기만전술까지 능했다. 1592년 5월 24일. 망우당은 정암진(鼎巖津) 도하작전을 전개한 왜병을 맞아 대승을 거둠으로써('정암진전투'[544]), 경상우도를 보존해 왜군의 호남 진출을 저지하는 데

---

544) 정암진전투(鼎巖津戰鬪) : 1592년 5월 24일 최초로 의병이 일본군과 싸워 승리한 전투. 이 전투의 패배로 일본군 6부대는 전라도 진격을 포기하여 임진왜란 참전 일본군 부대 중 유일하게 전라도에 진출하지 못한 부대가 되었다. 곽재우 의병 부대는 경상우도 초유사(招諭使) 김성일(金誠一)의 도움으로 의령과 삼가 두 현을 곽재

큰 공을 세웠다. 그해 10월. 김시민(金時敏)$^{545)}$의 '제1차진주성전투(第1次晋州城戰鬪)$^{546)}$'에 휘하의 의병을 보내서 승리에 조력하였다.

임란 후 의병장들은 공훈에 합당한 포상과 예우를 받지 못했다. 망우당은 조정에서 여러 차례 벼슬을 내렸으나 거듭 고사하여 은거의 결심을 꺾지 않았다. 이는 이순신 장군의 투옥과 절친했던 의병장 김덕령(金德齡)의 무고한 옥사(獄死) 때문이었다 한다.

망우당은 필체가 웅건, 활달했고 시문에도 능하여 저서로 〈망우당집(忘憂堂集)〉$^{547)}$을 남겼으며, 향년 65세로 망우정(忘憂亭)$^{548)}$에서 별세했다.

남긴 것이라고는 단벌옷에 거문고, 낚싯배 한 척이었다. 거문고와 차를 가까이 하며 나룻배를 띄워 낚시를 하고 벽곡찬송(辟穀餐松)$^{549)}$과 은거로 탈속의 자유를 누린 망우당 선생을 경모하는 필자의 자작 한시를 소개한다.

우의 지휘 아래에 편입시켜 병력이 1,000명이나 되었고 전 목사 오운과 박사제의 3,000명의 병력까지 합세해 총 4,000명의 병력으로 불어났다.
545) 김시민(金時敏, 1554~1592) : 조선 전기의 무신. 자는 면오(勉吾). 임진왜란 때 왜적을 격파하여 경상우도 병마절도사로 특진하고, 진주성에서 분전하다가 전사하였다.
546) 제1차 진주성전투(第1次晋州城戰鬪) : 임진왜란에서 최초로 수성에 성공한 전투. 이순신의 한산도 대첩, 권율의 행주대첩과 더불어 '임진왜란 3대 대첩'이다.
547) 《망우당집(忘憂堂集)》 ; 곽재우의 시가와 산문을 엮어 1771년(영조 47)에 중간(重刊)한 시문집. 당대 정치와 사회 제반의 문제에 대한 대안을 파악할 수 있는 실증적 자료.
548) 망우정(忘憂亭) : 곽재우가 만년에 머물던 곳. 창녕군 도천면 소재. 망우정은 '근심을 잊고 살겠다'는 뜻으로, 망우당(忘憂堂)이라는 곽재우의 호도 이로부터 비롯된 것이다.
549) 벽곡찬송(辟穀餐松) : 익힌 곡식을 끊고 솔잎만 먹음.

江山依舊忘憂亭(강산의구망우정)　옛날과 변함없이 비슬산과 낙동강 사이 망우정 있고
誤落灰心出仕寧(오락회심출사영)　잘못된 결정으로 과거에 낙방해 벼슬 뜻 접었네
烽鼓危邦初倡義(봉고위방초창의)　임진왜란의 국가 위기에 최초로 의병을 일으켰고
鼎巖大捷繼功銘(정암대첩계공명)　정암전투에서 크게 이겨 계속해서 공을 새겼네
無時調息登仙道(무시조식등선도)　때가 없이 호흡을 조절해 신선이 되는 도를 닦았고
不禁彈琴羽化形(불금탄금우화형)　그침 없이 가야금을 타서 몸에 날개가 돋았네
龍返其淵終退隱(용반기연종퇴은)　훌륭한 사람 귀향해, 마침내 은퇴했고
紅衣耿耿久明星(홍의경경구명성)　홍의장군은 빛나는 샛별로 오래 회자되네

----

* 依舊(의구) : 옛날 그대로 변함이 없는
* 誤落(오락) : 과거 급제가 취소된 것
* 灰心(회심) : 재처럼 사그라져 외부 유혹을 받지 아니하는 마음
* 烽鼓(봉고) : 봉화와 북. 병란. 전쟁. 여기서는 임진왜란을 비유
* 倡義(창의) : 국난을 당하였을 때 나라를 위하여 의병을 일으킴
* 調息(조식) : 기공. 호흡조절
* 登仙(등선) : 1. 하늘로 올라가 신선이 됨. 2. 존귀한 사람의 죽음
* 羽化(우화) : 사람의 몸에 날개 돋아 하늘로 올라가 신선이 됨
* 龍返其淵(용반기연) : 훌륭한 사람이 제 고향으로 돌아간다. 용이 그 못으로 돌아간다
* 退隱(퇴은) : 은퇴. 직임에서 물러나 한가히 지냄
* 紅衣(홍의) : 홍의장군. 곽재우
* 耿耿(경경) : 빛나는 모양

66

조선 최초의 '여성 한류스타', 허난설헌(許蘭雪軒)

일제강점기를 거치면서 사대주의, 당파성 등 조선 사회의 단점이 지나치게 부각된 점이 있다. 선비정신은 우리나라가 세계에 자랑할 수 있는 문화유산이지만, 조선이 역동성을 잃어 쇠망에 이른 원인 중 하나가 남녀(男女)·적서(嫡庶)·반상(班常) 차별 등의 부작용이었음을 부인할 수는 없다.

고려시대에 비교적 자유스럽던 여성들의 삶은 조선시대에 들어와서 남존여비, 칠거지악, 여필종부 등 성리학의 이념체계 안에서 점차 위축되었다. 여성들의 사회활동은 유교 신분질서에서 극히 제한적이었다. 대부분의 여성들은 집안에서 길쌈이나 육아, 부모봉양을 맡아 순종의 부덕(婦德)으로 살아야 했다.

훈민정음이 나온 뒤로 한문은 남자의 글, 언문은 여자의 글로 나뉘는 현상이 뚜렷해졌지만, 매우 예외적인 현상으로 신사임당, 장계향(이현일의 어머니), 황진이, 이옥봉, 이매창 등은 자기 이름으로 한시를 짓고 이를 쓰고 세상에 알렸다.

이들과 함께 허난설헌(許蘭雪軒, 1563~1589)은 여성의 처지를 천재적인 시작(詩作)으로 승화시켜 사회 모순의 부당함을 노래했다. 요즘 우리나라가 K-문화강국이 된 것도 조선 여인의 '문화 유전인자' 덕이 아닌가 생각한다.

허난설헌은 조선 중기 천재 여류시인이다. 본관은 양천(陽川), 본명은 초희(楚姬), 자는 경번(景樊), 호는 난설헌이다. 동인의 영수 초당(草堂) 허엽(許曄)550)의 삼남 삼녀 중 셋째 딸로 강릉에서 태어났다.

시문이 뛰어났던 중국의 삼조(三曹, 조조·조비·조식), 삼소(三蘇, 소순·소식·소철)처럼, 아버지 허엽, 오빠 허성(許筬)551)·허봉(許篈)552), 동생 허균(許筠)과 난설헌은 '허씨 5문장가'로 불렸다. 조선의 대문호 허씨 가문은 5천여 수의 시를 남겼다.

난설헌은 8세에 이미 신선 세계에 있다는 광한전백옥루 상량식에 초대받아 글을 짓는 것을 상상하며 〈광한전백옥루상량문(廣寒殿白玉樓上樑文)〉553)을 지어 신동으로 불렸다. 둘째 오빠 허봉의 친구

---

550) 허엽(許曄, 1517~1580) : 조선 명종 때의 문신. 자는 태휘(太輝). 호는 초당(草堂). 대사간에 올라 향약의 시행을 건의하였으며 동인·서인의 당쟁 시 동인의 영수가 되었다. 30년간 관직 생활을 하였으나, 청렴결백하여 청백리에 녹선되었다. ≪삼강이륜행실(三綱二倫行實)≫의 편찬에 참여하였다. 저서에 ≪초당집≫, ≪전언왕행록(前言往行錄)≫ 등이 있다.
551) 허성(許筬, 1548~1612) : 선조 때의 문신. 자는 공언(功彦). 호는 악록(岳麓). 임진왜란 직전인 1590년 서장관으로 일본에 다녀와 일본의 침략 가능성을 바른대로 고하였다.
552) 허봉(許篈, 1551~1588) : 선조 때의 문신. 자는 미숙(美叔). 호는 하곡(荷谷). 서사(書史)에 밝은 문장가로, 저서에 ≪하곡조천기≫, ≪이산잡술≫, ≪해동야언≫ 등이 있다.
553) 〈광한전백옥루상량문(廣寒殿白玉樓上樑文)〉 : 허초희는 신선세계에 있다는 광한전 백옥루의 상량식에 초대받았다고 상상하면서 이 글을 지었다.
첫 부분에는 광한전 주인의 신선생활을 묘사하고, 그가 여러 신선들을 초대하기 위

인 시인 이달(李達)[554]에게서 한시를 배웠다. 난설헌은 15세 때 김성립(金誠立)[555]과 결혼하였으나 그리 원만하지 못하였다. 연이어 딸과 아들을 모두 잃고 뱃속의 태아를 유산하는 불행을 당했다. 설상가상 친정의 풍비박산으로 난설헌은 풍우(風雨)에 꺾여버린 꽃봉오리가 되었다.

어느 날 난설헌은 시로서 자신의 죽음을 예언했다. "부용삼구타(芙蓉三九朶, 연꽃 스물일곱 송이가 늘어져)/홍타월상한(紅墮月霜寒, 차가운 달빛 서리에 붉게 떨어지네)" '삼구(三九)'는 '3×9=27'로써 죽음을 상징하고, '홍타(紅墮)'는 '붉게 떨어지다'는 의미로 꽃다운 나이에 죽음을 상징하는 시어이다. 허균은 "우리 누님은 스물일곱에 세상을 떠났다."라면서 "그래서 '삼구홍타(三九紅墮)'라는 말이 바로 증험되었다."라고 덧붙였다.

난설헌은 3가지 한(恨)이 있다고 했다. 그것은 "이 넓은 세상에 하필이면 왜 조선에서 태어났을까?, 왜 여자로 태어났을까? 왜 김성립의 아내가 되었을까?"였다. 닫힌 시대에 213수의 한시를 남긴

하여 광한전을 짓게 된 배경을 묘사하였다. 이 모임에 수십 명의 신선들이 동원되고 여러 기술자들이 동원되었지만, 상량문을 지을만한 시인이 없었다. 그래서 작자가 초대되어 이 상량문을 짓는다. 문체는 포량(抛樑, 들보를 걸다)의 동·서·남·북·상·하의 육위(六偉)가 묘사되고, 이 광한전이 신선세계에서 오래오래 서 있기를 기원하는 문장으로 끝난다. 이 상량문에서 허초희는 여성으로서 실현 불가능한 현실세계의 이상을 가상 세계인 선계에 설정하고, 초속적인 이상향을 실현하고 있다.

554) 이달(李達, 1539~1612) : 조선 선조 때의 한시의 대가. 자는 익지(益之). 호는 손곡(蓀谷). 최경창·백광훈과 함께 당시(唐詩)에 능하여 '삼당(三唐)'이라 불렸다.
555) 김성립(金誠立, 1562~1592) : 본관은 안동, 자는 여견(汝見), 호는 서당(西堂)이다. 조선 전기 당대의 문장가로 유명하였다. 임진왜란 당시 의병을 일으켜 싸우다가 젊은 나이에 사망하였다.

채 불꽃 같은 짧은 영혼을 불사른 한 여인의 너무나 비극적인 절규였다.

'사람은 가도 문장은 남는다'고 했다. 허균은 누이의 시를 묶어 조선 최초의 여성시집인 〈난설헌집(蘭雪軒集)〉을 간행하여 서애 류성룡으로부터, "난설헌의 몇몇 작품은 중국 고대의 문장가를 능가한다. 어떻게 해서 허씨 집안에 뛰어난 재주를 가진 사람이 이렇게 많단 말인가?"라는 발문(跋文)을 받았다.

〈난설헌집〉은 주지번(朱之蕃)[556]에 의해 중국에서 출간되어 "낙양(洛陽)[557]의 종이값을 올려놓았다"[558]할만큼 높은 평가를 받았다. 숙종 37년(1711)에는 분다이야 지로(文台屋次郎)에 의해 일본에서도 간행, 애송되었다.

동양 삼국 최고의 여류시인으로 시대를 앞서간 인물. 조선 최초의 '여성 한류 스타'였던 난설헌 선생의 일생을 경모하는 필자의 자작 한시를 소개한다.

---

556) 주지번(朱之蕃, 1546~1624) : 명나라 산동 치평(荏平) 사람. 자는 원개(元介), 호는 난우(蘭嵎). 서화에 뛰어났다. 소장품이 남도(南都)에서 최고를 자랑했다. 저서에 ≪봉사고(奉使稿)≫가 있다.

557) 낙양(洛陽) : 중국 허난성(河南省) 북부 황하 유역에 있는 도시. 중국의 역대 9개 왕조의 수도였으며 중국의 7대 옛 도시의 하나이다. 중국에서 가장 오래된 사원인 백마사(白馬寺)와 함께 남쪽에 있는 룽먼(龍門) 석굴이 유명하다.

558) 낙양지귀(洛陽紙貴) : 종잇값 오르게 할 만큼 널리 읽히는 문장. 진(晋)나라 사람 좌사(左思)는 10년이 걸려 삼국시대(위·촉·오)의 세 도읍지를 묘사한 삼도부(三都賦)를 완성했다. 하지만 아무도 알아주는 이가 없었다. 그러나 당시 대시인 장화(張華)가 그의 글을 읽고 "이 작품이야말로 반장(班張, 반고와 장형)에 필적할 만하구나!"하고, 좌사의 문장을 대가 두 사람에게 비겼던 것이다. 이때부터 좌사의 삼도부는 일약 유명해져 귀족, 고관, 문인 할 것 없이 다투어 읽기 시작했으며 낙양의 종잇값은 폭등하게 되었다.

才媛思慕楚妃樊(재원사모초비번) 난설헌은 초왕 왕비(번희)를 사모해 이름 지었고
髫齔成詩驚萬村(초츤성시경만촌) 어린나이에 시를 지어 세상을 놀라게 했네
海內名聲傳上下(해내명성전상하) 나라 안에 명성이 자자하여 위아래에 퍼졌고
洛陽紙價貴乾坤(낙양지가귀건곤) 낙양의 종이값이 올라 중국 천지에 유명해졌네
門衰慘慽時時發(문쇠참척시시발) 가문이 쇠하고 자식 여읜 게 뛰어난 시의 발현이고
祚薄悲歌切切源(조박비가절절원) 박한 복이 슬픈 노래로 승화시킨 절절한 근원이네
身歿留章三國誦(신몰유장삼국송) 몸은 죽어도 문장은 남아 한·중·일에서 애송되었고
芙蓉哀史慰孤魂(부용애사위고혼) 연꽃(난설헌)의 슬픈 사연 외로운 혼 위로하네

―――――――――――――――

* 才媛(재원) : 재주가 있는 젊은 여자. 才子(재자) : 재주가 있는 젊은 남자
* 楚妃(초비) : 초나라 왕비
* 髫齔(초츤) : 다박머리에 앞니를 갈 무렵의 어린아이. 칠팔세
* 乾坤(건곤) : 하늘과 땅을 아울러 이르는 말. 천지. 음양. 상하
* 門衰(문쇠) : 가문이 쇠하다
* 慘慽(참척) : 자손이 부모나 조부모보다 먼저 죽는 일
* 時時(시시) : 대대로. 時 : 1. 좋다 2. 훌륭하다 3. 쉬다 4. 때 5. 당시. 6. 세대 7. 기회
* 祚薄(조박) : 박한 복
* 芙蓉(부용) : '연꽃'의 꽃. 허난설헌을 지칭
* 哀史(애사) : 개인이나 국가의 불행하거나 슬픈 역사
* 孤魂(고혼) : 의지할 곳 없이 떠돌아다니는 외로운 넋

67

사민평등의 '율도국(聿島國)'을 꿈꾼 '미완의 혁명가' 허균(許筠)

　중국 춘추전국시대 사람들은 고난만 가중시키고 탁상공론에 불과했던 유가(儒家)에 불만을 지녔다. 이러한 시대적 배경에 따라 지배계층의 사상인 유가와 법가(法家)를 비판하면서 피지배층의 입장을 대변한 '묵가(墨家) 사상'이 등장했다.
　묵가의 시조인 묵자(墨子, BC 470~BC391) 사상의 핵심은 '겸애(兼愛)와 교리(交利)'이다. "서로 사랑하고 이익을 서로 나누라"는 뜻이다. 묵가는 유가의 인문주의적인 경향에 대해 실용주의적 관점에서 유가의 허례허식을 배격하였다.

　위당(爲堂) 정인보는 "조선의 역사를 알려면 다산(茶山) 정약용을 알아야 한다."고 했다. 다산은 18년 동안의 고난(유배) 속에서도 뜻을 굽히지 않고 세상이 온통 썩고 부패하여, 어느 하나 병들지 않은 분야가 없다고 개탄했다. 그래서 전 생애를 걸고 자신의 실학사상을 완성했다.

허균(許筠, 1569~1618)은 다산보다 200년 앞선 인물이다. 세 번 유배와 여섯 번 파직으로 굴곡 있는 삶과 파격적인 학문을 한 '위대한 사상가'였으며, 묵자처럼 차별 없는 사회를 꿈꾼 '시대를 앞선 혁명가'였다. 21세기에 태어나야 마땅한 사람이 500년 일찍 태어나 '비운의 주인공'이 되었다.

본관은 양천(陽川), 자는 단보(端甫), 호는 교산(蛟山)·성소(惺所)이다. 1569년 동인의 영수인 초당 허엽(許曄)과 강릉 김씨 사이에서 셋째 아들로 강릉에서 태어났다. 9세 때에 시를 지을 줄 알았다. 학문은 류성룡에게 배우고, 시는 삼당시인(三唐詩人) 중 하나인 이달(李達)에게 배웠다. 25세에 정시문과(庭試文科)에 급제했고, 2년 후 문과 중시(重試)에 장원했다.

허균은 아버지 허엽, 형 허성·허봉, 누나 허난설헌과 함께 '허씨 5문장가'로 유명했다. 천재시인 허난설헌의 시를 명나라 주지번(朱之蕃)을 통해 중국에서 출판하는 계기를 만들었다. 명나라에 여러 차례 다녀오면서 수천 권의 서적을 가져왔는데, 이때 양명학자 이탁오(李卓吾)[559]의 영향을 많이 받았다. 성리학의 허구성을 비판하였고, 민중을 위한 실용적 학문으로 조선사회의 변화를 추구했다. 학문의 기본을 유학에 두고 있었으나, 불교·도교에 깊이 빠져들었다.

---

559) 이탁오(李卓吾, 1527~1602) : 명나라의 사상가. 유·불·도의 경계를 제거하여, 진실한 도를 찾으려 하였으며, 송학 이래 '천리에 따르고, 인욕을 없앤다'(存天理去人欲·존천리거인욕)는 전통적 규범이 시대에 맞지 않는 허위에 불과하다고 보아, 상고주의(尙古主義)·경학주의를 비판하면서 '입는 것, 먹는 것'(穿衣吃飯·천의흘반)을 윤리의 근본이라 보았다.

허균은 광해군이 즉위하자 대북파(大北派)560) 이이첨(李爾瞻)561)과 함께 집권세력을 형성하였지만, 자신의 딸이 세자의 후궁으로 내정되자 이이첨은 허균이 더 커지기 전에 제거하기로 작정하였다.

1618년(광해군10) 8월10일. 남대문에 "포악한 임금을 치러 하남대장군 정 아무개가 곧 온다!"는 격문(檄文)이 나붙었는데, 이것이 허균의 외가 서얼인 현응민의 소행으로 판명되면서 허균은 역모 혐의에서 벗어나지 못하게 되었다. 49세의 허균은 형신(刑訊, 형문)도 받지 않고, 결안(結案, 사형을 결정한 문서)도 없이, 3일 만에 "할 말이 있소이다(欲有訴言·욕유소언)"라는 외마디 비명만을 남긴 채 능지처참형을 당했다.

허균은 〈성소부부고(惺所覆瓿藁)〉562)의 논설을 통해서 절대 권위

---

560) 대북파(大北派) : 1602년에 임진왜란 발발의 책임과 타협적 정책을 빌미로 정인홍의 탄핵을 받은 류성룡이 밀려나면서 북인이 정권을 장악했다. 북인은 고위 관료 중심의 대북과 신진 세력인 소북의 두 개 정파로 구성되었으며, 선조 말기에는 소북이, 광해군 대에는 대북이 집권했으며, 소북은 영창대군을, 대북은 광해군을 지지하였다.
1606년에는 인목대비가 선조의 유일한 적자인 영창대군을 출산하여 왕위 계승을 둘러싼 정쟁이 치열해졌다. 선조가 1608년에 세자 문제를 결정짓지 못하고 사망하여 광해군이 등극하면서 광해군을 적극 지지한 대북이 집권당으로 부상했다. 이이첨, 허균, 홍여순이 대표적인 인물이다. 1623년에 서인이 주도한 인조반정이 성공하면서 북인은 몰락하였고, 대북은 거의 전멸하였다. 이후 동인의 전통은 서인의 보복을 피하여 살아남은 남인과 일부 소북이 잇게 되었다.

561) 이이첨(李爾瞻,1560~1623) : 선조 때 대북파의 영수로서 광해군이 적합함을 주장했다. 광해군 즉위 후 조정에서 소북파를 숙청했다. 영창대군을 죽게 하고 김제남을 사사시켰다. 폐모론을 주장, 인목대비를 유폐시켰다. 인조반정 뒤 참형되었다.

562) 《성소부부고》(惺所覆瓿藁) : 허균이 편찬한 시문집. 총 26권 8책으로 구성. 허균이 칩거 생활, 유배 생활을 하던 동안에 저술했던 시와 산문들을 모은 책으로서 시부(詩部), 부부(賦部), 문부(文部), 설부(說部) 4부로 나누어 정리했다. 부부고(覆瓿藁)는 "장독 뚜껑을 덮을 만한 보잘것없는 원고"라는 뜻으로, 허균이 자신의 시문을 겸손하게 표현한 용어이다.

에 도전하는 사회비판을 시도하였다. '병론(兵論)' '관론(官論)' '정론(政論)'에서 양반들의 군 미입대, 참다운 학자 미등용, 당파싸움의 성행 등에 대한 책임을 왕에게 돌렸다. '유재론(遺才論)'에서 재능은 신분의 귀천과 관련 없다는 평등사상에 입각해 신분제도와 서얼차별을 비판하였다. '호민론(豪民論)'에서 "천하에 두려워할 만한 자는 오직 백성뿐"이라는 민주주의의 핵심 이념을 주장했다. 이런 그의 사상은 최초의 사회소설이자 한글소설인 〈홍길동전〉[563]에 구체화되었다.

허균에 대한 역사적 평가는 상반된다. 만인이 꿈꿨던 이상향인 사민평등의 '율도국(聿島國)'[564]을 건설하려 했던 미완의 혁명가. 스스로 "세상과 화합하지 못한다(不與世合·불여세합)"고 했지만, 죽음이 헛되지 않은 '시대의 선각자'. 교산 선생을 경모하는 필자의 자작한시를 소개한다.

---

563) 《홍길동전》: 홍문과 기생 춘섬에게서 태어난 홍길동은 활빈당의 우두머리가 되어 탐관오리의 재물을 빼앗아 백성들에게 나누어 주어 연산군은 팔도의 포도대장들에게 홍길동을 잡을 것을 명한다. 그러나 홍길동은 도술을 부려 관군을 제압하고 사라져 버린다. 그 뒤, 홍길동은 연산군으로부터 병조판서 자리를 제수받으나 이를 거부하고 제도 섬으로 간다.
홍길동은 백룡 부부의 딸을 구해주면 사위로 삼는다는 말을 듣고, 괴물 "울동"에게서 딸을 구하고 백룡의 사위가 된다. 또 조철의 딸도 구하여 두 명의 부인을 두게 된다. 홍 판서의 죽음을 대비하여 월봉산에 그를 위해 좋은 묘터를 마련하고, 홍 판서는 "적자와 서자를 차별하지 말라"는 유언을 남기고 죽는다.
홍길동은 활빈당 당원들인 마숙, 최철과 함께 율도국을 공격하여 율도국 왕을 항복시키고 새 나라를 세운다. 그리고 기존의 율도국 왕과 신하들을 죽이지 않고 제후로 봉했다. 율도국을 30년간 다스리고 나서 태자에게 자리를 물려주고 붕어한다.
564) 율도국(聿島國): 현실이 아닌, 《홍길동전》에서 바다 건너 대양의 한 섬으로 표현된 가상 국가이다. 수평선 너머의 외딴 신비의 섬으로, 길동의 이상이 뿌리내릴 수 있는 세계다.

古今獨步破天推(고금독보파천추) 고금을 통하여 뛰어났으나 전통과 시류 역행했고
進學豊原韻益之(진학풍원운익지) 학문은 류성룡에게 배우고 시는 이달에게 배웠네
顚沛風波行路艱(전패풍파행로간) 세파에 엎어지고 자빠져 인생길 참으로 어려웠고
浮沈寵辱宦途遲(부침총욕환도지) 영예와 모욕 부침 심해 벼슬길 더디기만 했네
豪民昱昱東邦主(호민욱욱동방주) 세력 있는 백성은 빛나게 우리나라 주인이 되고
義賊乾乾聿島基(의적건건율도기) 의적들은 자강불식하여 율도국의 기초가 되네
華國文章身處二(화국문장신처이) 문장으로 나라를 빛냈으나 거열형에 처해졌고
畸人不合俗人師(기인불합속인사) 기인은 세상과 화합 못했으나 범인들의 스승이라네

————————————————

* 古今獨步(고금독보) : 고금을 통틀어 비교할 사람이 없을 만큼 뛰어남
* 破天(파천) : 파천황(破天荒). 이제까지 아무도 하지 않은 일을 행함
* 豊原(풍원) : 풍원 부원군(豊原府院君) 류성룡(柳成龍), 호는 서애(西厓)
* 益之(익지) : 이달(李達)의 자, 호는 손곡(蓀谷)
* 顚沛(전패) : 엎어지고 자빠짐
* 寵辱(총욕) : 총애와 모욕을 아울러 이르는 말
* 宦途(환도) : 벼슬길. 환로(宦路), 관도(官途)
* 昱昱(욱욱) : 밝게 빛나는 모양
* 乾乾(건건) : 자강불식(自强不息)하는 모양
* 華國文章(화국문장) : 文章華國. 문장으로 나라를 빛낸다
* 畸人(기인) : 세상의 풍속과 다른 면이 있는 사람
* 不合(불합) : 세상과 뜻이 맞지 아니함

68

인구정책 대전환과 최명길(崔鳴吉)의 '위기관리 리더십'

경제협력개발기구(OECD) 국가 중 합계출산율[565]이 1명보다 낮은 나라는 한국이 유일하다. 2022년 합계출산율이 0.78명으로 역대 최저치로 떨어졌고, 2023년 말이면 0.7명 선마저 깨질 수 있다는 우려가 나온다. 저출산 대책은 백약이 무효로 역대 정권들이 모두 실패했다. 지난 16년 동안 280조원을 쏟아붓고도 돌아온 것은 경제협력개발기구(OECD) 회원국 중 꼴찌라는 불명예다.

출산 문제는 보육·교육·주거·일자리·복지 문제 등과 맞물려 있으며, 노동·교육·연금 3대 개혁의 성패와도 직결돼 있다. 대한민국은 지금 서서히 가라앉는 타이타닉호와 같고, 이대로 가다간 붕괴된다. 50년 후가 되면 인구가 3,700만 명으로 쪼그라들어 나라 지킬 군인조차 제대로 구할 수 없게 된다.

인구 문제는 국가백년대계이다. 대한민국의 번영을 위해 가장 시급히 해결해야 할 사회적 과제가 바로 저출산 고령화 대책이다.

---

565) 합계출산율 : 한 여자가 가임기간(15~49세)에 낳을 것으로 기대되는 평균 출생아 수를 말한다.

윤석열 정부는 인구 문제를 국정의 최우선에 두는 '인구정책의 대전환'에 정권의 명운을 걸어야 한다. 저출산 대책이 실패한 원인을 따져보는 데서 새출발해야 한다. 현재 인구 정책 관련 범정부 부처를 총괄하는 저출산고령사회위원회(저고위)로는 안 된다. 대통령 산하 조직이지만 심의권만 있고 예산권·집행권 등 실질적인 권한이 없기 때문이다.

'인구절벽 병(病)' 치유를 총지휘할 수 있는 초강력 컨드롤타워를 만들어야 한다. 2022년 4월 1일에 출범한 일본의 '아동가정청'처럼 저출산과 아동정책을 한데 묶는 독립 행정조직이 필요하다. 적극적인 이민 수용과 이민청 개설도 검토해야 한다. 미국이나 호주가 강국이 된 이유는 다인종에 대한 문호 개방 때문이었다.

인구절벽의 후과(後果)는 전쟁의 비극과 다름없다. 광해군은 후금(後金·淸)의 존재를 인정함으로써 국제적인 전쟁에 휘말리는 것을 피하는 외교력을 발휘했다. 그러나 인조는 동북아 국제정세와 너무나 동떨어진 '향명배금(向明排金)' 정책을 씀으로써 '정묘호란(1627)'을 초래했고, '병자호란(1636)' 때에 삼전도(三田渡)[566]에서 '삼배구고두(三拜九叩頭)'[567]의 굴욕을 당했다. 대한민국의 위정자들은 당대에 인구절벽 문제를 해결하지 못하면 인조처럼 역사의 죄인이 된다는 각오로 국정에 임해야 한다.

---

566) 삼전도(三田渡) : 조선시대에 서울과 남한산성을 이어 주던 나루.
567) 삼배구고두(三拜九叩頭) : 세 번 절하고 그때마다 세 번씩, 모두 아홉 번 머리를 조아려 절하는 방식.

최명길(崔鳴吉, 1586~1647)은 '실리적 외교정책'으로 존망의 갈림길에 처한 조선을 구한 인물이다. 본관은 전주, 자는 자겸(子謙), 호는 지천(遲川), 시호는 문충(文忠)이다. 영흥부사 최기남(崔起南)과 참판 유영립(柳永立)의 딸 사이의 5형제 중 셋째 아들이다. 19세(1605년, 선조38)에 생원시에 장원하고, 증광문과에 병과로 급제했다.

조선은 임진왜란-정묘호란을 당하고도 부국강병을 외면했다. 그 결과 청태종(清太宗)[568]은 1636년 12월1일 12만 대군을 심양(瀋陽)에 모아 조선 침입에 나섰다. 인조는 피신할 겨를도 없었다.

한양이 청군의 손에 떨어진 12월 14일, 최명길은 시간을 벌기 위해 목숨을 걸고 홀로 적진으로 뛰어들었다. 적에게 출병의 이유를 묻는 등 시간을 버는 사이 인조는 도성을 빠져나가 남한산성으로 향했다.

남한산성에서 45일을 버텼지만 추위와 굶주림으로 더 이상 버틸 수 없는 상황에 이르자, 인조는 최명길의 '주화론'으로 종묘와 사직을 보존할 수밖에 없었다. 1637년 1월18일. '성하지맹(城下之盟)'이 이루어져 남한산성을 나온 인조는 백성에게 유시를 내렸다. 인조의 참담한 고백에는 국방과 외교에 무능했던 뼈저린 후회와 자책이 서려 있다.

"내가 천성이 용렬하고 어두워 정치의 요체를 몰랐다. 합당한 정치를 펴려다 도리어 혼란으로 몰고 갔으니 대군이 몰려오기도 전에 나라는 이미 병들었

---

568) 청태종(清太宗, 1592~1643/ 재위 1626~1643) : 홍타이지(皇太極). 청나라의 제2대 황제. 내몽골을 평정하여 대원전국(大元傳國)의 옥새를 얻고 국호를 대청(大淸)이라 고쳤다. 문관·육부의 설치 등 조직 정비에 힘썼고, 청나라의 기초 확립에 공적이 컸다.

다. 나라는 반드시 자신이 먼저 해친 뒤에야 남이 해친다는 옛말을 어찌 믿지 않을 수 있겠는가?"

최명길은 항복문서를 초안했고, 척화파(斥和派) 김상헌(金尙憲)은 그 항복문서를 찢었다. 후세의 사가들은 이를 두고 "열지자(裂之者)도 가(可)요, 습지자(拾之者)도 가(可)다."라고 했다. 항복문서를 찢은 김상헌도, 찢어진 항복문서를 기워 붙인 최명길도 모두 충신이라는 뜻이었다.

병자호란 후 포로로 잡혀간 사람이 50여만 명을 헤아렸다. 최명길은 인조에게 "여성들을 귀국시켜야 한다."고 주장했고, 세 차례에 걸쳐 공식적인 속환(贖還) 사절단을 파견하여 2,000여 명을 데려왔다. 훗날 박세당(朴世堂)[569]은 "조선 사람들이 편히 잠자리에 들고 자손을 보전한 것이 모두 최명길 덕분"이라고 단언했다.

최명길을 고뇌하게 했던 17세기 초반 격동의 파도가 400년 후 한반도를 엄습하고 있다. 패권국 미국과 이에 맞서려는 중국 사이에 '끼어 있는 나라' 대한민국의 지정학적 상황이 '최명길의 재림(再臨)'을 요구하고 있다.

용기와 책임감, 그리고 희생정신으로 조선 후기 사회를 유지하는 지표 역할을 한 지천 선생을 경모하는 필자의 자작 한시를 소개한다.

---

569) 박세당(朴世堂, 1629~1703) : 조선 숙종 때의 문신. 학자. 자는 계긍(季肯). 호는 서계(西溪). 실학자로서 박물학의 학풍을 이룩하였다. 주자의 해석만 따르지 않는 자주적인 경전 주석으로 윤휴와 함께, 노론계에 의해 '사문난적'으로 몰렸다.

開門納賊兩胡侵(개문납적양호침)	문을 열고 도둑 맞아들여 정묘·병자호란을 당했고
和斥緣由報國心(화척연유보국심)	화친론과 척화론은 모두 보국심에서 연유했네
破竹煙中歸土守(파죽연중귀토수)	(청의) 파죽지세 연기 속에 죽음으로 성을 지켰고
叩頭城下血痕深(고두성하혈흔심)	남한산성 아래 항복으로 피 묻은 흔적 깊어졌네
還鄕女痛終天哭(환향여통종천곡)	환향녀의 슬픔 세상이 끝나도록 소리내어 울었고
被擄人悲死地尋(피로인비사지심)	끌려간 백성 비애 구하려고 죽을 곳을 찾았네
亂後逆境能破亂(난후역경능파란)	동란 뒤 역경 속에 능란하게 어지러움을 깨뜨렸고
嗚呼繼絶不勝欽(오호계절불승흠)	아! 끊어진 것 다시 이으니 공경하지 않을 수 없네

----

* 開門納賊(개문납적) : (친명배금 정책의 후과로) 문을 열고 도둑을 맞아들이다
* 兩胡侵(양호침) : 정묘호란(1627년)과 병자호란(1636년)
* 和斥(화척) : 화친(和親)과 척화(斥和)
* 破竹(파죽) : 파죽지세(破竹之勢). 적을 거침없이 물리치고 쳐들어가는 기세. 출전 : 〈진서(晉書)〉의 '두예전(杜預傳)'
* 歸土(귀토) : 흙으로 돌아간다는 뜻으로, 사람의 '죽음'을 이르는 말
* 叩頭(고두) : 머리를 조아려 경의(敬意)를 표하던 예. 고수(叩首)
* 還鄕女(환향녀) : 임진왜란과 병자호란을 겪고 정절을 잃은 후 고향으로 돌아온 여성
* 終天(종천) : 세상이 끝남. 종천지통(終天之痛). 종천지모(終天之慕)
* 被擄人(피로인) : 적에게 포로로 잡힌 사람. 포로
* 繼絶(계절) : 끊어진 것을 다시 이음

69

'조선조 당쟁'의 재탕과 고산(孤山) 윤선도(尹善道)

'한 번도 경험해보지 못한 나라'를 만든 문재인 정권 5년 내내 대한민국 체제가 탄핵 당했고, 적폐몰이로 수백 명의 우파 인사들이 희생양이 된 것은 조선조 당쟁과 크게 다르지 않다. 윤석열 정부 출범 이후 우파와 좌파 간, 체제를 수호하는 국가중심 세력과 '민주화 세력'으로 위장한 '반(反)대한민국 세력' 간 극한 대립은 점점 심화되어 가고 있다.

심화된 '정치의 양극화'를 완화하기 위해 선거구제 개편을 검토해 볼 필요가 있다. 소선구제는 '승자독식' 구도로 지역주의를 심화시키는 문제를 안고 있다. 반면 중대선거구제는 정치권 물갈이를 어렵게 하는 문제점이 있으나, 협치를 넓히는 장점이 있다. 여야는 지역주의를 완화한다는 공동목표 아래 당리당략(黨利黨略)을 넘어선 대승적인 '선거구제 개혁' 논의에 나서야 한다.

우리 역사에서 가장 아픈 부분이 조선 후기의 피비린내 나는 당쟁이다. 지도층을 분열시킨 당쟁의 도화선 중에 왕실의 '예송논쟁(禮訟論爭)'[570]이 있었다. 왕이 죽었을 때 대비의 상복 입는 기간이 1년이냐 3년이냐를 둘러싼 민생과는 관계없는 '기괴한' 문제로 상대 당파를 유배 보내고 죽였다.

1659년의 '기해예송(己亥禮訟)'[571] 때는 상복을 기년(朞年, 만 1년) 동안 입어야 한다는 서인 세력이 3년(만 2년)으로 해야 한다는 남인 세력에 승리하여 윤선도가 유배가고 남인은 모두 축출됐다. 그런데 14년 후인 '갑인예송(甲寅禮訟)'[572] 때는 기년을 주장하는 남인 세력이 대공(大功, 9개월)을 주장하는 서인 세력에 승리하여 송시열이 유배가고 서인은 모두 쫓겨났다.

예송논쟁은 왕권과 신권의 역할에 대한 정치적 입장 차이에서 비롯되었다. 서인은 신권 강화를, 남인은 왕권 강화를 꾀하려는 입장이었다. 처절한 당파싸움은 상대 당파의 존재를 인정하지 않았으며, 그 결과 조선의 국세(國勢)는 급격히 쇠퇴하게 되었다.

당쟁으로 인해 20여 년의 세 차례 유배와 19년의 은거로 관

---

570) 예송논쟁(禮訟論爭) : 조선의 현종대에 효종과 효종비가 승하하자, 인조의 계비이던 자의대비(慈懿大妃)의 복상기간을 어떻게 할 것인가 하는 문제가 떠올랐다. 이때 조정에서는 두 차례에 걸쳐 남인과 서인 간에 격렬한 논쟁이 벌어졌는데, 이를 예송논쟁이라고 한다.

571) 기해예송(己亥禮訟) : 1659년에 효종이 죽었을 때, 인조의 계비인 조 대비의 복상(服喪) 기간을 두고 서인과 남인이 벌인 논쟁. 서인들은 효종이 차자(次子)라는 점을 들어 기년설(朞年說)을 주장하였고, 남인들은 효종이 왕위를 계승하였으므로 장자(長子)로 대우해야 한다고 보고 삼년설(三年說)을 주장하였다. 이 논쟁에서는 서인의 기년설이 채택되었다.

572) 갑인예송(甲寅禮訟, '제2차 예송') : 1674년(현종 15) 2월 효종의 왕비 인선왕후(仁宣王后)의 국상이 일어나자, 시어머니 자의대비(慈懿大妃, 인조의 계비)가 입을 상복을 두고 일어난 예송 사건이다.

직생활은 겨우 8년에 불과했던 '시대의 풍운아'. 윤선도(尹善道, 1587~1671)는 문신이자 시조작가이다. 1587년 예빈시부정 윤유심(尹唯深)과 순흥안씨 사이의 둘째 아들로 서울에서 태어났다. 본관은 해남, 자는 약이(約而), 호는 고산(孤山), 시호는 충헌(忠憲)이다.

고산은 20세에 승보시(陞補試, 성균관 유생에게 시행하던 시험)에 1등 했으며, 30세가 되는 해에 이이첨의 죄상을 규탄하는 〈병진소(丙辰疏)〉[573]를 올렸다가 함경도 경원으로 유배, 험난한 '풍파의 길'이 시작됐다. 42세 때 별시문과 초시에 장원, 봉림대군(鳳林大君, 효종)[574] · 인평대군(麟坪大君)[575]의 사부가 되었다.

1636년 병자호란 때 의병을 이끌고 강화도로 갔으나 인조가 청나라와 화의를 맺었다는 소식을 듣고, 제주도로 건너가려다 풍랑

---

[573] 〈병진소(丙辰疏)〉: 예조판서 이이첨 일파의 전횡과 이것을 알면서도 모른체한 영의정 박승종, 왕후의 오라버니 류희분 등이 나라를 그르친 죄를 탄핵한 상소.
"신이 보건대 근래 팔다리 노릇을 하고 귀와 눈 노릇을 하며 목구멍과 혀 노릇을 하는 관리들이나 임금을 위해 토론하고 생각하며 규율과 질서를 세우고 관리를 선발하는 사람들은 죄다 이이첨의 심복입니다. 간혹 그의 무리가 아닌 사람이 한두 명 끼어 있지만 보나마나 그런 사람은 나약해 남이 하는 대로 처신하고 때를 보아 행동하며 뒤따라 하는 사람입니다. 이 때문에 대간의 모든 제의를 전하께서는 아마 대간에서 나온 것으로 여기겠지만 사실은 이첨에게서 나온 것입니다. 홍문관의 차자를 전하께서는 필경 홍문관에서 나온 것으로 여기겠지만 사실은 이첨에게서 나온 것이며, 이조나 병조의 후보자 추천을 전하께서는 필경 이조나 병조에서 나온 것으로 여기겠지만 사실은 이첨에게서 나온 것입니다. 그의 눈치를 보고 비위를 맞추기도 하고 그의 지휘를 받기도 하는데, 아무리 옳은 일이라도 반드시 그에게 물은 다음에야 합니다…."
[574] 봉림대군(鳳林大君, 효종, 재위 1649~1659): 조선 제17대 왕. 병자호란으로 청나라에서 8년간 볼모 생활을 했다. 즉위 후 북벌계획을 수립, 군제의 개편, 군사훈련의 강화에 힘썼다. 그러나 북벌을 하지 못하고, 청나라의 강요로 러시아 정벌에 출정하였다. 충청도와 전라도에 대동법을 실시했고, 상평통보를 화폐로 유통시키는 등 경제시책에 업적을 남겼다.
[575] 인평대군(麟坪大君): 이름은 요, 자는 용함(用涵), 호는 송계(松溪). 인조의 셋째 아들. 효종의 동생으로, 1630년 인평대군에 봉해졌다.

을 만나 보길도(甫吉島)[576]에서 은거하였다. 정착한 그 일대의 산세가 막 피어오르는 연꽃과 같다 해서 '부용동(芙蓉洞)'이라 이름 짓고, 격자봉 아래 집을 지어 낙서재(樂書齋)라 하였다. 고산은 해남에서 20년, 보길도에서 10년, 고산에서 2년 거처했는데, 보길도에서 85세에 타계했다.

고산은 남인의 거두로 경사(經史)에 해박하고, 의약·복서·음양·지리·음률 등에 통달하였으며, 효종의 왕릉터를 잡을 정도로 풍수지리에도 밝았다. 이러한 학풍은 외증손인 정약용에게까지 이어졌다. 40수의 장편 시조인 〈어부사시사(漁父四時詞)〉[577], 수석송죽월(水石松竹月)을 노래한 〈오우가(五友歌)〉[578] 등 수많은 불후의 작품들이 〈고산유고(孤山遺稿)〉[579]에 전한다.

한문학이 주류를 이뤘던 조선 문단에 우리글로 아름답고 독창적인 시를 지었던 '시조의 제 1인자'. 정철(鄭澈), 박인로(朴仁老)와 함께 우리나라 '3대 가인'으로 불리는 국문학의 비조 고산 선생을 경모하는 필자의 자작 한시를 소개한다.

---

576) 보길도(甫吉島) : 전남 완도군 보길면에 속한 섬이다. 완도군 남서쪽에 위치하며 2개의 유인도와 15개의 무인도와 함께 보길면을 이루고 있다.
577) 〈어부사시사(漁父四時詞)〉 : 윤선도가 지은 시조. 1651년(효종 2년) 윤선도 나이 65세 때 완도 보길도 부용동을 배경으로, 어부의 생활을 4계절인 춘사, 하사, 추사, 동사로 나눠 각 10수씩 노래한 연시조이다.
578) 〈오우가(五友歌)〉 : 물, 바위, 소나무, 대나무, 달을 다섯 벗으로 의인화하고 부단, 불변, 불굴, 불욕, 불언의 덕성을 예찬한다. 시인은 본인에게 좌절을 안겨준 현실에 무상함을 느끼면서 변하지 않는 자연을 노래한다.
579) 〈고산유고(孤山遺稿)〉 : 윤선도의 시가와 산문을 엮어 1791년에 간행한 시문집.

風波變出谷遷喬(풍파변출곡천교)	세상 풍파가 변해서 (고산은) 출세하게 되었고
朝奏一封夕謫招(조주일봉석적초)	아침에 한 통 상소 올렸다가 저녁에 귀양갔네
放逐三回金紫士(방축삼회금자사)	존귀한 사람(선비)은 세 차례 자리에서 쫓겨났고
隱居半百白鷗僚(은거반백백구료)	반평생 세상을 피해 살아 기러기와 친구 되었네
老當益壯畸人化(노당익장기인화)	늙어서 기력이 더욱 좋아져 특별한 사람 되었고
博覽强記俗界超(박람강기속계초)	많은 책 널리 읽고 기억이 좋아 현실세계 초월했네
煙月五湖諧分數(연월오호해분수)	호숫가 태평세월이 (고산의) 분수에 잘 어울릴까
芙蓉海谷溢時調(부용해곡일시조)	부용동 바다 골짜기는 (고산의) 시조가 넘치네

----

* 出谷遷喬(출곡천교) : 새가 봄에 깊은 산골에서 나와 높은 나무에 옮아앉는다. 출세를 비유. 출전 : 〈시경(詩經)〉
* 一封(일봉) : 한 통의 편지 또는 상주문(上奏文)
* 謫(적) : 1. 귀양을 가다. 2. 꾸짖다. 3. 책망하다
* 放逐(방축) : 벼슬을 삭탈하고 제 고향으로 내쫓던 형벌. 유배보다는 한 등급 가벼운 형벌
* 金紫(금자) : 금인(金印)과 자수(紫綬). '존귀한 사람'을 비유적으로 이르는 말
* 畸人(기인) : 독특한 지조와 행실이 있어서 세상의 풍속과 다른 면이 있는 사람
* 博覽强記(박람강기) : 여러 가지의 책을 널리 많이 읽고 기억을 잘함
* 海谷(해곡) : 바다 밑의 깊은 골짜기

70

가정의 달과 '조선의 큰어머니' 장계향(張桂香)

인구절벽 시대에 '혼살(혼자 살기)'과 '비혼족'이 점점 늘고 있어 가히 풍진(風塵) 세상이다. 사람은 혼자 살 수 없기에 '사람 인(人)'이라 쓰고 있지 않은가. 가정이 해체되는 '위기의 시대'라, '가정의 달 5월'을 맞이하여 가정의 소중함과 가족의 의미를 다시금 되새겨본다.

불교 경전에 "믿음으로 가정이 화평하면 살아 생전에 복과 좋은 일이 저절로 찾아온다. 복이란 자신의 행위에서 오는 결과일 뿐 결코 신(神)이 내려주는 것이 아니다."라고 가르쳐 주고 있다.

가정의 중심은 어머니이다. 율곡의 어머니 '신사임당'처럼 장계향(張桂香, 1598~1680)은 효의 실천과 10남매 자녀교육에 본보기를 보였고, 가정이 제 역할을 하는 것이 무엇보다 중요하다는 가르침을 남겨 '위대한 어머니상'으로 추앙받는 인물이다. 셋째 아들 이현일(李玄逸)[580]이 이조판서에 오르자 정부인(貞夫人)[581] 교지를 받았다.

---

580) 이현일(李玄逸, 1627~1704) : 조선 숙종 때의 도학자·문신. 자는 익승(翼升). 호는 갈암(葛庵). 학행(學行)으로 천거되어 지평(持平)에 발탁되고 대사헌을 거쳐 이조판서를 지냈다. 과거제도의 개혁을 주장하였으며, 영남학파의 거두로 이이의 학설에 반대하여 이황의 이기호발설을 지지하였다. 저서에 ≪갈암집≫ 등이 있다.

581) 정부인(貞夫人) : 조선시대에, 정이품·종이품 문무관의 아내에게 주던 봉작. 숙부인의 위, 정경부인의 아래로, 고종 2년(1865)부터는 이품 종친의 아내에게도 주었다.

본관은 안동. 1598년 안동에서 경당(敬堂) 장흥효(張興孝)[582]와 권사온 사이에서 무남독녀로 태어났다. 유학자 이시명(李時明)[583]의 부인이며, 지와 덕을 겸비한 현모양처로도 이름이 높다.
　부친인 장흥효는 퇴계 이황의 심학(心學)적 도통(道統)의 합일점을 이룬 인물이다. 장계향은 어릴 적에 아버지로부터 지경(持敬)과 수신(修身)을 배워 철학자로서의 면모를 보였다. 10세 전후에 지은 '학발시(鶴髮詩)'·'소소음(蕭蕭吟)'·'성인음(聖人吟, 성인을 노래함)' 등은 시상이 탁월한 명시로 꼽힌다.

不生聖人時(불생성인시)
不見聖人面(불견성인면)
聖人言可聞(성인언가문)
聖人心可見(성인심가견)

성인 계시던 대에 태어나지 않아서
성인 모습 뵈올 수 없었지만
성인의 말씀은 들을 수 있으니
성인의 마음도 볼 수 있구나

　채제공은 "중국의 〈시경〉 삼백 편 중에도 여성 작품이 많지만 〈학발시〉 만한 것은 없다."고 했다. 그러나 15세 이후에는 남존여비

---

582) 장흥효(張興孝, 1564~1633) : 조선시대의 학자. 자는 행원(行源). 호는 경당(敬堂). 문명(文名)이 높고 덕행(德行)이 뛰어났다. 저서에 ≪경당집≫이 있다.
583) 이시명(李時明, 1590~1674) : 경북 영양군 석보면 원리리(院里里)에서 활동한 조선시대 문인이다. 이함(李涵)의 아들로 자는 회숙(晦叔), 호는 석계(石溪)이다.

의 윤리체계와 갈등을 일으킬 수 있는 자신의 시문·서화가 부인의 길이 아니라 하여 그만두었다.

19세에 부친의 제자이면서 이미 1남 1녀를 둔 상처한 이시명과 결혼, 6남 2녀를 두었다. 슬하에 이휘일(李徽逸)[584]·이현일 등 대학자를 많이 길러내어 송나라 정호(程顥)[585]·정이(程頤)[586] 형제를 낳은 '후부인(侯夫人)'에게 비견되기도 한다.

장계향은 자녀들에게 늘 "너희들이 비록 글 잘한다는 소리가 들린다 해도 나는 귀하게 생각하지 않는다. 다만 착한 행동 하나를 했다는 소리가 들리면 아주 즐거워하여 잊어버리지 않을 것이다."라고 가르쳤다.

또한 그녀는 "함께 사는 것이 우주의 질서다. 함께 사는 최고의 도덕률은 나누고 돌봐주는 것이다."라는 '나눔의 철학'을 가졌다. 그리하여 "다시 태어나도 재령이씨(載寧李氏)[587] 집안의 노비로 태어나고 싶다!"라는 말이 나올 정도로 노비에게 사랑을 베풀었고, 의지할 데

---

584) 이휘일(李徽逸, 1619~1672) : 조선 후기 성리학자. 《근사록》·《심경》·《성리대전》·《역학계몽》·《퇴계집》 등을 연구하였다. 성리설·경학, 천문·지리·역법·역학 등에 조예가 깊었다. 상제의례(喪祭儀禮)의 제도와 절목(節目)을 상세히 연구하여, 습속(習俗)의 폐단을 시정하였다.

585) 정호(程顥, 1032~1085) : 중국 북송의 유학자. 자는 백순(伯淳). 호는 명도(明道). 아우 정이와 함께 이정자(二程子)로 불리며, 도덕설을 주장하여 우주의 본성과 사람의 성(性)이 본래 동일하다고 보았다. 저서에 《정성서(定性書)》, 《식인편(識仁篇)》 등이 있다.

586) 정이(程頤, 1033~1107) : 중국 북송의 유학자. 자는 정숙(正叔). 호는 이천(伊川). 최초로 이기(理氣)의 철학을 내세우고 유교 도덕에 철학적 기초를 부여하였다. 저서에 《이천선생문집》, 공저인 《이정전서(二程全書)》가 있다.

587) 재령 이씨(載寧 李氏) : 본관은 황해도 재령군. 시조는 고려의 중신 이우칭(李禹偁)이다. 고려 말 공민왕의 부마인 상장군 이소봉(李小鳳)이 중시조(1세조)이다.

없는 사람들을 도왔다. 이처럼 단아하고 엄하면서도 부덕(婦德)과 학식이 높으므로 세상에서 '여중군자(女中君子)'라고 불렀다.

장계향은 특히 초서에 뛰어났다. 오세창(吳世昌),⁵⁸⁸⁾은 "장씨 부인은 그 읊조리는 시에 나타나고 붓끝으로 써내는 것은 풍아(風雅)⁵⁸⁹⁾의 체와 종요(鍾繇)⁵⁹⁰⁾와 위부인(衛夫人)⁵⁹¹⁾의 법을 갖추고 있다."라고 상찬했다. 정조도 장계향의 서첩이 있다는 말을 듣고 올리라고 명해서 보고 감탄해 마지않았다. 장계향은 그림에도 특별한 능력을 발휘하여 나비를 잘 그렸고, 인두를 불에 달구어 그리는 낙화(烙画)에도 능했다.

장계향은 9편의 시와 각종 음식의 조리법을 적은 한글 요리책 〈음식디미방(飮食知味方 · 음식지미방)〉⁵⁹²⁾을 편찬했는데, 이는 '맛의 철학'을 음식으로 풀어낸 문화유산으로 현존하는 동아시아 최고의 한글 요리서이다.

---

588) 오세창(吳世昌, 1864~1953) : 일제강점기 ≪근역서휘≫, ≪근역인수≫ 등을 편찬한 서예가. 언론인, 독립운동가.
589) 풍아(風雅) : 풍류(風流)와 문아(文雅)를 아울러 이르는 말.
590) 종요(鍾繇, 151~230) : 중국 삼국시대 위(魏)나라의 대신. 서예가. 자는 원상(元常). 해서(楷書)에 뛰어나 후세에 종법(鍾法)으로 일컬어졌으며, 〈선시표(宣示表)〉, 〈묘전병사첩(墓田丙舍帖)〉 등이 법첩(法帖)으로 전한다.
591) 위부인(衛夫人, 272~349) : 중국 동진의 여류 화가. 명은 삭(鑠), 자는 무의(茂猗). 서법은 종요로부터 배워 왕희지(王羲之)에게 어릴때부터 가르쳤다. 전수서(傳受書)인, 〈필진도(筆陣圖)〉가 있다.
592) 〈음식디미방(飮食知味方 · 음식지미방)〉 : 1670년경 정부인 안동 장씨가 쓴 조리서이다. 표지에는 '규곤시의방(閨壺是議方)'이라 이름붙여졌으며, 음식디미방은 한자어로 그중 '디'는 알지(知)의 옛말이며, 제목을 풀이하면 '음식의 맛을 아는 방법'이라는 뜻을 지닌다.

차별 없는 평등과 인간애를 나누고 노블레스 오블리주를 실천한 '조선의 큰어머니', 장계향 선생을 경모하는 필자의 자작 한시를 소개한다.

女中君子亂中生(여중군자난중생) 여자 중의 군자 장계향은 임진왜란 중에 태어났고
嚴父之敎桂樹萌(엄부지교계수맹) 엄한 부친 교훈 받고 계수 향 이름 지었네
師任吟詩風雅歎(사임음시풍아탄) 신사임당의 시처럼 풍류와 문아 있어 칭찬받았고
夫人筆法骨筋驚(부인필법골근경) 위부인 필법처럼 근육과 뼈대가 있어 놀라게 했네
聖行聖訓天生學(성행성훈천생학) 성인의 행동과 가르침을 태어나면서부터 배웠고
婦德婦紅知味耕(부덕부공지미경) 부덕이 있고 솜씨가 있어 음식 요리법을 가르쳤네
絶後空前閨範發(절후공전규범발) 앞서도 없었고 뒤에도 없을 부녀자의 범절 이뤘고
八龍闕里久隆盛(팔룡궐리구융성) 큰 인물 8명 나와 공자의 고향처럼 오래 융성했네

————————————

* 師任(사임) : 신사임당
* 風雅(풍아) : 풍류(風流)와 문아(文雅, 풍치가 있고 아담함)를 이르는 말
* 夫人(부인) : 위부인(衛夫人, 272~349). 서성(書聖) 왕희지(王羲之)의 스승
* 骨筋(골근) : 1. 뼈와 근육. 2. 골격근(骨格筋)
* 紅(공) : 1. 상복 공. 일, 베짜는 일. 2. 붉을 홍. 3. 번창하다. 성공적이다
* 絶後空前(절후공전) : 空前絶後. 앞서도 없었고 뒤에도 없을 것임
* 閨範(규범) : 부녀자가 지켜야 할 도리나 범절
* 八龍(팔룡) : 이시명과 일곱명의 아들을 지칭
* 闕里(궐리) : 공자의 탄생지. 산동성 곡부현(曲阜縣) 성 안에 있음

71

선진국 본진 진입을 위한 경제개혁과 김육(金堉)의 '대동법'

'천하대세 분구필합 합구필분(天下大勢 分久必合 合久必分)'. 천하의 대세는 나뉜지 오래되면 반드시 합쳐지고, 합친지 오래되면 반드시 나눠진다. 〈삼국지연의(三國地演義)〉의 첫 구절이다. 국가경제도 성장과 정체와 침체를 되풀이할 수 있다는 말이다.

한국경제에 적신호가 울리고 있다. 잠재성장률 지속 하락이 뉴노멀이 되어, 선진국 평균에도 못 미치는 저성장이 3년째 이어지고 있다. 경제협력개발기구(OECD)는 2023년 1.9%, 2024년 1.7%로 한국의 잠재성장률 전망치를 내놨다. 이는 2014년 3.4%에서 불과 10년 만에 반토막 나는 것으로, 우리나라가 안정적인 선진국 대열에 진입하기도 전에 저성장의 나락으로 추락한 것을 보여주는 지표다.

한국이 선진국의 본진(本陣)에 들어서기 위해서는 우리 경제의 지속 가능한 성장이 담보되어야 한다. 강도 높은 노동·연금·교육 등 '3대 개혁'을 통한 경제 활성화와 연구개발(R&D) 투자가 시급하다.

여성 및 고령자 고용율 제고로 서비스산업의 낮은 생산성을 향상시켜야 한다.

우리 역사상 '경제개혁'의 쌍두마차는 고구려 을파소의 진대법(賑貸法)과 조선 김육(金堉, 1580~1658)의 대동법(大同法)을 들 수 있다. 김육의 본관은 청풍(淸風), 자는 백후(伯厚), 호는 잠곡(潛谷)이다. 기묘사화 때 절명시를 남기고 자결했던 '기묘팔현'의 한 사람인 청풍 김씨의 중시조 김식(金湜)의 고손자이며, 강릉참봉 김흥우(金興宇)의 아들로 한양에서 태어났다. 성균관 태학생(太學生)[593] 시절인 광해군 때 집권 대북(大北) 영수(領袖)인 정인홍(鄭仁弘)[594]에 맞섰다가 과거 응시 자격을 박탈당했다.

김육은 34세 때 경기도 가평의 잠곡(潛谷, 청평면)에 들어가 스스로 호를 '잠곡'이라 하고, 10년 동안 농사짓고 숯을 구워 팔아 생계를 꾸렸다. 좌우명은 '만물을 사랑하여 사람들을 구제하라'는 뜻의 '애물제인(愛物濟人)'의 정신이다. 이에 기초한 김육의 정치경제 사상은 '이식위천'(以食爲天, 백성은 먹는 것을 하늘로 삼는다)과 '안민익국'(安民益國, 백성이 편안해야 나라에 이롭다)의 실사구시(實事求是)에 있었다.

김육은 평생 네 번 중국 사행(使行)을 다녀왔다. 그는 선진 중국 문물이나 제도를 조선에 도입하고자 했다. 이러한 경험들이 그가

---

593) 태학생(太學生) : 조선시대에, 성균관에서 기거하며 공부하던 유생. 주로 장의(掌議) 이하 생원과 진사를 통틀어 이른다.
594) 정인홍(鄭仁弘, 1535~1623) : 조선 중기의 문신·학자. 자는 덕원(德遠). 호는 내암(萊庵). 임진왜란 때에 합천에서 의병을 모아 활약하여 영남 의병장의 호를 받았다. 대북(大北)의 영수(領袖)로 광해군 즉위 후에 영의정에 올랐다. 저서에 ≪내암집≫이 있다.

다른 관념적인 성리학자들 보다 실용적인 사회개혁 정책을 추진하게 된 배경이 되었다.

　인조반정(1623, 광해군15)으로 서인이 집권한 후 등용된 김육은 백성과 관리와 임금의 이해관계가 달랐을 경우 먼저 '백성의 뜻'을 따라야 한다고 주장했다. 이는 '백성이 귀하고 사직이 다음이고 임금은 가볍다'는 〈맹자〉의 '민귀군경(民貴君輕)' 가르침과 정확히 일치한다.

　효종 즉위년(1649)에 우의정에 제수되자, 김육은 "충청도와 전라도에 대동법을 시행하겠다면 출사(出仕, 벼슬에 나아감)하겠다."는 조건을 내걸고 관철시켰다. 대동법이 시행될 당시 "백성들은 밭에서 춤을 추고, 개들은 아전을 향해 짖지 않았다."는 말이 떠돌 정도로 백성들의 지지를 받았다. 1654년 6월에 75세의 김육은 다시 영의정에 오르자 대동법의 실시를 확대하고자 〈호남대동사목(湖南大同事目)〉을 구상했다.

　대동법은 기존의 조세 수취 체제에서 두 가지를 근본적으로 바꾸어 놓았다. 첫째는, 토지 소유와 상관없이 가구 단위로 부과하던 공물을 토지 소유면적을 기준으로 부과하도록 바꾼 것이다. 둘째는, 지방 토산물을 거두어들이는 조세 방식을 쌀로 통일해 납부하도록 바꾼 것이다. 이것은 현물의 납부에 따른 '방납(防納)[595]의 폐단'[596]을 차단해 백성들의 조세부담을 획기적으로 덜어주었다.

---
595) 방납(防納) : 조선시대 공물(貢物)을 대신 납부하고 이자를 붙여 받은 일.
596) 방납(防納)의 폐단 : 조선시대 세금의 3가지 유형은 전세(田稅), 부역(賦役), 공납(貢納)

대동법은 가난한 백성의 부담을 덜어주고 부자의 세금을 늘린, '부자 증세'라고 할 수 있다. 대동법 실시 뒤 수공업과 상업의 발달이 촉진됐고, 상공인층이 성장했다. 김육의 집념으로 결국 숙종 때 (1708년) 대동법은 제주도·평안도·함경도를 제외한 전국에 시행되어 완성되었다. 대동법으로 조선 사회는 되살아났다.

그 결과 조선은 18세기 영·정조 시대의 경제부흥과 문화융성을 맞이할 수 있었다. 대동법이 아니었다면 조선의 종말이 100년은 일찍 왔을 것이다.

김육의 사상은 〈관사유감(觀史有感)〉[597]이라는 오언 고시(五言古詩)에 잘 나타나 있다. 그는 이 시에서 성공에 교만하거나 안정에 도취되거나 모두 위태롭게 된다고 경계했다. 10년 농부의 힘든 삶을 통해 체득된 '민본사상'과 '개혁사상'으로 백성의 삶을 질적으로 향상시킨 잠곡 선생을 경모하는 필자의 자작 한시를 소개한다.

이다. 전세는 논밭의 곡식 생산량에 따라 내는 세금이고, 부역은 노동력을 제공하는 것이며, 공납은 각 지역의 특산물을 납부하는 것이다. 특산물에는 농산물 이외에 먹, 부채, 종이, 놋그릇, 돗자리 등 수공업 제품도 있었다.

공물은 납부자가 정해진 장소로 물품을 직접 갖고 가서 품질과 수량을 검사받아야 했기 때문에 이 같은 복잡한 절차를 악용하여 백성들에게 공물의 대납을 유도하고 중간에서 이익을 남기는 관례가 생겨났는데, 이를 방납(防納)이라 하고, 그런 상인들을 방납업자라고 하였다. 방납업자들은 아전(衙前)들과 결탁하여 중간에서 엄청난 이익을 챙겼다. 이들이 이익을 챙기는 만큼 그 피해는 백성들에게 전가되었다. 이것을 '방납의 폐단'이라 한다.

597) 〈관사유감(觀史有感), 옛 역사를 보고 느낀 유감〉
　　古史不欲觀(고사불욕관) / 옛 역사는 보고싶지가 않아
　　觀之每幷淚(관지매병루) / 볼 때마다 눈물이 흐르는 걸.
　　君子必困厄(군자필곤액) / 군자들은 반드시 곤액을 당하고
　　小人多得志(소인다득지) / 소인들은 득세한 자들이 많으니.
　　垂成敗忽萌(수성패홀맹) / 성공할 즈음이면 문득 패망 싹트고
　　欲安危已至(욕안위이지) / 안정될 듯하면 이미 위태함 따르네.

寒窓十載臥山林(한창십재와산림)　10년 동안 학문에 정진해 산림(잠곡)에 은거했고
改革行程四使任(개혁행정사사임)　민생개혁을 위해 네 차례나 중국사행 임무를 맡았네
以食爲天邦國本(이식위천방국본)　(백성) 먹이는 것을 하늘로 삼는 게 국가의 근본이고
艱難濟度定民心(간난제도정민심)　가난을 구원하여 민심을 안정시켜야 한다네
大同一法田舍舞(대동일법전사무)　대동법을 시행하자 (백성들이) 밭과 집에서 춤췄고
全土回生小作吟(전토회생소작음)　나라의 모든 땅이 소생해서 소작인들이 노래했네
雨順風調丞相學(우순풍조승상학)　천하를 태평성대로 만드는 게 재상의 철학이었으니
千秋畏敬豈虛欽(천추외경기허흠)　영구한 세월 공경함이 어찌 헛된 일일까?

----

* 寒窓十載(한창십재) : 십년한창(十年寒窓). 오랜 세월 두문불출하면서 학문에 정진함
* 臥(와) : 1. 눕다 2. 쉬다 3. 은거하다
* 山林(산림) : 산과 숲. 잠곡. 학식과 덕이 높으나 벼슬을 하지 아니하고 숨어 지내는 선비
* 行程(행정) : 멀리 가는 길
* 以食爲天(이식위천) : 먹을 것을 하늘로 여긴다. 출전 : 〈사기(史記)〉 '역생열전(酈生列傳)'
* 小作(소작) : 소작료를 지급하며 농지를 빌려 농사를 짓는 일
* 雨順風調(우순풍조) : 비가 순하고 바람이 고르다. 국가가 안정되고 풍족한 상태. 〈육도(六韜)〉에 유래하는 풍조우순(風調雨順)과 같은 말
* 畏敬(외경) : 공경하면서 두려워함
* 豈(기) : 1. 어찌 기 2. 개가 개

72

명재상 채제공(蔡濟恭)의 '규제혁파'와 민생경제 리더십

　우리 경제가 사면초가(四面楚歌) 상황이다. 고물가·고금리·고환율 등의 3고(高)와 무역적자, 인구절벽 등이 민생을 벼랑 끝으로 몰아가고 있는 상황이다. 윤석열 정부는 이런 '경제위기 태풍'을 극복하고 나아가 '좋은 일자리'를 창출해야 한다. 이를 위해 기업의 목을 죄고 있는 '규제개혁'에 승부를 걸고 기업경영 환경을 개선하는 데 총력을 기울여야 한다.

　87년 민주화 이후 역대 모든 정부는 규제개혁에 정권의 명운을 걸었지만 대부분 실패했다. 밥그릇 지키겠다는 관료들의 '그림자 규제'와 '부처 간 칸막이'가 가장 큰 이유였지만, 국가주의 큰 정부를 앞세운 문재인 종북좌파 정권의 포퓰리즘 정책들이 도리어 규제를 양산한 측면도 있다. 해마다 사라진 장벽보다 새로 만든 규제가 몇 배나 많은 것이 현실이다.
　현재 한국은 경제협력개발기구(OECD) 38개 회원국 가운데 규제개혁 순위가 33위로 꼴찌 수준이다. 규제개혁은 국정운영의 추진동력이 큰 정권 초반에 해야 한다. 경제위기 극복 대장정의 성패는 '규제와의 싸움'에 달려있다 하겠다.

한국사에서 18세기는 문예부흥을 통해 새로운 정치를 구현하려 한 시기였다. 소모적인 당쟁을 지양하고 탕평을 추구했으며, 생산력을 확대하고 수취제도를 개선하려는 시도가 전개되었으며, 북학(北學)과 새로운 문체·화풍 등이 나타났다.

채제공(蔡濟恭, 1720~1799)은 정조 개혁의 총사령탑으로 18세기를 대표하는 명재상이며, 정약용과 함께 '조선 르네상스'를 이끈 인물이다.

1720년 지중추부사를 역임한 채응일(蔡膺一)의 아들로 홍주(홍성과 청양 일대)에서 태어났다. 본관은 평강(平康), 자는 백규(伯規), 호는 번암(樊巖)이다. 당호는 '매선당(每善堂)'인데, 아버지가 임종할 때 '매사에 선을 다하라.'는 유언을 남겼기 때문이다.

채제공은 24세에 과거에 합격한 후, 39세에 도승지에 임명되었다. 이 해에 사도세자 폐위의 비망기(備忘記, 임금이 명령을 적어서 승지에게 전하던 문서)가 내려지자, 죽음을 무릅쓰고 이를 철회시켰다. 훗날 영조는 정조에게 "참으로 채제공은 나의 사심 없는 신하이자 너의 충신"이라고 말했다. 사관은 이 무렵 "다른 신하들은 윤허 받지 못한 일도 그가 나서면 허락받는 경우가 많았다."고 평가했다.

1780년(정조 4), 홍국영의 세도가 무너지자 채제공은 홍국영(洪國榮)[598]과 친하게 지냈다는 점과 사도세자의 신원을 주장, 영조가 금

---
598) 홍국영(洪國榮, 1748~1781) : 조선 후기의 문신. 자는 덕로(德老). 영조 때에 세자시강원 설서가 되어 세손을 즉위시키고 정조 밑에서 도승지에 올라 세도정치를 폈다.

한 정책을 부인했다는 죄로 노론의 집중 공격을 받아 이후 8년 간 서울근교 명덕산(수락산)에서 은거 생활을 하였다.

 1788년(정조 12), 정조는 69세의 채제공을 우의정에 제수했다. 이 때 채제공은 자신의 경험을 바탕으로 '6조 진언'을 상소했다. ▲황극(皇極, 편파가 없는 곧고 바른 치국의 도리)을 세울 것, ▲탐관오리를 징벌할 것, ▲당론을 없앨 것, ▲의리를 밝힐 것, ▲백성의 어려움을 돌볼 것, ▲권력기강을 바로잡을 것 등으로 조선이 부강해지고 청나라에 대적할 만한 힘을 키우려면 반드시 해야 할 원칙을 제시한 것이다.

 1790년(정조14), 71세의 채제공은 다시 좌의정이 되었다. 이때 영의정과 우의정이 공석인 독상(獨相)으로서 3년간 재직하며 개혁과제를 추진했다. 이것은 100년 동안 없던 일이었다.

 이 기간 동안 채제공은 당쟁의 핵심 원인이었던 이조전랑(吏曹銓郎)[599]의 통청권(通淸權, 정3품 이하 문신을 추천하는 권한)과 자대권(自代權, 후임을 자신이 지명하는 권한)을 혁파했다.

 채제공의 가장 큰 업적은 조선 최고의 경제개혁이며, 조선 최초의 시장자유화 조치인 '신해통공'(辛亥通共, 1791)이다. 이는 '금난전

 뒤에 왕비를 살해하려는 음모가 발각되어 추방되었다.
599) 이조전랑(吏曹銓郎) : 이조의 관직. 정5품 정랑과 정6품 좌랑을 합쳐 부른 말이다. 삼사의 관리를 임명하고 자신의 후임을 추천할 수 있어서 그 권한이 매우 강했다. 사림은 1575년(선조 8년) 훈구파에 대한 처리를 놓고 두 파로 나뉘었는데, 서로 자기편의 인물을 이 직위에 임명하려 했다. 이를 계기로 사림이 동인과 서인으로 나뉘어 붕당 정치가 시작되었다.

권'(禁亂廛權)⁶⁰⁰)을 폐지하고 시전상인들만의 특권 상행위를 비시전상인들에게도 허용한 정책으로, 소상인의 상업·통상 자유를 허락한 조처이다. 이로 인해 조선 후기 경제발전에 획기적인 전기가 마련됐다.

세종과 버금가는 천재성을 타고난 정조는 채제공에 대해 "영의정과 나는 공적으로는 비록 군신관계이나 사적으로는 부자관계와 같다."며 한없는 존경심을 표했다. 채제공이 정조보다 33세 연상이니, 두 사람은 오륜(五倫)의 '군신유의(君臣有義)-부자유친(父子有親)'의 '의(義)와 친(親)'의 향(香)을 함께 느끼는 사이가 아니었을까.

채제공은 향년 80세를 일기로 세상을 떠났다. 정조와 채제공 사후 이 땅에는 불행하게도 현명한 왕과 어진 재상이 출현하지 않았다. 1년 후 정조가 붕어하자 그가 24년 동안 일군 모든 치적과 발전의 토대가 한꺼번에 무너졌다. 이후 조선은 삼정(三政)의 문란(紊亂)⁶⁰¹), 세도정치(勢道政治)⁶⁰²) 등 국가행정과 공공성이 붕괴되면서 망국의 길을 걷게 된다.

경제회생에 총력을 기울인 조선 최고의 경제정책가. 번암 선생의 '민생경제 리더십'을 경모하는 필자의 자작 한시를 소개한다.

---

600) '금난전권'(禁亂廛權) : 조선 후기에, 난전(亂廛)을 규제할 수 있도록 나라로부터 부여받은 시전(市廛)의 특권.
601) 삼정(三政)의 문란(紊亂) : 조선 후기의 세금 제도인 삼정(三政, 전정·군정·환곡)의 운영이 혼란스러워진 현상이다. 이로 인해 백성들의 생활이 어려워졌고 농민봉기의 원인이 되었다.
602) 세도정치(勢道政治) : 왕실의 근친이나 신하가 강력한 권세를 잡고 온갖 정사(政事)를 마음대로 하는 정치. 정조 때 홍국영에서 비롯하여 순조·헌종·철종의 3대 60여 년 동안 왕의 외척인 안동 김씨, 풍양 조씨 가문에 의하여 이루어졌다.

雲龍風虎五倫香(운룡풍호오륜향)　성군(정조)이 현신(번암) 얻어 오륜의 향기 있었고
遺訓先人每善堂(유훈선인매선당)　선친은 유훈으로 '매사에 선을 다하라' 당부했네
禁亂前權規制擴(금난전권규제확)　금난전권은 소상인의 상행위를 규제하는 것이요
通共後策自由張(통공후책자유장)　신해통공은 상업의 자유를 확장하는 개혁조치네
獨擔國事謨皇極(독담국사모황극)　홀로 국정개혁에 나서 바른 치국의 도리를 꾀했고
逆境工商到順航(역경공상도순항)　불행한 처지의 상공업이 순항할 수 있도록 했네
明主良臣難一遇(명주양신난일우)　총명한 군주와 어진 재상은 만나기가 어려운데
天崩久久政彷徨(천붕구구정방황)　정조가 붕어한 후 정치는 오랫동안 방황했네

――――――――――――――――

* 雲龍風虎(운룡풍호) : 용은 구름을 쫓고 범은 바람을 따른다. 성주(聖主)가 현신을 얻음
* 五倫(오륜) : 인류의 가장 기본적인 다섯 가지의 인간관계, 곧 부자유친(父子有親)·군신유의(君臣有義)·부부유별(夫婦有別)·장유유서(長幼有序)·붕우유신(朋友有信)
* 先人(선인) : 남에게 돌아가신 자기 아버지를 이르는 말
* 禁亂(금난) : 금난전권(禁亂廛權). 서울에서 '시전상인' 외에는 상업 활동을 금지하는 법
* 通共(통공) : 신해통공(辛亥通共). 공식적으로 금난전권을 금지시킨 조치
* 皇極(황극) : 편파가 없는 곧고 바른길. 천자(天子)가 세운 만민의 법도
* 明主良臣(명주양신) : 총명한 군주와 어진 재상
* 一遇(일우) : 천재일우(千載一遇). 좀처럼 만나기 어려운 좋은 기회
* 天崩(천붕) : 1. 하늘이 무너짐. 2. 명사 임금이 세상을 떠남. 승하(昇遐)
* 久久(구구) : 기간이 긺

73

'조선 세계화'의 비조(鼻祖), 연암(燕巖) 박지원(朴趾源)

2023년 1월 "2년 안에 미국이 중국과 싸우게 될 것 같다."라고 예측한 마이클 미니헌 미 공군기동사령관(4성 장군)의 메모가 워싱턴을 뒤집어놨다. 이 같은 미·중 패권전쟁의 현실화로 불확실성의 격랑이 세계를 덮치고 있다. 지금 미국이 구상하는 새로운 국제질서는 경제성보다 안보를 우선하는 '가치동맹'이다. 미국은 자신들이 글로벌 스탠더드로 1990년대에 구축한 세계화와 자유무역을 뒤흔들고 있다.

미국의 우파는 세계화가 중국·러시아 같은 적성국의 팽창을 초래했다고 반성하고 있고, 좌파는 신자유주의가 소득 양극화를 가속화했다며 '탈(脫)세계화'에 동조하고 있다. 이제 탈세계화의 탁류(濁流) 속에서도 새로운 승자와 패자가 나뉠 것이다. 이럴 때일수록 우리 정부와 기업은 손을 잡고 변화의 물결에 빨리 편승하는 추격자 DNA를 되살려야 한다.

병자호란은 인조의 '삼전도 치욕'으로 조선인들에게 씻을 수 없는 분노를 품게 했다. 이에 북쪽 오랑캐를 쳐서 복수한다는 이데올로기인 '북벌론(北伐論)'[603]이 조선을 지배했지만, 국제정세는 다른 양상으로 흘렀다.

이 시기에 청의 앞선 문명과 기술을 받아들여 조선 사회를 개혁하자는 '북학파(北學派)'[604]의 활동은 개방적인 자주 의식의 소산이었다. 북학 사상의 진정한 승리는 230년 후의 '세계적인 한류 K'를 통해 확인할 수 있다.

박지원(朴趾源, 1737~1805)은 18세기 조선 최고의 지성이자 대문장가이다. 본관은 반남(潘南), 자는 중미(仲美), 호는 연암(燕巖)이다. 1737년 한양에서 박사유(朴師愈)와 함평이씨 사이 2남 2녀의 막내로 태어났다.

32세 때 백탑(白塔, 탑골공원) 근방으로 이사 가서 홍대용, 박제가, 이덕무, 유득공, 이서구 등과 교류했다. '백탑청연(白塔淸緣)'[605] 모임에서 이용후생(利用厚生)에 대한 깊은 학문적 교류를 통해 '조선의 르네상스'를 이끌어나갔다. 이들은 서로를 사귐에 신분과 적서(嫡庶)와 나이를 초월하였다. 연암은 35세에 과거시험을 접고 실학공부에 매진했다. 1777년(정조 1)에 벽파(僻派)[606]로 몰리면서 황해도

---

[603] 북벌론(北伐論) : 조선의 군사력을 길러 청을 정벌하자는 주장이다. 효종 때 병자호란의 치욕을 씻기 위한 계획으로 마련되어 숙종 때까지 이어졌지만, 청이 중국대륙을 완전히 통일하면서 사라졌다. 현실적으로 어려운 계획이었지만 조선의 국방을 튼튼히 하는 계기가 되었다.

[604] 북학파(北學派) : 조선 후기에 청나라의 학문과 기술을 받아들이자고 주장한 학자들을 가리키는 말이다. '북학'이란 청의 학문이나 문물을 뜻한다.

[605] 백탑청연(白塔淸緣) : 백탑시사(白塔詩社)라는 이름으로 모이던 이들은 시문과 편지를 모아 '백탑의 맑은 인연을 담은 책'이란 뜻의 책《백탑청연집》도 냈다.

[606] 벽파(僻派) : 사도세자를 배척한 당파. 정조 대 후반에는 정조의 의리 변통 시도에

금천의 연암협(燕巖峽)에 은거하였다. 연암이라는 호는 이곳의 지명에서 얻은 것이다.

"옛것을 본받아 새로이 창조해 내라(法古創新·법고창신)."고 한 연암의 가르침은 '실사구시(實事求是)'를 주창한 다산 정약용과 '입고출신(入古出新)'을 강조한 추사 김정희에게 이어졌다. 또한 이 학맥은 연암의 손자인 박규수(朴珪壽)와 대한제국의 개화파에 이어졌다.

연암은 걸인의 절의와 양반의 허욕을 대비시켜 비판한 〈광문자전(廣文者傳)〉, 인분을 져 나르며 살아가는 민초의 삶에서 깊은 덕성을 발견하는 〈예덕선생전(穢德先生傳)〉, 양반의 부패와 허위를 풍자한 〈양반전(兩班傳)〉 등 11편의 소설을 썼다.

연암은 44세(1780, 정조 4) 때 친족 형 박명원(朴明源)이 건륭황제(乾隆皇帝)[607] 만수절(萬壽節, 70세)[608] 진하사겸 사은사(進賀使兼 謝恩使)[609]가 되어 청에 갈 때 자제군관(子弟軍官)[610]으로 동행했다. 6개월 간의 여행기인 <열하일기(熱河日記)>는 조선 사회를 개혁하고

호응하기도 하였으나, 순조 대 초반 정순왕후의 수렴청정을 배경으로 과도하게 토역론(討逆論)을 관철시키다가 왕실과 노론 시파는 물론 소론의 반발을 초래하여 세력을 잃었다.

607) 건륭황제(乾隆皇帝, 1711~1799/재위 1735~1796) : 청나라 제6대 황제. 조부 강희제에 이어 정치, 경제, 문화적으로 '강희·건륭 시대'라는 청나라 최성기를 이룩하였으며, 이 시기에 중국 문화가 유럽 사회에도 널리 알려졌다.
608) 만수절(萬壽節) : 옛 중국에서, 천자의 생일을 기념하던 날.
609) 진하사(進賀使) : 조선시대에, 중국 황실에 경사가 있을 때에 축하 뜻으로 보내던 사절.
사은사(謝恩使) : 조선시대에, 명나라와 청나라가 조선에 대하여 은혜를 베풀었을 때 이를 보답하기 위해 보내던 사절.
610) 자제군관(子弟軍官) : 외국에 보내는 사신의 자제(子弟)로 임명한 군관. 자제군관은 사신의 아들, 동생, 조카 중에서 한 사람에게 수행원으로 가서 견문을 넓힐 기회를 준 제도다.

세계화를 꿈꾸는 열망이 담긴 역작이다. 이 여정에서 남긴 〈야출고북구기(夜出古北口記)〉, 〈일야구도하기(一夜九渡河記)〉 등에 대해 창강(滄江) 김택영(金澤榮)[611]은 "조선 역사 오천 년 이래 제일가는 명문장"이라 평했다.

연암은 이덕무(李德懋)[612]의 문집 〈영처고(嬰處稿)〉의 서문[613]에서 '조선의 시를 쓰라.'고 일갈했다. "조선은 산천이며 기후가 중국과 다른 데도 글짓는 법과 문체를 중국에서 본뜬다면 아무리 고상해도 거짓될 뿐이다."

길 위에서 사유하고, 사유하면서 길을 떠나는 '유목민'. 중국 문화에 매몰되지 않고 이용(利用)과 후생(厚生) 그리고 정덕(正德)으로 '조선인의 자기 정체성(朝鮮風·조선풍)'을 지킨 연암 선생을 경모하는 필자의 자작 한시를 소개한다.

---

611) 김택영(金澤榮, 1850~1927) : 구한말의 학자. 자는 우림(于霖). 호는 창강(滄江). 광무 7년(1903)에 ≪동국문헌비고≫를 증수(增修)할 때에 편찬위원이 되었다. 을사조약이 체결되자 1908년 중국으로 망명하였고, 문장과 학문으로 이름을 떨쳤다. 저서에 ≪한국소사(韓國小史)≫, ≪교정 삼국사기(校正三國史記)≫ 등이 있다.
612) 이덕무(李德懋, 1741~1793) : 조선 후기의 학자. 자는 무관(懋官). 호는 형암(炯庵), 청장관(靑莊館). 박학다식하였으며 개성이 뚜렷한 문장으로 이름을 떨쳤으나, 서출(庶出)이라 크게 등용되지 못하였다. 청나라에 건너가 학문을 닦고 돌아와 북학 발전의 기초를 마련하였다. 박제가·이서구·유득공과 함께 사가(四家)라 이른다. 저서에 ≪청장관전서≫가 있다.
613) 〈영처고(嬰處稿)〉의 서문 : 이덕무는 「영처고(嬰處稿) 자서(自序)」라는 글에서 "어린아이의 재롱은 천진(天眞) 그대로의 것이요, 처녀의 부끄러워하여 감추는 것은 순수한 진정 그대로이다. 이것이 어찌 억지로 힘써서 되는 일이겠는가?"라고 하였다.

軍官行色壯年行(군관행색장년행) 자제군관으로 장년에 청나라를 여행했으며
下筆成文刮目成(하필성문괄목성) 뛰어난 글재주는 괄목상대하게 우뚝했네
法古創新追實學(법고창신추실학) 옛것을 본받아 새것을 창조하는 실학을 추구했고
厚生利用索豊亨(후생이용색풍형) 이용후생의 실학은 풍요와 형통을 찾았네
靑邱開闢雲霓望(청구개벽운예망) 조선이 새롭게 열리는 것을 간절히 바랐고
碧海維新鶴首迎(벽해유신학수영) 뽕밭이 바다가 되는 유신을 반드시 맞아야 하네
述者丁寧留世說(술자정녕유세설) 문장을 지은 자는 정녕 세상의 비평을 기약하지만
五車日記越長城(오거일기월장성) 〈열하일기〉의 명성은 만리장성을 넘어섰네

----

* 行色(행색) : 길을 떠나기 위하여 차리고 나선 모양
* 下筆成文(하필성문) : 붓을 들어 쓰기만 하면 문장이 이루어진다. 뛰어난 글재주를 비유
* 刮目(괄목) : 괄목상대(刮目相對) : 다른 사람의 학식이나 재주가 깜짝 놀랄 만큼 늘었음
* 雲霓(운예) : 구름과 무지개를 아울러 이르는 말. 어떤 일이 일어나기를 갈망함
* 碧海(벽해) : 상전벽해(桑田碧海). 뽕나무밭이 푸른 바다가 되었다. 세상이 크게 바뀐 것
* 鶴首(학수) : 학의 목처럼 목을 길게 빼고 간절히 기다림
* 世說(세설) : 세평(世評)
* 述者(술자) : 문장을 지은 사람
* 五車(오거) : 다섯 수레에 실을 만한 책. 〈열하일기〉는 26권 10책으로 방대한 저작임

74

한국 최초의 여성 기업인, '제주 의녀(義女)' 김만덕(金萬德)

　미국이 자본주의 병폐에도 불구하고 '제1의 경제대국'으로 군림하는 원동력은 자발적 '기부문화'를 들 수 있다. 앤드루 카네기, 워런 버핏, 빌 게이츠 등 미국의 세계적인 대부호들은 한국의 대기업 총수처럼 부를 대물림 하지 않고 '노블레스 오블리주'를 몸소 실천했다. 재산의 95%를 사회에 환원하며 미국에 기부문화를 정착시킨 철강왕 앤드루 카네기는 "죽은 뒤에도 부자인 것처럼 부끄러운 일은 없다."라는 어록을 남겼다.

　워런 버핏은 "많은 돈은 자식을 망친다."라는 확고한 신념을 갖고 있으며, "유산보다 성과에 의해 성공할 수 있는 사회를 만들어야 한다."고 주장해왔다. 또한 그는 검소한 삶을 살지만, 자선재단을 설립해 막대한 돈을 기부하고 있고, 소득 불평등 문제를 해결하는 방안으로 '부자증세'를 주장한다.

　우리나라에도 경주 최부자(慶州 崔富者)는 12대 3백 년 동안 '베풂의 도(道)'를 실천했다. 최부자댁에는 여섯 가지 가훈인 '6훈

(訓)'[614]과 지켜야 할 교훈인 '6연(然)'[615]이 있다. 후손들은 아직도 이를 지키며 살아간다고 한다. 최부자는 국운이 기울자 의병을 지원하고 경주 국채보상운동에 참여했고, 국권을 강탈당하자 임시정부와 해외 독립운동 단체를 지원했다.

220여 년 전. 시대를 앞서 노블레스 오블리주를 실천한 제주 의녀(義女) 김만덕(金萬德, 1739~1812)은 '나눔과 봉사'의 표상으로 시대를 꿰뚫어 보는 통찰력을 가진 선각자이다. 그녀는 1739년(영조 15) 제주 구좌읍에서 김응렬(金應悅)과 고씨 부인 사이의 2남 1녀 중 막내로 태어났다. 12살에 양친이 모두 사망하여 기생의 수양딸이 되었으나, 20세 때 기적(妓籍)에서 빠져나와 여성기업인으로 '제2의 인생'을 개척하였다.

만덕의 거상(巨商) 운영 방침은 '박리다매(薄利多賣)' '적정가격' '신용본위' 세 가지였다. 만덕과 동시대를 살았던 다산 정약용은 〈경세유표(經世遺表)〉[616]에서 "제주도에서 생산되는 미역을 조선 사람

---

614) 경주 최씨(慶州 崔氏)의 6훈(六訓) - 여섯 가지 가훈
권력을 탐하지 말라(과거를 보되, 진사 이상은 하지 마라) / 상생의 이윤을 추구하라(재산은 만 석 이상 지니지 마라) / 소통과 화합하라(과객을 후하게 대접하라) / 정당한 방법으로 부를 추구하라(흉년기에 땅 사지 마라) / 근검절약하라(며느리는 시집온 후 3년 동안 무명옷을 입어라) / 상부상조하라(사방 백 리 안에 굶어죽는 이가 없게 하라)

615) 경주 최씨(慶州 崔氏)의 6연(六然) - 자신을 지키는 교훈
몸가짐을 초연하게 하라(자처초연·自處超然) / 다른 사람에게 온화하게 대하라(대인애연·對人靄然) / 일이 없을 때는 마음을 맑게 하라(무사징연·無事澄然) / 일이 있을 때는 단호하게 대처하라(유사참연·有事斬然) / 뜻을 이뤘을 때 담담하게 행동하라(득의담연·得意澹然) / 실패하더라도 태연하게 행동하라(실의초연 · 失意泰然)

616) 〈경세유표(經世遺表)〉 : 조선 순조 17년(1817)에 정약용이 관제 개혁과 부국강병을 논한 책. 관제(官制)에 관한 고금(古今)의 실례 및 정치의 폐단을 지적하고 개혁에 대한 견해를 적었다. 44권 15책.

절반이 먹는다."라고 기록할 정도였다.

정조 19년(1795)에 제주에 큰 흉년이 들게 되니, 백성들이 서로를 베고 누워 죽어갔다. 만덕은 유통업으로 이룬 막대한 부를 굶주린 제주도민 1,100명을 살려내는데 기부했고, 전국적인 화제의 인물이 되었다.

만덕은 자신의 전 재산을 사회에 환원함으로써 정조의 칭송을 한 몸에 받았고, '의녀반수(醫女班首)'[617]라는 여성 최고의 벼슬에 올랐다. 정조가 소원을 묻자 만덕은 "한양에 가서 궁궐을 보는 것과 금강산 구경"이라고 대답하였다.

당시 제주 여성은 1629년(인조 7년)부터 출륙금지(出陸禁止)[618]를 당해 250여 년 동안 섬에 갇혀 살아야만 했다. 이 기간에 공식적으로 제주도 밖으로 나간 여성은 김만덕 한 사람뿐이었다.

만덕이 세상의 본보기가 되자, 영의정 채제공(蔡濟恭)은 〈만덕전(萬德傳)〉[619]이라는 전기를 썼고, 제주에 유배온 추사 김정희(金正喜)

---

617) 의녀반수(醫女班首) : 간호사 반에 반장(영수, 수령)을 의미한다. 지금으로 말하면 종합병원의 수간호사이다.
618) 출륙금지(出陸禁止) : 조선 중기 제주도민들이 제주 섬을 떠나는 것을 금지한 정책. 조선 정부의 입장에서 보면, 당시 제주는 지정학적으로나 경제적으로 무시하지 못할 효용 가치가 있었다. 지정학적으로는 일본과 중국을 잇는 거점 지역으로서 방위 전략상 중요하였다. 경제적으로는 명과의 말 무역에 있어서 말의 생산지이자 제주 지역 특산물 또한 중요한 자원이었다. 제주도민들이 제주를 떠나 제주 인구가 감소되어 특산물의 진상, 군액의 축소 등이 심각한 과제가 되었다. 이에 1629년(인조 7) 8월 13일 조선 조정에서는 제주도민이 육지로 나가는 것을 금지하는 정책을 실시하였다.
619) 〈만덕전(萬德傳)〉 : 조선 후기에 채제공(蔡濟恭)이 지은 전(傳). 김만덕의 선행을 기록한 작품으로 《번암집(樊巖集)》에 실려 있다. 만덕의 의롭게 재물을 쓸 줄 아는 마음을 기리고, 또 그녀의 선행을 내외에 널리 알려 만인의 귀감으로 삼고자 지은 글이다.

는 '은광연세(恩光衍世, 은혜의 빛이 온 세상에 퍼지다)'라는 찬양의 글을 지어 만덕의 후손에게 전했다.[620] 형조판서를 지낸 이가환(李家煥)은 〈탐라로 돌아가는 만덕을 보내며〉라는 시를 지어 헌정하였다.

"(전략) 우레같이 왔다가 고니처럼 날아가니
높은 기풍은 오래 머물러 세상을 맑게 하겠지
인생살이 이처럼 이름을 드날리니
옛 여회청대(女懷淸臺, 진시황이 지어준 누대)를 어찌 부러워하리."

경제협력개발기구(OECD)는 한국의 잠재성장률이 2023년 처음 2%를 밑돌고 내년엔 1.7%로 떨어질 것이라고 분석했다. 국가 생존전략의 밑그림을 새로 짜야 한다. OECD는 2030년까지 한국 여성 경제활동참가율이 남성 수준으로 올라가면 2030년까지 경제성장률은 연평균 1%의 상승할 것이라고 내다봤다. 향후 여성의 경제활동참가율을 높이고 여성기업을 지원하는 정부의 전향적 정책이 요구된다.

현대 여성 기업인들의 '롤 모델'이자 시대를 뛰어넘은 주체적인 삶의 개척자, '조선 최초의 여성 기업인' 김만덕을 경모하는 필자의 자작 한시를 소개한다.

---

620) 추사 김정희는 이렇게 헌사(獻辭)를 바쳤다.
 "감종주의 할머니가 흉년에 크게 진휼하자 특별히 임금님의 은총을 입어 금강산에 들어가 구경했다. 여러 선비들이 다 전기를 써주고 시를 읊었으니 이는 고금에 드문 일이다. 김정희는 이 편액을 써 보내고 그 집안을 기리고자 한다."

可憐解語敎坊依(가련해어교방의) 가련한 미녀는 기생이 되어 (힘든 몸) 의지했고
換骨成功莫着緋(환골성공막착비) 기적에서 벗어나 성공했으나 비단옷을 입지 않았네
救濟蒼生常願夢(구제창생상원몽) 이재민을 구호하여 늘 품고 있는 소원 꿈 이루었고
御前拜謁宿望希(어전배알숙망희) 임금을 뵙고 오랜 소망(금강산 구경) 이루었네
揚揚驂馬蓬萊向(양양참마봉래향) 득의한 모양으로 참마 타고 봉래산으로 향하니
耿耿千峯楓嶽暉(경경천봉풍악휘) 높고 먼 수많은 봉우리 풍악산은 빛나네
大德淸流今不渴(대덕청류금불갈) 큰 덕은 맑게 흘러 지금도 다함이 없으며
三無傳統蔚然歸(삼무전통울연귀) 도둑, 거지, 대문 없는 '3무 전통' 크게 성했네

----

* 解語(해어) : 解語花. 1. 말을 알아듣는 꽃. 미인(당현종이 양귀비를 두고 한 말). 2. 기생
* 敎坊(교방) : 고려시대의 기생 학교
* 換骨(환골) : 보다 나은 방향으로 변하여 전혀 딴사람이 됨, 기적(妓籍)에서 빠져나옴
* 常願(상원) : 늘 품고 있는 소원
* 宿望(숙망) : 오랫동안 소망을 품어 옴
* 驂馬(참마) : 마차 옆에 따라가는 말
* 耿耿(경경) : 1. 높고 먼 모양 2. 뚜렷한 모양 3. 빛나는 모양
* 三無(삼무) : 도둑과 거지와 대문이 없는 곳. 예로부터 제주는 이 세 가지가 없다고 하여 삼무(三無)의 고장으로 불려 왔다.
* 蔚然(울연) : 크게 성한

75

조선의 르네상스를 이끈 단원(檀園) 김홍도(金弘道)

'르네상스 운동'은 14세기~16세기에 이탈리아를 중심으로 유럽 여러 나라에서 일어난 인간성 해방을 위한 문화혁신 운동이다. 이 운동은 반(反)중세적 정신 운동으로 문학·미술·건축·자연과학 등 여러 방면에 걸쳐 유럽 문화 근대화의 사상적 원류가 되었다.

현재 대한민국은 르네상스 운동을 통한 '인간성 회복'이 일어나야 한다. 진영 논리에 기대어 상대를 악마화하는 정치, 사회적 갈등을 심화시키는 강성 노조, 비인간적 사회악의 창궐, 국민을 분열시키고 사회를 혼란에 빠트리는 가짜뉴스, 광우병·천안함·세월호·사드 전자파 같은 각종 '괴담' 등은 모두 대한민국의 영혼을 갉아먹는 '불치의 병'이다. 국가 정상화를 위해 모든 분야의 '비정상의 정상화'가 이뤄져야 한다.

18세기는 정치·경제·사회·문화 등 여러 방면에서 '조선의 르네상스'라 일컬어지는 시대다. 경세치용과 이용후생을 중시하는 실학자들의 궁극적 목표는 현실의 개혁과 새로운 이상사회의 건설이었다.

영·정조의 문예부흥기부터 순조 연간 초기에 활동한 조선 최고의 화가 단원(檀園) 김홍도(金弘道, 1745~1806?)는 평생 거문고·생황·퉁소 등을 연주하는 음악가였고, 서예가였고, 시인이었다.

한국인 누구나가 사랑하는 화가인 단원은 무반에서 중인으로 전락한 집안에서 김석무(金錫武)와 인동장씨(仁同張氏)[621] 사이에서 1745년(영조 21)에 태어났다. 본관은 김해, 자는 사능(士能), 호는 서호(西湖, 안산 앞바다)이다.

7, 8세 때 안산에 있는 강세황(姜世晃)[622]의 문하에서 그림을 배웠으며, 그의 추천으로 이른 나이에 도화서 화원이 되어 20대 초반에 궁중 화원으로 명성을 날렸다. 조선시대에는 '어진화사(御眞畵師, 임금의 초상화를 그린 화가)'라면 최고의 화가로 평가받았고, 명예는 일생을 따라다녔다. 단원은 세 번(영조 한 차례, 정조 두 차례)이나 어진을 그리는 데 참여하여 정조의 총애를 받은 '왕의 화가'였다. 1791년 12월, 단원은 정조의 초상을 그린 포상으로 충청도 연풍현감에 발령받았다. 이는 중인 신분으로 오를 수 있는 종6품에 해당하는 최고 직책이었다.

---

621) 김홍도의 외조부는 장필주(張弼周)이고, 그가 속하는 인동장씨(仁同張氏) 집안은 대대로 화원을 낸 화원사회의 명문거족이다. 따라서 김홍도는 외가에 드나들다 자신의 화재(畵才)가 돋보여 강세황을 비롯한 화원 세계에 소개되었을 가능성이 높다.

622) 강세황(姜世晃, 1713~1791) : 조선 정조 때의 문신, 서화가. 자는 광지(光之), 호는 표암(豹菴). 병조 참판, 예조판서 등을 지냈다. 예서, 전서를 비롯한 각 서체에 능하였으며, 산수화와 사군자에 뛰어났다. 작품에 〈산수도〉, 〈난죽도(蘭竹圖)〉 등이 있다. 시문집인 《표암유고》에는 김홍도의 소전이라 할 수 있는 〈단원기〉와 〈단원기 우일본〉이 있어 김홍도를 이해할 수 있는 중요한 자료가 되고 있다.

강세황은 〈단원기〉[623]에서 "(김홍도는) 못 그리는 것이 없다. 인물, 산수, 신선, 부처, 꽃과 과일, 동물과 벌레, 물고기와 게 등이 모두 묘한 경지에 이르러, 옛날의 대화가들과 비교해도 그에 필적할 만한 자가 없다."라고 극찬한 바 있으며, "우리나라 금세의 신필(神筆)"이라는 찬사를 아끼지 않았다.

정조는 〈홍재전서(弘齋全書)〉[624]에서 "무릇 그림에 관한 일은 모두 홍도를 시켜 주관케 하였다."라고 할 만큼 단원을 신임하였다. 단원은 정조의 명을 받아 금강산과 영동지역을 방문하여 실경산수화를 제작했으며(1788), 대마도로 건너가 지도를 그려왔다. 이후 정조의 화성원행, 화성건설과 관련된 그림 작업을 총괄하였다.

단원은 박진감 넘치는 구성, 예리한 관찰력과 표현력으로 조선의 모습을 해학적이고 아름답게 담아냈다. 풍속화와 산수화뿐만 아니라 인물, 도석(道釋, 도교와 불교), 화조 등 모든 장르에서 뛰어난 작품을 남겼다.

단원의 그림 특징은 배경을 생략하고, 색의 농담(짙음과 옅음)을 사용해 표현하며, 명암과 원근감을 새로운 기법으로 과감하게 표현한 것이다. 단원의 300점이 넘는 작품 중 대표작인 〈씨름〉, 〈서

---

[623] 강세황은 〈단원기〉에서 "(김홍도는) 얼굴이 청수하고 정신이 깨끗하며 고상하고 세속을 초월한다. 아무 데서나 볼 수 있는 평범한 사람이 아니다"라고 기술했다. 〈단원기〉는 김홍도가 음악을 즐겼고, 즉석에서 한시를 남길 정도로 문학적 소양도 갖고 있었다고도 덧붙이고 있다.
[624] 《홍재전서(弘齋全書)》: 조선 정조 23년(1799)에 규장각에서 정조의 시문, 윤음, 교지 등을 모아 엮은 전집. 184권 100책.

당〉, 〈무동(舞童)〉 등은 절묘한 구성과 간결하고 힘 있는 필선이 뛰어난 작품들이다.

1795년(정조 9) 정조가 어머니 혜경궁 홍씨를 모시고 사도세자의 묘소인 현륭원을 참배하고, 화성행궁에 행차해 어머니의 회갑연을 치른 광경을 그린 〈원행을묘정리의궤(園幸乙卯整理儀軌)〉[625]는 조선 기록화의 기념비적 대작이다.

1805년 12월. 단원은 아들 김양기(金良驥)[626]에게 "월사금을 보내주지 못해 서글프다."라는 내용의 편지를 쓴 후, 1806년 전주에서 병사한 것으로 보인다. 당대 최고의 화가로 이름이 높았지만, 단원의 말년 삶은 어려웠다.

단원은 조선시대 우리 역사와 문화를 고찰하는 데 크게 이바지한 위대한 문인으로, 그의 아들인 김양기를 비롯하여 신윤복(申潤福), 김득신(金得臣), 김석신(金碩臣) 등이 그의 영향을 받았다.

18세기 동아시아 화단의 독보적인 천재 화가로 조선시대 우리 문화와 역사를 고찰하는 데 절대적인 기여를 했으며, 후대에 지대한 영향을 끼친 단원 선생을 경모하는 필자의 자작 한시를 소개한다.

---

625) 〈원행을묘정리의궤(園幸乙卯整理儀軌)〉: 조선 정조(正祖)의 어머니인 혜경궁 홍씨(惠慶宮洪氏)의 회갑연을 기록한 책.

626) 김양기(金良驥, 약 1792~1844 이전): 자는 천리(千里), 호는 긍원(肯園). 조선 후기의 서화가로, 김홍도의 아들이다. 그는 김홍도의 필적을 모아 〈단원유묵〉으로 엮었고, 김홍도의 화풍을 계승한 산수화, 풍속화, 화조화, 영모도, 신선도 등을 그렸다. 그는 김정희, 조희룡 등으로부터 긍정적인 평가를 받으며 그림 실력을 인정받았다.

天生繪事總全能(천생회사총전능) 하늘이 낸 그림 그리기 솜씨 모든 분야에 전능했고
弱冠登龍卌載燈(약관등용십재등) 20세에 궁중화가에 발탁되어 40년 동안 등불이 됐네
水墨一家當代橫(수묵일가당대횡) 수묵화에 일가를 이루는 것이 당대의 흐름이었지만
丹靑兼備最高乘(단청겸비최고승) 단청 등 모든 장르를 잘 그려 화단의 제일이 되었네
山川道釋常常夢(산천도석상상몽) 산수화와 도교·불교화는 항상 꿈속에서도 생각했고
遠近風雲處處昇(원근풍운처처승) 멀고 가까운 곳 바람과 구름 따라 곳곳을 올랐네
落日彷徨終歎息(낙일방황종탄식) 정조의 붕어로 실의에 빠져 끝내 한탄했고
嗚呼絶後畵神稱(오호절후화신칭) 아! 비교할 바 없는 거장은 '그림의 신'이라 칭하네

————————————

* 繪事(회사) : 그림 그리는 일
* 弱冠(약관) : 스무 살.〈예기〉'곡례편(曲禮篇)'에서, 공자가 스무 살에 관례를 한다고 한 데서 나온 말
* 卌(십) : 마흔. 사십. 卌載(십재) : 40년
* 道釋(도석) : 도교와 불교
* 常常(상상) : 언제나 변함없이. 항상
* 處處(처처) : 곳곳. 여러 곳. 이곳저곳
* 落日(낙일) : 지는 해. 정조의 붕어를 비유
* 絶後(절후) : 비교할 만한 것이 뒤에는 다시 없음

76

개혁군주 정조(正祖)의 탕탕평평과 문예부흥

　흔히들 동·서양의 '문예부흥기'로 16세기 이탈리아 르네상스 시대, 18세기 청나라 강건성세(康乾盛世.)⁶²⁷⁾를 들고 있다. 우리 역사에서는 8세기 석굴암·불국사로 상징되는 신라 경덕왕(景德王)⁶²⁸⁾ 때, 12세기 고려청자의 전성기인 고려 인종(仁宗)⁶²⁹⁾ 때, 15세기 한글을 창제한 세종대왕(世宗大王) 때, 18세기 영정조(英·正祖) 시대가 문예부흥기였다. 3~4백년을 주기로 문예부흥이 일어난 것이다.

---

627) 강건성세(康乾盛世) : 강옹건성세(康雍乾盛世). 청나라의 최전성기로 제4대 황제 강희제가 삼번의 난을 평정한 1681년부터 시작하여 제5대 황제 옹정제를 거치고 제6대 황제 건륭제 치세의 중반부까지 이른다. 이 시기에 청나라의 영토가 확장되고 문화, 예술이 부흥하는 등 나라가 내외로 모두 안정되었다.
청나라 건륭 중기의 하남 순무인 아사합(阿思哈)은 "강희제의 60년 통치는 국가의 토대를 마련하였고, 옹정제는 건전한 기풍을 확립하고 변화를 통해 백성들의 질곡을 제거하였으며, 건륭제는 전대를 계승하여 유종의 미를 화려하게 거두었다"라고 3대의 관계를 정의하였다.
628) 경덕왕(景德王, ?~765/재위 742~765) : 신라 제35대 왕. 성은 김(金). 이름은 헌영(憲英). 당나라의 문물을 받아들여 제도와 관직을 당나라식으로 고치고 국내 지명도 한자식으로 고쳤다. 국학 진흥과 불교 중흥에 힘써, 통일 신라 문화의 황금시대를 이루었다.
629) 인종(仁宗, 1109~1146/재위 1122~1146) : 고려 제17대 왕. 음률과 서화에도 능하였으며, 국가 재정을 절약하여 환관들을 감축하는 등 선정을 베풀었다. 문운(文運)을 일으키고 김부식 등에 명하여《삼국사기》를 편찬하게 하였다.

조선의 성공한 두 임금인 세종과 정조(正祖, 1752~1800/재위:1776~1800)의 특징은 인간을 중심에 놓는 가치를 창조했으며, 신분을 초월한 파격적인 인재를 등용했다. 모두 자신의 '학문'이 깊었고, 학자를 존중하는 '지식경영'에 앞장섰고, 방대한 '독서가'라는 점이었다. 세종은 집현전, 정조는 규장각을 세워 인재를 양성하고 현자(賢者)를 가까이 두고 국가를 경영하였다. 특히 정조는 조선 27명의 왕 가운데 유일하게 문집 〈홍재전선(弘齋全書)〉를 남겼다(180권 100책). 그러나 두 임금은 뛰어난 후계자를 만드는 일에 실패하는 오점을 남겼다.

1776년. 영조의 둘째 아들 사도세자와 혜경궁 홍씨 사이의 둘째 아들인 이산(李祘)은 지난한 여정으로 왕위에 올랐다. 개혁군주 정조는 영조의 탕평책(蕩平策)을 계승했으며, 당쟁은 사색당파(四色黨派)에서 시파(時派)[630]와 벽파(僻派)의 새로운 양상으로 전개됐다. 영조 대에 외척 중심의 노론은 끝까지 벽파로 남았으며, 정조를 지지하였던 남인과 소론 그리고 일부 노론이 시파를 형성했다.

정조는 정9품의 말단 벼슬아치인 승문원(承文院) 정자(正字) 이가환(李家煥)[631]과 내정·군사·외교 문제 등에 대해 토론할 정도로 소

---

630) 시파(時派) : 조선 후기에 영조가 탕평책을 써서 왕권을 강화하려 할 때 그것을 지지한 정파. 영조가 사도세자를 폐위하려 할 때 세자를 동정하였으며, 벽파(僻派)와 대립하였다.
631) 이가환(李家煥, 1742~1801) : 조선 후기의 학자. 가톨릭교도. 자는 정조(廷藻). 호는 금대(錦帶). 안정복·정약용 등과 교유하며 학문연구에 힘썼으며 가톨릭교에 흥미를 갖고 그 교리를 연구하였으나, 신해사옥 때는 광주 부윤(府尹)으로서 가톨릭교를 탄압하였다. 그 후 벼슬에서 물러난 후 가톨릭교 신자가 되어 신유사옥 때 순교하였

통에 능했지만, 만기친람(萬機親覽)하는 우를 범했다. 이는 외척이나 정적(政敵)뿐만 아니라 붕당정치의 대립 속에서 즉위하면서 왕권을 지키기 위한 방편으로 앞에서 끌고가는 리더일 수 밖에 없는 태생적인 한계에 따른 결과일 수도 있을 것이다.

1781년(정조 5년), 규장각 제학 김종수가 '정조의 만기친람의 폐단을 지적한 6개항'이 상소문에 나온다. "작은 일에 너무 신경 쓰시면 큰일에 소홀하기 쉽습니다. 크고 실한 것에 전력을 기울이지 않고 눈앞의 일만 신경 쓰면 겉치레의 말단입니다…."(〈홍재전서〉)

정조의 리더십은 '군주민수(君舟民水)'[632]로 정리된다. 백성은 임금을 떠받들지만, 임금이 잘못하면 끌어내릴 수도 있다는 이야기다. 정조는 집권 후반(정조 22, 1798)에 '만천명월주인옹(萬川明月主人翁)'이라는 호를 현판에 적어 창덕궁 존덕정(尊德亭)에 내걸었다.

냇물(백성)은 만 개여도 거기에 비치는 달(임금)은 하나(만백성의 주인)로, 달이 작은 천은 작게 비추고 큰 강은 크게 비추어서는 안 된다는 뜻이다. 또 정조는 "천이 흐르면 달도 흐른다. 천이 멈추면 달도 멈춘다. 천이 고요하면 달도 고요하다. 그러나 천이 소용돌이치면 달은 이지러진다."라며 만천명월(萬川明月)의 진정한 의미를 이야기했다.

다. 문장과 글씨에 뛰어났으며, 저서에 ≪기전고≫가 있다.

632) 군주민수(君舟民水) : 재주복주(載舟覆舟). '임금은 배, 백성은 강물과 같다'라는 뜻의 한자성어로, 강물은 배를 띄우기도 하지만 화가 나면 배를 뒤집을 수도 있다는 의미를 담고 있으며, 나라의 주권은 국민에게 있다는 뜻의 '주권재민(主權在民)'을 나타낸다. 출전 : ≪공자가어(孔子家語)≫ 〈오의해(五儀解)〉 / ≪순자(荀子)≫ 〈왕제편(王制篇)〉

이 시대엔 많은 인재들이 폭포수처럼 쏟아지면서 문예부흥을 이루었다. 정치에선 '금난전권'을 폐지한 번암 채제공, 문학에선 〈열하일기〉의 연암 박지원, 사상에선 〈목민심서〉의 다산 정약용, 미술에선 '풍속화'의 단원 김홍도가 나왔다.

정조가 앓고 있던 병은 심한 홧병과 그로 인해 퍼지는 종기였다. 1800년 6월 28일. 병석에 누운지 보름만에 정조는 49세라는 연부역강한 나이에 붕어했다. 그가 추진한 개혁이 만개하기도 전에. 만기친람하는 '일중독'이 사망의 한 원인이 되었을 수도 있을 것이다. 만약 정조가 수(壽)를 다해서 남인들과 함께 개혁정치를 이끌고 나갔다면 조선의 역사는 크게 달라져 있을 것이다.

이제 우리 역사상 '네 차례의 문예부흥기'를 다시 복원해야 한다. 건국 75년 동안 우리는 세계가 경탄할 산업화와 민주화를 이루어 선진국 문턱을 넘어섰다. 이것을 '대한민국 문예부흥기'로 승화시킬 때에 비로소 선진화가 완성될 것이다.

윤석열 대통령은 대선 전후 과정에서 "연금개혁 등 박근혜 정부의 좋은 정책을 계승하겠다."고 밝힌 바 있다. 박근혜 전 대통령은 '문화융성'을 국정목표로 삼아 추진했지만, 불법 탄핵으로 인해 결실을 맺지 못했다.

정조 대왕의 문화·예술적 성취에서 '대한민국 르네상스'의 해답을 찾아야 한다. 조선의 르네상스를 연 정조대왕을 경모하는 필자의 자작 한시를 소개한다.

萬川明月主人翁(만천명월주인옹)　냇물(백성)은 만개여도 달(임금)은 만백성의 주인이고
二歲知字叡智充(이세지자예지충)　(정조가) 두 살 때 글자를 깨쳐 지혜가 충만했네
無黨無偏區極順(무당무편구국순)　공정하여 당파에 치우치지 않아 나라가 순조로웠고
平平蕩蕩八荒洪(평평탕탕팔황홍)　(영조의)탕평책을 승계·실시하여 온 세상이 넓어졌네
不休博覽天心應(불휴박람천심응)　쉬지 않고 책을 많이 읽어 천심에 대응했고
勿避多煩橫厄逢(물피다번횡액봉)　(국사에) 애쓰는 걸 피하지 않아 뜻밖의 액을 만났네
俊彩星馳千載警(준채성치천재경)　뛰어난 인물들이 별처럼 활약하니 천년의 업적이며
全書巨帙古今崇(전서거질고금숭)　홍제전서 한 질은 옛날부터 지금까지 숭상 받네

────────────────

* 叡智(예지) : 사물의 이치를 꿰뚫어 보는 지혜롭고 밝은 마음
* 無黨無偏(무당무편) : 공정하여 한쪽 편에 치우치지 아니함. 불편부당
　　　　　　　　(不偏不黨)
* 區極(구극) : 한 나라의 안. 한 나라 전체
* 平平蕩蕩(평평탕탕) : 탕탕평평(蕩蕩平平). 어디에도 치우치지 않고 바
　　　　　　　　른 길을 감
* 八荒(팔황) : 온 세상
* 多煩(다번) : 1. 번거로움이 많음 2. 매우 많음
* 橫厄(횡액) : 뜻밖에 닥쳐오는 불행. 횡래지액(橫來之厄)의 준말
* 俊彩星馳(준채성치) : 뛰어난 인물들이 밤하늘의 뭇별처럼 찬란하게
　　　　　　　　활약하다
* 全書(전서) : 홍제전서(弘齋全書)
* 巨帙(거질) : 매우 많은 권수(卷數)로 이루어진 책의 한 벌

77

공공기관 개혁과 다산(茶山) 정약용(丁若鏞)의 '애민절용(愛民節用)'

문재인 정부 5년 역주행이 만든 '부채 덩어리' 공공기관의 대수술이 시급하다. 문 정부 출범 전 해인 2016년 350여 개 공공기관의 전체 순익은 15조7,000억원에서 2021년 10조8,000억원으로 31% 급감했다. 반면 직원 수는 33만명에서 42만명으로 늘어 인건비가 32% 급증했다. 부채도 499조원에서 583조원으로 100조원 가까이 불어났다.

정·사·노(政使勞) 합작 '도둑질'로 비칠 정도로 부실·방만 경영의 극치와 도덕적 해이가 그 원인이다. 경영평가마저 비정규직 제로, 사회적 가치구현 등의 정치적 목적을 우선하고 경영실적은 고려 대상이 안 되니 당연한 결과다.

우리나라 공기업 부채는 금융·비금융 모두 세계 최고 수준이다. 6조원 가까운 역대 최대 적자를 기록한 한국전력은 경영난에도 불구하고 2021년에 '성과급 파티'로 1,586억원을 나눠 가졌다. 직원 수가 30% 늘어난 한국토지주택공사(LH)에선 내부정보를 이용한 부동산투기로 국민적 공분을 샀다. 문제는 공공기관뿐만 아니다. 포스코, KT, KT&G 등 민영화된 과거 공기업 임원들의 부실 경영 및 도덕적 해이도 점검해 봐야 한다.

윤석열 정부는 정권의 명운을 걸고 공공기관 구조조정에 나서야 한다. 실적 부진 공공기관장들에 대한 해임권고, 기관별 군살빼기, 기관 간 통폐합 등 개혁과제를 조화롭게 처리해야 한다. 지방 공공기관 개혁도 무풍지대에 둘 일이 아니다. 정부와 공공기관이 먼저 희생하지 않는데 노동개혁이 먹히겠는가.

공공기관이 '방만 경영·도덕적 해이'의 '철밥통 신의 직장'이라는 오명을 씻고 국민의 사랑 받는 조직으로 거듭나길 기대한다. 이를 위해서는 임직원들이 주인의식을 가져야 한다. 그리고 정약용(丁若鏞, 1762~1836)이 강조한 백성을 사랑하고 물자를 절약하는 '애민절용(愛民節用)'의 자세를 실천해야 한다.

정약용은 실학을 집대성한 대학자로 자는 미용(美庸), 호는 다산(茶山), 당호는 여유당(與猶堂)이다. 1762년 진주목사를 역임했던 정재원(丁載遠)과 해남윤씨(윤선도의 손녀) 사이에서 4남 2녀 중 4남으로 남양주에서 태어났다.

다산은 근기(近畿) 지방의 남인 출신으로 유형원(柳馨遠)[633], 이익(李瀷)[634] 등의 실학사상을 계승·발전시켰다. 1782년(정조 6), 스물

---

633) 유형원(柳馨遠, 1622~1673) : 조선 효종 때의 실학자. 자는 덕부(德夫). 호는 반계(磻溪). 진사시에 합격하였으나 벼슬에 뜻이 없어 오로지 학문 연구에만 전념하였다. 중농사상을 기본으로 한 토지개혁론을 주장하였다. 저서에 ≪반계수록≫이 있다.
634) 이익(李瀷, 1681~1763) : 영조 때의 학자. 자는 자신(自新). 호는 성호(星湖). 유형원의

한 살 때 초시와 회시에 합격하여 생원으로서 벼슬길에 오른 지 3년 뒤에 정조의 부름을 받아 경연석에서 〈중용(中庸)〉을 강의하면서 파란 많은 삶이 시작된다.

다산의 삶은 3기로 나눌 수 있다. 제1기는 정조의 총애를 한 몸에 받으며 벼슬살이를 하던 '득의의 시절'이고, 제2기는 정권에서 밀려나 귀양살이를 하던 '시련의 시절'이며, 제3기는 고향으로 돌아가 학문에 전념하던 '저술의 시절'이다.

정조가 타계한 후 다산의 '제2기 인생'이 시작되었다. 1801년(순조 1) 신유사옥(辛酉邪獄)[635]이 일어나 수많은 천주교도들이 처형되거나 유배를 당했다. 다산 역시 전남 강진에 유배되어 무려 18년 동안 귀양살이를 하였다.

다산은 유배기간 동안 경학(經學)에 전념하여 학문적 체계를 완성하고 수많은 저술 활동을 통하여 조선 후기 학계에 지대한 영향을 끼쳤다. 특히 빈곤과 착취에 시달리던 민의 피폐상을 확인하면서 사서육경(四書六經)[636]에 대한 연구를 했다.

학풍을 이어받았으며, 천문·지리·의학·율산(律算)·경사(經史)에 업적을 남겼다. 관계(官界)에 나가지 않고 저술과 후진양성에 전력하였다. 저서에 ≪성호사설≫, ≪성호문집≫이 있다.

635) 신유사옥(辛酉邪獄) : 순조 원년(1801)인 신유년에 있었던 가톨릭교 박해 사건. 중국에서 세례를 받고 돌아와 전교하던 이승훈을 비롯하여 이가환, 정약종, 권철신, 홍교만 등의 남인(南人)에 속한 신자와 중국인 신부 주문모 등이 사형에 처해졌는데, 수렴청정을 하던 정순왕후(貞純王后)를 배경으로 하는 벽파가 시파와 남인을 탄압하려는 술책에서 나왔다.

636) 사서육경(四書六經): 우리나라에서는 유가의 기본 경전을 '사서삼경(시경,서경,역경)'으로 한다.
  ○ 사서(四書) : 《대학(大學)》《논어(論語)》《맹자(孟子)》《중용(中庸)》의 네 가지 경서
  ○ 육경(六經) : 《시경(詩經)》《서경(書經)》《역경(易經)》《예기(禮記)》《악기(樂記)》《춘추》의 여섯 가지 경서.

1818년(순조18), 유배가 풀리자 다산은 고향인 마현으로 돌아왔다. 그의 나이 57세 때였다. 여기서 1836년 75세로 세상을 뜰 때까지 '제3기 인생'을 맞이한다. 유배생활 중에 쌓은 학문적 성과를 바탕으로 〈여유당전서(與猶堂全書)〉[637]등 방대한 저술을 통해 실학사상을 집대성하였다.

　다산은 우리 역사에서 정치·경제·사회·문화·사상을 포괄하는 가장 많은 저술을 남겼다. 그는 옛것에 의탁해서 제도개혁을 부르짖는 '탁고개제(托古改制)'의 이념을 저술에 오롯이 담아냈다.

　〈경세유표(經世遺表)〉에서는 국가개혁론을, 〈목민심서(牧民心書)〉에서는 목민관의 자세를, 〈흠흠신서(欽欽新書)〉에서는 관료의 역할을 밝혔다. 특히 "나라를 망하게 하는 것은 외침(外侵)이 아니라 공직자의 부정부패에 의한 민심이반이다."라는 〈목민심서〉의 어록(語錄)은 불후의 진리다.

　다산은 자찬묘지명(自撰墓誌銘)에서 자신의 저술에 대해 "육경(六經)과 사서(四書)는 자신을 수양하는 것이고, 일표(一表, 경세유표)와 이서(二書, 목민심서·흠흠신서)는 천하와 국가를 위함이니, 본말(本末)이 갖추어졌다고 할 것이다."라고 하였다.

　조선의 몰락 원인은 정조가 향년 49세로 붕어(崩御)하여 다산의 개혁안이 좌절되어가는 과정에서부터 찾을 수 있다. 다산 선생의 '애민·목민(牧民) 사상'을 경모하는 필자의 자작 한시를 소개한다.

---

637) 《여유당전서(與猶堂全書)》: 다산 정약용의 저술을 정리한 문집으로 154권 76책으로 구성. 다산 서거 후 100여 년이 지나 후학들에 의해 편집·간행된 책.

讀書萬卷擧昭然(독서만권거소연) 만권의 책을 읽어 모든 이치에 밝았고
今古東西識見堅(금고동서식견견) 동서고금에 대한 학식과 견문이 견고했네
廿載流刑天琢玉(입재유형천탁옥) 20년 간 유배로 하늘은 (다산을) 옥으로 다듬었고
五車著作世稀賢(오거저작세희현) 다섯 수레의 저작을 남긴 세상에 드문 현자였네
發心切切更張冊(발심절절경장책) (실학에 대한) 결심은 정성들인 경장 위한 책이고
恨歎悁悁改革篇(한탄연연개혁편) (세상에 대한) 한탄은 간절한 제도개혁 집대성이네
百馬伐驥千歲恨(백마벌기천세한) 군신이 한 현신을 제거하니 천세의 한이 되었고
嗚呼樂志石泉邊(오호낙지석천변) 아! 뜻을 즐기는 산수사랑 병이 되어 자연에 사네

----

* 擧(거) : 1. 모든 2. 들다 3. 행하다
* 昭然(소연) : 이치에 밝음
* 廿(입) : 스물 입
* 流刑(유형) : 구형(九刑) 가운데 죄인을 귀양 보내던 형벌
* 發心(발심) : 어떤 일을 하겠다고 마음먹음. 마음을 일으킴
* 切切(절절) : 1. 성실한 모양 2. 상심한 모양 3. 처량한 소리
* 悁悁(연연) : 1. 간절한 모양 2. 슬퍼하는 모양
* 百馬伐驥(백마벌기) : 백 마리의 말이 한 준마를 침. 군신이 한 현신을 제거하려고 몰아침을 비유 驥 : 천리마. 뛰어난 인물. 준재
* 石泉(석천) : 바위틈에서 나오는 샘물

78

문화의 달 10월과 동양의 지성 추사(秋史) 김정희(金正喜)

　10월은 문화의 달이다. 문화예술을 올바르게 이해하고 이에 적극적으로 참여하도록 정한 달이다. 어느 시대나 '문화 르네상스'는 통치자의 문화적 관심과 역량이 있는 시대에 있었다. 조선의 문화 융성을 이끌었던 왕을 꼽는다면 단연 세종과 정조일 것이다. 서울 청계천 벽화로 재현되어 있는 정조의 '화성행차 그림'은 표현기법이나 완성도에서 뛰어난 수준을 자랑한다. 같은 시기 유럽에서 만든 기록화와 비교해 볼 때도 손색이 없다.

　지금 우리 문화는 '한류'라는 이름으로 세계적인 각광을 받고 있다. 처음은 음악, 드라마, 영화 등으로 시작하였으나, 현재는 웹툰, 패션, 뷰티, 한식, 한복, 한국어 등 우리 문화 전반으로 확대되고 있다. 4차 산업혁명의 시대에 문화는 국력이며, 문화 앞엔 적(敵)이 없다. 문화 전파가 남북관계의 해법이 될 수 있으며, K-컬처는 곧 세계무대의 중심이 되리라 기대한다.

　우리 역사 속 인물 중에는 세계에 자랑할 수 있는 인물이 많다.

그 중에서 불가의 원효(元曉)와 유가의 김정희(金正喜, 1786~1856)는 특별하다 할 수 있다. 김정희는 문사철(文,史,哲)과 시서화(詩,書,畵)를 겸비한 동양의 지성이다. 1786년(정조 10) 병조판서 김노경(金魯敬)과 기계유씨(杞溪兪氏) 사이 맏아들로 서울에서 태어났다. 본향은 예산, 본관은 경주, 자는 원춘(元春), 호는 추사(秋史)·완당(阮堂)이다.

추사는 북학파의 대가 박제가(朴齊家)[638]에게서 가르침을 받았다. 24세(1819)에 문과에 급제해 벼슬길에 올라 아버지의 청국사행에 자제군관으로 동행하여 청의 선진문물을 접하였다. 옹방강(翁方綱)·완원(阮元) 같은 거유(巨儒)들과 사제의 연을 맺고 경학·금석문·서법에 대해 많은 영향을 받았다.

추사의 예술은 시·서·화 일치 사상에 입각한 청나라 고증학(考證學)[639]을 바탕에 깔고 있고, 금속이나 석재에 새겨진 글을 대상으로 언어와 문자를 연구하는 금석학(金石學)에도 큰 업적을 남겼다. 1816년에는 북한산 비봉에 있는 석비가 '진흥왕 순수비(巡狩碑)'[640]라는 것을 밝혔다.

추사는 자신의 인생을 "생애일편청산 청명재궁(生涯一片靑山 淸明

---

638) 박제가(朴齊家, 1750~1805) : 조선 후기의 실학자. 자는 차수(次修). 호는 위항도인(葦杭道人). 시문 사대가(詩文四大家)의 한 사람으로, 박지원에게 배웠으며, 이덕무·유득공 등과 함께 북학파를 이루었다. 시·그림·글씨에도 뛰어났으며 저서에 ≪북학의(北學議)≫, ≪정유고략(貞蕤稿略)≫ 등이 있다.
639) 고증학(考證學) : 중국 명나라 말기에 일어나 청나라 때에 발전한 학문 또는 학풍. 옛 문헌에서 확실한 증거를 찾아 경서(經書)를 설명하려고 하였다.
640) 진흥왕순수비(眞興王巡狩碑) : 신라 진흥왕이 지금의 한강 유역에서 동북 해안에 이르는 지대와 가야를 쳐서 영토를 넓힌 다음, 신하들과 변경(邊境)을 두루 살피며 돌아다닐 때에 세운 기념비. 현재 북한산비, 황초령비, 마운령비, 창녕비의 넷이 남아 있다.

在窮)"이라 표현했다. 자신을 '푸른 산'에 비유하고, '궁했으므로 맑고 밝았다'고 했다. 그의 학문과 예술을 통해 '법고창신(法古創新)'[641]의 정신을 헤아려 볼 수 있다.

추사의 생애는 12년 유배의 고난으로 점철되었지만, "추사의 문하에는 3,000의 선비가 있다."는 말이 나왔다. 추사는 제자들에게 글과 그림에서 '문자향 서권기(文字香 書卷氣)'와 '입고출신(入古出新)'을 강조했다. 독서를 통해 문자의 향기와 책의 기운이 나타나야 하며, 옛것(고전)으로 들어가 새것으로 나와야 한다는 뜻이다.

추사의 철학은 '학예일치(學藝一致)', 즉 학문과 예술의 일치에 있다. 이러한 경지를 보여주는 것이 우리나라 최고의 문인화로 꼽히는 '세한도(歲寒圖)'[642]이다. 추사는 9년이라는 외롭고 긴 제주 유배 생활을 제자 이상적(李尙迪, 1803~1865)이 보내준 차와 책과 붓, 화전지, 먹이 있어 견딜 수 있었다. 추사는 고마움에 '세한도'를 그려 제자에게 선물한 것이다. 발문에 이렇게 썼다.

"책들은 세상에서 흔한 것도 아니고 천리만리에서 사와야 되는 것, 또한 여러 해가 걸려 구하며 손쉽게 구하기 어려운 것이다. 세상의 도도한 물결은 오직 권세와 이익만을 따르는데, 마음 쓰기는 이와 같이 하면서 권세와 이익을 추구하지 않는구나. 바다 건너 초라하게 말라버린 사람에게 오길 마치 세상 사람들이 권세와 이익을 좇듯이 하는 구나."

---

641) 법고창신(法古創新) : 「옛것을 본받아 새로운 것을 창조(創造)한다.」는 뜻으로, 옛것에 토대(土台)를 두되 그것을 변화(變化)시킬 줄 알고 새것을 만들어 가되 근본(根本)을 잃지 않아야 한다는 뜻.
642) 세한도(歲寒圖) : 조선 후기의 서화가 김정희가 그린 그림. 송백(松柏) 같은 선비의 절조(節操)와 제주도에 유배 중인 자신의 처지를 표현한 작품이다. 국보 정식 명칭은 김정희필 세한도이다.
歲寒然後知 松栢之後凋(세한연후지 송백지후조) : 한겨울 추운 날씨가 되어서야 소나무 측백나무가 시들지 않음을 비로소 알 수 있다. 출전《논어(論語)》〈자한편(子罕篇)〉

추사를 가리켜 청의 유학자들은 '해동제일통유(海東第一通儒)'라고 칭찬하였으며, 일본의 철학자 후지쓰카 지카시는 "실사구시(實事求是)를 모토로 한 청나라 고증학 연구의 제일인자"로 극찬했다.

흥선대원군(興宣大院君)[643]은 추사의 이종사촌인 남연군(南延君)[644]의 아들이다. 1853년(철종 4) 정월, 추사는 33세의 조카 이하응(李昰應)에게 난초화의 요령을 이렇게 가르쳤다. "(난을 치는 것은) 한낱 작은 기예에 지나지 않소. 그러나 전력을 기울여 공부한다는 점에서 성인(聖人)의 격물치지(格物致知)[645] 공부와 다를 것이 없소. (…)"

실사구시와 문인 화풍을 열었으며, 불멸의 추사체(秋史體)[646]를 이룬 민족문화의 거성(巨星). 추사 선생을 경모하는 필자의 자작 한시를 소개한다.

---

643) 흥선대원군(興宣大院君, 1820~1898) : 조선 고종 때의 정치가. 이름은 이하응(李昰應). 호는 석파(石坡). 고종의 아버지로, 아들이 12세에 왕위에 오르자 섭정하여, 서원을 철폐하고 외척인 안동 김씨의 세력을 눌러 인재를 고르게 등용하는 따위의 내정개혁을 단행하였다. 한편으로는 경복궁의 중건, 천주교에 대한 탄압, 통상 수교의 거부 정책을 고수하여 사회·경제적인 혼란을 불러일으키기도 하였다.
644) 남연군(南延君, 1788~1822) : 흥선대원군 이하응의 아버지. 자는 구(球). 인조의 왕자 인평대군(麟平大君) 요의 6대손. 병원(秉源)의 아들. 은신군(恩信君)에게 양자로 가서 남연군이 되었다.
645) 격물치지(格物致知) : 사물에 대하여 깊이 연구하여(격물) 지식을 넓히는 것(치지). 격물과 치지는《대학(大學)》에서 밝힌 대학의 도를 실천하는 팔조목에 속한다.
646) 추사체(秋史體) : 김정희는 왕희지, 구양순으로 대표되는 정법(正法) 서체 외에 옛 한나라 비석에 새겨진 예서체(隸書體)를 알게 되었다. 그는 한례(漢隸)의 필법을 연구, 해서(楷書)에 응용하여 소위 추사체를 창출했다. 추사체는 당시의 서체와 구별되는 개성이 강한 서체로 많은 사람들이 추종하였다. 굵고 가늘기의 차이가 심한 필획과 각이 지고 비틀어진 듯하면서도 파격적인 조형미를 보여주는 것이 특징이다.

創新法古始終符(창신법고시종부)　옛 법을 새로 나게 하는 게 시종일관 들어맞았고
下筆成神過大蘇(하필성신과대소)　붓을 대어 쓰면 신필로 대소(소동파)를 초월했네
十二歸鄉新字體(십이귀향신자체)　12년의 귀양생활에 신자체(추사체)를 만들었고
八年安置歲寒圖(구년안치세한도)　8년 위리안치 기간 동안 세한도를 그렸네
及門負笈三千士(급문부급삼천사)　책 상자 걸머지는 문하생은 삼천 선비에 달했고
傳道流行數萬儒(전도유행수만유)　서도를 전해 유행시켜 수만 유학자 사표 되었네
虎躍龍騰驚華夏(호약용등경화하)　호랑이 뛰고 용이 나는 기상 중국을 놀라게 했고
海東第一考證殊(해동제일고증수)　해동 제일의 고증학에 뛰어난 대가였네

————————————

* 創新法古(창신법고) : 법고창신(法古創新). 옛 법을 바탕으로 새로운 것을 창안해 낸다는 말
* 下筆(하필) : 붓을 대어 쓴다는 뜻으로, 시나 글을 짓는 것을 이르는 말
* 大蘇(대소) : 중국 송나라의 소동파(蘇東坡). 동생 소철(蘇轍)은 '소소(小蘇)'로 불리었다
* 新字體(신자체) : 추사체
* 安置(안치) : 위리안치(圍籬安置). 가시로 만든 울타리 안에 귀양 간 죄인을 가두어 둠
* 及門(급문) : 문하에 참여
* 負笈(부급) : 책상자를 지다
* 虎躍龍騰(호약용등) : 호랑이가 뛰고 용이 날다
* 華夏(화하) : 중국을 달리 이르는 말
* 殊(수) : 1. 다르다 2. 뛰어나다

79

지도를 통해 '애민 정신'을 발휘한 고산자(古山子) 김정호(金正浩)

　현존하는 최고 지도는 영국 런던에 있는 '대영박물관'에 소장돼 있는 4,500년 전 고대 바빌로니아 때 그려진 것이다. 지도는 그 시점의 역사라 할 수 있다. 항해지도가 없었다면 신대륙을 발견할 수 있었을까? 인류 역사 속에서 지도는 새로운 역사를 만들고 국가와 개인의 운명을 바꿔 놓기도 했다.

　〈손자병법(孫子兵法)〉'지형편(地形篇)'에 나오는 말이다. "지기지피 승내불태 지지지천 승내가전(知己知彼, 勝乃不殆. 知地知天 勝乃可全)." "나를 알고 적을 알면 위태롭지 않게 승리할 수 있다. 지형을 적절히 이용하고, 기상 조건을 알면 완전한 승리를 할 수 있다." 병력이 싸우는 장소가 어떤 지형인지 아는 것이 전쟁의 승패를 결정한다는 말이다. 고려 의종(毅宗)[647] 때는 나라 지도를 송나라에 보내려던 이들이 처벌당한 기록도 있다.

---

647) 의종(毅宗, 1127~1173/재위 1146~1170) : 고려의 제18대 왕. 1170년 정중부·이의방 등이 난을 일으켜 폐위되었으며, 거제도로 쫓겨났다. 1173년(명종 3) 김보당의 복위 운동이 실패하자 계림에 유폐되었다가 살해되었다.

구한말 조선에 세계가 놀랄만한 '초인초업(超人超業)'이 있었다. 만약 근대 조선의 최대 보물인 김정호(金正浩, 1804년 추정~1866년 추정)의 〈대동여지도(大東輿地圖)〉[648]가 널리 보급되고 이에 따라 산업이 활발해지고 경제규모가 커졌다면 조선의 운명이 어떻게 되었을까?

김정호는 황해도 평민 집안에서 출생했다는 것 외에 세계(世系)가 분명하지 않다. 본관은 청도(淸道). 자는 백원(伯元), 호는 고산자(古山子)다. 무관인 최성환(崔瑆煥)[649], 병조판서를 지낸 신헌(申櫶)[650], 실학자 최한기(崔漢綺)[651], 이덕무의 손자 이규경(李圭景)[652] 등과 신분을 뛰어넘어 평생을 교유하고 도움을 받았다.

최한기는 〈청구도제(靑丘圖題)〉[653]에 "벗 김정호는 스무 살 안팎부

---

648) 〈대동여지도(大東輿地圖)〉: 조선 철종 12년(1861)에 김정호가 제작한 우리나라의 대축척 지도. 순조 34년(1834)에 김정호 자신이 제작한 '청구선표도'를 27년 후에 수정·증보한 것으로, 27년간 전국을 직접 답사하고 실측하여 만들었다. 22첩.
649) 최성환(崔瑆煥, 1813~1891): 조선 후기의 무신. 자는 성옥(星玉). 호는 어시재(於是齋). 본관은 충주(忠州). 중인 가문 출신으로, 주요 저서에 한국의 역대 시를 모은 ≪동국아집(東國雅集)≫, 지리서인 ≪여도비지(輿圖備志)≫ 등이 있다.
650) 신헌(申櫶, 1810~1884): 조선 고종 때의 정치가. 초명은 관호(灌浩). 자는 국빈(國賓). 호는 위당(威堂). 1876년에 일본과 강화도조약을, 1882년에 미국과 한미수호조약을 체결하였다. 문장에 뛰어났고 난초를 잘 그렸다.
651) 최한기(崔漢綺, 1803~1877): 조선 후기의 학자. 자는 운로(芸老). 호는 혜강(惠岡). 실학사상의 기반을 확립하였으며 개화 철학의 선구자이다. 주요 저서에 ≪농정회요(農政會要)≫, ≪신기통(神氣通)≫, ≪습산진벌(習算津筏)≫ 등이 있으며, 이를 한데 엮은 ≪명남루전서≫가 전한다.
652) 이규경(李圭景, 1788~?): 조선 후기의 실학자. 자는 백규(伯揆). 호는 오주(五洲). 평생 벼슬을 하지 않고 조부 이덕무가 이룩한 실학을 계승하여 이를 집대성하였다. 저서에 ≪오주연문장전산고≫ 등이 있다.
653) 〈청구도(靑邱圖)〉: 1834년(순조 34)에 김정호가 제작한 한국의 지도. 채색 필사본 2책으로 이루어져 있으며, 보물 제1594호로 지정되어 있다.

터 지도와 지리지에 깊이 뜻을 두고 오랫동안 찾아 열람하여 여러 방법의 장단점을 자세히 살폈다."라고 쓰고 있다.

고산자는 지도 제작을 위해 전국을 방방곡곡 샅샅이 답사하고 〈천상열차분야지도(天象列次分野之圖, 돌에 새겨진 천문도)〉[654] 등 이전에 만들어진 모든 지리 자료를 참고했다. 그는 판각에 뛰어난 각수(刻手)이기도 했다.

우리나라 지도 제작 수준이 크게 향상된 건 조선시대부터이다. 조선 초기까지만 해도 자로 거리를 재는 척측법(尺測法), 발걸음 수로 재는 보측법(步測法), 노끈·먹줄 등으로 재는 승량지법(繩量之法)을 주로 사용했다.

1861년(철종 12) 고산자는 27년 동안 비풍참우(悲風慘雨, 비참한 처지)의 생활을 하며 전통적인 기법은 물론 백리척(百里尺)[655], 방안도법(方眼圖法)[656], 경위도법 등 최신 기법을 집대성해 〈대동여지도〉

---

654) 〈천상열차분야지도(天象列次分野之圖)〉: 1395년(태조 4)에 석판에 새긴 천문도이다. '천상(天象)'은 천문 현상으로 해·달·별의 변화를 나타낸다. '열차(列次)'는 동양의 별자리인 12차(次)를 벌여 놓았다는 뜻인데, 12차는 목성의 운행을 기준으로 설정한 적도 부근의 12구역을 이른다. 분야(分野)는 하늘의 별자리를 지상의 해당 지역과 대응시킨 것이다. 「천상열차분야지도」는 하늘의 모습을 새긴 그림으로, 하늘 별자리와 땅의 지리를 결부시킨 내용을 담았다. 현재 석각본은 두 종류가 있는데, 하나는 1395년(태조 4)에 석각된 것이고(국보 제228호), 또 하나는 1687년(숙종 13)에 다시 새겨진 것이다(보물 837호). 돌에 새겨졌기 때문에 〈석각천문도(石刻天文圖)〉라는 이름으로도 불린다.
655) 백리척(百里尺): 한국의 옛 지도에서 쓰이던 척관법에 따른 1백 리를 1척으로 나타내는 축척 표기법이다. 실학파 지리학자 정상기가 만든 〈동국대지도〉에서 최초로 백리척을 사용하여 지도 제작의 과학화에 기여하였다.
656) 방안도법(方眼圖法): 비투시(非透視) 원통 도법에 속하는 지도 도법의 하나. 위선(緯線)은 적도에 평행하게 축척에 따른 간격으로 그리고, 경선(經線)은 적도와 직각으로 만나는, 적도상의 호(弧)의 길이에 상응하는 간격을 가진 평행선으로 표시한다.

라는 '조선판 빅데이터'를 만들었는데, 상세하고 정밀함이 고금에 견줄만한 것이 없었다.

당시까지 만들어진 지도 중에서 가장 큰 전국 지도로 크기가 6.7m×3.8m이다. 목판본으로 제작함으로써 대량생산이 가능하게 하여 많은 사람이 이용할 수 있는 '실용성'을 갖췄고, 22권의 절첩식(折疊式)으로 만들어 열람과 휴대에 편리하게 하였다.

실학자 고산자는 '지도유설(地圖類設, 대동여지도 서문)'에서 이렇게 말했다. "백성이 역(役)을 행하고 물과 뭍으로 오가는바, 험한 곳과 평탄한 곳, 모든 것을 다 알지 않으면 안 된다. 세상이 어지러우면 이것으로 적을 막는 걸 돕고, 시절이 화평하면 이것으로 나라와 백성을 다스릴지니, 모두 나의 이것으로 취함이 있을 것이다."

결국, 국난 시에는 적을 쳐부수어 백성의 안전을 도모하고, 치세에는 백성의 삶을 개선하는 데 쓰라고 〈대동여지도〉를 만들었다는 말이다. 과학기술의 혜택 없이 수작업으로 지금의 인공위성에서 찍은 모양과 별 차이가 없는 정확한 지도를 제작하였다는 것은 '기적의 위업'이라 할 수 있다.

표기된 지명의 수는 1만 8천 곳으로 '국토통합'과 '애민정신'으로 가는 길이었던 〈대동여지도〉. 만난(万難)을 무릅쓰고 '꿈의 진서(珍書)' 제작에 금자탑을 세운 고산자 선생을 경모하는 필자의 자작 한시를 소개한다.

超才超業起源居(초재초업기원거) 세계가 놀랄 업적(지도제작)의 기원을 차지했고
慘雨悲風破笠虛(참우비풍파립허) 비참한 처지에서 해어진 갓처럼 허하게 생활했네
弱冠專心吾地理(약관전심오지리) 20세에 전심으로 우리나라 지도 제작에 몰입해
知天忍苦大東輿(지천인고대동여) 50대에 괴로움을 겪으며 대동여지도를 편찬했네
國難防敵詳圖始(국난방적상도시) 국난 시 적을 막는데 자세한 지도의 시작이었고
治世行用有益初(치세행용유익초) 태평한 세상에는 널리 써 유익한 단초를 열었네
西北畸人循八道(서북기인순팔도) 황해도 출신의 특이한 인물은 팔도를 다녔고
名垂後世罕珍書(명수후세한진서) 드물고 진귀한 책은 이름을 후세에 드리웠네

———————————————

* 超才超業(초재초업) : 놀랄만한 업적
* 慘雨悲風(참우비풍) : 비풍참우. 슬프고 비참한 처지. 구슬픈 느낌을 주는 바람과 모진 비
* 破笠(파립) : 해어지거나 찢어져 못 쓰게 된 갓. 폐립(敝笠)
* 大東輿(대동여) : 대동여지도
* 行用(행용) : 널리 퍼뜨려 씀
* 西北(서북) : 황해도, 평안도, 함경도 지방을 통틀어 이르는 말
* 畸人(기인) : 독특한 지조와 행실이 있어서 세상의 풍속과 다른 면이 있는 사람
* 名垂後世(명수후세) : 이름을 후세에 드리우다
* 罕(한) : 드물다

80

'제세구민(濟世救民)'의 동학과 수운(水雲) 최제우(崔濟愚)

'거룩한 고전'하면 떠오르는 게 "성경(Bible)" 아니면 "논어(論語)"이다. 이것은 21세기를 사는 우리가 종교나 사상에 대해서는 대한민국보다 유럽이나 중국의 사유(思惟)에 더 가까워 진 게 아닌가를 생각하게 한다.

한국의 국제적 위상 강화와 '한류(韓流)' 현상이 아시아를 넘어 미국과 유럽 등지로 확산하면서 국민적 자존감이 커지고 '한국학'이 부상하고 있다. 성신여자대학교 최민자 교수는 자신의 저서 〈한국학 코드〉에서 '동학(東學)과 삼일사상(三一思想)에 나타난 한국학 코드'를 역설하고 있다. 우리 고유의 '한(韓)' 사상과 정신문화를 바탕으로 '한국학'에 대한 깊은 고찰이 필요한 시기이다.

최제우(崔濟愚, 1824~1863)는 동학을 창도한 1대 교주이다. 본관은 경주, 초명은 복술(福述), 개명한 이름은 제우(濟愚, 어리석은 중생을 구제한다)이다. 자는 성묵(性黙), 호는 수운(水雲)이다. 경주에서 1824년 몰락한 양반인 최옥(崔鋈)과 재가한 어머니 한씨 사이에서 태어났다. 수운은 19세에 울산 박씨와 혼인한 후, 21세에 먹고살기 위해 보부상의 길을 택해 10년 동안 전국을 돌아다녔다. 31세까지 삼교(三敎, 유·불·선), 서학(西學, 천주교), 무속, 도참사상을 두루 접하였다.

1860년 당시 조선은 경술국치 50년 전으로, 오랜 당파싸움과 삼정문란(三政紊亂) 가렴주구(苛斂誅求)로 야기된 민중의 고통이 극에 달한 시기였다. 수운은 열강이 침략 야욕을 뻗쳐오던 서세동점(西勢東漸)[657]의 19세기 중엽 당시를 '개벽(開闢)이 필요한 말세'로 인식했다.

동학은 병든 사회를 구하고 새로운 세상에 대한 비전을 제시한 민족종교이다. 1860년 4월 5일, 수운은 하늘님(상제·우주)과 문답 끝에 민속신앙과 삼교를 융합해 동학을 창도하고, 사람들에게 '사람이 곧 하늘'이라는 인격의 존엄성과 근대적인 민족의식을 일깨워 주는 일에 전념했다. 이 '천사문답(天師問答)'에서 무극대도(無極大道)인 천도(天道)와 '21자 주문' 그리고 영부(靈符, 부적)를 받았으며, 이후 4년간 동학의 경전인 〈동경대전(東經大全)〉[658]과 〈용담유사(龍潭遺詞)〉[659]를 짓고 널리 포덕하였다.

---

657) 서세동점(西勢東漸) : 서양이 동양을 지배한다는 뜻. 밀려드는 외세와 열강을 이르는 말.
658) 《동경대전(東經大全)》 : 천도교의 경전. 한문체로 되어 있으며, 조선 철종 11년(1860)~14년(1863)에 최제우가 지었다. 포덕문, 논학문, 수덕문, 불연기연 따위가 실려 있다.
659) 《용담유사(龍潭遺詞)》 : 1860년~1863년에 최제우가 지은 천도교 포교용 가사집. 한글 가사체로 돼 있으며, 서양 세력이 들어옴에 대하여 이에 대항하기 위한 정신적 자세로서 동학을 일으키자는 내용이다. 〈용담가〉, 〈안심가〉, 〈교훈가〉, 〈도수사〉, 〈몽중노소문답가〉, 〈권학가〉, 〈도덕가〉, 〈흥비가〉의 8편이 실려 있다.

동학은 사민평등사상을 내세워 남녀와 귀천의 차별을 두지 않았다. 그래서 수운은 자신의 여종 둘 중 한 사람은 수양딸로 삼고, 다른 한 사람은 며느리로 삼았다. 동학은 서학(西學)에 대항하여 세상과 백성을 구하려는 보국안민(輔國安民), 포덕천하(布德天下), 광제창생(廣濟蒼生)의 기치를 내걸었다.

5월 11일은 우리나라 근대사회로의 이행을 촉발한 변혁운동인 '동학농민혁명(東學農民革命)'[660] 기념일이다. 230년 전 프랑스혁명이 본격적 시민혁명의 기원이지만, 유교적 신분제가 지배한 조선에서 일어난 동학농민혁명은 그 역사적 의미가 남다르다.

동학운동은 '반지주, 반외세' 운동이다. 봉건적 지배체제를 무너뜨리고자 하는 근대 시민운동이요, 외세의 위협에서 스스로를 지키고자 하는 민족주의운동이다. 1894년에 발생한 동학농민혁명 이후에 동학은 조정의 탄압을 받았고, 1905년 12월 제3대 교주 손병희(孫秉熙)[661] 때 천도교(天道敎)로 이름을 바꾸었다.

수운의 신앙 대상은 '천주(한울임)'이다. 핵심 사상은 '시천주(侍天主, 하느님을 내 안에 모셨다)'로 응축된다. 이는 제2대 교주 해월(海月)

---

660) 동학농민혁명(東學農民革命) : 고종 31년(1894)에 전라도 고부의 동학 접주(接主) 전봉준이 중심이 되어 동학도와 농민들이 합세하여 일으킨 반봉건·반외세 운동. 고부 군수 조병갑의 횡포와 착취에 대한 항거에서 발단하여 한때는 관군을 무찌르고 삼남 지방을 휩쓸었으나, 결국 청나라와 일본의 개입으로 실패로 끝났다. 후에 항일 의병 투쟁과 3.1 운동으로 계승되었다.

661) 손병희(孫秉熙, 1861~1922) : 항일 독립운동가. 자는 응구(應九). 호는 의암(義菴). 1882년 천도교에 입교하여 1887년에 제3대 대도주(大道主)가 되었다. 3.1 운동 때는 민족대표 33인의 한 사람이었다.

최시형(崔時亨)⁶⁶²⁾에 의해 '사인여천(事人如天)'⁶⁶³⁾으로 확대되었고, 제3대 교주 의암(義庵) 손병희는 '인내천(人乃天)'⁶⁶⁴⁾의 평등사상을 종지(宗旨)로 내세웠다.

1864년(고종 1) 3월 10일. 수운은 대구 장대(將臺)⁶⁶⁵⁾에서 사도난정(邪道亂正)⁶⁶⁶⁾과 혹세무민(惑世誣民)⁶⁶⁷⁾의 죄목으로 처형되었다. 41세의 나이로 억울한 죽음이었다. 죄가 신원(伸冤)⁶⁶⁸⁾된 것은 1907년이 되어서였다.

수운이 씨를 뿌리고, 해월이 싹을 틔운 동학은 의암에 의해 3.1운동을 주도적으로 이끌었으며, 뒷날 항일 독립운동의 밑거름이 되었다. 이 땅에 전근대의 낡은 장벽을 뚫고 '평등한 세상'을 위해 불꽃 같은 삶을 살다 간 '사회개혁 사상가' 수운 선생을 경모하는 필자의 자작 한시를 소개한다.

---

662) 최시형(崔時亨, 1827~1898) : 동학의 제2대 교주. 초명은 경상(慶翔). 자는 경오(敬悟). 호는 해월(海月). 경전(經典)을 간행하여 교리를 확립하고 교단의 조직을 강화하였다. 고종 29년(1892)에 동학 탄압에 분개하여 교조(敎祖)의 신원(伸冤)을 상소하였고, 1897년 손병희에게 도통을 전수하였다. 1898년 3월 원주에서 체포되어 서울로 압송, 6월 2일 교수형을 당하였다.
663) 사인여천(事人如天) : 천도교에서, 한울님을 공경하듯이 사람도 그와 똑같이 공경하고 존경하여야 한다는 윤리 행위.
664) 인내천(人乃天) : 사람이 곧 한울이라는 천도교의 기본 사상. 사람이 한울을 믿어 마침내 하나가 되는 경지를 이른다
665) 장대(將臺) : 전쟁 또는 군사훈련 시에 성내의 군사들을 지휘하기 위해 대장이 자리하는 누대(樓台). 보통 장대는 성 전체의 상황이 한 눈에 들어오는 장소에 위치하여 대장이 전황을 살펴보면서 임기응변할 수 있도록 하였음
666) 사도난정(邪道亂正) : 사악한 가르침으로 세상을 어지럽혔다는 것
667) 혹세무민(惑世誣民) : 세상을 어지럽히고 백성을 속임
668) 신원(伸冤) : 가슴에 맺힌 원한을 풀어 버림

有何眞訣忽心中(유하진결홀심중)　어떤 (신선의) 참된 도리를 홀연히 마음속에 새겼고
合一天人上下同(합일천인상하동)　하늘과 사람이 하나 되고 위와 아래가 평등하다네
濟世精神都鄙滿(제세정신도비만)　세상을 구제하는 정신이 서울과 시골이 가득하고
救民開闢震檀充(구민개벽진단충)　백성을 구제하는 새로운 흐름이 나라에 충만했네
道傳各接融融盛(도전각접융융성)　도통이 각 접주에게 전해져 빛나게 번성했고
布德三韓歷歷隆(포덕삼한역력융)　삼천리 방방곡곡 전도하여 분명하게 융성했네
雜鬼亂邦荒捏造(잡귀난방황날조)　잡신이 나라를 어지럽혔다는 죄는 황당한 날조고
英年殉敎萬年崇(영년순교만년숭)　젊은 나이에 순교한 (수운을) 영원히 존숭하네

----

* 眞訣(진결) : 참된 도리를 다함
* 心中(심중) : 마음속
* 合一天人(합일천인) : 天(神)人合一. 유학에서 하늘과 사람은 합일체라
　　　　　　　　　는 학설. 宇我一體
* 都鄙(도비) : 서울과 시골. 경향(京鄕)
* 震檀(진단) : '우리나라'를 예스럽게 이르는 말. '震'은 중국의 동쪽,
　　　　　　'檀'은 단군을 뜻함
* 融融(융융) : 1. 밝게 빛나는 모양 2. 화목한 모양
* 歷歷(역력) : 1. 또렷한 모양 2. 일일이
* 雜鬼(잡귀) : 잡스러운 모든 귀신
* 英年(영년) : 젊은 나이

근대 · 현대

VI

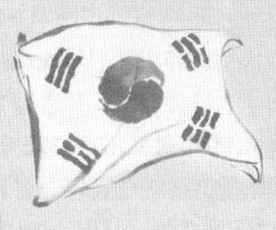

이승만 대통령   박정희 대통령

VI

81. 잊어서는 안 될 '경술국치(庚戌國恥)'와 매천(梅泉) 황현(黃玹)
82. '순국선열의 날'과 석주(石洲) 이상용(李相龍)
83. '노블레스 오블리주'의 전형, 독립지사 우당(友堂) 이회영(李會英)
84. 건국 74년과 이승만(李承晩) '바로 세우기'
85. 민족 독립의 혼을 일깨운 백범(白凡) 김구(金九)
86. 한글날과 '어문민족주의'의 중심 주시경(周時經)
87. '세계대공'을 주장한 도산(島山) 안창호(安昌浩)
88. '신유림(新儒林)' 심산(心山) 김창숙(金昌淑)의 독립운동
89. 정통보수의 '신주류' 형성과 안중근(安重根)의 '단지동맹(斷指同盟)'
90. '정치의 양극화'와 만해(萬海) 한용운(韓龍雲)
91. '역사 연구'로 독립운동을 한 단재(丹齋) 신채호(申采浩)
92. '청산리 대첩'의 영웅 백야(白冶) 김좌진(金佐鎭) 장군
93. '한국학'과 상고사 복원의 대부 최태영(崔泰永)
94. 전통의 한과 정서를 승화시킨 민족시인 김소월(金素月)
95. 개천절에 생각하는 국조단군과 이육사(李陸史)
96. 애국가와 나라 사랑의 주인공 안익태(安益泰)
97. 초일류 삼성의 창업자 호암(湖巖) 이병철(李秉喆)
98. 무에서 유를 창조한, 박정희(朴正熙) 결단의 리더십
99. '6·25 영웅' 백선엽(白善燁) 장군의 동상 제막식에 부쳐
100. 포스코의 '우향우 정신'과 철강왕 박태준(朴泰俊)

81

잊어서는 안 될 '경술국치'와 매천(梅天) 황현(黃玹)

　임진왜란 때 호남은 곡창지대로 조선과 일본 양국에게 똑같은 '필쟁지지(必爭之地)'였다. 이 곡창지대를 확보하지 못한 일본은 마침내 퇴각했고, 조선은 온전하게 살아남았다. 호남의 곡창지대를 사수한 사람은 이순신(李舜臣) 장군이 지휘한 전라도 수군과 의병들, 그리고 군수물자를 제공해 병참기지 역할을 한 호남인들이었다. 그래서 이순신은 '약무호남 시무국가(若無湖南 是無國家)'[669]라고 했다.

　8월 29일은 '경술국치일(庚戌國恥日)'[670]이다. 우리는 부지불식간에 '경술국치일'을 잊고 사는 건 아닌지 되돌아볼 필요가 있다. 유대인들이 나라의 멸망과 그로 인해 민족이 세계 각처로 유리표박(流離漂迫)하게 된 것을 슬퍼하며 '통곡의 벽'에서 통곡하며 울듯이,

---

669) 약무호남 시무국가(若無湖南 是無國家) : 충무공은 1593년 7월에 사헌부 지평 현덕승에게 보낸 편지에서 "절상호남국가지보장 약무호남시무국가(竊想湖南國家之保障 若無湖南是無國家)"라고 했다. 이는 "가만히 생각하건대, 호남은 국가의 보루이다. 만약 호남이 없으면 국가도 없다"란 뜻이다.

670) 경술국치(庚戌國恥) : 1910년(경술년) 8월 29일 월요일에 대한제국이 일본 제국에 병합되어 멸망한 사건을 말한다.

우리도 일제강점의 '굴욕의 역사'를 잊어서는 안 된다.

'빛(光)'을 되찾은(復) 것을 기념하는 달인 8월은 광복의 달이다. 8월이 다가기 전에 매화 핀 구례에 살던 구한말 유학자 황현(黃玹, 1856~1910) 선생을 기억해 보자. 황현의 본관은 장수(長水), 자는 운경(雲卿), 호는 매천(梅泉)이다. 1855년 전남 광양에서 황시묵(黃時默)과 풍천 노씨의 3남 2녀 중 맏아들로 태어났다.

매천은 정유재란(1597년) 때 '석주관전투(石柱關戰鬪)'[671]를 이끌었던 왕득인(王得仁)의 후손인 왕석보(王錫輔)의 제자 중 한 사람이다. 황희 정승과 의병 후손이라는 자부심을 가지고 자랐다. 이건창(李建昌)[672]·김택영(金澤榮)[673]과 더불어 '한말삼재(韓末三才)'로 불렸던 인물이며, 시(詩)·서(書)·화(畫)에 더해 문(文)·사(史)에까지 능해 '오절(五絕)'이라고도 불렸다.

1888년에 생원시에서 장원 급제하였으나, 무능하고 부패한 정치에 실망해 벼슬길에 나서지는 않았다. 특히 갑신정변 이후 민씨 정권의 부패를 한탄하며 낙향하여 학문 연구와 후진 양성에 힘썼다.

---

671) 석주관전투(石柱關戰鬪) : 조선 선조 31년(1597년, 정유재란)에 구례지방의 선비들이 의병을 일으켜 일본군에 맞서 석주관을 사수하다 전사한 전투이다.
672) 이건창(李建昌, 1852~1898) : 조선 후기의 문신. 학자. 자는 봉조(鳳朝/鳳藻). 호는 영재(寧齋). 고종 11년(1874) 서장관으로 청나라에 가서 서보(徐郙)·황각(黃玨) 등과 교유하여 문장으로 이름을 떨쳤다. 평생 척양주의자로 일관하였다. 저서로 ≪당의통략(黨議通略)≫, ≪명미당고(明美堂稿)≫가 있다.
673) 김택영(金澤榮, 1850~1927) : 구한말의 학자. 자는 우림(于霖). 호는 창강(滄江). 광무 7년(1903)에 ≪동국문헌비고≫를 증수(增修)할 때에 편찬위원이 되었다. 을사조약이 체결되자 나라의 운명을 개탄하여 1908년 중국으로 망명하였고, 문장과 학문으로 이름을 떨쳤다. 저서에 ≪한국소사(韓國小史)≫, ≪교정 삼국사기(校正三國史記)≫ 등이 있다.

이때 완성한 역사서가 47년간의 한말(韓末) 정세와 사회상을 춘추필법으로 기록한 〈매천야록(梅泉野錄)〉[674]과 동학농민운동에 관한 〈오하기문(梧下記聞)〉[675]이다. 한시도 2,027수 남겼다.

1910년 8월 29일. 나라가 사라졌다. '경술국치일' 이후 연말까지 순국한 지사는 60여 명에 이른다. 1910년 9월 10일. 매천은 '대월헌(待月軒)'에서 세상을 향한 문을 닫았다. 경술국치 소식을 듣고 매천은 "사대부들이 직분을 다하지 못하여 종사(宗社)를 망쳐 놓고는 자책할 줄 모른다."고 통탄하면서 독약을 마셔 목숨을 끊었으니 향년 56세였다.

나라가 멸망하는 것을 탄식한다는 '맥수지탄(麥秀之嘆)'[676]의 심정을 담은 〈절명시(絶命詩)〉 4수 중 한 구절은 이랬다.

"이 세상에서 글 아는 사람 노릇하기 어렵기만 하구나"

(難作人間識字人·난작인간식자인).

매천은 자결에 앞서 아래와 같은 유서를 남겼다.

---

674) ≪매천야록(梅泉野錄)≫ : 황현이 1864년에서 1910년까지의 역사를 편년체로 쓴 기록. 1910년 8월 29일에서 그가 순절한 9월 10일까지는 고용주(高墉柱)가 추가로 기록하였다. 그는 망국의 근본 원인이 내부의 부패와 무능에 있다고 봤다. 세도정치의 부패상, 철종·순종·고종의 무능, 흥선대원군과 명성황후의 반목, 친일파의 매국적 행적 등을 기술했고, 이러한 현실에 대해 '미치광이가 들끓는 도깨비 나라'라고 했다.

675) ≪오하기문(梧下記聞)≫ : 「매천야록」의 저본(底本)으로 추정된다. 19세기 후반부터 1910년까지의 역사적 사실과 의병항쟁 등을 비롯한 항일활동을 상세하게 전함으로써 한국근대사 연구에 중요한 가치가 있다고 평가받고 있다.

676) 맥수지탄(麥秀之嘆) : 보리가 무성하게 자란 것을 탄식한다는 뜻으로, 나라가 멸망하는 것을 탄식한다는 말이다. 출전 :《사기(史記)》〈송미자세가(宋微子世家)〉.

"나는 조정에 벼슬하지 않았으므로 사직을 위해 죽어야 할 의리는 없다. 허나 나라가 오백 년간 사대부를 길렀으니, 이제 망국의 날을 맞아 죽는 선비 한 명이 없다면 그 또한 애통한 노릇이 아니겠는가?(하략)."

그러나 한 달 뒤인 10월 7일. 한·일 병탄에 공헌한 고관대작 76명이 총독부에 의해 조선귀족(朝鮮貴族)[677] 작위를 받았다. '각자 밝은 얼굴에 보이는 희열은 일장 가관이었다.'(매일신보 1910년 10월 8일자).

만해 한용운은 매천의 순국에 감동하여 1914년 추모시 〈황매천(黃梅泉)〉을 친필로 써서 유족들에게 전달했다.

"의리로써 나라의 은혜를 영원히 갚으시니
(就義從容永報國·취의종용영보국)
한번 죽음은 역사의 영원한 꽃으로 피어나네
(一暝萬古劫花新·일명만고겁화신)."

매천은 유생이었으나, 나라를 위하여 공맹(孔孟)을 버릴 줄 아는 열린 지식인이었다. 포의(布衣)로, 조선의 마지막 선비로 겨레의 충성심과 민족의 자존을 일깨운 매천 선생의 불멸의 의(義)를 경모하는 필자의 자작 한시를 소개한다.

---

677) 조선귀족(朝鮮貴族) : 1910년에 대한제국과 일본제국 사이에 〈한일병합조약〉이 체결됨에 따라 일본제국 정부가 일본의 화족제도를 준용하여 대한제국의 고위급 인사들에게 봉작하고자 창출한 특수 계급.

出仕灰心俠客親(출사회심협객친) 벼슬에 나가려는 마음을 돌려먹고 지사와 친했고
自抛鄒魯史觀伸(자포추로사관신) 스스로 공맹을 버릴 줄 아는 역사관을 폈네
忠臣絶命驚朝士(충신절명경조사) 충신은 절명시를 지어 선비들을 놀라게 했지만
逆賊長生怒國人(역적장생노국인) 역적들은 오래 살아 백성들을 분노케 했네
切切遺詩開導衆(절절유시개도중) 성실하게 후세에 남긴 시들은 백성들을 개도했고
區區野錄啓蒙民(구구야록계몽민) 정성 다한 매천야록은 백성들을 계몽했네
槿花世界何時盛(근화세계하시성) 무궁화 세계(조국)는 어느 때 번성할 수 있을까
漢水呑聲北岳嚬(한수탄성북악빈) 한강물은 소리 죽이고 북악산은 찡그리고 있네

————————————

* 灰心(회심) : 재처럼 고요히 사그라져 외부의 유혹을 받지 아니하는 마음
* 鄒魯(추로) : 공자와 맹자. 추나라는 맹자의 출생지, 노나라는 공자의 출생지
* 切切(절절) : 성실한 모양
* 區區(구구) : 정성을 다하는 모양
* 野錄(야록) : 〈매천야록(梅泉野錄)〉
* 呑聲(탄성) : 소리를 내지 않음
* 何時(하시) : 언제
* 北岳(북악) : 북악산
* 嚬(빈) : 1. 찡그리다 2. 하품하다 3. 웃는 모양

82

'순국선열의 날'과 석주(石洲) 이상용(李相龍)

　11월 17일은 국권 회복을 위하여 일제에 항거하다 순국한 분들의 독립정신과 희생정신을 기리는 '순국선열의 날'이다. 이날은 치욕스러운 '을사늑약(乙巳勒約)'이 체결된 날이기도 하다. 1939년 대한민국 임시정부에서 을사늑약의 역사적 치욕을 잊지 않기 위해 독립투사들의 넋과 충성심을 기리는 날로 정하였다.

　문재인 종북좌파 정권 5년 동안 국가정체성은 무너졌고, 순국선열들은 참을 수 없는 모욕을 당하고 지하에서 통곡해야 했다. 문재인 대통령은 2018년, 북한 김영남 앞에서 공산주의자 신영복을 "존경하는 한국의 사상가"라 했고, 2019년에는 6.25 전쟁 전범(戰犯) 중의 하나인 "김원봉을 대한민국 국군의 뿌리"라고 했다.

　1961년 '원호청' 출범 이후 60여 년 만에 국가보훈처의 부(部) 승격 추진을 환영한다. 윤석열 대통령도 "보훈이 안보요, 국가정체성"이라고 강조한 바 있다. 이제 보훈부는 반국가적인 좌파의 숙주 노릇을 한 친북 행태에서 벗어나 국민통합과 국가발전의 정신적 기반을 만드는 '체제수호' 역할로 환골탈태해야 한다.

간도의 신흥무관학교 교가는 이상룡(李相龍, 1858~1932)이 지었는데, 1절을 보면 중국대륙의 서북, 서남 전체가 한민족의 고토이자 활동무대였음을 상기시킨다. 중국은 아직 어리석기에 단군의 자손인 우리가 업어 길렀고, 아직 문명에 눈 뜨지 못한 섬나라 일본은 젖 먹여 길렀다고 한다.

"서북으로 흑룡태원(산서성) 남의 영절(절강성)에/ 여러 만만 헌원(軒轅, 한족 최초 임금) 자손 업어 기르고/ 동해 섬 중 어린 것들(일본인) 품에다 품어, 젖 먹여 기른 이 뉘뇨/ 우리, 우리 배달나라의 우리, 우리 조상들이라."

이상룡·이회영·허위(許蔿)[678] 선생의 가문은 자랑스러운 '항일운동 3대가문'으로 불리며, 노블레스 오블리주의 표상이다. 이상룡은 일제강점기의 거유(巨儒)요, 독립운동가이다. 본관은 고성(固城), 자는 만초(萬初), 호는 석주(石洲)이다. 안동시 임청각(臨淸閣)[679]에서 이승목(李承穆)과 부인 권씨 사이의 3남3녀 중 장남으로 태어났다.

임청각은 1519년(중종 14) 형조좌랑을 지낸 이명(李洺)이 낙향해 낙동강변에 지은 집으로, 중국 도연명(陶淵明)의 〈귀거래사(歸去來

---

[678] 허위(許蔿, 1855~1908) : 아호는 왕산(旺山). 대한민국의 독립유공자이며 구한말의 의병장이다.
[679] 임청각(臨淸閣) : 1519년 중종 때 형조좌랑을 지냈던 이명이 지은 집으로 18세기 11대 종손 이종악이 집주인이 되었다. 원래는 99칸의 집이었다고 하나 지금은 50여 칸만 남아있다. 우리나라에서 가장 오래 된 민가 중 하나이다.

辭)〉의 시구를 빌려 이름 지었다.[680] 고성이씨 대종택으로 석주를 비롯해 아들과 손자·며느리 등 3대에 걸쳐 독립운동가 10명을 배출한 독립운동의 산실이다.

석주는 퇴계 이황 학통을 계승한 김흥락(金興洛)[681]의 문하로 1905년 을사늑약이 체결되자 본격적인 의병활동에 나섰다. 이후 혁신적 유림들과 함께 근대교육기관을 설립하고 계몽활동에 뛰어들었다.

경술국치 이듬해인 1911년 1월. 석주는 54세에 조상의 신위와 위패를 땅에 묻었다. 그리고 전답과 99칸짜리 집을 모두 처분한 후 가솔과 친척을 이끌고 서간도로 망명하였다.

석주는 압록강을 눈앞에 두고 비장한 마음을 억누르고 독립을 이루려는 굳은 의지를 〈거국음(去國吟)〉 시에 담았다. 무릎 꿇고 노예로 사느니, 서서 싸우다 주인으로 죽겠노라는 대장부의 기개가 오늘날 대한민국의 주춧돌이 되었다.

旣奪我田宅(기탈아전택) 이미 내 논밭과 집을 빼앗더니
復謀我妻息(부모아처식) 다시 내 처자식을 해치려 하는구나!

---

680) '임청'은 도연명의 〈귀거래사(歸去來辭)〉 구절 중 "登東皐以舒嘯(등동고이서소) / 臨淸流而賦詩(임청류이부시), 동쪽 언덕에 올라 길게 휘파람 불고/ 맑은 시냇가에서 시를 짓노라"라는 싯구에서 따왔고, 계단식 집으로 층이 있기에 당(堂)이 아닌 각(閣)이라고 했다.
681) 김흥락(金興洛, 1827~1899) : 조선 후기의 문신. 본관은 의성. 자는 계맹(繼孟). 호는 서산(西山)이다. 김성일의 적장손이자 영남 유림의 대가로 《입학오도》 및 《주일설》을 지었다.

此頭寧可斫(차두녕가작) 이 머리는 차라리 자를 수 있을지언정
此膝不可奴(차슬부가노) 이 무릎을 꿇어 종이 될 수는 없도다

석주는 이회영, 이시영과 함께 간도에서 독립군 기지 개척에 힘썼으며, 신흥무관학교 설립 등을 통해 무장독립투쟁을 위한 독립군 양성에 전념했다. 1919년 4월. 군정기관으로 조직된 서로군정서(西路軍政署)[682]에서 독판(최고 대표)에 선임되었다.

1925년 9월. 석주는 임정 초대 국무령(國務領)[683]에 추대되어 여러 분파로 갈린 독립운동계의 통합을 위해서 헌신하였다. 1932년 5월. 석주는 태평성세가 되면 돌아가리라던 고국 땅을 밟지 못한 채 "독립이 되기 전에는 내 시신을 고국에 가져가지 말라"는 유언을 남기고 길림성에서 74세로 순국했다. 30년 후 정부는 석주에게 건국훈장독립장을 추서했고, 1990년 그의 유해를 국내로 봉환해 현충원 임정요인 묘역에 안장했다.

평생을 오로지 조국 광복을 위해 멸사봉공(滅私奉公)한 선비. 나라 잃은 지도층의 의무를 오롯이 보여준 석주 선생의 장엄한 생애를 경모하는 필자의 자작 한시를 소개한다.

---

682) 서로군정서(西路軍政署) : 1919년에 만주 길림성(吉林省) 안도현(安圖縣)에서 조직된 우리나라 무장 독립운동 단체. 이상룡을 지도자로 하여 농민들에게 군사 기술을 가르쳤다.
683) 국무령(國務領) : 국무령제(國務領制)의 우두머리. 1926년 9월 대한민국 임시정부 의정원에서 임시 대통령제를 폐지하고 국무령제를 채택하였다. 김구, 이동녕 등이 역임했다.

閉家向北萬難俱(폐가향북만난구)　나라 망하자 가솔과 만난을 겪으며 국경을 넘었고
露宿風餐散髮孤(노숙풍찬산발고)　(만주에서의) 풍찬노숙에 풀어 헤친 머리 외롭네
破敵歸鄕能自主(파적귀향능자주)　일본을 깨트린 후 귀국해 자주독립국 국민 되고
殺身報國不爲奴(살신보국불위노)　보국 위해 목숨 버릴 수 있어도 노예는 될 수 없네
校歌一片衝肝膽(교가일편충간담)　신흥무관학교 교가 한 구절은 속마음을 찔렀고
別哭丹心警我徒(별곡단심경아도)　조국 떠날 때 울은 단심은 가솔들을 놀라게 했네
光復未成當落魄(광복미성당낙백)　광복을 이루기 전에 자신이 넋을 잃었고
嗚呼統領永先驅(오호통령영선구)　아, 임정 국무령은 영원히 선구자 되리라

――――――――――――

* 萬難(만난) : 온갖 어려움
* 露宿風餐(노숙풍찬) : 풍찬노숙(風餐露宿)의 도치. 바람을 먹고 이슬에
　　　　　　　　　　　잠잔다는 뜻으로, 객지에서 많은 고생을 겪음
* 散髮(산발) : 머리를 풀어 헤침. 또는 그 머리
* 殺身報國(살신보국) : 목숨을 바쳐 나라의 은혜를 갚음. 출전〈삼국유
　　　　　　　　　　　사(三國遺事)
* 肝膽(간담) : 1. 간과 쓸개 2. 속마음을 비유적으로 이르는 말
* 落魄(낙백) : 넋을 잃다. 실의에 빠지다
* 嗚呼(오호) : 슬플 때나 탄식할 때 내는 소리
* 統領(통령) : 일체를 통할하여 거느림. 또는 그런 사람. 임시정부 국
　　　　　　　무령

83

'노블레스 오블리주의' 전형, 독립지사 우당(友堂) 이회영(李會英)

높은 사회적 신분에 상응하는 도덕적 의무를 뜻하는 '노블레스 오블리주'가 헌신짝이 되어버린 세상이다. '노블레스 오블리주(noblesse oblige)'는 초기 로마시대에 왕과 귀족들이 보여준 투철한 도덕의식과 솔선수범하는 공공정신에서 비롯되었다. 로마시대 귀족들은 전쟁이 발발하면 가문의 대를 이을 자식 한 명만 남기고 전쟁터에 나갔다. 영국의 이튼스쿨 학생들은 1차-2차 세계대전 시에 2,000명 이상 전사했다. 신라 화랑 중에는 반굴(盤屈)-영윤(令胤) 처럼 부자(父子)가 나라를 위해 순절한 경우가 많았다. 무엇보다 태종무열왕은 두 사위인 김품석(金品釋)과 김흠운(金歆運)의 피를 삼한일통을 위해 사직의 제단(祭壇)에 바쳤다.

우리 역사에서 전 가족이 전 재산을 팔아 독립운동에 매진한 애국지사로는 석주(石洲) 이상룡과 우당(友堂) 이회영(李會榮, 1867~1932) 선생 등을 들 수 있다.

112년 전인 1911년 6월 10일. 우당은 만주 길림성 유하라는 산골에 독립군 지도자 양성을 목적으로 '신흥강습소(뒤의 신흥무관학교)'를 설립하였는데, 10년 동안 3,500명의 졸업생을 배출했다.

우당은 일제에 나라가 망하자 "국은(國恩)과 세덕(世德)이 당대의 으뜸이라는 우리 집안이 어찌 왜적의 노예가 될 것인가?"라며 항일무장투쟁에 나섬으로써 '노블레스 오블리주'를 실천하였다. 이에 대해 월남(月南) 이상재(李商在)[684]는 이렇게 상찬했다. "동서 역사에 나라가 망할 때 망명한 충신열사가 비백비천(非百非千)이지만 우당군과 같이 6형제 가족 40여 인이 한마음으로 결의하고 일제 거국한 사실은 예전에도 지금도 없는 일이다. (중략) 진실로 6인의 절의(節義)는 백세청풍(百世淸風, 길이 남을 맑은 기상)이 되고, 우리 동포의 절호(絶好) 모범이 되리라 믿는다."

우당의 본관은 경주. 1867년 서울에서 이조판서 이유승(李裕承)과 동래정씨의 여섯 아들 중 넷째로 태어났다. 백사(白沙) 이항복(李恒福)[685]이 10대조 선조이며, 여섯 명의 정승(政丞)[686]과 두 명의 대제학(大提學)을 배출한 삼한갑족(三韓甲族)[687]의 명문가 출신이다.

19세(1885)에 달성서씨와 결혼한 우당은 1907년에 병으로 아내를 잃고, 이듬해 이은숙과 상동교회에서 재혼했다. 우당은 봉건적

---

684) 이상재(李商在, 1850~1927) : 정치가·종교가. 자는 계호(季皓). 호는 월남(月南). 1888년에 주미 공사 서기로 부임하였으며 귀국 후에 의정부 찬찬을 지냈고, 서재필과 독립협회를 조직하여 민중 계몽에 힘썼다. 3.1 운동 후 조선일보 사장을 거쳐 1906년에 기독교 청년회장이 되었다. 1927년에 신간회 초대 회장에 추대되었다.
685) 이항복(李恒福, 1556~1618) : 조선 선조 때의 문신. 자는 자상(子常). 호는 백사(白沙). 임진왜란 때 병조판서로 활약했으며, 뒤에 벼슬이 영의정에 이르렀다. 광해군 때에 인목대비 폐모론에 반대하다 북청(北靑)으로 유배되어 죽었다. 저서에 ≪백사집(白沙集)≫, ≪북천일기(北遷日記)≫, ≪사례훈몽(四禮訓蒙)≫ 등이 있다.
686) 5명의 영의정과 1명의 좌의정. 이승만 정권 시절 우당의 동생인 성재 이시영(李始榮, 1869~1953)이 부통령을 지냈으니까 성재까지 포함시키면 총 7명의 재상.
687) 삼한갑족(三韓甲族) : 예로부터 대대로 문벌이 높은 집안. 삼한에서 가장 으뜸가는 집안

인습과 사상을 타파한 개혁적인 사상가였다. 집안의 노비에 대해 존댓말을 쓰고 평민으로 풀어주었으며, 청상과부가 된 누이동생을 개가(改嫁)시킨 데서도 그의 열린 사고를 알 수 있다.

우당은 신흥무관학교를 위시하여 '신민회' '서전서숙' '헤이그 특사' '고종의 국외망명' '의열단' 등 국외 항일운동의 전반에 깊은 발자취를 남겼다. 1907년 4월. 우당은 을사조약이 체결되자 안창호를 중심으로 비밀결사 '신민회(新民會)'[688]를 설립하여 애국계몽운동과 국외 독립군 기지 활동을 펼쳤다. 한편, 간도 용정촌(龍井村)에 이상설을 중심으로 '서전서숙(瑞甸書塾)'[689]을 설립하여 교포 교육에 주력하였다.

1910년 12월. 경술국치(庚戌國恥)가 되자 국외에 독립기지 마련을 위해 6형제가 전 재산 40만원(현재 가치로 환산하면 2조원)을 팔아 일가·식솔 60여 명을 이끌고 만주로 망명하였다. 1911년 4월. 교민자치기관으로 '경학사(耕學社)'[690]를 조직하였다.

1918년 오세창·한용운·이상재 등과 밀의한 뒤, '고종의 국외 망명'을 계획하였으나, 1919년 1월 고종의 급서로 뜻을 이루지 못하였다.

---

688) 신민회(新民會) : 1907년에 안창호가 양기탁, 이동녕, 이갑 등과 함께 국권회복을 목적으로 조직한 항일비밀결사단체. 1910년에 데라우치(寺內) 총독 암살모의사건으로 많은 회원이 투옥됨으로써 해체되었다.
689) 서전서숙(瑞甸書塾) : 대한제국 융희 원년(1907)에 이상설 등이 교포 자제의 교육을 위하여 북간도 용정(龍井)에 세운 학교.
690) 경학사(耕學社) : 1911년에 이시영, 이동녕, 이상룡 등이 중심이 되어 길림성 류하현(柳河縣)에서 조직한 민단적(民團的) 성격의 항일자치단체. 1914년에 부민단으로 계승되었다.

1923년부터는 신채호 등과 적극적인 아나키스트 운동을 전개하였다. 1924년 '의열단(義烈團)'[691]을 후원하였으며, 매국 친일파를 제거하려고 '다물단(多勿團)'[692]을 조직, 지도하였다. 1931년 만주사변(滿洲事變)[693]이 발발하자 항일구국연맹(抗日救國聯盟)[694]의 의장에 추대되었다.

1932년 11월. 우당은 주만 일본군 사령관 암살을 목적으로 상해에서 대련으로 배를 타고 가던 중 밀고로 일본 경찰에 잡혀 고문 끝에 뤼순 감옥에서 순국하였다. 그의 나이 66세였다. 1962년 건국훈장 독립장이 추서되었다.

우당 선생의 늠연(凜然)한 기상, 불굴의 지절(志節), 해활천공(海濶天空)의 도량은 지도자의 사표가 된다. 해방 후 이시영(李始榮)[695] 선생이 환국(還國)했을 때 살아남은 가족은 중국에서 태어난 후손을 합하여 20여 명밖에 되지 않았다.

내 것을 버려 모두를 구한 우당 6형제의 '솔가망명(率家亡命)'를 경모하는 필자의 자작 한시를 소개한다.

---

691) 의열단(義烈團) : 1919년 11월에 중국 길림성(吉林省)에서 조직한 항일무장 독립운동 단체. 김원봉(金元鳳), 윤세주(尹世胄) 등 13명이 주동이 되어 과격하고 급진적인 폭력 투쟁을 벌였다.
692) 다물단(多勿團) : 1923년 중국 베이징에서 신채호, 유자명, 이회영 등이 조직한 아나키스트 운동단체이다. 1924년 배천택, 김동삼 등이 조직한 국민당과 통합하여 의열 투쟁을 전개하였다.
693) 만주사변(滿洲事變) : 1931년 류탸오후 사건(柳條湖事件)을 계기로 시작한 일본군의 중국 동북(東北) 지방에 대한 침략전쟁.
694) 항일구국연맹(抗日救國聯盟) : 1931년 10월 말 상하이 프랑스 조계에서 한국·중국·일본 세 나라의 아나키스트들이 결성한 국제적인 항일무장투쟁단체.
695) 이시영(李始榮, 1869~1953) : 정치가·독립운동가. 자는 성옹(聖翁). 호는 성재(省齋). 신흥무관학교를 창설하고 독립군의 양성에 힘썼다. 3.1 운동 후 상하이 임시정부 법무총장, 재무총장을 지냈고, 광복 후 초대 부통령에 당선되었다.

同心家率極邊行(동심가솔극변행) 온 집안 식구와 한마음으로 만주로 망명하며
麥秀之嘆憤淚藏(맥수지탄분루장) 고국의 멸망을 한탄하며 분루를 감추고 있었네
烈士先鋒天命盡(열사선봉천명진) 독립운동의 선봉에 서서 하늘의 명령을 다했고
僑民自治各其昌(교민자치각기창) 교민 자치 활동은 각각 저마다 창성하게 했네
任中一敗形神歿(임중일패형신몰) 임무 중 체포되어 고문으로 순국했으니
爲國流芳億兆香(위국유방억조향) 나라 위한 이름 후세에 전하니 온 국민에 향기나네
欲共討讐終未得(욕공토수동미득) 함께 원수를 토멸하려는 뜻 결국 이루지 못했지만
忠魂永永倍榮光(충혼영영배영광) 충혼은 언제까지나 갑절로 빛나는 영예 되리라

――――――――――――――

* 家率(가솔) : 한집안에 딸린 구성원
* 極邊(극변) : 중심이 되는 곳에서 아주 멀리 떨어져 있는 변경. 만주
* 麥秀之嘆(맥수지탄) : 고국의 멸망을 한탄함
* 憤淚(분루) : 분하여 흘리는 눈물
* 一敗(일패) : 一敗塗地(일패도지). 어이 없이 패해서 다시 일어날 수 없게 됨
* 形神(형신) : 육체와 정신을 아울러 이르는 말
* 流芳(유방) : 꽃다운 이름이 후세에 길이 전함
* 億兆(억조) : 수많은 백성들
* 未得(미득) : 아직 얻지 못함

84

건국 75년과 이승만(李承晩) '바로 세우기'

 2023년은 건국 75주년 되는 해이다. 많은 선각자가 있었지만, 우남(雩南) 이승만(李承晩, 1875~1965)을 빼고는 대한민국의 건국을 논할 수 없다. 나당연합으로 삼한일통의 기반을 닦은 김춘추(태종무열왕)처럼, 한미동맹으로 자유통일의 기반을 만든 이승만은 '자유민주주의'의 씨앗을 뿌려 대한민국 번영의 기틀을 다진 '건국 대통령'이다.

 이승만은 1875년 황해도 평산에서 가난한 선비 이경선(李敬善)과 김해김씨 사이에서 외아들로 태어났다. 1898년 독립협회 간부로 대한제국 전복 혐의를 받아 사형선고를 받았으나, 민영환(閔泳煥)[696]의 감형 주선으로 5년 7개월 만에 석방되었다.
 이승만이 약관 30살(1904) 때 한성감옥에서 쓴 〈독립정신(獨立精

---

[696] 민영환(閔泳煥, 1861~1905) : 조선 고종 때의 문신. 자는 문약(文若). 호는 계정(桂庭). 특명 전권 공사로 러시아 황제의 대관식에 특파되었고, 을사조약이 체결되자 조약의 폐기를 상소하였으나 뜻을 이루지 못하자 국민과 각국 공사에게 고하는 유서를 남기고 자결하였다.

神)〉[697] 중 "통상은 나라를 부강하게 하는 근본이다. 신학문을 배워 경제적 이익을 외국인들에게 뺏기지 않도록 해야 한다. (중략) 자유를 자기 목숨처럼 여기며 남에게 의지하지 말아야 한다."라는 데서 청년구국운동가의 국정철학을 엿볼 수 있다.

2019년 3월. 김용옥 교수는 KBS 1TV에서 이승만 대통령을 "괴뢰"라 지칭하고 "(국립묘지에 안장된 이 대통령을) 당연히 파내야 한다."고 망언을 했다. 대한민국의 정체성을 부정하는 종북좌파들은 이승만 대통령을 '독재자' '친일파'로 폄훼하고 있다. 그러나 이승만 대통령에 대한 역사적 평가는 과(過)가 있지만, 공(功)이 훨씬 크다. 이제는 그분을 음지에서 양지로 모셔야 할 때다. 집권 12년 동안의 주요업적을 살펴보자.

'정치 분야'에서는 해방 후 사회주의의 발호 속에서 자유민주주의와 시장경제를 근간으로 나라를 세웠다. '군사 분야'에서는 북한 침략군을 격퇴하고 국군의 규모를 '63~70만 대군'으로 육성하는

---

697) 《독립정신(獨立精神)》: 이승만이 한성감옥에 수감되어 있던 1904년에 저술한 책이다. 당시 대한제국의 문제점과 주변 열강의 움직임 및 대한제국 사람들이 해야 할 일들을 저술하였으며, 기독교입국론을 주장하였다. 이승만의 주장은 아래의 여섯 가지로 요약된다.
1. 통상해야 한다. 외국과 교류하는 것이 부국의 방법이다.
2. 신학문을 익혀야 한다. 신문물이 본인과 국가발전의 근본이다.
3. 외교를 잘 해야 한다. 강대국도 혼자서는 살아갈 수 없으며, 모든 나라에 공평하게 대해야 한다.
4. 주권을 소중히 여겨야 한다. 국기는 주권의 상징이다.
5. 도덕의 수준을 높여야 한다. 뜻을 같이하는 사람들과 용기를 가지고 행동해야 한다.
6. 자유를 존중하고 목숨을 걸고 지켜야 한다.

데 성공했다. '경제 분야'에서는 농지개혁을 단행하고 한국 자본주의를 태동시켰다. '교육 분야'에서는 78%에 달하던 문맹률을 퇴치하기 위해 의무교육 제도를 도입했다. '사회·문화 분야'에서는 양반제도 타파, 남녀평등 보장, 한글전용 정책을 시행했다.

무엇보다도 이승만의 업적은 '외교 분야'에서 그 빛을 발했다. 이승만은 1941년 6월 〈일본내막기(Japan Inside Out)〉[698]라는 책을 출간, "머잖아 일본이 미국을 공격할 것"이라고 예측하였다. 그 몇 달 뒤 12월 7일, 일본은 하와이 해군기지(진주만)를 공습하였고, 이승만은 미국에서 명망을 쌓을 수 있었다.

이승만은 6·25전쟁의 휴전 과정에서 '한미상호방위조약(韓美相互防衛條約)'[699]을 체결하는 데 성공했다. 공로명(孔魯明) 전 외교부장관은 이렇게 증언했다. "아이젠하워가 53년 휴전협상을 이승만에게 편지로 설득하자 그는 '휴전을 찬성하지는 않으나 묵인하겠다.'며 세 가지 조건(한미상호방위조약 체결, 한국군의 현대화, 미 해공군의 한국 잔류)을 내걸어 관철시켰다. 한미상호방위조약은 거저 얻은 게 아니다."

〈세 번의 혁명과 이승만〉의 저자 오정환은 "이승만은 ▲전제왕

---

698) 《일본내막기(Japan Inside Out)》: 이승만 대통령이 66세가 되던 1941년 7월 출판한 책. 천황과 군국주의로 무장한 일본이 곧 미국과 태평양전쟁을 벌일 것이라고 예언한다. 1941년 12월에 일본의 진주만공격이 실행되면서 책은 인기 급상승한다. 미국은 전쟁을 막기 위해서 일본을 먼저 힘으로 제압해야 한다고 주장한다. 1882년 조미수호통상조약으로 맺어진 한미 관계는 1905년 을사늑약을 방관한 미국의 책임이 크다고 미국을 비난한다. 또 일본이 한국을 식민지화한 것이 제2차세계대전이 원인이 되었다고 주장한다.
699) 한미상호방위조약(韓美相互防衛條約): 평화 안전의 유지와 집단적 방위를 목적으로, 1953년 10월 한국과 미국 사이에 체결된 상호 방위 조약.

정에 대항한 근대화 혁명 ▲일본 제국주의에 저항한 민족주의 혁명 ▲공산주의에 맞선 자유주의 혁명 등 '삼중혁명'을 일으켜 이 땅에 온전한 자유민주주의 국가를 세운 혁명가"라고 말한다.

이승만은 애국·애족심을 바탕으로 자주적 노선을 견지한 건국의 원훈(元勳)이다. 건국 대통령의 변변한 기념관 하나 없는 대한민국이다. 최근 영화배우 신영균 선생은 수천 평의 땅을 기념관 건립에 희사하겠다고 했고, '이승만대통령기념관건립추진위원회'[700]가 발족하여 '건국의 역사'를 바로 세울 수 있는 계기가 마련되고 있다.

이승만은 1965년 7월 19일 밤 하와이의 마우나라니 요양원에서 서거했고, 7월 23일 동작동 국립묘지에서 '가족장'으로 장례가 치러졌다. 4.19 혁명으로 그를 몰아낸 시민들도 시청 앞 거리로 몰려나와 울음바다를 이뤘다.

"뭉치면 살고 흩어지면 죽는다(團生散死·단생산사)"는 '이승만의 건국정신'이 필요한 때에, 그의 덕업(德業)을 경모하는 필자의 자작 한시를 소개한다.

---

[700] 이승만대통령기념관건립추진위원회 : 2023년 6월 28일 서울역사박물관에서 발족식을 열고 △(재)'이승만대통령기념재단'을 설립해 △기념관 부지 선정 △기금 모금 운동 △사업 신청 등의 활동을 추진하기로 결의했다.
추진위원회(추진위원장:김황식 전 국무총리)는 "이승만 대통령의 정치사상과 업적을 기리고, 후세대가 그의 자유민주주의 사상과 한미동맹에 기초한 시장경제체제의 발전상을 보고 느낄 수 있는 기회를 제공하며, 보다 성숙한 법치주의와 미래발전에 기여하기 위해 기념관을 설립하기로 했다"고 밝혔다. 전직 대통령의 아들인 △이인수 이승만건국대통령기념사업회 상임고문 △박지만 EG 대표이사 △노재헌 (재)동아시아문화센터 이사장 △김현철 김영삼대통령기념재단 이사장 △김홍업 김대중평화센터 이사장 등 5명이 고문으로 위촉됐다.

天涯漂迫放浪人(천애표박방랑인)	온 세상을 떠돌아다닌 방랑인의 삶을 영위했고
革命三重萬苦辛(혁명삼중만고신)	삼중(왕정/민족/자유) 혁명을 위해 천신만고 했네
有主有神英傑切(유주유신영걸절)	주인의식과 신을 가진 영웅호걸 절실했고
無民無衆反轉眞(무민무중반전진)	국민도 대중도 없는 민주주의 반전 진실했네
北邦共對持安保(북방공대지안보)	북방(북/중/러) 공산침략을 물리쳐 안보를 지켰고
國聯同盟脫渾淪(국연동맹탈혼륜)	UN지원과 동맹을 공고히 해 국가 혼란을 탈피했네
赫赫其功千歲鬱(혁혁기공천세울)	빛나고 빛나는 그 공로는 천세에 울울창창하리니
元勳墓域四時春(원훈묘역사시춘)	국부(원훈)의 묘지는 어느 때나 봄과 같네

----

* 天涯(천애) : 하늘의 끝
* 漂迫(표박) : 일정한 주거가 없이 떠돌아 다니며 지냄
* 革命三重(혁명삼중) : 삼중혁명. 근대화 · 민족주의 · 자유주의 혁명
* 萬苦辛(만고신) : 천신만고(千辛萬苦). 온갖 어려움과 힘든 상황. 간난신고(艱難辛苦)
* 反轉(반전) : 1. 일의 형세가 뒤바뀜. 2. 위치, 방향, 순서 따위가 반대로 됨.
* 北邦共(북방공) : 북방 공산주의 나라, 북한 · 중국 · 러시아
* 國聯(국련) : UN
* 渾淪(혼륜) : 마구 뒤섞여 있어 갈피를 잡을 수 없음. 혼란
* 鬱(울) : 1. 울창하다. 2. 답답하다. 3. 향기롭다
* 元勳(원훈) ; 나라를 위해 공로가 큰 사람. 나라를 위한 가장 큰 공훈

85

민족 독립의 혼을 일깨운 백범(白凡) 김구(金九)

　의병의 날, 현충일, 6.25전쟁일, 제2연평해전 등이 있는 6월은 '호국보훈의 달'이다. 나라를 지키고 나라를 위해 힘쓴 분들의 공훈을 되돌아봐야 한다. 1일은 '의병의 날'이고 6일은 '현충일'이다. 양 기념일의 기원은 이렇다. 1592년(조선 선조 25) 6월 1일은 홍의장군 곽재우가 의병을 이끌고 '정암진 전투'에서 임진왜란의 첫 승리를 거둔 날이고, 1014년(고려 현종 5) 6월 6일은 조정에서 장병의 유골을 집으로 보내 제사를 지내도록 한 날이다.

　1949년 6월 26일. 민족의 큰 별이 떨어졌다. '김구(金九, 1876~1949) 선생'이 경교장(京橋莊)에서 육군 소위 안두희의 흉탄에 쓰러졌다. 향년 74세였다. 꼭 1년 뒤인 이듬해 6월 25일, 북한 김일성은 동족상잔의 비극을 일으켰다.
　김구는 독립 영웅이자 민족 지도자이다. 1876년 황해도 해주에서 김순영(金淳永)과 곽낙원 사이의 독자로 태어났다. 본관은 안동. 본명은 김창수(金昌洙), 호는 백범(白凡)이다. 미천한 백정(白丁)의

'백'과 범부(凡夫)의 '범'을 따서 호를 삼았다. 김자점(金自点)[701]의 11대 방계 후손으로 선조들은 멸문지화를 당해 신분을 감춘 채 숨어 지낸 잔반(殘班)이다. 17세에 과거에 실패하고 18세에 동학에 입도하였다.

백범은 철저한 반공주의자로 광복 후에는 신탁통치반대운동(信託統治反對運動)[702]을 이끌었고, 통일 정부를 세우려는 노력은 끝내 실패했다. 백범이 꿈꾸던 우리나라는 어떤 모습일까? 놀랍게도 그는 자신의 저서 〈백범일지(白凡逸志)〉[703]에서 "우리나라가 경제대국이나 군사강국이 아니라 아름다운 문화예술의 나라가 되기를 원한다."라고 고백한다. K팝과 한류가 지구촌을 휩쓸고 있는 지금, 백범의 통찰력에 더욱 고개가 숙어진다.

지금 대한민국은 좌우 이념의 틀에 갇힌 '역사전쟁'이 계속 진행

---

701) 김자점(金自点, 1588~1651) : 조선 중기의 문신. 자는 성지(成之). 호는 낙서(洛西). 인조반정 때에 공을 세워 벼슬이 영의정에 이르렀다. 효종이 즉위한 후 파직당하자, 이에 앙심을 품고 조선이 북벌(北伐)을 계획하고 있음을 청나라에 밀고하여 역모죄로 처형되었다.

702) 신탁통치반대운동(信託統治反對運動) : 1945년 12월 27일에 모스크바3상회의에서 합의된 한국에 대한 5년간의 신탁통치를 위해 미소공동위원회를 구성한다는 안에 대한 대규모의 반대운동. 이 운동은 1946년 8월, 이 위원회가 결렬될 때까지 계속되었다.

703) 《백범일지(白凡逸志)》 : 상·하 두 편과 일기 끝에 수록된 〈나의 소원〉으로 이루어져 있다. 상편은 김구가 중국 상하이의 임시정부에 있을 때인 1929년에 쓴 글이다. 지나간 생활과 독립운동을 돌아보는 내용이 담겨있으며, 김인과 김신 두 아들에게 편지를 보내는 형식으로 썼다. 하편은 1932년에 한인애국단의 활동과 해방을 맞이할 때까지 이어진 독립운동을 기록하고 있다. 해방 이후 임시정부가 조국으로 돌아오는 과정도 덧붙였다. 〈나의 소원〉은 완전한 자주독립과 통일국가를 바라는 김구의 마음이 담겨있다.

되고 있고, 우남(雩南, 이승만)과 백범이 '단골 주인공'이 된 지 오래다. 모든 역사적 인물의 평가에는 지공무사(至公無私)한 '포폄(褒貶)'이 필요하다. 대한민국 역사에서 가장 성역화 된 인물은 백범이다.

필자는 백범을 '공칠과삼(功七過三)'으로 평가하고 싶다. 백범은 1894년 동학농민운동과 교육계몽운동에 참여했고, 을사조약 반대 상소를 올렸다. 3.1 운동 후 중국 상해로 망명하여 대한민국 임시정부 수립에 기여했고, 1931년에 한인애국단(韓人愛國團)[704]을 만든 뒤 이봉창, 윤봉길 의거를 이끌어냈으며, 1940년 임시정부 주석에 선출되어 광복군(光復軍)[705]을 조직하여 일본에 선전포고까지 했다. 이러한 독립을 위한 평생의 헌신은 '공칠(功七)'이라 하겠다.

그러나 백범은 1948년 7월 자신을 방문한 유어만(劉馭萬, 유엔한국위원회 중화민국 대표)[706] 공사에게 "내가 북한에서 보니 북한군이 확장을 앞으로 3년간 중단하고 그사이 남한이 무슨 노력을 다해도 현재 공산군에 맞설 군대를 건설하기란 불가능하다. 향후 북한군

---

704) 한인애국단(韓人愛國團) : 1931년에, 김구가 중국 상하이에서 일본의 주요 인물을 암살하려는 목적으로 조직한 비밀결사단체. 주요 활동으로는 사쿠라다몬 사건, 훙커우공원 사건 등이 있다.
705) 광복군(光復軍) : 일제강점기에, 중국에서 우리나라의 독립을 위하여 일본에 대항하던 군대. 1940년에 충칭(重慶)에서 조직되었으며, 총사령관에 지청천, 참모장에 이범석이 취임하였다.
706) 유엔한국위원회 중화민국 대표 유어만(劉馭万) 공사는 1948년 7월 11일 오전 11시 경교장으로 김구를 방문한다. 그는 백범이 부통령이 되어 대통령 이승만을 돕길 바란다는 장제스(蔣介石) 총통의 권유를 내비쳤지만, 거절당한다.
백범이 밝힌 이유는 이렇다. "나는 얼마 전 평양 남북한 지도자회의에 참석했을 때 이미 완벽한 국가체제를 갖춘 북한의 엄청난 인민군 열병식을 보았다. 그런 병력과 무기를 가진 현대군대가 밀고 내려올 텐데 남쪽에 국가를 만들어봤자 곧 파괴될 뿐이다."

이 남진하면 여기서 인민공화국이 선포될 것"이라고 말했다. 이런 정세 판단하에 남한 단독정부 수립을 반대하고, 신생 대한민국 정부에 참여하지 않은 것은 '과삼(過三)'이라 하겠다.

〈이승만과 김구〉(나남, 2008)를 저술한 손세일(孫世一)[707]은 "두 사람은 민족주의 안에서 이승만은 건국을, 김구는 민족을 강조했을 뿐 차이가 없다."라고 했다. 백범은 엇갈리는 평가를 받고 있지만, 대한민국 독립 역사에 불멸의 이정표를 남겼다. 자신이 좌우명으로 삼은 서산대사의 선시(禪詩)[708]와 함께.

"눈 덮인 들판을 걸어갈 제(踏雪野中去·답설야중거),
발걸음을 어지럽게 말라(不須胡亂行·불수호란행).
오늘 내가 디딘 발자국은(今日我行跡·금일아행적),
반드시 뒷사람의 이정표가 되리니(遂作後人程·수작후인정)."

백범은 벼랑에서 잡은 손을 놓은 가히 '대장부의 삶'을 살았다. '대붕역풍비 생어역수영(大鵬逆風飛 生魚逆水泳, 큰 새는 바람을 거슬러 날고, 살아있는 물고기는 물결을 거슬러 헤엄친다)'하는 본인의 어록처럼 민족의 제단에 영육(靈肉)을 바친 백범 선생을 경모하는 필자의 자작 한시를 소개한다.

---
707) 손세일(孫世一, 1935~) : 대한민국의 언론인이자 제11·14·15대 국회의원을 역임한 정치가이다. 본관은 밀양이며, 호(號)는 청계淸溪)이다.
708) 지금까지 서산대사의 시로 알려졌으나 최근 학계에서 '이양연(李亮淵, 1771~1853)'의 작품으로 밝혀졌다. 이양연은 영조부터 철종에 이르기까지 다섯 왕의 시대를 거치는 삶을 살았다. 그는 율곡을 사숙하며 죽을 때까지 율곡의 길을 정신적 푯대로 삼았다.

金城忽變島夷城(금성홀변도이성) 서울(조선)이 갑자기 섬나라 오랑캐(일본) 땅이 되어
孑孑單身海上行(혈혈단신해상행) 혈혈단신으로 망명(국권회복)의 길을 나섰네
稟氣無雙千萬敵(품기무쌍천만적) 타고난 정기는 견줄이 없어 천만 적을 상대했고
忠誠勇猛數三英(충성용맹수삼영) 충성과 용맹으로 여러 명의 영웅과 뜻을 함께 했네
艱難辛苦分朝避(간난신고분조피) 갖은 고초를 다 겪고 분조(임시정부)를 옮겨다녔고
急雨旋風光復成(급우선풍광복성) 소낙비와 회오리바람을 뚫고 광복을 이루었네
虎逝龍亡終失怙(호서용망종실호) 백범(호)과 우남(용)은 갔고 마침내 국부를 잃었지만
懸崖撤手丈夫生(현애철수장부생) 낭떠러지에서 손을 놓는 장부의 삶을 살았네

――――――――――――――

* 金城(금성) : 서울. 견고한 성(城). 금성탕지(金城湯池). 출전〈한서(漢書)〉'괴통전(蒯通傳)'
* 島夷(도이) : 섬나라의 오랑캐
* 稟氣(품기) : 타고난 기운이나 원기(元氣)
* 分朝(분조) : 임진왜란 때 임시로 세운 조정(朝廷). 중국의 임시정부
* 急雨旋風(급우환풍) : 급우: 소낙비. 선풍: 회오리 바람
* 失怙(실호) : 아버지를 여읨
* 虎逝龍亡(호서용망) : 호랑이 떠나고 용도 없음
* 懸崖撤手(현애철수) : 낭떠러지에서 매달렸을 때 손을 탁 놓아버리는 것

86

한글날과 '어문 민족주의'의 중심 주시경(周時經)

 올해로 577돌을 맞은 10월 9일 '한글날'. 세종대왕이 훈민정음을 1446년에 반포하였지만, '한글'이라는 이름을 붙인 분은 '주시경(周時經, 1876~1914)' 선생이다. 세계의 40여 개 언어 가운데 창제 과정과 원리가 정확하게 밝혀진 언어는 한글 외에는 거의 없다. 한글은 '으뜸가는 글', '큰 글', '하나밖에 없는 글'이라는 의미가 담겨있다.
 2022년 기준 전 세계 85개국, 약 240여 개의 세종학당(世宗學堂)[709]에서 12만 명의 학생들이 한국어를 배웠고, 해외에서 한국어능력시험(韓國語能力試驗)[710]에 지원하는 사람도 연간 37만 명에 이른다. 제2외국어로 한국어를 채택한 국가가 미국, 일본 등 18개국에 달한다. 이처럼 한글은 세계인들이 사랑하는 'K문화 자체'가 되었다. 정부는 한글이 인공지능(AI) 시대를 이끌어나갈 세계인의 언

---
709) 세종학당(世宗學堂) : 전 세계에 한국어와 한국 문화를 보급하기 위해 설치한 교육기관. 각 나라별로 일정 자격을 갖춘 교육기관과 연계하여 국고 지원 형태로 운영한다.
710) 한국어능력시험(韓國語能力試驗) : 국가기관인 국립국제교육원에서 주관하는 한국어능력 시험. 시험 대상은 외국인, 재외국민 특례 대상자 혹은 한국어를 모국어로 하지 않는 사람들이다.

어가 될 수 있도록 세종학당 확대 등 '세계 속의 한글' 확산에 박차를 가해야 한다.

1868년 메이지유신(明治維新)[711]으로 대전환을 한 일본은 1875년 운요호사건(雲揚號事件)[712], 1876년 '강화도조약(江華島條約)'[713]을 통해 조선에 개항(부산·원산·인천)을 강요했다. 이 같은 외세 침략에 따른 조국의 운명이 풍전등화(風前燈火) 같던 시기에 조선의 시대적 과제는 '반(反)외세 자주화'와 '반(反)봉건 근대화'였다.

양반층은 '위정척사(衛正斥邪)'[714]를 주장하며 외세를 배격했고, 개화파는 '개민화속(開民化俗, 민중의 무지를 열고 풍속을 변화시킴)'으로 서양을 본받아 근대화해야 한다고 주장했다.

이런 삭풍의 세월 속에 우리 민족이 광복과 건국을 할 수 있었던 원동력에는 독립운동가들의 위국헌신뿐만 아니라 '국망도존(國亡道存, 나라는 망해도 정신은 존재한다)'의 정신으로 한글을 지켜낸 한글학

---

711) 메이지유신(明治維新) : 1868년 일본의 메이지 천황 때에, 에도 막부를 무너뜨리고 중앙집권 통일국가를 이루어 일본 자본주의 형성의 기점이 된 변혁의 과정.
712) 운요호사건(雲揚號事件) : 일본 군함 운요호가 1875년 9월 강화도 앞바다에 불법으로 침투하여 조선 수군의 공격을 받자, 이에 대한 보복으로 함포공격을 가하고, 영종진(永宗鎭, 영종도)에 상륙하여 조선 수군을 공격하고 인적·물질적 피해를 입히고 퇴각한 사건이다.
713) 강화도조약(江華島條約) : 운양호 사건을 계기로 조선 고종 13년(1876)에 조선과 일본 사이에 체결한 조약. 군사력을 동원한 일본의 강압에 의하여 맺어진 불평등 조약이었으며, 이 조약에 따라 당시 조선은 부산 외에 인천, 원산의 두 항구를 개항하게 되었다.
714) 위정척사(衛正斥邪) : 구한말에, 주자학을 지키고 가톨릭을 물리치기 위하여 내세운 주장. 본디 정학(正學)과 정도(正道)를 지키고 사학(邪學)과 이단(異端)을 물리치자는 것으로, 외국과의 통상반대운동으로 이어졌다.

자들의 고귀한 투혼이 있었다.

주시경은 개항되던 해인 1876년에 황해도 봉산군에서 태어났다. 부친은 주학원(周鶴苑), 모친은 연안 이씨로, 4남 2녀 가운데 둘째 아들이었다. 본관은 상주, 호는 한힌샘과 백천(白泉)이었다. 백운동서원을 세운 주세붕(周世鵬, 1495~1554)[715]의 13대손이다.

주시경은 배재학당 보통과에 입학해 1900년에 졸업했다. 그가 '한글운동'을 하게 된 배경에는 '대종교(大倧敎)'[716]를 창교해 항일민족정신을 고취하고 독립운동가들을 키워낸 나철(羅喆)[717]의 영향이 컸다.

그는 "나라를 잃었는데 언어까지 잃게 되면 민족의 정체성을 상실함은 물론, 영원히 독립을 쟁취할 수 없다."는 신념과 "국가의 성쇠(盛衰)도 언어의 성쇠에 달려 있고, 국가의 존부(存否)도 언어의 존부에 달려 있다."는 자각을 가지고 한글 연구와 교육에 매진했다. 그 결과 민족의 흩어진 정신을 하나로 모아 독립 쟁취의 기초를 닦을 수 있었다.

---

715) 주세붕(周世鵬, 1495~1554) : 조선 중종·명종 때의 문신. 학자. 자는 경유(景游). 호는 신재(愼齋). 풍기 군수 때 우리나라 최초의 서원인 백운동서원을 세웠다.
716) 대종교(大倧敎) : 단군숭배사상을 기초로, 조화신(造化神)인 환인(桓因), 교화신(敎化神)인 환웅(桓雄), 치화신(治化神)인 환검(桓儉)의 삼위일체인 '한얼님'을 신앙적 대상으로 삼는 우리나라 고유의 민족종교. 1909년에 나철이 열었는데, 성(性)·명(命)·정(精)의 삼진귀일과 지(止)·조(調)·금(禁)의 삼법(三法)을 근본교리로 하며, 삼일신고·천부경 등을 경전으로 한다.
717) 나철(羅喆, 1863~1916) : 대종교의 창시자. 본명은 인영(寅永). 호는 홍암(弘巖). 을사조약이 체결되자 나라를 판 대신들을 죽이려다 뜻을 이루지 못하였다. 융희 3년(1909)에 대종교의 교리를 포교하였고, 저서에 ≪삼일신고≫ 등이 있다.

주시경은 서재필이 창간한 〈독립신문(獨立新聞)〉의 총무 겸 국문 담당 조필(助筆)로 국문 전용, 국문 띄어쓰기, 쉬운 국어 쓰기를 실천해 갔다. 그는 국어, 국사 그리고 민족문화는 민족 정체성을 확립하기 위한 가장 확실한 담보물이라고 생각했다. 그는 "자기 나라를 보존하며 일으키는 길은 나라의 바탕을 굳세게 하는 데 있고, 그 길은 자기 나라의 말과 글을 존중하여 쓰는 것이 가장 중요하다."라는 '어문 민족주의'를 구현하고자 했다.

주시경은 〈국어문법〉〈국어사전〉 등을 펴냈고, 한글의 과학적 체계 수립, 한글의 대중화, 국어학 중흥의 선구자였다. 1921년에는 그의 제자들이 중심이 돼 '조선어연구회(朝鮮語研究會)'[718]를 창설한 데 이어, 그가 길러낸 최현배(崔鉉培), 장지영(張志暎), 이병기(李秉岐), 이희승(李熙昇) 등의 제자들이 '조선어학회(朝鮮語學會)'[719]를 조직해 광복을 위한 문화투쟁으로 한글운동을 이어갔다. 또 1933년 '한글맞춤법통일안'을 제정했다.

몸을 돌보지 않은 한글 연구와 강의로 인해 주시경은 1914년 38세의 젊은 나이로 급서(急逝)하고 말았다. 우리 글에 생명력을 불어넣은 독립운동가이자 실천 지식인. 주시경 선생을 경모하는 필자의 자작 한시를 소개한다.

---

718) 조선어연구회(朝鮮語研究會) : 1921년에 최두선, 임경재, 권덕규, 장지영 등이 서울의 휘문의숙에 모여 조직한 학술단체. 우리말의 연구·발전을 목적으로 한 단체이다.
719) 조선어학회(朝鮮語學會) : 1931년 11월에 '조선어연구회'를 고친 것. 국어의 연구·발전을 목적으로 한 민간 학술단체로, 일제의 탄압 아래 꾸준히 우리말을 연구·보급해 왔으며, 뒤에 '한글학회'로 이름을 고쳤다.

古來言語衆魂根(고래언어중혼근) 옛날부터 언어는 국민 혼의 뿌리였고
國破山河靈可存(국파산하영가존) 나라는 망했으나 오직 산하와 정신만은 남아 있네
救濟三韓朝野馳(구제삼한조야치) 나라를 구하기 위해 조정과 재야는 제멋대로였고
安寧海內百家奔(안녕해내백가분) 나라 안의 편안함을 위한 백가쟁명이 분주했네
研攻耿耿先驅態(연공경경선구태) 국어 연구에 뚜렷한 족적은 선구자의 몸짓이었고
敎育拳拳獨立源(교육권권독립원) 국어 교육에 성실한 모습은 독립의 근원이었네
不顧一身中道折(불고일신중도절) 일신을 돌보지 않아 중도에 꺾였으나
千秋其業萬邦繁(천추기업만방번) 오랜 세월 그 업적 세계만방에 번성하네

――――――――――――――

* 衆魂(중혼) : 국민 혼
* 國破(국파) ; 나라가 흩어져 망함
* 馳(치) : 1. 달리다 2. 추격하다 3. 제멋대로 하다
* 研政(연정) : 연구
* 耿耿(경경) : 1. 뚜렷한 모양 2. 빛나는 모양 3. 높고 먼 모양
* 拳拳(권권) : 1. 성실한 모양 2. 보살피는 모양
* 中道折(중도절) : 중도에 꺾이다. 38세에 '급서하다'는 의미

87

'세계대공(世界大公)'을 주장한 도산(島山) 안창호(安昌浩)

　광우병 괴담, 세월호 참사 괴담, 천안함 폭침 괴담, 사드 전자파 괴담, 이태원 괴담, 후쿠시마 괴담에 이어 양평 괴담까지 정체 없는 괴담들이 봇물을 이루고 있다. 괴담 유포와 가짜뉴스가 나라를 좀먹고 있다.

　민주주의 국가의 정당은 정권 획득 이전에 나라의 번영을 먼저 생각해야 한다. 그래서 '선국후당(先國後黨)'이라는 말이 나온 것이다. 민주당은 온 국민을 트라우마에 빠뜨린 2008년 광우병 사태, 2014년 세월호 비극을 악용하여 2016년 대한민국 체제를 탄핵했다. 그것도 모자라 윤석열 정부 출범 후에는 장관 탄핵을 일상화하고 있다.

　거짓과 공론(空論)은 개인과 민족을 분열시킬 수 있다. 흑백논리와 진영논리의 정쟁(政爭)이 만연한 한국 정계에 당파적 생각을 거부하고 원칙에 충실한 정치 지도자들의 출현을 기대한다는 것은 연목구어(緣木求魚)가 될 것인가?

'104세 철학자' 김형석(연세대 철학과) 명예교수는 최근 한 언론 인터뷰에서 "우리가 (극일하려면) 모든 면에서 일본보다 더 앞서고, 더 발전하고, 더 높아지면 된다. 그게 도산 안창호 선생이 평생 그리던 꿈이다."라고 했다.

도산(島山) 안창호(安昌浩, 1878~1938)는 일제강점기의 교육가요, 사상가요, 독립운동가다. 1878년 평남 강서군에서 안흥국(安興國)과 제남 황씨 사이에 3남 1녀의 셋째 아들로 태어났다. 한학을 배우다가 신식학문에 눈을 떴고, 청일전쟁이 발발하자 1895년에 상경, 구세학당(救世學堂)[720]에 들어갔다.

20세(1897)에 독립협회에 가입하고, 평양 대동강변 쾌재정(快哉亭) 정자에서 만민공동회(萬民共同會)[721]를 개최하여 "묻노니 이 나라의 주인은 과연 누구입니까?"라는 민족의 자각을 호소하는 사자후를 토해 탁월한 웅변가로 명성을 떨쳤다.

25세(1902)에 이혜련과 결혼, 신학문 연마를 위해 미국 유학길에 올랐다. 샌프란시스코에서 노동하면서 교포들의 권익보호와 환난상구(患難相救) 등을 위해 '공립협회(共立協會)'[722]를 조직하였다.

---

720) 구세학당(救世學堂) : 1886년 언더우드(Horace G. Underwood) 선교사에 의해 설립된 장로교 계통 학교. 그 후 '경신학교'로 발전하였다.
721) 만민공동회(萬民共同會) : 1898년에 독립협회 주최로 서울 종로 네거리에서 열린 민중 대회. 외세의 배격과 언론, 집회의 자유를 주장하는 등의 민족주의·민주주의 운동을 제창하였다.
722) 공립협회(共立協會) : 1905년 4월 미국 샌프란시스코에서 안창호 등이 결성한 민족운동 단체. 미주 한인들의 민족의식 고취, 국권회복과 동족상애를 목적으로 설립하여 캘리포니아를 중심으로 여러 지역에 지회를 설립하고 활동하였다.

을사늑약이 체결되었다는 소식을 듣고 1906년에 귀국, 1907년에 이갑·양기탁·신채호 등과 함께 항일 비밀결사 '신민회(新民會)'를 조직하고, 평양에 '대성학교(大成學校)[723]'를 설립하여 민족 지도자 양성에 힘썼다.

　안중근 의사의 이토 히로부미 암살사건(1909)에 관련되었다는 혐의로 1910년에 투옥되어 3개월간 옥고(獄苦)를 치른 후 "간다 간다 나는 간다. 너를 두고 나는 간다."로 시작하는 '거국가(去國歌)[724]'를 쓰고 시베리아를 거쳐 1911년 미국으로 망명하였다.

　1913년 5월, 샌프란시스코에서 '흥사단(興士團)[725]'을 조직하였고, 3·1운동 직후 상하이로 가서 임시정부의 내무총장·국무총리 대리 등을 역임하며 〈독립신문〉을 창간하였다. 1932년 윤봉길 의사의 훙커우공원 폭탄 사건으로 2년 6개월을 복역한 뒤 가출옥하

---

723) 대성학교(大成學校) : 1908년에 안창호가 평양에 설립한 중등교육기관. 인재양성을 통한 교육구국(教育救國)의 이념 아래 설립하였으며 평안도 일대 애국계몽운동의 근거지로 초기 항일 민족해방운동에 크게 기여하였다.
　　교육 방침을 ① 건전한 인격의 함양, ② 애국정신이 투철한 민족운동가 양성, ③ 실력을 구비한 인재의 양성, ④ 건강한 체력의 훈련 등에 두었다.

724) 〈거국가(去國歌)〉 : 일명「한반도 작별가」라고도 하는 이 가사는 조국을 떠나며 부른 이별의 노래라 할 수 있다.「거국가」는 4절로 이루어져 있는데, 1절의 내용은 다음과 같다.
　　간다 간다 나는 간다/너를 두고 나는 간다
　　잠시 뜻을 얻었노라/까불대는 이 시운이
　　나의 등을 내밀어서/너를 떠나 가게 하니
　　일로부터 여러 해를/너를 보지 못할지나
　　그동안에 나는 오직/너를 위해 일할지니
　　나 간다고 설워마라/나의 사랑 한반도야

725) 흥사단(興士團) : 선비를 부흥하는 모임. 1913년 안창호가 미국 샌프란시스코에서 창립한 민족부흥운동 단체. 신민회의 후신으로 ≪흥사단보≫를 발행하여 흥사단 안팎의 소식과 일반 교포의 계몽에 힘쓰다가, 8.15 광복 후 서울로 본부를 옮겼다.

여 휴양 중 동우회(同友會) 사건[726]으로 재투옥되었고, 1938년 병보석되어 향년 61세로 타계했다. 1962년 건국훈장 대한민국장이 추서되었다.

도산에게는 개개인의 자각과 국제정세를 활용한 한민족의 독립이 지상과제였다. 그는 나를 사랑하듯 남을 사랑하는 '애기애타(愛己愛他)'에서 출발해 민주국가를 세움으로 세계정의와 평화에 이르는 '세계대공(世界大公)'을 주장했다. 도산의 기본사상은 '민족개조론(民族改造論)'[727]에 귀착된다. 자주독립을 이룩하려면 '국민운동'을 통해서만 가능하다고 믿었으며, 자기개조는 '무실(務實)·역행(力行)·충의(忠義)·용감(勇敢)'의 4대 정신에 의하여 이루어진다고 보았다.

도산은 이승만, 김구와 마찬가지로 개혁을 시도한 '변혁적 리더'였다. 개혁의 수단으로 이승만은 외교(국제정치), 김구는 무력을 이용했다. 그러나 도산은 인성 개조와 인재 양성에 역점을 두었다.

'낙망은 청년의 죽음이요, 청년이 죽으면 민족이 죽는다.'라고 갈파하며 민족운동에 파당을 초월한 방략을 제시한 도산 선생을 경모하는 필자의 자작 한시를 소개한다.

---

726) 동우회(同友會) 사건 : 수양동우회(修養同友會)는 일제강점기 조선에 결성된 교육, 계몽, 사회운동 단체이다. 흥사단의 자매단체이며 안창호, 이광수, 주요한, 주요섭, 김동원 등에 의해 결성되었다. 1926년 1월 흥사단의 조선지부격인 수양동맹회와 동우구락부가 통합되어 출범하였고, 1937년 '수양동우회 사건' 이후 1938년 대규모로 체포, 구속되어 해체되었다.
727) 민족개조론(民族改造論) : 일제강점기에 있었던 주장. 안창호와 이광수의 것이 있다.
〈안창호의 주장 이념〉: 독립을 위해선 민족개조가 필요하다는 주장인데, 민족은 물론이고 사회와 국가 그리고 나아가서는 세계까지도 변화해야 한다는 사상.
〈이광수의 주장 이념〉: 민족성의 타락을 민족 쇠퇴의 원인으로 보고, 타락한 민족성을 개조하기 위해서는 민족해방운동이 문화운동으로 방향을 전환해야 한다는 사상.

靑雲渡美急歸航(청운도미급귀항) 청운의 꿈을 꾸고 도미했으나, 급하게 귀국했고
四大情神願復疆(사대정신원복강) '4대 정신'을 전파시켜 국권회복을 기원했네
改造萬民庠序立(개조만민상서립) 민족을 개조시키기 위해 학교를 설립했고
周遊天下思想匡(주유천하사상광) 세계를 돌아다니며 (독립) 사상을 바로 잡았네
知行合一尊師迹(지행합일존사적) 아는 것과 행하는 것이 하나임은 스승의 공적이고
派黨超然啓示長(파당초연계시장) 당파를 초월해야 한다는 가르침은 지금껏 살아있네
愛己愛他無境界(애기애타무경계) 자기 사랑과 남 사랑함은 세계에 그 경계가 없고
綿綿興士策邦康(면면흥사책방강) 면면히 이어진 흥사단은 나라의 편안함을 꾀하네

----

* 四大情神(4대정신) : 무실(務實)·역행(力行)·충의(忠義)·용감(勇敢)
* 庠序(상서) : 학교
* 周遊天下(주유천하) : 천하를 두루 돌아다니며 구경함
* 知行合一(지행합일) : 지식과 행동이 서로 맞음. 양명학(陽明學) 사상의 하나
* 尊師(존사) : '스승'을 높여 이르는 말
* 啓示(계시) : 깨우쳐 보여줌
* 長(장) : 1. 길다 2. 나아가다 3. 항상 4. 어른 5. 길이
* 邦康(방강) : 나라의 편안함

88

'신유림(新儒林)' 심산(心山) 김창숙(金昌淑)의 독립운동

 국민의 행복추구라는 정치의 요체를 망각한 채 좌우 진영 싸움으로 무위도식하고 있는 현 정치권을 보면서 구한말의 '가짜 선비들'을 생각한다. 국가위기에 몸 바쳐야 하는 것은 선비들의 의무이자 대의이다. '선비정신'은 행동할 때 빛난다. 유교 국가 조선이 망한 것도 지배층 유림이 먼저 부패하고 노블레스 오블리주를 실천하지 않았기 때문이다.

 일제강점기에 사생취의(捨生取義, 목숨을 버리고 의를 쫓는다)를 끝까지 지켜 '3절(三節)'이라 불렸던 지사(志士)가 있다. 총독부 반대 방향으로 집을 지은 만해(万海) 한용운(韓龍雲), 일제 치하에선 허리를 굽히지 않겠다며 '꼿꼿세수'로 유명한 단재(丹齋) 신채호(申采浩), 대의에 어긋나는 일과는 타협하지 않은 '마지막 선비' 심산(心山) 김창숙(金昌淑, 1879-1962) 선생이 그 주인공이다.

 2000년 5월, 김수환(金壽煥)[728] 추기경이 제13회 '심산상(心山

---

728) 김수환(金壽煥, 1922~2009) : 대한민국의 천주교 성직자이자 사회운동가이다. 한국인 최초로 가톨릭 추기경에 서임되었다. 본관은 광산. 세례명은 스테파노이며, 아호는 옹기이다.

賞)'729)을 받았다. 심산상을 받는 사람들은 심산 선생의 수유동 묘소에 가서 참배할 때 두 번 절을 올리는 것이 관례였다. 김 추기경이 심산 묘소에서 절을 두 번 올리자 언론이 '가톨릭과 유교의 아름다운 만남'으로 대서특필한 적이 있다. 김 추기경은 회고록에서 이렇게 말했다.

"훌륭하게 살다 가신 분에게 존경의 예를 표하는 것은 당연하다. 그분의 종교가 유교든 불교든, 참배를 유교식으로 하든 불교식으로 하든 그런 것들은 중요한 문제가 아니다."

심산은 국운이 기울어가던 1879년 7월 10일 경북 성주에서 김호림(金護林)과 인동 장씨 사이에서 1남 4녀 중 외아들로 태어났다. 조선조 명유(明儒) 동강(東岡) 김우옹(金宇顒)730)의 13대 종손이다. 본관은 의성, 자는 문좌(文佐)이다.

심산의 민족주의 정신은 유학의 '대의명분론'에 바탕을 두고 있다. 1905년 을사늑약이 체결되자 27세의 심산은 상경하여 "나라 팔아먹은 이완용·이지용·박제순·이근택·권중현 등 을사오적(乙巳五賊)의 목을 베라!"는 내용의 '청참오적소(請斬五賊疏)'를 올렸고,

---

729) 심산상(心山賞) : 독립운동가이자 성균관대 초대총장을 지낸 심산 김창숙 선생을 기리기 위해 심산김창숙연구회가 1986년 제정된 상이다. 심산 선생의 정신을 계승해 학술 및 실천활동에 공로를 세운 개인 및 단체에 년 1회 시상하나 2000년대 들어 사회적 무관심과 변화한 시대상 등이 시상 중단되었다가 2015년부터 재개됐다.

730) 김우옹(金宇顒, 1540~1603) : 조선 중기의 문신. 학자. 자는 숙부(肅夫). 호는 동강(東岡). 조식(曺植)의 문인으로 대사성을 거쳐 대사헌, 이조참판을 지냈다. 선조 22년(1589) 기축옥사 때에 유배되었다가 임진왜란 때에 석방되었다. 배소(配所)에서 ≪속강목(續綱目)≫ 15권을 편찬하였다. 저서에 ≪동강집≫, 편저에 ≪경연강의(經筵講義)≫ 등이 있다.

1909년 일진회(一進會)[731]가 한일합방론을 들고나오자 "이런 역적들을 성토하지 않는 자 또한 역적이다!"라며 성토한 죄로 8개월간 옥고를 치렀다.

1919년 3.1독립선언서 작성 시에 심산은 모친의 병환으로 상경(上京)이 늦어져 결국 3.1 독립선언은 천도교·기독교·불교 등 종교단체의 민족대표 33인만으로 발표하기에 이르렀다. 심산은 망국의 책임이 있는 유림이 독립선언에 참여하지 못함을 치욕으로 생각했다. 그리하여 전국의 유림을 규합해서 137명의 연명으로 한국독립을 호소하는 '파리장서'[732]를 작성하여 프랑스 파리에서 개최된 만국평화회의(萬國平和會議)에 우편으로 제출하였다. 이것이 이른바 '제1차 유림단사건'이다.

심산은 임시정부를 중심으로 한 독립운동이 침체하자, 의열단의 나석주를 지원하여 1926년 식산은행 폭탄투척 의거를 감행했다. 이 자금 출처 때문에 다시 한번 유림이 고초를 겪으니, 이른바 1927년의 '제2차 유림단 사건'이다.

심산은 '서로군정서(西路軍政署)'[733]를 조직해 군사선전위원장으로

---

731) 일진회(一進會) : 대한제국 말에 일본의 한국 병탄정책(倂呑政策)에 적극 호응하여 그 실현에 앞장선 친일단체(1904~1910).
732) 파리장서운동 : 1919년 기독계와 불교계가 주동한 가운데 3.1독립운동이 일어나자 유교계는 대대적인 장서운동을 일으켜 이에 호응하기로 했다. 이것이 바로 파리장서운동인데 137명의 유림 대표가 전문 2천 674자에 달하는 장문의 한국독립청원서를 파리강화회의에 보내게 된 것이다.
733) 서로군정서(西路軍政署) : 1919년에 만주 길림성(吉林省) 안도현(安圖縣)에서 조직된 우리나라 무장 독립운동 단체. 이상룡(李相龍)을 지도자로 하여 농민들에게 군사 기술을 가르쳤다.

활약 중 일경에 붙잡혀 본국으로 압송되었고, 14년의 형을 선고받았다. 대전교도소에서 옥중투쟁과 악독한 고문 끝에 '벽옹(躄翁, 앉은뱅이 노인)' 신세가 되었지만, 변호를 거절하고 항소를 포기했다.

광복 후 심산은 유도회(儒道會)[734]를 조직하고, 1946년 사이비 황도유학(皇道儒學)을 척결하고 성균관대학을 설립, 초대 총장으로 취임하여 유학의 근대적 발전과 후진양성에 이바지하였다.

심산은 '백절불굴(百折不屈)'의 표상이었다. 네 차례의 투옥과 고문을 당했고, 두 아들까지 독립운동의 제단에 바친 그는 1962년 5월, 83세로 타계했다. 건국훈장 대한민국장이 수여되었다. 문집으로 〈심산유고(心山遺稿)〉가 있다.

박정희 국가재건최고회의 의장은 "선각자이자 직언거사(直言居士)인 선생의 정신을 이어받자."라는 추모사를 했다. "성인의 글을 읽고도 성인이 세상을 구제한 뜻을 깨닫지 못하면 그는 가짜 선비이다!"라는 심산의 태산 같은 고함이 가짜 선비들이 즐비한 대한민국 정치권을 강타하고 있다.

실천적 지성으로 불꽃 같은 삶을 살다 간 의인, 시대가 갈수록 광휘(光輝)가 나는 위인, 진정한 오상(五常, 인·의·예·지·신)을 실천한 대유(大儒). 심산 선생을 경모하는 필자의 자작 한시를 소개한다.

---

734) 유도회(儒道會) : '성균관유도회총본부'. 유도회는 문선왕공부자의 인의예지신을 근간으로 국민의 윤리도의정신을 함양하고 수제치평의 대도를 천하에 선포하여 이를 실천하는데 목적을 두고 전국 일천만 유림의 총의에 의하여 설립된 유자의 총림이며 성균관과 지방향교 및 성균관대학교의 발전에 관한 사업과 교육, 교화, 학술 등의 사업을 경영하고 있다.

嗚呼三節大儒賢(오호삼절대유현)　아! 일제강점기 절의 지킨 '삼절'로 큰 선비였고
光復籌謀半百年(광복주모반백년)　조국 광복을 도모한 계책으로 반백 년을 보냈네
異域風霜唯尺宅(이역풍상유척택)　이역만리에서 풍상 겪어 오직 한 자 집터만 있고
鄕關零落只寸田(향관영락지촌전)　고향 살림은 줄어들어 다만 좁은 밭만 남았네
受刑萬苦形身躄(수형만고형신벽)　온갖 괴로운 형벌을 받아 몸은 앉은뱅이가 되었고
問招千端方寸堅(문초천단방촌견)　수많은 문초를 받았지만, 마음으로 견뎌냈네
打破舊儒新氣運(타파구유신기운)　시대에 뒤진 유교문화를 타파하여 기풍을 진작했고
始終櫛雨一靑天(시종즐우일청천)　평생 온갖 고생했지만 한결같이 맑게 갠 하늘이었네

----

* 三節(삼절) : 일제강점기 삼절. 한용운·신채호·김창숙
* 籌謀(주모) : 어떤 일을 도모하는 계책이나 책략
* 風霜(풍상) : 바람과 서리. 많이 겪은 세상의 어려움과 고생
* 尺宅(척택) : 한자의 집터. 작은 집
* 鄕關(향관) : 1. 자기가 태어나서 자란 곳 2. 조상 대대로 살아온 곳
* 零落(영락) : 1. 초목의 잎이 시들어 떨어짐 2. 세력이나 살림이 줄어
　　　　　　　들어 보잘것없이 됨
* 寸田(촌전) : 얼마 안 되는 밭. 좁은 밭
* 方寸(방촌) : 1. 마음 2. 한치 사방의 넓이
* 櫛雨(즐우) : 오랜 세월을 객지에서 방랑하며 온갖 고생을 다 함

89

정통보수의 '신주류' 형성과 안중근(安重根)의 '단지동맹(斷指同盟)'

〈삼국지〉의 유명세로 인해 유비·관우·장비의 '도원결의(桃園結義)'[735]는 잘 알려져 있다. 우리나라는 '동맹'의 이름이 유난히 많다. 신라 눌지왕과 백제 비유왕의 '나제동맹(羅濟同盟)'[736], 김유신과 김춘추의 '옷고름 동맹'[737], 신라와 당나라의 '나당동맹(羅唐同盟)'[738], 왕건의 '혼인동맹(婚姻同盟)'[739], 안중근의 '단지동맹(斷指同盟)', 한국

---

735) 도원결의(桃園結義) : 나관중의 《삼국지연의》에서 유비, 관우, 장비가 도원(桃園)에서 의형제를 맺은 데에서 비롯된 말로, 뜻이 맞는 사람끼리 하나의 목적을 이루기 위해 행동을 같이 할 것을 약속한다는 뜻이다.

736) 나제동맹(羅濟同盟) : 신라와 백제가 고구려의 남진(南進)을 막기 위하여 맺은 동맹. 고구려의 장수왕은 427년에 평양으로 천도하고 남진정책을 추진하였다. 이에 위협을 느낀 신라와 백제는 433년(장수왕 21, 신라 눌지왕 17, 백제 비유왕 7)에 나제동맹을 맺어, 신라 진흥왕 14년(553) 한강 하류지역에 대한 쟁탈전이 있기까지 약 120년간 계속되었다.

737) 옷고름 동맹 : 김유신은 축국을 하던 중 일부러 김춘추의 옷고름을 밟아 터지게 만든 후 김춘추를 집으로 데려가 여동생 문희에게 옷고름을 꿰매게 한다. 마침내 김춘추와 문희는 결혼, 김유신과 김춘추의 옷고름 동맹이 이루어진다.

738) 나당동맹(羅唐同盟) : 신라가 고구려와 백제에 대항하기 위하여 648년에 당과 맺은 군사동맹. 나·당동맹군은 백제와 고구려를 차례로 멸망시켰으나, 영토처리 문제를 두고 갈등하여 신라와 당 사이에 전쟁이 벌어졌고, 결국 신라가 당을 몰아내고 삼국통일을 이루었다.

739) 혼인동맹(婚姻同盟) ; 고려 태조 왕건은 6명의 왕후와 23명의 부인을 두었다. 그리고 무려 25명의 아들과 9명의 딸을 낳았다.

과 미국의 '한미동맹(韓美同盟)'[740] 등.

'명철보신(明哲保身)'의 사전적인 의미는 '사리에 밝아서 일을 잘 처리하여 일신을 잘 보전함'을 말한다. 이 말은 〈시경(詩經)〉의 '대아(大雅)편' 증민(蒸民)이란 시가 출전이다. 그러나 후대에는 무사안일로 '권력의 눈치를 보며 자기 몸을 지킨다'는 '보신주의(保身主義)'의 부정적인 의미로 해석되었다. 이러한 세태를 개탄한 다산(茶山) 정약용(丁若鏞)은 "고위 공직에 있는 사람들이 국가가 잘 보존되도록 하는 것"이 명철보신의 참다운 의미라고 해석했다.

2022년 10월 12일 국회 환경노동위원회 국정감사 증인으로 나선 김문수 경제사회노동위원회 위원장은 "문 전 대통령이 신영복(申榮福)[741] 선생을 가장 존경하는 사상가라(고 한다)면 김일성주의자"라며 소신 발언을 했다.

좌파들의 성역을 깬 김 위원장과 같은 우파 전사(戰士)들이 필요한 정국이다. 국민의힘은 제2, 제3의 김문수가 나와야 한다. 탄핵

---

740) 한미동맹(韓美同盟) : 한미상호방위조약에 따라 남한과 미국 사이에 체결한 동맹. 북한의 남침과 군사적 위협에 대응하기 위하여 한국과 미국 양국 국회의 비준을 거쳐 1954년 11월 18일에 발효되었다.

741) 신영복(申榮福, 1941~2016) : 대한민국 진보 학계를 대표하는 경제학자이자 문학가. 1968년 북한과 연계된 지하당 조직 통일혁명당 사건으로 무기징역을 받아 구속되었다가 전향서를 쓰고 1988년 특별가석방으로 20년 20일 만에 출소.
2021년 교체된 국가정보원의 새 원훈 '국가와 국민을 위한 한없는 충성과 헌신'을 새긴 원훈석에 신영복체가 사용되자, 통일혁명당 사건으로 처벌받은 종북주의, 김일성주의, 주체사상을 신봉하는 사람의 글씨체가 정보기관의 원훈에 사용되는 것은 부적절하다는 보수진영의 비난이 쏟아졌다. 2022년 6월 24일에 국가정보원은 신영복 원훈석을 폐기하고, 1961년 중앙정보부 창설 당시 원훈인 '우리는 음지(陰地)에서 일하고 양지(陽地)를 지향(指向)한다'로 되돌아가며 당시 세웠던 원훈석을 다시 세운다고 발표했다.

을 주도한 사이비 보수가 아닌 정통 보수의 이념과 가치로 뭉친 '신주류'가 '내부동맹(內部同盟)'을 맺어 보수정권의 성공을 위해 좌파들과 사상적인 내전(內戰)을 치러야 한다.

'단지동맹'의 주인공인 안중근(安重根, 1879~1910) 의사의 본관은 순흥(順興)이다. 아버지 진사 안태훈(安泰勳)과 어머니 조씨(趙氏) 사이의 3남 1녀 중 맏아들로 황해도 해주에서 태어났다. 가슴과 배에 7개의 점이 있어 북두칠성의 기운에 응하여 태어났다는 뜻으로 아명(兒名)을 응칠(應七)이라 지었다.

1909년 3월 2일. 연해주 신안촌에서 안중근·김기룡·엄인섭·황병길·김태훈 등 12명의 열사가 비밀결사인 '단지동맹(斷指同盟)'을 맺었다. 왼손 무명지를 자른 후 혈서를 쓰고, 조국의 독립 회복과 동양평화 유지를 위한 헌신을 다짐했다. 이는 넘어져도 같이 넘어지고 망해도 같이 망하는 '공도동망(共倒同亡)'의 운명을 같이하겠다는 맹세였다.

침략의 원흉 이토 히로부미(伊藤博文)[742]와 매국노 이완용을 3년 이내에 주살(誅殺)하지 못하면 자살로 국민에게 속죄하기로 하였다. 그해 10월 26일. 우덕순·조도선·유동하와 함께 저격 실행을 모의한 안 의사는 하얼빈역에 잠입하여 역 플랫폼에서 러시아군의 군례를 받는 이토를 사살했다.

---

742) 이토 히로부미(伊藤博文, 1841~1909) : 일본의 정치가. 막부정권 타도에 앞장섰으며, 총리대신을 지냈다. 주한특파대사로서 을사조약을 체결하였으며, 1905년에 초대 조선통감으로서 국권강탈을 준비하던 중, 1909년에 하얼빈에서 안중근 의사에게 피살되었다.

안 의사는 러시아 검찰관으로부터 거사동기에 대한 질문을 받자 "이토가 대한의 독립주권을 침탈한 원흉이며 동양평화의 교란자이므로 대한의군 참모중장 자격으로 총살한 것이지 안중근 개인의 자격으로 사살한 것이 아님"을 밝혔다.

'위국헌신군인본분(爲國獻身軍人本分, 나라 위해 몸 바침은 군인의 본분)'의 구절은 안 의사가 뤼순(旅順) 감옥에서 일본인 간수에게 써준 좌우명이다. 1910년 3월 26일 형이 집행되기 며칠 전 그는 안정근, 안공근 두 아우에게 "내가 죽거든 시체는 조국이 독립하기 전에는 반장(返葬)하지 말라."라고 유언하였다. 일제는 안의사의 시신을 여순 감옥 인근에 암매장하였는데, 112년이 지나도록 어디에 묻었는지 밝히지 않고 있다.

안 의사는 옥중에서 〈동양평화론(東洋平和論)〉[743]을 집필하였고 서예에도 뛰어나 휘호한 많은 유묵(遺墨)이 보물로 지정되었지만, 아직까지 그의 유해는 조국의 품으로 돌아오지 못했다. 하루 빨리 안 의사의 유해를 찾아와야 한다.

일제의 폭력적인 침략에 대한 살신(殺身)의 항거와 애국심으로 응집된 안 의사의 일생을 경모하는 필자의 자작 한시를 소개한다.

---

743) 〈동양평화론(東洋平和論)〉: 안중근 의사가 이토 히로부미 암살 의거 후 1910년 3월 중국의 뤼순 감옥에서 집필한 미완성의 글이다.
〈칠언절구의 한시〉
東洋大勢思杳玄(동양대세사묘현) 동양대세 생각하매 아득하고 캄캄하니
有志男兒豈安眠(유지남아기안면) 뜻 있는 사나이 어찌 편히 잠들겠는가
和局未成猶慷慨(화국미성유강개) 평화시국 못 이룸이 아직도 북받치는데
政畧不改眞可憐(정략불개진가련) 정략을 고치지 않으니 참으로 불쌍하다

丈夫有志豈安眠(장부유지기안면)　뜻 있는 대장부는 어찌 편안한 잠을 잘 수 있는가
大手風雲慮又玄(대수풍운려우현)　시대 형편의 대세를 생각하니 또한 어둡구나
斷指同盟唯救國(단지동맹유구국)　단지동맹으로 오직 구국에 마음을 다했고
渾身鴻業總旋乾(혼신홍업총선건)　온몸으로 나라세우는 사업에 모두 천지를 뒤집었네
南船北馬難回避(남선북마난회피)　천지를 바쁘게 돌아다니는데 몸을 피하기 어렵고
西走東奔收復權(서주동분수복권)　빼앗긴 국권을 다시 찾기 위해서 동분서주 했네
和解未成千古恨(화해미성천고한)　(동양)평화 해결을 못 이뤄 천고의 한을 남겼고
亡骸不返泣山川(망해불반읍산천)　영웅의 유해는 귀환하지 않아 산천도 울고 있네

————————————

* 安眠(안면) : 편안(便安)히 잠을 잠
* 大手風雲(대수풍운) : 풍운대수의 도치. 시대 형편의 대세
* 鴻業(홍업) : 나라를 세우는 큰 사업
* 旋乾(선건) : 천지를 뒤덮는다
* 南船北馬(남선북마) : 바쁘게 돌아다님
* 西走東奔(서주동분) : 동분서주의 도치. 사방으로 이리저리 바쁘게 돌아다님. 분주(奔走)
* 復權(복권) : 광복. 수복
* 和解(화해) : 여기서는 동양평화 해결
* 亡骸(망해) : 유해(遺骸)

90

'정치의 양극화'와 만해(萬海) 한용운(韓龍雲)

　정치발전을 위해서는 보수와 진보의 '양날개 균형비행'이 필요하다. 대한민국의 발전과 국민통합을 가로막고 있는 장애물 중 가장 심각한 것이 좌-우 '정치의 양극화'다. 문재인과 윤석열 정부 출범 이후 양극화가 더 심화되었다. 정치의 양극화는 가짜뉴스 확산을 부추긴다. 이제 지혜로운 '통합 해법'이 필요한 때이다.

　광복 직후의 남한은 지금보다 더 심각한 정치적 대혼란기였다. 여운형(呂運亨)[744]의 건국준비위원회, 박헌영(朴憲永)[745]의 조선공산당 등 좌익 진영과 이승만의 독립촉성중앙협의회, 김성수·송진우(宋鎭禹)[746]의 한국민주당 등 우익 진영, 김구의 임시정부 세력이 극

---

744) 여운형(呂運亨, 1886~1947) : 독립운동가·언론가·정치가. 호는 몽양(夢陽). 대한민국 임시정부에 참가하였으며, 조선중앙일보사 초대 사장을 지냈다. 광복 후에는 건국준비위원회 위원장에 취임하여 좌우익의 합작을 추진하다가 1947년에 암살당하였다.
745) 박헌영(朴憲永, 1900~1955) : 공산주의 운동가. 조선공산당 창립에 참가했고 남조선노동당을 조직했으며 그 당수의 자격을 지니고 북한의 내각 부총리 겸 외무장관이 되었다. 조선노동당이 발족하자 부위원장이 되었고 김일성에 의한 남로당계 숙청작업으로 체포되어 사형당했다.
746) 송진우(宋鎭禹, 1890~1945) 정치가·독립운동가. 호는 고하(古下). 김성수와 제휴하여

심한 갈등 속에 각축했다. 인촌(仁村) 김성수(金性洙)[747] 선생은 이 혼란의 파고에서 '공선사후(公先私後) 정신'으로 신탁통치 반대와 이승만의 남한 단독정부 수립에 힘을 실어줌으로써 좌익의 공산주의 정권 수립을 저지했다.

거슬러 올라가 만해(萬海) 한용운(韓龍雲, 1879~1944)은 당시 독립운동을 주도하던 두 가지 노선, 즉 민족주의 노선과 사회주의 노선의 충돌을 화해시키고자 노력했다. 그는 "두 노선이 서로 반발한다면, 사상(思想)이 우리를 망하게 하는 장본인이 될 것"이라고 경고했다. 만해 선생이 지금 좌-우로 갈라진 '정치의 양극화'를 예단하고 한 말은 아닌지, 그의 선견(先見)에 놀랄 따름이다.

한용운은 조선 불교를 개혁한 위대한 승려이자 저항시인이요, 민족혼을 일깨운 독립투사이다. 본관은 청주, 자는 정옥(貞玉), 아명은 유천(裕天), 법명은 용운(龍雲), 호는 만해이다. 1879년 충남 홍성에서 한응준(韓應俊)과 온양 방씨 사이에서 차남으로 태어났다.

만해는 서당에서 한학을 수학한 뒤, 18세에 설악산 오세암(五歲庵, 백담사의 부속 암자)에 들어갔다. 여기서 불교를 수도하다가 다른 세계에 대한 관심으로 노령(露領, 러시아의 영토), 시베리아, 일본 등

일제강점기에 민족운동을 전개하였다. 동아일보 사장을 지냈고, 광복 후 한국민주당을 조직하여 건국에 힘썼다.

747) 김성수(金性洙, 1891~1955) : 정치가·교육가. 호는 인촌(仁村). 경성 방직과 ≪동아일보≫를 창설하고 보성전문학교, 중앙학교를 인수하여 경영하였다. 한국민주당 당수, 민주국민당 최고위원을 지냈다. 1950년에 제2대 부통령에 당선되었으나, 이듬해에 이승만 정권의 독재에 반대하는 성명을 내고 사임하였다.

지를 여행하였다. 귀국 후 27세에 강원도 백담사에서 연곡(蓮谷) 선사를 은사로 출가했고, 39세에 오세암에서 좌선하다가 견성(見性)했다.

만해는 32세에 불교 개혁방안을 제시한 〈조선불교유신론(朝鮮佛敎維新論)〉[748]을 탈고하여 불교계에 일대 혁신운동을 일으켰다. 36세에는 〈불교대전(佛敎大典)〉[749]을 간행하여 반야사상에 입각, 불교의 현실참여를 주장하였다. 40세에는 불교잡지 〈유심(惟心)〉을 발간하였다. 이리하여 만해가 추구하던 불교의 대중화와 청년운동을 강화했고, 민족의식을 크게 고취하였다.

만해는 1919년(41세) 3.1운동 때 민족대표 33인의 한 사람으로 체포되어 3년형을 선고받고 복역했다. 서대문 감옥 안에서 만해는 변호사, 사식, 보석을 거부하는 '3가지 원칙'을 고집했고, 법정에서도 일체의 자기변호를 거부했다. 또 옥중에서 왜 독립운동을 했는가를 묻자, "우주의 최고 행복의 실재는 자유와 평화이며, 자유를 얻기 위해서는 생명을 터럭같이 여겨야 하며, 평화를 지키기 위해서는 희생을 기꺼이 감수해야 한다."고 했다.

최남선이 작성한 〈독립선언서〉를 수정했고, 행동강령인 〈공약 3

---

[748] 《조선불교유신론(朝鮮佛敎維新論)》: 한반도의 불교 개혁을 위해 승려의 교육, 참선의 방법, 염불당의 폐지, 불교 의식의 간소화, 승려의 권익, 승려의 혼인 문제, 주지의 선거, 승려의 단결, 사찰의 통괄 등에 대해 논술한 저술로, 한용운이 1909년에 집필하기 시작하여 이듬해 백담사(百潭寺)에서 탈고했다.

[749] 《불교대전(佛敎大典)》: 만해 한용운이 편찬한 현대적 불교 성전. 축소판 《팔만대장경》이라 할 수 있다.

장〉을 첨가했다. 88편의 시를 모아 근대 한국시의 기념비적 작품인 〈님의 침묵(1926년)〉이라는 시집을 발간하였고 176수의 한시를 남겼는데, 민족정신과 중생제도(衆生濟度)를 노래했다. 물산장려운동과 신간회(新幹會) 결성을 주도하였고, 신채호 선생의 묘비를 건립하였다. 창씨개명 반대운동과 조선인 학병 출정 반대운동을 목숨 걸고 전개하였다.

만해는 55세 때(1933) 성북동에 승려 김적음과 조선일보사 사장 방응모 등 몇몇 유지들의 도움으로 '심우장(尋牛莊)'[750]이라는 택호(宅號)의 집을 지었는데, 총독부 청사가 보기 싫어 동북 방향으로 집을 틀어 버린 일화가 있다.

1944년 6월 29일. 만해는 그토록 그리던 조국광복과 민족독립을 눈앞에 두고 66세에 입적(入寂)하고 말았다. 만해는 떠났지만 민족을 향한 '사랑의 노래'는 아직도 우리 곁을 떠나지 않고 있다.

윤동주(尹東柱)[751], 이육사(李陸史), 이상화(李相和)[752] 등과 함께 일제강점기 최고의 저항시인이자, 불멸의 선각자인 만해 선생을 경모하는 필자의 자작 한시를 소개한다.

---

750) 심우장(尋牛莊) : 한용운이 1933년부터 1944년까지 만년을 보내다가 세상을 떠난 곳이다. '심우장(尋牛莊)'이란 명칭은 선종(禪宗)의 '깨달음'의 경지에 이르는 과정을 잃어버린 소를 찾는 것에 비유한 열 가지 수행 단계 중 하나인 '자기의 본성인 소를 찾는다'는 심우(尋牛)에서 유래한 것이다.

751) 윤동주(尹東柱, 1917~1945) : 북간도에서 출생하였으며, 연희전문학교를 거쳐 일본에 유학한 후 1943년에 독립운동의 혐의로 일본 경찰에 검거되어 규슈 후쿠오카 형무소에서 옥사하였다. 광복 후 그의 유고를 모은 시집 《하늘과 바람과 별과 시》가 발간되었다.

752) 이상화(李相和, 1901~1943) : 시인. 호는 무량(無量). 《백조(白潮)》 동인으로, 낭만적 경향에서 출발하여 상징적인 서정시를 주로 썼다. 작품에 〈나의 침실로〉, 〈빼앗긴 들에도 봄은 오는가〉, 〈태양의 노래〉 등이 있다.

男兒何處不無鄕(남아하처불무향) 대장부가 가는 어느 곳이 고향이 아니던가
喝破高聲淨土彊(갈파고성정토강) 큰 소리로 깨끗한 세상에 진리를 밝혔네
濟衆導生刊大典(제중도생간대전) 중생을 구제, 이끌기 위해 〈불교대전〉을 간행했고
入廛垂手引天堂(입전수수인천당) 거리로 돌아가 중생을 도와 천당으로 인도했네
維新佛法韓民度(유신불법한민도) 불교를 개혁하여 한민족을 제도했고
獨立宣言世界彰(독립선언세계창) 〈독립선언서〉를 발표하여 세계에 드러냈네
節見時窮終壯烈(절현시궁종장렬) 시대가 궁하니 절개가 나타나 늘 의기가 열열했고
嗚呼淸操四時長(오호청조사시장) 오호라, (선승의) 해맑은 지조 일 년 내내 푸르네

----

* 喝破(갈파) : 1. 진리를 밝힘 2. 큰 소리로 꾸짖어 기세를 눌러 버림
* 入廛垂手(입전수수) : 거리로 돌아가 중생을 제도함
* 濟衆(제중) : 대중을 구제함
* 大典(대전) : 불교대전
* 度(도) : 제도(濟度). 중생을 건져 내어 열반의 언덕에 이르게 함
* 節見時窮(절현시궁) : 시궁절현(時窮節見)의 도치. 시대가 궁하니 절개가 나타나
* 壯烈(장렬) : 의기가 씩씩하고 열열함
* 淸操(청조) : 해맑은 지조

91

'역사 연구'로 독립운동을 한 단재(丹齋) 신채호(申采浩)

　문재인 전 대통령은 지난 2017년 12월 13일부터 16일까지 시진핑 중국 국가주석의 초청으로 중국을 국빈 방문했다. 문 대통령은 중국 방문에서 사대(事大)의 예를 다했고, 베이징대 강연에서 그 절정에 달했다. 중국을 '높은 산봉우리'와 '대국'으로, 한국을 '작은 나라'로 지칭한 문 대통령의 연설은 중국에 대한 '신(新)사대주의 선언'이었다.

　한중 정상회담 8개월 전인 2017년 4월. 시진핑은 "한국은 역사적으로 중국의 일부였다."는 망언을 했다. 그러나 진보적이라던 강단사학자(講壇史學者)[753]들은 시진핑의 문제 발언에 대해 일제히 침묵했다. 왜 그랬을까. 강단사학자들은 조선총독부 직속의 조선사편수회에서 조작한 '식민사학'을 완전히 극복하지 못했기 때문이다.

　이 '친중 사대주의 선언'과 '친일 식민사학 카르텔'을 지하에 계신

---

753) 강단사학자(講壇史學者) : 기존의 역사학자. 역사학을 전공하여 학위를 취득하고 학계를 중심으로 대학 등에서 강의하는 학자.

단재(丹齋) 신채호(申采浩, 1880~1936) 선생은 어떻게 보고 계실까? 단재는 일제강점기의 독립운동가요, 사학자요, 언론인이다. 그는 〈독사신론〉에서 "민족을 버리면 역사가 없을지며, 역사를 버리면 민족의 그 국가에 대한 관념이 크지 않을지니, 오호라 역사가의 책임이 막중할진저."라고 했으며, '역사라는 것은 아(我)와 비아(非我)의 투쟁이다.'라는 명제를 내걸어 민족사관(民族史觀)[754]을 정립했다. 중국 중심의 '사대주의 역사관'은 물론 일제의 왜곡된 '식민사관(植民史觀)'[755]에서 벗어나 한국 근대사학의 기초를 확립했다.

단재는 1880년 대전광역시에서 신광식(申光植)과 밀양박씨 사이의 두 아들 중 차남으로 태어났다. 본관은 고령, 범옹(泛翁) 신숙주(申叔舟)의 후손이다. 8세에 한시를 지었고, 14세에 〈사서삼경(四書三經)〉을 마친 신동이었다. 1897년 성균관에 들어가 1905년에 성균관 박사가 되었으나, 출셋길을 내던지고 재야의 길을 걸었다.

을사늑약이 체결된 1905년부터 〈황성신문〉 논설기자, 〈대한매일신보〉 주필로 활동하며 〈이태리건국삼걸전〉을 번역 출간한 후 한국 역사의 3걸(三傑)로 〈을지문덕, 최영, 이순신의 전기〉를 집필하여 민족적

---

754) 민족사관(民族史觀) : 일제강점기 식민사학에 대항하여 민족의 우수성과 한국사의 주체적 발전을 강조한 역사학. 한국인의 전통적인 정신세계를 강조하여 낭(신채호), 혼(박은식), 얼(정인보), 조선심(문일평), 조선정신(최남선)을 부각시켜 우리 역사의 원동력을 중시하였다. 이러한 민족주의사관은 손진태(孫晉泰)의 신민족주의사관으로 발전되었다. 신채호는 '아(我)와 비아(非我)의 투쟁'이라는 논지를 제기하여 역사의 새로운 방법론을 모색하였으며, 박은식은 '나라는 형(形)이고 역사는 신(神)'이라 하여 소위 혼백사상(魂魄思想)을 내놓았다.
755) 식민사관(植民史觀) : 일제가 한국 침략과 식민 지배의 학문적 기반을 확고히 하기 위해 조작해 낸 역사관. 한민족을 역사적으로 다른 나라에 지배되어 왔고 자립 능력이 없는 정체된 민족으로 부각시켜 일본의 한국 병탄을 정당화하였다.

위기를 타개할 영웅의 출현을 대망하는 '영웅사관(英雄史觀)'[756]을 폈다.

단재는 경술국치(1910년)로 나라를 빼앗기자 30세에 〈동사강목(東史綱目)〉[757]을 몸에 지니고 압록강을 건너 중국으로 망명하였다. 1914년 만주와 백두산 일대 부여, 고구려, 발해 유적지 등 한민족의 고대 활동무대를 답사했다.

1919년에 상해임시정부 수립에 참여하였으나, 곧 탈퇴하여 베이징으로 근거지를 옮겨 고궁도서관의 비장도서(秘藏圖書)를 섭렵하고, 만몽지방(滿蒙地方)의 고적(古蹟)을 답사하며 우리 고대사의 새로운 체계화를 시도했다.

1923년에 의열단의 독립운동 이념과 방략을 제시한 〈조선혁명선언(朝鮮革命宣言)〉[758]을 썼다. 1927년에 신간회와 무정부주의 동방동맹에 가입한 이후 자강론→민족주의→아나키즘으로 이어지는 사상의 변천 과정을 보여줬다. 단재는 1928년 5월 독립운동자금 조달차 대만 기륭항(基隆港)에 갔다가 체포되어 징역 10년형을 선고받고 여순 감옥에 복역 중 1936년 2월 뇌일혈로 순국했다.

---

756) 영웅사관(英雄史觀) : 역사가 몇 명의 위대한 영웅들의 행적에 의해 크게 설명될 수 있다고 생각하는 사관이다.

757) 《동사강목(東史綱目)》 : 조선 영조 때 안정복이 지은 역사책. 단군조선에서부터 고려 말에 이르기까지의 역사를 주희의 《통감강목》을 참고로 하여 편년체로 기록하였다. 정조 2년(1778)에 완성되었다.

758) 〈조선혁명선언(朝鮮革命宣言)〉 : 의열단은 1919년 11월 만주 길림성(吉林省)에서 김원봉(金元鳳) 등 한국독립운동자 13명으로 조직된 독립운동단체로서 암살·파괴·폭동 등 폭력을 중요한 운동방략으로 채택하였다.
그들은 파괴의 다섯 가지 대상으로 조선총독부·동양척식회사·매일신보사·각 경찰서 및 기타 왜적의 중요 기관으로 정해 '오파괴(五破壞)'라 하였다.
암살의 일곱 가지 대상으로 조선총독과 고관, 일본군부수뇌·대만총독·매국노·친일파 거두·적탐(敵探, 밀정) 및 반민족적 토호열신(土豪劣紳) 등을 열거, '칠가살(七可殺)'이라 하였다.

단재는 지인들에게 "생전에 광복을 못 볼진대 왜놈들의 발끝에 차이지 않게 유골을 화장해 바다에 띄워달라."고 말했다고 한다. 저서로 〈조선상고사(朝鮮上古史)〉[759] 〈조선사연구초(朝鮮史研究草)〉[760] 〈독사신론(讀史新論)〉[761] 등이 있다. 1962년 건국훈장 대통령장이 추서되었다.

단재는 우리의 고대사를 단순한 신화가 아니라 체계적인 사실로 정리했다. 고조선과 부여, 고구려를 우리 역사의 중심으로 보았으며, 우리 역사의 무대를 한반도에서 중국의 동북지역과 요서지역까지 확대했다. 그러나 신라의 삼국통일을 부정적으로 과소평가하는 등의 역사 서술을 하여 객관성을 잃었다는 비판도 받고 있다.

일제 침략에 필봉(筆鋒)으로 맞서며 우리 근대사학의 기초를 확립한 단재 선생을 경모하는 필자의 자작 한시를 소개한다.

---

[759] 《조선상고사(朝鮮上古史)》: 신채호가 지은 사서(史書). 1931년에 〈조선일보〉에 연재하였던 내용을 11편으로 나누어 엮었다. 1948년에 간행되었다.
단재는 이 책에서 종래의 한국사의 인식체계를 거부하고 새로운 인식체계를 수립하였다. 종래의 단군·기자·위만·삼국으로의 계승되는 인식체계를 거부하고 대단군조선·고조선·부여·고구려 중심의 역사인식 체계를 수립하였다.
[760] 《조선사연구초(朝鮮史研究草)》: 신채호의 논문 여섯 편을 엮은 책. 주로 한국 고대사에 관련된 것으로, 신채호가 〈동아일보〉에 연재한 글을 1929년에 조선 도서주식회사에서 간행하였다.
[761] 《독사신론(讀史新論)》: 신채호가 1908년 8월부터 2차에 걸쳐 〈대한매일신보〉에 연재한 미완성 논설. 한국 민족은 부여족·선비족·지나족·말갈족·여진족·토족 등 여섯 종족으로 이루어져 있는데, 이 가운데 단군 자손인 부여족이 다른 다섯 종족을 정복하고 흡수함으로써 동국(東國) 역사의 주류가 되었다고 보았다.

風前燈火顯神童(풍전등화현신동) 나라가 기울어가는 구한말에 나타난 신동이었고
捨舊圖新在野雄(사구도신재야웅) 성리학을 탈피 근대사상 정립한 재야의 영웅 되었네
三傑戡難團結更(삼걸감난단결경) 세 영웅의 전기를 써 (한민족) 단결을 개선했고
一心抱願復權衷(일심포원복권충) 한마음으로 국권회복 소원에 정성을 쏟았네
植民打破文章力(식민타파문장력) 식민 타파를 위해 뛰어난 문장으로 힘을 썼고
事大除根竹帛功(사대제근죽백공) 사대주의 뿌리 제거하는 민족사관 공을 세웠네
死也古園生死劇(사야고원생사극) 죽어서 고국에 돌아오니 생사(인간세상)가 비극이고
哀哀苦節萬秋崇(애애고절만추숭) 슬프구나! 변하지 않은 굳은 절개 만세토록 존숭받네

----

* 舍舊圖新(사구도신) : 옛것을 버리고 새것을 구함
* 三傑(삼걸) : 을지문덕, 최영, 이순신 장군
* 戡難(감난) : 국난을 극복함
* 更(경) : 1. (고칠 경) 개선하다. 변경되다 2. (다시 갱) 다시. 더욱
* 衷(충) : 1. 정성 2. 속마음 3. 가운데
* 抱願(포원) : '소원'의 방언(경북)
* 竹帛(죽백) : 서적. 특히 '역사'를 기록한 책
* 苦節(고절) : 어려운 지경에 빠져도 변하지 아니하고 끝까지 지켜나가는 굳은 절개

92

'청산리대첩'의 영웅, 백야(白冶) 김좌진(金佐鎭)

　육군사관학교가 교내에 설치된 홍범도(洪範圖)[762] 장군 흉상을 외부로 이전하는 방침에 대해 찬반 논쟁이 격렬하다. 100년 전(1920년 6월) 만주에서 홍범도 장군의 대한독립군이 일본군 1개 대대를 무찌른 '봉오동전투(鳳梧洞戰鬪)'[763]는 일제강점기 시절 독립전쟁 사상 첫 승리를 거둔 전투였다.

　넉 달 뒤인 1920년 10월 21~26일, 김좌진(金佐鎭, 1889~1930) 장군은 홍범도 장군 등과 화룡현 청산리(靑山里) 80리 계곡 백운평·천수평·완루구 등지에서 일본군 5천여 명을 맞아 10여 차례에 걸친 전투에서 한국 무장 독립전쟁 사상 가장 빛나는 '청산리대첩(靑山里大捷)'을 이끌었다.

　일본군은 약 1,200명이 전사하고 200명이 부상했지만, 독립군

---

762) 홍범도(洪範圖, 1868~1943) : 독립운동가. 1907년에 함경북도 북청 후치령에서 의병을 일으켜 여러 차례의 항일전에서 적군을 격파하였다. 만주로 건너가 청산리대첩에 참여하였으며, 대한독립군단을 조직하여 부총재가 되었다. 1921년에 시베리아로 옮겨 고려혁명군관학교를 설립하였다.
763) 봉오동전투(鳳梧洞戰鬪) : 1920년 6월에 만주 봉오동에서 홍범도가 이끄는 대한독립군이 일본군 제19사단을 크게 무찌른 싸움. 일본군 157명 사살, 300여 명 부상.

은 60명의 전사자와 90명의 부상자만 발생하였다. 김일성이 역사적인 항일 승리 전투라고 선전하는 '보천보전투(普天堡戰鬪, 1937년)'[764]와는 차원이 다른 대승이었다.

김좌진은 1889년 충남 홍성에서 김형규(金衡圭)와 한산이씨 사이의 둘째 아들로 태어났다. 본관은 안동, 자는 명여(明汝), 호는 백야(白冶)이다. 명문대가 집안 출신으로, 15세 때 가노(家奴)를 해방할 정도로 진취적인 개화사상이 강하였다. 어릴 적에 한학을 수학한 후 16세에 상경하여 17세에 육군무관학교에 입학, 19세에 졸업하고 대한제국 육군 장교로 임관했다.

대한제국 군대가 일본에 의해 강제 해산된 후 귀향해서 호명학교(湖明學校)를 세우고, 대한협회 홍성지부를 조직하는 등 계몽운동에 적극 나섰다. 대한제국이 멸망한 후 북간도에 독립군 양성학교를 설립하기 위한 군자금 모금활동에 나섰다가 체포되어 2년 6개월간 옥고를 치르고 1913년에 출옥하였다.

1915년 대한광복회에 가입했고, 1918년 만주로 망명하여 대종교(大倧敎)에 입교하였다. 그해 11월 만주에서 독립운동가 38명과 함께 〈대한독립선언서(大韓獨立宣言書)〉[765]를 발표하였다. 1919

---

764) 보천보전투(普天堡戰鬪) : 1937년 6월 4일 김일성이 이끄는 항일 유격대가 함경남도 갑산군 보천면 보천보를 습격하였다는 사건.

765) 〈대한독립선언서(大韓獨立宣言書)〉 : 1918년 음력 11월 중국 동북부 길림성에서 만주와 러시아 지역의 항일 독립운동지도자 39명이 제1차 세계대전 종전에 맞춰 조국독립을 요구한 선언에서 발표된 독립선언서이다. 이는 1918년 무오년(戊午年)에 선포되었다고 해서 〈무오독립선언서〉라고도 불린다.

년 3.1운동 직후에는 대한정의단(大韓正義團)[766]을 대한민국임시정부 휘하의 북로군정서(北路軍政署)[767]로 개편한 뒤, 총사령관이 되어 1,600명 규모의 독립군을 훈련시켰다.

봉오동과 청산리에서 치욕적인 패배를 당한 일본군은 1921년 4월까지 '간도지방 불령선인(不逞鮮人) 초토화계획'이란 이름의 독립군 근거지 소탕작전에 나섰다. 일본군은 한인 3,700여 명을 살육하고, 한인촌 가옥 3,500여 채 등을 초토화한 '간도참변(間島慘變)'[768]의 만행을 저질렀다.

한국 독립운동의 흑역사인 '자유시사변(自由市事變)'[769]은 한국 독립군을 러시아 적군 산하로 편입시키는 과정에서 벌어진 내분이었다. 1921년 6월 28일, 적군과 그들 편에 선 한국인 공산주의자 집단이 자유시 외곽에서 한국 독립군을 포위 공격하여 독립군 1,700여 명이 죽거나 포로가 되어 강제 노역형에 처해졌다. 홍범도는 자유시사변 3개월 전 이미 무장해제를 주도한 적군의 한인 여단 제1

---

766) 대한정의단(大韓正義團) : 1919년 만주에서 조직되었던 독립운동단체. 3.1운동 직후 서일(徐一)·계화(桂和)·채오(蔡五) 등이 중광단(重光團)의 토대 위에 적극적인 항일무력 투쟁을 전개하기 위하여 동북만주의 대종교도(大倧敎徒)를 규합하여 조직하였다.
767) 북로군정서(北路軍政署) : 1919년 만주 지린성(吉林省)에서 서일(徐一), 김좌진을 중심으로 조직한 무장 독립운동 단체. 1920년 10월 청산리 전투에서 일본군을 크게 무찔렀다.
768) 간도참변(間島慘變) : 1920년 10월부터 3~4개월간 간도에서 한인(韓人)들이 일본군에 의하여 무차별 학살을 당한 사건.
769) 자유시사변(自由市事變) : 1921년 대한독립군단과 이르쿠츠크파 공산당이 시베리아 지역에서의 주도권을 둘러싸고 벌인 싸움. 대한독립군단이 이르쿠츠크파 공산당과 러시아 동맹군에게 무장 해제를 당하였으며, 이 과정에서 많은 한국인 사상자가 생겼다.

대대장으로 임명되었다. 이 역사적 사실이 '홍범도 흉상 이전'의 실마리가 된 것이다.

자유시사변으로 간도와 연해주의 독립군은 사실상 궤멸하였다. 자유시로 들어가려던 백야는 러시아 적군의 무장해제 요구를 거부하고 이범석(李範奭)[770] 등과 만주로 돌아가 '신민부(新民府)'[771] 설립에 참여했다. 이 와중에 백야의 독립군 부대는 마을 주민에게 군자금을 반강제적으로 징수했고, 징병제·둔전제를 시행하면서 민심이 크게 돌아섰다.

1930년 1월 24일. 백야는 산시역(山市驛) 부근 정미소에서 공산당원 박상실의 흉탄을 맞아 "할 일이…할 일이 너무도 많은 이때에 내가 죽어야 하다니…그게 한스러워서…".라는 말을 남기고 향년 42세로 순국하였다. 1962년 건국훈장 대한민국장이 추서(追敍)되었다. 아들 김두한과 손녀 김을동이 대한민국 국회의원을 역임하였다.

항일 독립전쟁 사상 가장 빛나는 승전으로 한민족에게 독립의 희망을 안겨준 백야 장군을 경모하는 필자의 자작 한시를 소개한다.

---

770) 이범석(李範奭, 1900~1972) : 독립운동가·정치가. 호는 철기(鐵驥). 1915년 중국으로 망명. 1920년 만주 청산리전투에 김좌진을 도와 중대장으로 큰 승리를 거두었다. 광복 후 귀국하여 초대 국무총리 겸 국방장관, 국토통일원고문, 자유당 부당수 등을 역임하였다.

771) 신민부(新民府) : 북만주지역에서 결성된 항일독립운동 단체.초기 명칭은 한족연합회였다. 1925년 3월 대한독립군단, 대한독립군정서를 주축으로 한 북만주지역의 독립운동단체들이 효과적인 항일투쟁을 위하여 통합을 추진, 결성된 단체이다. 북만주의 닝안현(寧安縣)에서 결성되었으며, 북만주지역 단체는 물론 국내 단체도 참가했다.

危邦憂客轉憂思(위방우객전우사) 위태로운 나라 애국지사가 더욱 더 나라 걱정하고
槿域三千海賊馳(근역삼천해적치) 무궁화 삼천리 강토 (국권 강탈한) 해적이 차지했네
月下磨刀常勝礎(월하마도상승초) 달 아래에서 칼을 갈아 상승의 주춧돌을 놓고
嶺上秣馬出兵基(영상말마출병기) 재 위에서 말을 먹여 출병의 기초를 닦았네
靑山大捷遺民悅(청산대첩유민열) 청산리대첩 승리하자 망한 나라 백성은 기뻐했고
自由風波獨立萎(자유풍파독립위) 자유시참변 무장해제로 독립군 활동은 쇠미했네
不惑散花讐未報(불혹산화수미보) 나라의 원수를 되갚지 못하고 40세에 순국했으나
驚天動地萬人追(경천동지만인추) 세상을 놀라게 한 대첩 모든 국민 추모하네

————————————————

* 轉(전) : 1. 더욱 더 1. 구르다 3. 옮기다 4. 넘어지다
* 槿域三千(근역삼천) : 무궁화 삼천리 강토
* 秣馬(말마) : 말먹이다
* 自由風波(자유풍파) : 자유시참변
* 萎(위) : 시들다, 쇠미하다
* 散花(산화) : 어떤 대상이나 목적을 위하여 목숨을 바침
* 驚天動地(경천동지) : 세상을 몹시 놀라게 함

93

'한국학'과 상고사 복원의 대부 최태영(崔泰永)

　백암(白巖) 박은식(朴殷植)[772] 선생은 〈한국통사(韓國痛史)〉[773]에서 "옛사람들이 이르기를 나라는 멸할 수 있으나, 역사는 멸할 수 없다고 했다. 대개 나라는 형체와 같고, 역사는 정신과 같은 것이기 때문이다."라고 갈파했다. 우리나라는 일제로부터 광복 후 나라와 민족은 회복했지만, 역사는 완전히 되찾지 못했다.

　중국과 일본은 없는 역사도 조작하여 자국의 역사로 만들고 있는데, 우리의 주류 역사학계는 '있는 역사도 없다'라고 하는 '식민사관'의 맥을 광복 후부터 오늘까지 이어오고 있다. 식민사관을 극복하고, 한국사를 바로 세워야 중국 일본의 역사왜곡에 대응할 수 있다.

---

772) 박은식(朴殷植, 1859~1925) : 독립운동가. 자는 성칠(聖七). 호는 백암(白巖). 상하이(上海)에서 ≪독립신문≫, ≪한족회보≫, ≪사민보(四民報)≫ 등의 주필로 독립사상을 고취하였다. 저서에 ≪한국통사≫, ≪한국독립운동지혈사≫ 등이 있다.

773) ≪한국통사(韓國痛史)≫ : 일제의 한국 점령으로 주권을 상실하자 민족주의 사학자 박은식이 조국의 주권을 상실한 슬픈 역사를 적은 한국 최근세 정치사 책. 한일관계를 중심으로 한국의 대외정책과 일제의 한국 병탄 경위, 탄압 내용 등 1864년 고종 즉위로부터 1911년 105인 사건 발생까지 47년간의 민족의 수난사를 담은 한문으로 쓴 역사서이다. 우리나라의 근대사를 최초로 종합적으로 서술한 것으로 의미가 있다.

과거의 역사를 바르게 기억하지 못하는 민족에게는 미래가 없는 법이다. 상고사를 연구하는 것은 우리의 '시원(始原)'을 연구하는 것이다. 각자도생(各自圖生)의 냉엄한 세계와 지정학 구도 속에서 통일한국 시대에 대비하기 위해서는 국가적·민족적 정체성을 바로 세워야 한다.

우리의 중·고등학교 교과서는 단군왕검의 실재(實在)를 모호하게 서술하고, 단군조선 2,000여 년의 역사를 공백으로 비워두고 있다. 하루빨리 왜곡된 우리 상고사와 단군조선에 대한 정체성을 올바르게 확립하도록 〈국사〉를 바로 잡아야 한다.

조선을 강점한 일본이 '조선사편수회'를 만들어 16년간(1922~1938년) 활동했는데, '조선사'의 뿌리를 없애는 것이 주목적이었다. 일제는 조선 전역과 만주의 역사 자료를 모두 거둬들여 불태워 버렸다. 그 이후의 한국사는 상고사와 단군 관련 사료들이 완전히 고갈되고 〈삼국사기〉〈삼국유사〉 정도만 남게 되었다. 식민사관의 3대 원칙은 한민족의 역사는 '최대한 짧고(기간), 좁고(영토), 비루하게(내용)' 기록한다는 것이었다.

최태영(崔泰永, 1900~2005)은 한국 법학계의 태두이자 우리 '상고사' 복원에 큰 발자취를 남긴 대부이다. 단군의 '고조선 개국'에서 우리 역사의 출발점을 삼고 있으며, 위당(爲堂) 정인보(鄭寅普)[774]와 학문적인 궤를 같이한다.

---

774) 정인보(鄭寅普, 1893~1950) : 학자. 아명은 경업(經業). 자는 경시(經施). 호는 위당(爲堂). 상하이(上海)에서 박은식, 신채호와 함께 동제사(同濟社)를 조직하여 동포 계몽에 힘썼으며, 〈동아일보〉 논설위원으로 일본 총독부의 정책을 비판하였다. 저서에 ≪조선사연구≫, ≪담원시조≫, ≪담원문록≫ 등이 있다.

1900년에 황해도 은율군 장련의 천석꾼 집안에서 태어났다. 호가 없어서 '무호(無號)' 선생이라고 불리었다. 7세에 국채보상 의연금 모집대회에서 강연자로 나섰고, 경신학교에서 장지영(張志暎)[775]으로부터 역사를 배웠다. 1919년 3.1운동에 참여했다가 체포되어 3개월간 옥고를 치른 뒤 도일하여 일본 메이지대학에서 영미법철학을 전공하였다.

최태영은 1924년부터 보성전문, 부산대학, 서울법대 등에서 헌법, 민법, 상법 등을 강의하며 우리나라 근대 법학의 태동기를 이끌었으며, 해방 이후에는 1947년에 서울대학교 법과대학장이 되었다.

77세의 노학자가 은퇴 후 고대사 연구에 뛰어들게 된 계기는 식민사관의 역사 날조 탈바가지를 깨기 위해서였다. 최태영은 자신의 자서전이라 할 수 있는 〈나의 근대사 회고〉에서 역사 입문에 대한 소감을 밝혔다.

"내가 직접 역사 연구에 나선 것은 우리 역사학자들(정인보, 신채호, 안재홍, 손진태, 최동, 장도빈)이 몽땅 북으로 잡혀가고 죽었는데 강단에서는 광복 이후에도 우리 역사를 일본이 만든 그대로 가르친다는 것을 알고 크게 놀라 그렇다면 나라도 해야 하지 않겠나 한 것뿐이다."

그는 이 책에서 "우리도 《환단고기》를 연구하지 않으면 안 된

---

[775] 장지영(張志暎, 1887~1976) : 국어학자. 호는 열운(洌雲). 주시경 문하에서 국어학을 연구하고 조선어학회사건으로 옥고를 치렀으며, 광복 후에 연세대 교수를 지냈다. 저서에 《이두 사전》이 있다.

다."고 주장했다.

1989년. 최태영은 두계(斗溪) 이병도[776]를 3년 동안 설득한 끝에 조선총독부가 한국 상고사를 '신화'로 만들어 버린 단군조선의 역사가 '실재한 역사'라는 사실을 밝힌 〈한국상고사입문(韓國上古史入門)〉[777]을 공동 출간했다.

"조선족은 B.C. 3,000년쯤에 환국(桓國)으로부터 태백산에 이르러 북만주 송화강 연안지대에 정착하여 원주민의 일부와 융합하면서 그곳을 근거지로 하여 발전하였다. 환웅(桓雄)까지의 오랫동안 신시(神市)[778]시대를 거쳐서 단군이 조선이란 나라를 세우고 민족적 동방이동을 개시하였는데…"〈위의 책 18쪽〉

최민자 성신여자대학교 교수는 "잃은 역사를 찾아내는 일이야말로 통일의 첩경이다."라는 스승 최태영의 유지를 받들어 최근 〈한국학 코드〉를 발간하여 한국학에 대한 심도 있는 화두(話頭)를 던지고 있다. 105세를 일기로 타계할 때까지 한국 상고사 복원을 위해 사력을 다했으며, 20세기 한국 지성사에서 중요한 역할을 한 무호 선생을 경모하는 필자의 자작 한시를 소개한다.

---

776) 이병도(李丙燾, 1896~1989) : 사학자. 호는 두계(斗溪/杜桂). 문헌적·비판적 합리성을 전제로 한 고증사학 및 실증주의 사관을 도입·개척하였다. 1934년에 진단학회를 창설하여 그 대표가 되었으며, 근대 한국사학의 수립에 공을 세웠지만, 일제강점기 당시 조선사편수회에서 근무한 행적으로 친일인명사전에 등재되었다. 저서에 ≪조선사 대관≫, ≪한국 고대사회와 그 문화≫, 수필집 ≪두계잡필≫ 등이 있다.
777) 《한국상고상입문(韓國上古史入門)》: 이병도가 일제강점기 일제 식민사학자들로부터 전수받아 해방 후 한국사로 만든 일제 조선총독부 역사관을 완전히 뒤집는 파격적인 내용이다. 최태영의 진심 어린 설득에 마음을 돌린 일제 식민사학과 한국 역사학계의 태두 이병도는 1986년 조선일보에 '단군은 신화가 아닌 우리 국조'라는 양심선언 기고문을 발표했고, 1989년 최태영과 함께 해방 후 주류 역사학계에서 간행된 수많은 논문과 책 중에서 최고의 명저인 〈한국상고사 입문〉을 출판했다.
778) 신시(神市) : 고조선 건국 이전의 도읍지.

邦如形體史精神(방여형체사정신)	나라는 형체와 같고, 역사는 정신과 같은 것인데
中日虛張我不伸(중일허장아불신)	중·일은 역사를 날조했으나, 한국은 그러하지 않았네
發憤入門開闢闡(발분입문개벽천)	(퇴임 후) 분발하여 역사에 입문, 개벽을 열었고
忘年講學始原新(망년강학시원신)	나이를 잊고 강학에 나서 민족 시원 새롭게 했네
滿朝桓祖虛無像(만조환조허무상)	주류사학은 환웅을 신화상 인물로 비정했지만
在野檀君實在人(재야단군실재인)	재야사학은 단군왕검을 실재인물로 규정했네
斗老低頭同意說(두노저두동의설)	이병도는 최태영의 학설에 동의해 머리를 숙였고
共編不朽一靑晨(공편불후일청신)	불후의 공저(상고사)는 오로지 푸른 새벽을 밝히네

----

* 虛張(허장) : 허장성세(虛張聲勢). 실속은 없으면서 큰소리치거나 허세를 부림
* 發憤(발분) : 마음과 힘을 다하여 떨쳐 일어남
* 始原(시원) : 민족의 처음
* 滿朝(만조) : 1. 온 조정 2. 조정의 모든 벼슬아치
* 桓祖(환조) : 환웅
* 斗老(두노) : 두계(斗溪) 이병도
* 低頭(저두) : 머리를 낮게 숙임

94

전통 한과 정서를 승화시킨 민족시인 김소월(金素月)

　세계적이려면 가장 민족적이어야 한다. 어느 나라나 그 나라를 대표하는 '민족적 정서'가 있는데, 우리의 경우에는 잦은 외침(外侵)과 혼란한 국정(國政)으로 시련을 겪는 과정에서 형성된 우리 민족의 전통적 정한(情恨)을 의미한다.
　한민족의 고유 정서로는 '한(恨)'과 '흥(興)'을 꼽을 수 있다. 백제 가요 〈정읍사(井邑詞)〉[779], 고려 가요 〈가시리〉[780], 조선 판소리계 소설 〈춘향전(春香傳)〉[781]에는 떠난 임에 대해 원망하지 않고 참고 기다리는 한의 정서가 있다.

　대한민국을 대표하는 민족시인으로는 한민족의 전통적인 한(恨)

---

779) 〈정읍사(井邑詞)〉: 백제 때의 가요. 행상을 나가 늦도록 돌아오지 않는 남편을 걱정하는 아내의 심정을 노래한 것으로, 가사가 전하는 유일한 백제 가요이며, 한글로 기록되어 전하는 가요 가운데 가장 오래된 것이다. ≪악학궤범≫에 실려 있다.
780) 〈가시리〉: 고려시대의 속요. 이별의 정한(情恨)을 노래한 것으로, 전체 네 연으로 구성되어 있으며, ≪악장가사≫에 실려 있다. 작가와 연대는 알 수 없다.
781) 〈춘향전(春香傳)〉: 조선시대의 판소리계 소설. 주인공 성춘향과 이몽룡의 사랑 이야기를 중심으로, 당시 사회적 특권 계급의 횡포를 고발하고 춘향의 정절을 찬양하면서, 천민의 신분 상승 욕구도 나타내었다. 작가와 연대는 알 수 없다.

의 정서를 민요적 율격으로 노래한 김소월(金素月, 1902~1934)이 단연 선두에 꼽힌다. 그는 '조국 상실의 시대'에 인간성 회복을 오롯이 호소했고, 〈진달래꽃〉이나 〈먼 후일〉 등에서 '이별의 정한'을 자신만의 문채와 목소리로 담담하게 노래했다.

소월의 시는 심오했지만, 삶은 기구했다. 그의 기구함은 사후에도 마찬가지다. 우리 민족 최고의 사랑시로 '애이불비(哀而不悲)'[782]를 노래한 〈진달래꽃〉의 시인이지만, 그를 기리는 문학관 하나가 없다. 더군다나 "영변에 약산 진달래꽃 아름 따다 가실 길에 뿌리우리다"의 고장은 대를 이은 김일성-김정일-김정은 독재자에 의해 핵기지로 유린되고 있다.

소월은 1902년 평북 구성에서 김성도(金性燾)와 장경숙(張景淑) 사이에서 태어났다. 본관은 공주, 본명은 정식(廷湜)이다. 2세 때 아버지가 정주와 곽산 사이의 철도를 부설하던 일본인들에게 폭행을 당하여 정신병을 앓게 되어, 광산업을 하던 조부의 가르침을 받으며 성장하였다.

소월은 민족학교인 오산학교(五山學校)[783]에 입학하면서 안서(岸曙) 김억(金億)[784]을 스승으로 모시고 시작(詩作)을 배웠으며, 민족의 사

---

782) 애이불비(哀而不悲) ; 슬프지만 겉으로는 슬픔을 나타내지 아니함
783) 오산학교(五山學校) : 1907년에 이승훈이 평안북도 정주에 세운 학교. 민족정신을 고취하고 독립운동의 인재를 양성하기 위하여 설립하였으며, 광복 후 서울의 오산 중·고등학교가 되었다.
784) 김억(金億, 1896~?) : 시인. 본명은 희권(熙權). 호는 안서(岸曙). ≪창조≫, ≪폐허≫의 동인으로 활약하였고, 상징주의 시를 번역·소개하여 한국 신시(新詩)의 선구자적 역할을 하였다. 번역 시집에 ≪오뇌의 무도≫, 시집에 ≪해파리의 노래≫ 등이 있다.

표인 고당(古堂) 조만식(曺晩植)[785] 교장 선생의 가르침을 받으며 민족의식을 형성했다.

15세(1916)에 조부 친구의 딸인 홍단실과 결혼하였고, 18세에 문예지〈창조(創造)〉[786]에 '낭인(浪人)의 봄' 등 5편의 시를 발표하며 등단했다. 오산학교가 3.1운동 직후 한때 폐교되자 배재학당에 편입, 졸업하였다(1923년). 이후 일본 도쿄상과대학에 입학했으나, 1923년 9월 관동대지진(関東大地震)으로 귀국길에 올랐다.

소월의 시작 활동은 1925년 시집〈진달래꽃〉을 내고, 1925년 5월〈개벽(開闢)〉[787]에 시론 '시혼(詩魂)'을 발표함으로써 절정에 이르렀다. 이 시집에는 126편의 작품이 수록되었고, 한국 시단의 이정표 구실을 한다.

7·5조의 정형률과 3음보의 율격을 많이 써서 한국의 전통적인 정한(情恨)을 노래한 소월은 생에 대한 깨달음과 사랑의 원리를 표출하였다. 향토적 소재와 설화적 내용을 민요적 기법으로 표현함으로써 민족적 정감을 눈뜨게 하였다. 후기 시에서는 삶의 고뇌를 노래하는 현실 인식과 민족주의적인 색채가 강하게 부각되어 있다.

---

[785] 조만식(曺晩植, 1882~?) : 독립운동가. 정치가. 호는 고당(古堂). 3.1 운동에 참가하였고, 1922년에 조선물산장려회를 조직하여 국산품애용운동을 펼치는 등 민족운동 및 기독교계의 중진으로 항일운동을 지속적으로 전개하였다. 8.15 광복 후에는 평양에서 조선민주당을 조직하여 민족통일운동에 힘썼다.

[786] 〈창조(創造)〉: 1919년 일본 동경에서 김동인, 주요한, 전영택 등이 창간한 우리나라 최초의 문예 동인 잡지. 문예잡지.

[787] 〈개벽(開闢)〉: 1920년에 김기진, 박영희 등이 참여한 최초의 월간 종합지. 천도교 기관지로 초기 신경향파 문학이 성장하는 터전이 되었으며, 1949년 3월까지 통권 81호를 발간하였다.

김동인(金東仁)[788]은 〈내가 본 시인 김소월 군을 논함〉이라는 조선일보 칼럼에서 다음과 같이 소월을 극찬했다. "그(소월)가 조선말을 다루는 솜씨가 '마치 자기가 조선말을 발명한 듯이' 자유자재이고, 조선 사람의 감정을 알고 시로 표현한 것이 처음이다."

1934년 12월. 소월은 동아일보 지국을 운영하다 실패하고, 극도의 빈곤에 의한 심한 염세증으로 술과 아편(심한 관절염을 앓고 있어서 통증 완화를 위해 아편을 먹었는데, 아편 과다 복용의 후유증으로 사망)에 의지하다 뇌일혈로 세상을 떠났다. 아내에게 죽기 이틀 전 "여보, 세상은 참 살기 힘든 것 같구려!" 라면서 우울해했다고 전해진다. 소월은 불과 5, 6년 남짓한 짧은 문단 생활 동안 154편의 시를 남겼다. 한국 가곡의 20%가 소월의 시에 곡을 붙인 것이다. 1981년 예술 분야에서 대한민국 최고인 문화훈장금관(金冠文化勳章)[789]이 추서되었다.

암울했던 일제 강점 시절, 32세의 짧은 생을 불꽃같이 살다 간 위대한 천재시인. "시야말로 리듬의 직조이자 노래의 적자(嫡子)"라고 말한 소월 선생을 경모하는 필자의 자작 한시를 소개한다.

---

788) 김동인(金東仁, 1900~1951) : 소설가. 호는 금동(琴童). 1919년에 우리나라 최초의 순수 문예 동인지 ≪창조≫를 발간하였고, 사실주의적 수법과 문장의 혁신을 보여주었다. 작품에 단편 〈약한 자의 슬픔〉, 〈배따라기〉, 〈감자〉, 장편 〈운현궁의 봄〉 등이 있다.
789) 문화훈장(文化勳章) : 문화ㆍ예술 발전에 공헌해 문화향상과 국가발전에 기여한 자에게 수여하는 훈장으로 5등급으로 한다. 1등급은 금관(金冠)문화훈장, 2등급은 은관(銀冠)문화훈장, 3등급은 보관(寶冠)문화훈장, 4등급은 옥관(玉冠)문화훈장, 5등급은 화관(花冠)문화훈장이라 한다.

寧邊滿發藥山花(영변만발약산화)	영변의 약산에 흐드러지게 만발한 진달래꽃
歲歲年年追慕加(세세년년추모가)	해마다 (소월을) 추모하는 마음 더하네
岸曙敎鞭靈感動(안서교편영감동)	김억을 스승으로 삼아 시 짓기를 배웠고
古堂門下知性葩(고당문하지성파)	조만식의 문하에서 민족 지성을 꽃피웠네
四三克服歌謠調(사삼극복가요조)	4·3조의 어려움을 극복하고 민요조를 확립했고
七五傳承律格誇(칠오전승율격과)	7·5조의 정형률을 이어받아 율격을 뽐내었네
而立平生吾道險(이립평생오도험)	삼십 평생 예술의 도를 이루기 험난했지만
嗚呼進達每春華(오호진달매춘화)	아! 진달래꽃은 매년 봄이 오면 피는구나

----

* 藥山花(약산화) : 진달래꽃
* 岸曙(안서) : 김억(金億)의 호
* 古堂(고당) : 조만식(曺晩植)의 호
* 葩(파) : 꽃 피다
* 而立(이립) : 30세. 학문의 기초가 확립.《논어》〈위정편(爲政篇)〉
* 吾道(오도) : 유교(儒敎)를 닦는 사람들이 말하는 유교의 도(道). 김소월의 시작(詩作)의 길, 문학의 도
* 進達(진달) : 진달래꽃

95

개천절에 생각하는 '광야'의 이육사(李陸史)

"까마득한 날에 / 하늘이 처음 열리고 / 어데 닭 우는 소리 들렸으랴…
다시 천고(千古)의 뒤에 / 백마(白馬) 타고 오는 초인(超人)이 있어 / 이 광야(曠野)에서 목 놓아 부르게 하리라."

지사적·예언자적 어조로 조국 광복에 대한 염원을 노래한 민족시의 정화(精華)인 이육사(李陸史, 1904~1944)의 〈광야(曠野)〉이다. 투철한 역사의식이 투영된 이 시는 국조(國祖) 단군을 생각나게 한다. 10월 3일 개천절은 "하늘이 열린 날"이라는 뜻이며, 우리 민족 최초의 국가인 고조선을 기념하는 날이다.

이육사는 일제 암흑기의 민족시인이자 독립운동가이다. 1904년 경북 안동에서 이가호(李家鎬)와 허길 사이에서 6형제 중 차남으로 태어났는데, 형제들이 모두 문재(文才)가 뛰어났다.
본관은 진성(眞城), 본명은 원록(源祿)·원삼(源三)·활(活), 자는 태경(台卿), 아호는 육사(陸史)[790]이다. 조선의 대표 유학자인 퇴계 이황의 14대손으로, 불의에 굴하지 않는 저항정신과 자기희생의 자세는 전통 유학이 기반이 된 '선비정신'에 그 맥이 닿아 있다고 할 수 있다.

그는 다섯 살부터 조부인 이중직에게 〈소학(小學)〉을 배웠고, 일곱 살 무렵에는 한시(漢詩)를 지었다. 15세에 '흉중 오천 권'으로 표현할 정도로 고전을 통달한 것이 후일 그의 문장을 탄탄하게 했다.
17세에 대구로 이사하여 교남학교에서 신학문을 배웠고, 이듬해에 영천 부호 안용락의 딸 일양과 혼인하였다. 스무 살 이후 일본 니혼(日本)대학 전문부, 중국 중궈(中國) 대학 상과에 다니면서 동아시아의 문인들과 교류했다.

스물두 살에 형 이원기, 동생 이원유와 함께 의열단에 가입, 북경을 왕래하며 국내정세를 보고하고 군자금을 전달하였다. 그러던 중 1927년 10월 장진홍의 '조선은행 대구지점 폭파사건'에 연좌, 3년 형을 받고 투옥되었다. 이때 그의 수인(囚人) 번호가 264번이어서 호를 육사(陸史)로 하였다.

---

790) 육사(陸史) : 육사는 필명을 여러 개 썼다. 이활(李活), 대구이육사(大邱二六四), 육사(肉瀉·戮史·陸史) 등 다양하다.
이육사라는 필명은 대구형무소에 수감돼 받은 수인번호(264)에서 나왔다. 처음 필명을 '죽을 육(戮)' 자를 써서 육사(戮史)라 썼는데, '일제 역사를 죽이겠다'는 뜻이다. 한학자인 집안 어른이 육사에게 "네 뜻은 가상하지만 그렇게 쓰면 시를 발표하기 전에 잡혀간다. 대신 땅육(陸) 자를 써라."라고 충고했다. 그 뒤로 육사(陸史)를 쓰게 되었다.

26세이던 1930년 초에 첫 시 〈말(馬)〉을 이활(李活)이란 이름으로 조선일보에 발표했다. 1932년 6월. 중국 북경에 가서 노신(魯迅)[791]을 만나게 되어 동양의 정세를 논하였으며, 후일 노신이 사망하자 조선일보에 추도문을 게재하고 그의 작품 〈고향〉을 번역하여 국내에 소개하였다.

1932년 독립운동단체 의열단의 조선혁명군사정치간부학교 1기생으로 입교해 항일독립운동을 했다. 1933년 9월에 귀국하여 시작(詩作)에 전념, 육사란 이름으로 작품을 발표하였다.
1934년부터 언론기관에 종사하면서 시 외에도 한시와 시조, 논문, 평론, 번역, 시나리오 등에 재능을 나타냈다. 1935년 시조 〈춘추삼제(春秋三題)〉와 시 〈실제(失題)〉를 썼으며, 1937년 신석초·윤곤강·김광균 등과 〈자오선(子午線)〉[792]을 발간하였다.

육사의 작품은 시가 40편, 수필이 14편인데 하나같이 주옥같은 글들이다. 그의 시는 식민지하의 민족적 비운을 소재로 삼아 강렬한 저항 의지를 나타내고, 꺼지지 않는 민족정신을 장엄하게 노래한 것이 특징이다. 또 일제의 강압 통치가 극에 달한 시대 상황에

---

791) 노신(魯迅, 1881~1936) : 중국의 작가. 본명은 저우수런(周樹人). 일본에서 유학하여 의학을 배우다가 문학으로 전환하였다. 민중애, 사회악과 인간악의 증오 및 투쟁 정신이 작품 전체에 흐르고 있다. 작품에 〈아큐정전(阿Q正傳)〉, 〈광인 일기〉 등이 있다.
792) 《자오선(子午線)》 : 1937년 11월에 창간된 시 전문 동인지. 편집 겸 발행인은 민태규(閔泰奎)였고, 수록된 작품으로는 시에 오장환의 《황무지》, 이육사의 《노정기》, 서정주의 《입맞춤》, 이성범의 《이상애도》 등 33편과 끝부분에 이성범이 번역한 A.루이스의 《시에 대한 희망》이 실려 있다.

서 가혹하고 철저한 검열을 피하기 위해 고도의 은유와 상징을 구사했다.

윤동주(尹東柱)[793]가 부끄러움과 반성, 기독교적 희생을 주로 다루고 있다면, 이육사는 남성적이면서도 목가적인, 그리고 극한에 서서도 굴하지 않는 의지를 표출하였다고 할 수 있다.

40년이라는 짧은 생이었지만, 강철보다 강인한 육사는 17차례에 걸쳐 옥살이했다. 1944년 1월. 북경 감옥에서 순국했다. 백마 타고 오는 초인의 꿈, 광복을 끝내 보지 못한 채. 시체를 수습할 때 "옷은 피로 낭자하고, 감지 못한 눈을 쓸어내리자 코에서 피가 쏟아졌다."고 했다.

육사는 자신의 삶과 투쟁에 관해 이렇게 이야기했다. "나에게는 행동의 연속만이 있을 따름이오. 행동은 말이 아니고 시를 생각한다는 것도 행동이 되는 까닭이오." 1946년 〈육사시집〉이 발간되었고, 1990년 건국훈장 애국장이 추서되었다. 안동의 이육사 문학관에는 '이육사와인'이 관광객들을 반갑게 맞이하고 있다.

이 민족에게 한없는 용기와 희망을 심어준 육사의 시는 눈물 없이 읽을 수 없다. 광복의 열의와 복국의식(復國意識)으로 꺼지지 않는 민족정신을 노래한 위대하게 불타오른 애국지사의 표상. 육사 선생의 삶을 경모하는 필자의 자작 한시를 소개한다.

---

793) 윤동주(尹東柱, 1917~1945) : 시인. 북간도에서 출생하였으며, 연희전문학교를 거쳐 일본에 유학한 후 1943년에 독립운동의 혐의로 일본 경찰에 검거되어 규슈 후쿠오카 형무소에서 옥사하였다. 광복 후 그의 유고를 모은 시집 〈하늘과 바람과 별과 시〉가 발간되었다.

超人叔季遠村生(초인숙계원촌생) 초인이 쇠퇴한 세상에 안동시 원촌리에서 태어나
淸白其懷烈士行(청백기회열사행) 곧고 깨끗한 그 마음으로 독립열사의 길을 걸었네
慷慨失魂經史涉(강개실혼경사섭) 민족혼을 잃어 강개한 마음 경서와 역사를 섭력했고
悲嘆亡國筆鋒幷(비탄망국필봉병) 나라가 망함을 비탄하는 필봉을 오로지했네
英英卄卅陰沈痛(영영입삽음침통) 빛나는 20~30대에 음침한 (감옥에서) 고통당했고
秩秩擧皆陽復聲(질질거개양복성) 거의 모두 질서정연한 광복의 외침을 노래했네
曠野殺身先正後(광야살신선정후) 광야(감옥)에서 순국한 이퇴계 선생의 14대 후손은
成仁永久以詩鳴(성인영구이시명) 인을 이루어 영원토록 시로써 소리를 내었네

----

* 叔季(숙계) : 정치, 도덕, 풍속이 쇠퇴하여 끝판이 다 된 세상
* 遠村(원촌) : 안동시 도산면 원촌리. 이육사의 고향
* 英英(영영) : 1. 빛나는 모양 2. 재주 있는 모양 3. 걸출한 모양
* 卄卅(입삽) : 20대~30대
* 秩秩(질질) : 1. 질서정연한 모양 2. 물이 흐르는 모양 3. 공경하는 모양
* 陽復(양복) : 다시 회복하다. 주역 제24번째 복괘
* 殺身(살신) : 자신의 몸을 죽이다. 살신성인(殺身成仁) : 옳은 일을 위해 목숨을 버림
* 先正後(선정후) : 퇴계 후손. 先正臣(선정신) : 유현(儒賢)으로서 학덕이 높은 작고한 신하.

96

애국가와 나라 사랑의 주인공, 안익태(安益泰)

3년 전, 광복절 경축식 기념사에서 김원웅 광복회장은 상해 임시정부 때부터 국내외 모든 공식행사에서 '국가(國歌)'[794]로 불려 온 '애국가(愛國歌)'[795]를 폐지해야 한다는 폭탄 발언을 한 바 있다. 민족반역자가 작곡한 노래라는 이유 때문이다.

대한민국의 반국가세력들이 친북주의 작곡가 윤이상(尹伊桑)과 애국가를 작곡한 안익태(安益泰, 1906~1965) 선생에 대해 '이중 잣대'를 들이대는 것은 대한민국의 정체성을 부정하는 이적 행위이다.

1918년 평양 숭실중에 입학해 친일교사 축출의 주동자가 돼 정

---

794) 국가(國歌) : 나라를 대표·상징하는 노래. 그 나라의 이상이나 영예를 나타내며 주로 식전(式典)에서 연주·제창한다.
795) 애국가(愛國歌) : 우리나라의 국가. 20세기 초엽 민간에 퍼져 있던 가사에 1936년에 안익태가 곡을 붙였으며, 1948년 대한민국 정부 수립과 더불어 국가로 결정되었다. 애국가를 '국가(國歌)'로 명확히 정한 법은 없다. 그러나 관습상 국가로 인정해 태극기나 무궁화 등과 함께 나라의 상징으로 볼 수 있다. 국민의례 절차를 정해놓은 대통령 훈령이나 국회법 시행령 등에 '애국가'라는 표현이 포함돼 사실상의 국가로 간접 규정하고 있다.

학 처분을 받고, 1919년 3.1운동 때 만세운동에 참여하고 수감자 구출 운동에 가담해 제적당하고, 독립의 염원을 담은 〈한국환상곡〉을 작곡한 안익태가 친일파일 수는 없는 법이다.

안용환 안양대 석좌교수는 "안익태는 미주·유럽에서 활동할 때 〈한국환상곡〉의 4장 〈애국가〉 부분은 꼭 한국말로 부르도록 주최 측에 요구했고, 받아들여지지 않으면 그 곡을 지휘하지 않았다."라며 "이러한 내면적인 사상은 보지 않고 단순히 기념행사장에서 〈만주국〉[796]을 지휘했다는 이유만으로 친일파로 매도하는 것은 옳지 못하다."라고 지적한 바 있다.

안익태는 1906년 평양에서 안덕훈(安德勳)과 김정옥(金貞玉) 사이의 칠 형제 중 셋째로 출생했다. 본관은 순흥이다. 숭실중학교에서 퇴학당한 뒤, 15세(1921)에 동경 세이소쿠중학(正則中學)에 음악특기자로 입학해 본격적인 음악 공부를 시작하였다.

일본에서 공부를 마친 안익태는 1930년에 미국 신시내티음악대학에 입학하였고, 신시내티교향악단에 입단하여 동양인 최초의 첼로 연주자가 되었다. 1935년에 다시 오스트리아 빈에서 안익태의

---

796) 안익태는 1942년 만주국 건국 10주년을 경축하는 4악장 구조의 〈만주국 축전곡〉을 작곡하고, 그 가운데 〈만주환상곡〉을 1942년 독일 베를린에서 열린 만주국 창설 10주년 기념음악회에서 연주했다.
"이 곡은 일본 제국주의의 꼭두각시 국가인 만주국을 위한 교향곡이 아니에요. 우리 뿌리인 만주의 웅장하고 아름다운 강산을 노래한 것입니다. 판타지는 신화·상상·공상 같은 것이지 현실과 거리가 멀어요. 〈만주 환상곡〉은 '만주국'이라는 괴뢰정권을 위한 곡이 아니라 한국인의 정서가 녹은 만주의 넓은 대지, 비옥한 농토, 추운 겨울… 이런 것들을 이야기하는 곡이죠." – 안익태의 조카 안경용(安京龍, 미국명 데이비드 안)의 〈월간조선〉 인터뷰.

재능을 인정한 거장 리하르트 슈트라우스(Richard, Strauss)[797]에게 지휘법을 배웠다.

일제강점기 당시 우리 민족은 스코틀랜드 민요인 '올드 랭 사인(Auld Lang Syne)'[798]에 애국가 가사를 붙여 불렀다. "민족을 하나로 묶어 주는 국가를 작곡하자." 안익태는 그렇게 다짐하고 애국가 작곡을 시작했다. 2년 뒤 드디어 〈한국 환상곡〉을 만들었다. 안익태는 이 악보를 샌프란시스코에 있는 대한국인회와 상하이에 있는 대한민국 임시정부에 보냈다.

오스트리아 빈에서 〈애국가〉를 완성한 그해(1936) 8월 1일. 안익태는 베를린 올림픽에 참가한 손기정(孫基禎)[799] 등 7명의 한국 선수를 입장식이 끝난 뒤 찾아가 〈애국가〉 악보를 내놓고 "여러분을 위한 나의 응원가"라며 함께 목 놓아 부르면서 나라 잃은 설움을 달래기도 했다는 비화가 전해진다.

---

797) 리하르트 슈트라우스(Richard, Strauss, 1864~1949) : 독일의 작곡가, 지휘자. 《살로메》 등의 오페라와 《돈 후안》 등의 교향시 등을 남겼다. 마이닝겐관현악단의 악장을 비롯하여 뮌헨·베를린·빈 등지의 각 오페라극장과 유명한 음악제에서 지휘자로 활약하였다.
798) 올드 랭 사인(Auld Lang Syne) : 작별을 뜻하는 스코틀랜드의 민요다. 한국어로는 작별이나 석별의 정이라고도 부른다.
  스코틀랜드의 시인인 로버트 번스(Robert Burns)가 1788년에 지은 시와 작곡자 미상의 오래전부터 전해져 온 스코틀랜드의 전통 민요에서 비롯되었으며, 영미권에서는 묵은해를 보내고 새해를 맞으면서 부르는 축가로 쓰인다. 올드 랭 사인은 스코틀랜드어로 '오랜 옛날부터(old long since)'라는 뜻이다. 세계적으로 유명한 노래로, 서정적인 가락 덕분에 다양하게 리메이크되고 있으며, 많은 대중매체에서 나오고 있고, 브렉시트가 확정된 후 유럽 의회가 다같이 부른 민요이기도 하다.
799) 손기정(孫基禎, 1912~2002) : 육상 선수. 일제강점기 시대에 활동한 선수로, 1936년 베를린 올림픽 마라톤에서 금메달을 수상하였다.

1940년까지 슈트라우스의 보조지휘자로 있다가 그 이후부터는 독일, 스페인 등지에서 독자적 지휘활동을 하고 1946년에 스페인 여인 롤리타 탈라베라 안(Lolita Talavera Ahn)과 결혼, 스페인 국적으로 마드리드 마요르카 교향악단의 상임 지휘자가 되었다.

1948년 대한민국 정부가 수립되면서 〈애국가〉가 국가로 지정되었다. 대한민국 여권 1호 안익태는 1955년에 한국을 떠난 지 25년 만에 귀국하였다. 국립교향악단과 KBS교향악단을 지휘하였고, 서울에서 국제음악제를 열었다.

1965년 9월 16일. "세계 각국의 청중들은 나를 환영하는데 내 조국은 어찌하여 나를 냉대하는가?" 일본 NHK에서도 〈한국환상곡〉을 지휘한 안익태는 이런 탄식을 쏟으면서 고국을 떠나 먼 이역 스페인에서 운명했다. 사후 문화훈장 대통령장이 추서되었다. 작품에 〈강천성악(降天聲樂)〉[800] 〈한국환상곡〉〈애국선열추도곡〉 등 다수가 있다.

예술은 정치나 이데올로기에서 벗어난 독립적인 영역에 있다. 20세기 초·중반 세계를 주유(周遊)한 동양 최고의 지휘자, 끝까지 창씨개명을 거부하고 음악을 통해 나라 사랑의 진정한 의미를 가르쳐 준 안익태 선생을 경모하는 필자의 자작 한시를 소개한다.

---

800) 〈강천성악(降天聲樂)〉: 통일신라시대 옥보고(玉寶高, 742~765, 경덕왕 때 음악가)가 지은 거문고 곡인 〈강천성곡(降天聲曲)〉에서 영감을 받았다. 안익태는 〈강천성악〉을 조선의 아악을 바탕으로 썼다고 밝힌 바 있다.

渡東志學志宮商(도동지학지궁상) 열다섯에 동경으로 건너가 음률에 뜻을 두었고
切琢登壇聚滿堂(절탁등단취만당) 절차탁마 후 등단하자 만장의 관객이 모여들었네
完奏全身皆絶調(완주전신개절조) 온몸으로 연주하면 모두 훌륭한 곡조가 되었고
一觀聽衆忽平康(일관청중홀평강) 한 번 관람한 청중은 홀연히 평안을 느꼈네
惜言唱魄驚聲界(석언창백경성계) 우리말로 부르는 노래 넋은 음악계를 놀라게 했고
憂國歌魂動大方(우국가혼동대방) 우국하는 가요 혼은 세계 거장들을 움직였네
短棒周遊天下盡(단봉주유천하진) 지휘봉 하나 들고 천하를 두루 돌아다녔고
逢場作戲五洲煌(봉장작희오주황) 어디서든 공연을 펼쳐 오대양을 빛나게 했네

――――――――――

* 志學(지학) : 학문에 뜻을 둠. 열다섯 살을 달리 이르는 말. 출전 〈논어〉 '위정편(爲政篇)'
* 宮商(궁상) : 오음(五音) 가운데 궁(宮)과 상(商)의 소리. 뜻이 바뀌어 '음률'을 이름
* 切琢(절탁) : 절차탁마(切磋琢磨). 학문이나 인격을 갈고 닦음. 출전 〈시경(詩經)〉
* 滿堂(만당) : 만장의 관객
* 絶調(절조) : 뛰어나게 훌륭한 곡조
* 惜言(석언) : 아끼는 말, 우리말
* 大方(대방) : 문장이나 학술이 뛰어난 사람. 거장, 대가, 대방가
* 周遊天下(주유천하) : 천하를 두루 돌아다니며 구경함
* 逢場作戲(봉장작희) : 어디서든 공연을 펼침. 임기응변의 조치를 취함

97

초일류 삼성의 창업자 호암(湖巖) 이병철(李秉喆)

　1945년은 일제 강점에서 벗어난 '광복의 원년'이지만, 오랜 식민지배 끝에 폐허와 공허만 남은 '한국 자본주의'가 처음 열린 해이다. 8월 15일. 중앙청 광장에서는 태극기와 유엔기가 펄럭이는 가운데 대한민국 정부의 탄생을 세계만방에 알리는 선포식이 거행되었다. 이승만 대통령은 대한민국을 자유민주주의와 시장경제체제를 바탕으로 하는 나라로 방향을 잡았고, 6.25 남침전쟁 이후에는 미국과 한미상호방위조약을 체결하여 대한민국 번영의 토대를 마련하였다.

　그러나 이승만 정부가 출범했으나 서울 시내에서는 수백 수천 명의 좌익과 우익이 돌을 집어 던지며 패싸움을 벌이고 있었다. 이러한 상황에서 자본주의의 역사가 일천한 대한민국에 홀연히 등장하여 '한국 경제사'를 본격적으로 써 내려간 쌍두마차가 삼성을 일으킨 호암(湖巖)[801] 이병철(李秉喆, 1910~1987)과 현대를 세운 아산

---
801) 호암(湖巖) : 이병철의 호. '호수처럼 맑은 물을 잔잔하게 가득 채우고 큰 바위처럼 흔들리지 않는 준엄함을 가져라'라는 뜻.

(峨山) 정주영(1915~2001)이다.

전 생애를 건 모험과 도전으로 전자·반도체 산업의 '성공 신화'를 이룬 호암은 1910년 경남 의령군에서 이찬우(李纘雨, 경주 이씨, 천석꾼)[802]와 권재림(權在林)의 2남 2녀 중 막내로 태어났다. 1926년 17세에 3살 연상의 박두을과 혼인했다. 1930년 일본으로 건너가 와세다대학 전문부 정경학과에 입학하여 수학 중 심한 각기병으로 학업을 중단하고 귀국하였다.

인생의 뜻을 세우지 못하고 골패노름에 빠져 늦은 밤 달그림자를 밟으면서 귀가하기 일쑤였던 호암에게 "각성"의 순간은 느닷없이 찾아왔다. 어느 날 달빛을 받은 채 고요히 잠든 자녀들을 보며 허송세월을 청산하고 무언가 해보아야만 한다는 생각이 문득 떠올랐다. 그 회심의 순간, 조선인이라 괄시받던 기억이 겹쳐 떠오르며 그는 마침내 '사업을 일으켜 나라를 지킨다'는 일생의 목표를 세운다.

이러한 '사업보국(事業報國)'의 뜻을 세운 스물일곱 살 청년은 아버지로부터 300석 소출의 토지를 분재(分財)[803]받아 1936년 마산에서 협동정미소를 세워 사업에 투신한 후, 1938년 3월 자본금 3

---

802) 이찬우(李纘雨 1874~1957) : 이병철의 부(父). 이찬우는 어린 이병철에게 늘 "비록 손해를 보는 일이 있더라도 신용을 잃어서는 안 된다"고 가르쳤다. 이병철의 정신세계를 지배한 책은 〈논어〉였다. 할아버지가 세운 서당인 '문산정'에서 6세 무렵부터 5년여 동안 〈천자문〉 등 한학을 배운 이병철은 이때 읽은 〈논어〉에서 깊은 감명을 받았다.
803) 분재(分財) : 가족이나 친척에게 재산을 나누어 줌.
〈분재기(分財記)〉 : 전통시대에 재산을 분배하면서 그 배경과 구체적인 내역을 적고 소유주·증인·문서 작성자 등의 서명을 명시하여 법적·사회적 실효성을 나타낸 문서.

만 원으로 삼성그룹의 모체인 '삼성상회'를 설립한 후 1969년 삼성전자를 설립하여 삼성그룹의 도약대를 만들었다.

1953~1954년 제일제당과 제일모직을 설립, 제조업에서 크게 성공을 거두었다. 제일모직 공장 완공식 땐 이승만 대통령이 방문해 '의피창생(衣被創生, 옷이 새로운 삶을 만든다)'이라는 휘호를 써주기도 했다.

1961년 한국경제인협회(전국경제인연합회의 전신) 초대 회장에 선출되었다. 1964년 동양 라디오 및 텔레비전 방송과 1965년 중앙일보를 창설하여 언론사 경영에 참여하였다. 1974년 삼성석유화학·삼성중공업을 설립하여 중화학공업에 진출하였다.

호암은 일찍 기술의 가치에 눈을 떠 '경소단박(輕小短薄)'[804]의 첨단기술만이 생존의 길이라는 신념을 가지게 되었다. 삼성전자의 탄생 뿌리가 여기서 시작된다. 1983년 3월. 호암은 '도쿄선언'으로 삼성의 반도체 사업 진출을 공식화했고[805], 메모리 시장을 장악한 후 이건희(李健熙) 회장 대에 이르러선 일본, 미국을 차례로 추월하고 세

---

[804] 경소단박(輕小短薄) : 가볍고 작고 짧고 얇은 물건. 반도체와 휴대폰이 여기에 해당한다. 삼성은 자동차에 진출했으나 결국 실패했다. 삼성이 손을 대가지고 별로 실패한 분야가 없는데, 대표적인 실패작이 자동차 사업 진출이었다.
중후장대(重厚長大) : 무겁고 두텁고 길고 큰 물건. 조선과 자동차가 여기에 해당한다. 현대가 반도체를 만들었는데, 결국 팔았다. 이게 하이닉스이다. 현대가 팔아버린 이 하이닉스를 SK가 인수해서 재미를 보고 있다.

[805] 이병철 회장이 반도체에 도전할 때 그의 나이 73세였다. 호암은 수많은 전문가와 기업가, 임원들의 만류를 뿌리치고 대대적인 반도체 사업 육성에 나섰다.
보보시도장(步步是道場, 한 걸음 한 걸음 도를 닦는 것을 뜻함), 이것이 인생이다! 인생은 도장이고, 나에게는 끊임없이 사업을 일으켜가는 것이 나 자신에 대한 연마였다.
- 출전 〈호암자전〉

계 최고의 반도체 글로벌기업으로 꽃피우게 된다. 그리하여 법인세 규모 17조원으로, 국가 법인세수의 24.3%를 차지한다(2021년 기준).

 호암의 기업가정신을 설명하는 세 축은 바로 '사업보국(事業報國)', '인재제일(人材第一)', '합리추구(合理追求)'다. 이러한 경영이념으로 호암은 대한민국 경제 국부(國父)로도 평가받고 있다. 오피니언 리더와 전문경영인(CEO)을 대상으로 한국에 필요한 '21세기형 CEO상이 누구인가?'를 설문한 조사에선 늘 호암이 1위로 뽑힌다.
 호암의 인생은 하나의 대하드라마요, 아름다운 대서사시가 아닐 수 없다. 이병철은 호암미술관을 건립하였고, 국악과 서예에도 큰 관심을 가졌다. 그는 금탑산업훈장을 비롯하여 세계최고경영인상을 받았다. 저서에 〈우리가 잘사는 길〉〈호암자전〉[806] 등이 있다. 1987년 국민훈장 무궁화장이 추서되었다.

 운(運), 둔(鈍), 근(根)의 철학에 바탕한 '시대를 앞선 창조적 지략가', '이병철 리더십'이야말로 오늘날 한국 기업의 과제에 대한 해법이 될 수 있을 것이다.
 초일류 삼성의 신화를 이룩한 '한국경제의 기수' 호암 선생을 경모하는 필자의 자작 한시를 소개한다.

---

806) 《호암자전》: 삼성 창업주 이병철 회장의 전기. 일제강점기 당시 민족자본이 전무했던 상황에서 무역상사로 출발한 삼성이 초일류기업으로 거듭나기까지 지나온 험난한 여정을 호암이 손수 적어 내려갔다. 이승만 대통령과 맥아더 장군, 해상왕 장보고를 존경하고, 인생의 책으로 《논어》를 꼽으며, 국악을 사랑했던 호암의 개인적인 취향도 엿볼 수 있다.

破天奇跡我東更(파천기적아동경) 기적을 처음으로 일궈 우리나라 경제를 새롭게 했고
創業三星四海明(창업삼성사해명) 삼성그룹을 창업하여 온 천하를 밝혔네
衣被成新生活變(의피성신생활변) 의복이 새로운 삶을 만들어 생활을 변화시켰고
言論設立目標正(언론설립목표정) 언론 방송사를 설립하여 사시(社是)를 바로 세웠네
輕些短薄存亡核(경사단박존망핵) 가볍고 작고 짧으며 얇은 것이 기업 존망의 핵이며
重化尖端發展行(중화첨단발전행) 중화학공업과 첨단산업이 발전의 길이라 믿었네
報國精神千古訓(보국정신천고훈) 기업보국 정신은 천고의(영원한) 가르침이고
是翁矍鑠萬邦迎(시옹확삭만방영) 늙었어도 재빠른 이 노인을 모든 나라가 맞이하네

――――――――――――――――

* 破天(파천) : 파천황(破天荒). 이전에 아무도 하지 못한 일을 해냄. 미
　　　　　　증유(未曾有)
* 奇跡(기적) : 기이한 일
* 我東(아동) : 우리 동방. 우리나라
* 四海(사해) : 온 세상
* 衣被成新(의피성신) : 의복이 새로운 삶을 만든다
* 輕些短薄(경사단박) : 가볍고 작고 짧으며 얇은 것
* 重化尖端(중화첨단) ; 충화학공업과 첨단산업
* 是翁(시옹) : 이 노인. 호암 이병철 회장
* 矍鑠(확삭) : 늙었어도 기력이 정정함. 노익장(老益壯). 노당익장(老當益壯)
　후한 광무제 때 '마원(馬援)'의 고사에서 유래
* 萬邦(만방) : 만국(萬國). 세계의 모든 나라

98

무에서 유를 창조한, 박정희(朴正熙) 결단의 리더십

　박정희(朴正熙, 1917~1979) 전 대통령은 본관은 고령(高靈). 호는 중수(中樹)이다. 1917년 11월 14일. 경북 구미에서 빈농인 박성빈(朴成彬)과 백남의(白南義) 사이에서 5남 2녀의 막내로 태어났다.
　1961년 봄. 박정희 육군 소장이 주도한 '5.16혁명'은 식민 통치와 6.25 동족상잔으로 극심한 빈곤에 시달리던 신생국 대한민국이 국가의 틀과 국민의 삶을 혁명적으로 바꾼 결정적 계기가 되었다. 박정희 대통령은 불가능을 가능케 한 '할 수 있다'는 박정희정신으로 '한강의 기적'을 이루었다.

　우리 현대사에서 부당하게 왜곡·폄훼 당하는 시대가 '건국 시대'와 '산업화 시대'이다. 좌파들은 이승만 시대를 '독재시대', 박정희 시대를 '정경유착 시대'로 깎아내린다. 그러나 박 대통령은 자손을 위해 미전(美田, 좋은 땅)을 사지 않았다. 1남 2녀를 위해 남긴 재산은 신당동 집 한 채뿐이었다.

행인지 불행인지 한국의 산업구조는 아직도 1960~70년대 '박정희 모델'에 근간을 두고 있다. 그중 박 대통령이 1973년에 발표한 '중화학공업화 선언'은 대한민국의 선진국 기초를 다진 역사적 결단이었다. 박정희는 철강, 비철금속, 조선, 기계(자동차 포함), 전자, 석유화학이라는 6개 업종의 산업을 일으켰다.

박정희는 '5.16의 완성이 10월 유신'이라는 신념 하에 초헌법적 비상조치인 유신체제를 발족시켰다. 결국 유신체제의 목표는 중화학공업 건설이었고, 권력 집중은 수단이었다.

1978년 말 청와대 오찬 기자간담회에서 "석유 한 방울 안 나는 나라에서 중화학공업화 정책을 무리하게 추진하는 이유"를 묻는 기자의 질문에 박 대통령은 이렇게 답했다.

"지금 북경과 상해간 도로는 한 시간에 자동차가 한 대쯤 지나갈 정도로 한산하다. 하지만 이런 상황은 오래가지 않을 것이다. 중국이 11차 삼중전회(三中全會)에서 개혁개방 정책을 표방했다. 앞으로 중국이 국제시장에 뛰어들게 되면 한국의 설 땅이 없어진다. 산업구조를 지금보다 최소 20년은 앞으로 가져가야 우리 국민들이 30년 정도 중국보다 잘 살 수 있다."

박정희의 예언은 소름끼칠 정도로 적중했다. 한강의 기적을 창출한 박정희 모델의 기본요소는 50~100년을 내다 본 '미래지향적 통찰력과 선견지명(先見之明)'이다. 중화학공업화 정책을 성공적으로 추진한 결과 우리는 중국보다 30년 정도 앞서갈 수 있었다. 그러나 중국은 매섭게 우리를 추격해 산업경쟁력 면에서 한국을 바짝 따라붙었으며, 일부 부문에서는 추월했다.

박정희의 정치철학은 '실사구시(實事求是)'[807]와 〈맹자(孟子)〉의 '무항산 무항심(無恒産 無恒心)'[808]으로 귀결된다. 산업화를 이루면 민주화 기반이 마련된다는 '선경제개발 후민주화' 국가발전전략이다. 박정희는 5,000년 역사의 숙원인 먹고사는 문제를 해결했고, 남북한 체제경쟁에서 자주국방론으로 김일성과 싸우지 않고 이겼다.

대한민국을 세계 10대 부국(富國) 반열에 올린 박정희 시대의 가치관과 철학인 '박정희정신'을 한마디로 표현하면 '할 수 있다' '하면 된다'이다. 박정희정신은 '자기책임정신, 자립·자조정신, 자주자존정신, 실용주의정신, 부국강병정신'의 복합체다. '박정희정신'의 계승(繼承) 및 발전은 한강의 기적에서 '헬조선'까지로 추락하여 멈춰 선 대한민국이 다시 전진할 수 있는 유일한 선택지다.

'박정희 모델'에 따르면, 우리나라는 10년 전쯤 구조개혁에 나섰어야 했는데 시기를 놓친 셈이다. 만시지탄의 감이 있지만 이제라

---

807) 실사구시(實事求是) : 사실에 입각하여 진리를 탐구하려는 태도. 출전 : ≪한서 漢書≫ 〈하간헌왕전(河間獻王傳)〉.
808) 무항산 무항심(無恒産 無恒心) : 항산이 없으면 항심이 없다는 말로, 생활이 안정되지 않으면 바른 마음을 견지하기 어렵다는 뜻. 출전 : ≪孟子(맹자)≫ 〈梁惠王上篇(양혜왕상편)〉.
맹자가 제선왕(齊宣王)이 정치에 대해 물었을 때 이렇게 말했다.
"일정한 살림이 없어도 떳떳한 마음을 가지는 것은 오직 뜻있는 선비만이 가능한 일입니다. 백성들은 떳떳한 살림이 없으면 떳떳한 마음이 없게 됩니다. 참으로 떳떳한 마음이 없어지게 되면 방탕(放蕩), 괴벽(怪癖), 부정(不淨), 탈선(脫線) 등 모든 악을 저지르게 됩니다. 그들이 죄를 범하게 된 뒤에 법으로 그들을 처벌한다는 것은 곧 백성을 그물질하는 것과 같습니다. 어떻게 어진 임금이 위에 있으면서 백성들을 그물질할 수가 있겠습니까?"

도 '부민강국(富民强國)' 건설을 위해 박정희 모델로 '국가대개조(國家大改造)'에 나서야 한다.

한국이 이룬 '한강의 기적'을 말하면 진부한 이야기라고 치부(置簿)하는 부류가 있다. 하지만 그것은 놀랍게도 일부 한국인에게만 그렇다. 개발도상에 있는 인류에게 한국은 여전히 경이로운 대상이며, 가보고 싶고 배우고 싶은 희망의 나라다. '박정희정신'이 창조적으로 계승되어야 하는 이유이기도 하다.

노산 이은상(李殷相)[809] 선생은 "박정희는 세종대왕과 이순신 장군을 합해놓은 인물이다."라고 평가했다.

이철우(李哲雨) 경북지사는 2023년 11월 16일 자신의 페이스북을 통해 "박정희 대통령은 '우리도 한번 잘살아보세' 구호를 외치며 경제개발 5개년계획과 새마을운동 등을 펼쳐 5,000년 가난을 물리치고 세계 10대 경제대국 달성에 크게 기여했다." "윤석열 대통령도 생가를 방문했을 때 '위대한 지도자가 이끈 미래를 이어가겠다'고 방명록에 기록했다."고 적었다.

또 이 지사는 "박정희 대통령 탄신일인 11월 14일을 '국가기념일'로 제정해 '우리도 하면 된다'는 신념을 후손들에게 물려주어 저출산 등 국가적 현안을 해결하고 세계 초일류 국가로 발돋움하는 계기로 활용해야 한다."고 강조했다.

---

809) 이은상(李殷相, 1903~1982) : 시조 시인. 호는 노산(鷺山). 필명은 남천(南川). 이화여전 교수를 지냈고, 8.15 광복 이후 ≪호남신문≫ 사장과 숙명여대 이사장을 지냈다. 작품에 시 〈가고파〉, 〈성불사〉, 〈고향 생각〉, 시조집 ≪노산 시조집≫, 저서에 ≪이충무공 일대기≫ 등이 있다.

무에서 유를 창조해 번영된 대한민국의 초석을 세운 불멸의 지도자. 박정희 대통령의 '결단의 리더십'을 추모하는 필자의 자작 한시를 소개한다.

巨人決斷太酸辛(거인결단태산신)　거인(위인)의 시대적 용단은 크게 힘들고 고되었고
不忘民尋大廟頻(불망민심대묘빈)　국민은 박대통령 묘지를 잊지 않고 자주 찾고 있네
反共强兵驚革命(반공강병경혁명)　반공으로 강병육성 위해 놀라운 5.16혁명을 했고
自主工業果維新(자주공업과유신)　중공업화로 자립 경제 위해 과감한 유신을 했네
近來先進諸邦讚(근래선진제방찬)　근래에 선진국 되어 세계각국이 칭찬하게 만들었고
萬古繁榮槿域珍(만고번영근역진)　만고에 번영된 나라 대한민국을 보배로 만들었네
二九始終心志壯(이구시종심지장)　18년 치세 동안 시종일관 마음 뜻이 굳세었고
千秋遺德永奉遵(천추유덕영봉준)　천추에 끼친 덕(위대한 공적) 영원히 받들어 좇네

――――――――――――――――

* 酸辛(산신) : 신산(辛酸)의 도치. 맛이 맵고 심. 세상살이가 힘들고 고생스러움
* 大廟(대묘) : 박정희 대통령 묘소
* 諸邦(제방) : 제국. 각국
* 槿域(근역) : 우리나라의 별칭. 예로부터 무궁화가 많이 자라 근역이라 하였음
* 心志(심지) : 마음에 품은 의지
* 二九(이구) : 18년 동안의 박정희 대통령의 치세
* 遺德(유덕) : 죽인 이가 후세에 끼친 덕
* 奉遵(봉준) : 받들어 좇음

99

'6·25 영웅' 백선엽(白善燁) 장군의 동상 제막식에 부쳐

　미국이 초강대국을 유지하는 비결은 세계 최고의 국방비뿐만 아니라 선진 보훈제도와 국민 속에 보훈문화가 뿌리내리고 있기 때문이다. 국민 보훈의식이 1% 증가하면 사회갈등 요인을 1.59% 감소시키고 경제성장을 유발해 20조여 원의 국내총생산(GDP) 증가 효과를 일으키는 것으로 조사됐다(서울행정학회의 2022년 10월 세계가치관조사).

　7월 10일은 6.25 전쟁영웅 백선엽(白善燁, 1920~2020) 장군의 서거 3주년이 되는 날이다. 그는 1920년 평남 강서군(남포시)에서 빈농의 아들로 태어났다.

　1939년 평양사범학교를 졸업한 뒤 교직에 종사하다가 1941년 만주국(滿洲國)[810] 중앙육군훈련처 9기 군관 후보생으로 입교하여 1942년 소위로 임관했으며, 1943년 간도특설대(間島特設(部)隊)[811]

---

810) 만주국(滿洲國) : 1932년에 일본이 중국 동북부 및 내몽고 자치구 동북부에 세웠던 괴뢰국가. 청나라의 마지막 황제 푸이(溥儀)를 집정(執政)으로 맞아들이고 신징(新京)을 수도로 하여 건국하였다. 일본의 군사기지로서 관동군이 무단통치 하였으나, 일본이 제2차 세계대전에서 패배하자 소멸하였다.
811) 간도특설대(間島特設(部)隊) : 만주국이 팔로군·조선의용군 등 만주에 존재하던 항일

에 배치되어 광복 이전까지 복무하였다.

　1950년 8월. 인민군이 4일 만에 서울을 점령하고 파죽지세로 남한 영토의 90%를 점령하여 나라의 운명이 풍전등화(風前燈火)의 위기에 처해 있었다. "내가 물러서면 나를 쏴라!" 6.25 최대 격전지 '다부동전투(多富洞戰鬪)'[812]에서 백 장군이 후퇴하려는 부하들을 가로막고 외쳤던 말이다. 절체절명(絶體絶命)의 위기를 승리로 전환한 이 절규는 대한민국 군 책임자의 리더십과 충성심을 상징하는 말이 되었다.

　백 장군은 1개 사단 병력으로 김일성의 최정예 3개 사단을 격파하여 낙동강 전선을 사수함으로써 인천상륙작전(仁川上陸作戰)[813]의 성공을 통한 북진의 계기를 마련하였다. 이후 선봉으로 평양에 입성했고, 중공군의 개입 후에는 지리산 지역의 빨치산을 궤멸시키는 전공을 올렸다. 그가 이끄는 사단이 무너졌더라면 오늘의 대한민국은 없고, 5,000만 국민은 자유를 잃은 노예의 삶을 살고 있을 것이다.

　　조직을 토벌하기 위해 1938년 조선인 중심으로 조직하여 1939년부터 본격적인 작전을 수행하였으며, 일제가 패망할 때까지 존속한 800~900여 명 규모의 대대급 부대였다.
812) 다부동전투'(多富洞戰鬪) : 낙동강방어선 전투 중 국군 제1사단이 대구 북방 다부동(현재 경북 칠곡군 가산면 다부리)에서 미군과 더불어 북한군 3개 사단을 격멸한 전투.
813) 인천상륙작전(仁川上陸作戰) : 1950년 9월 15일. 맥아더 장군의 지휘 아래 국군과 유엔군이 인천에 상륙하여 전개했던 군사작전. 이 작전으로 국군과 유엔군 측의 반격이 시작되어 6.25전쟁의 전세가 뒤바뀌었다.

미국도 '호국의 별' 백 장군을 영웅으로 숭배하여 미8군 명예사령관으로 추대하였으며, 주한미군사령부가 평택으로 이전한 후에도 부대청사에 '백선엽 홀'을 마련하였다.

그런데, 3년 전 백 장군이 타계하자 청와대와 민주당을 위시한 좌파단체들은 일제히 6.25 영웅 백 장군에게 친일파의 굴레를 씌워 모욕했다. 현충원 안장을 반대하고 파묘 퍼포먼스를 벌인 행위는 자유 대한민국을 부정하는 '반역행위'였다. 문재인 대통령은 백 장군의 장례식에 조문하지 않은 큰 무례를 범했다.

좌파들은 "백 장군이 간도특설대에 근무하면서 독립군을 토벌했다."라고 비난하는데, 사실과 다르다. 종북 주사파들이 '백전백승의 상승(常勝)장군'이라고 학습했던 김일성은 1940년 10월 23일 소련으로 도피했고, 42년 그곳에서 김정일을 낳았다. 1943년 만주에는 독립군의 존재는 사라진 상황이라 당시에 백선엽이 독립군을 토벌했다는 말은 날조된 거짓말이다.

화랑정신과 선비정신의 본향인 대구·경북은 '독립, 호국, 민주'의 역사가 공존하는 지역이다. 독립운동의 촉매제가 된 '국채보상운동(國債報償運動)'[814], 호국의 상징인 '낙동강방어선전투(洛東江防禦線戰鬪)'[815],

---

814) 국채보상운동(國債報償運動) : 대한제국 때에, 일본으로부터 빌려 쓴 1,300만 원을 갚기 위하여 벌인 거족적인 애국 운동. 융희 원년(1907)부터 이듬해까지 국권 회복을 위한 투쟁의 일환으로, 대구의 서상돈 등이 주동하고 ≪제국신문≫, ≪황성신문≫, ≪만세보≫ 등이 적극 지지하여 모금운동을 벌였으나, 통감부의 압력과 일진회의 방해로 중지하였다.

815) 낙동강방어선전투(洛東江防禦線戰鬪) : 1950년 8월 4일부터 9월 18일까지 벌어졌다. 한국군 4만 5천 명을 포함한 유엔군 병력 14만 명이 북한군 9만 8천명의 마지막 침공을 막기 위해 노력했다. 낙동강 방어선은 140km의 방어선이었다. 미군 주도의

4.19혁명의 기폭제가 된 '대구 2.28 민주운동'[816]은 TK를 근거지로 한다.

2023년 7월 5일. 경북 칠곡군 다부동전적기념관에서 백선엽 장군의 동상에 이어 6.25때 나라를 지킨 이승만, 트루먼 대통령의 동상이 제막됐다.[817] 백 장군 동상은 백선엽장군동상건립추진위원회(한국자유총연맹 경북지부)가 주도해 국민성금을 모으고, 국가보훈부와 경상북도 등의 후원을 받아 제작했다. 퇴색해 가는 상무정신을 복원하는 '영웅에 대한 예우와 존중'으로 크게 환영한다.

한편 백선엽 장군의 동상 인근에는 전쟁 당시 국군을 도운 민병대 '지게부대'를 기리는 추모비도 들어섰다. 지게부대는 계급도, 군번도 없는 민간인들이 전투 고지에서 탄약과 식량 등 군수물자를 지게로 져나른 전쟁영웅이다.

73년 만에 다부동에 우뚝 선 '영웅을 기억하는 나라'가 되어야 한다. 32세에 최연소 육군참모총장, 33세에 최초 육군대장이 된 불패(不敗)의 명장을 경모하는 필자의 자작 한시를 소개한다.

유엔군은 병력의 손실을 최소화하며 북한군의 공격을 6주 동안 막아냈다. 주요 전투는 대구, 마산, 포항, 낙동강 일대에서 벌어졌다.

816) 대구 2.28 민주운동 : 1960년 2월 28일 3.15 대선을 앞두고 당시 자유당 정권과 부정부패에 항거해 경북고등학교 등 대구지역 8개 고교학생들이 주도한 민주화운동.

817) 박민식 보훈부장관은 "우리가 누리는 자유는 영웅들의 피 묻은 군복 위에 서 있다"면서 "호국의 별인 백선엽 장군의 희생과 헌신을 많은 분들이 기릴 수 있을 것이며, 6.25전쟁 최대 격전지였던 낙동강 방어선을 자유민주주의 수호의 성지로 만들겠다."고 했다.

天時地利脫常行(천시지리탈상행)　하늘의 때와 땅의 이득이 늘 하는 일을 벗어나
忘本元兇作五兵(망본원흉작오병)　근본을 잊은 김일성이 동족상잔을 일으켰네
六月軍民警對敵(유월군민경대적)　6월에 군인과 민간인이 놀라 적과 대적하였으나
三秋戎馬暗前程(삼추융마암전정)　삼년 동안 전쟁은 민족의 앞길을 암담하게 만들었네
勢如破竹難防塞(세여파죽난방색)　적군은 파죽지세로 밀고 들어와 방어가 어려웠지만
運至弘恩保陣營(운지홍은보진영)　유엔의 파병에 힘입어 나라를 지킬 수 있게 되었네
背水洛東招大捷(배수낙동초대첩)　낙동강 전투에서 배수진은 큰 승리를 가져왔고
承平將業萬人評(승평장업만인평)　나라를 구한 장군의 업적은 온 국민이 평가하네

----

* 常行(상행) : 1. 늘 하는 일 2. 늘 취하는 행동
* 忘本(망본) : 근본을 잊다. (처지가 좋아진 후에) 옛날의 처지를 잊어버리다
* 元兇(원흉) : 못된 짓을 한 사람들의 우두머리. 김일성
* 五兵(오병) : 전쟁
* 戎馬(융마) : 전쟁에서 쓰는 수레와 말. 군대. 전쟁
* 前程(전정) : 앞길. 앞으로 가야 할 길
* 破竹(파죽) : 1. 대나무를 쪼개다. 2. 기세등등하다. 3. 순조롭다. * 勢
　　　　　　　　如破竹(=破竹之勢)
* 防塞(방색) : 들어오지 못하게 막음
* 弘恩(홍은) : 여기서는 유엔의 파병
* 背水(배수) : 배수지진(背水之陣). 목숨을 걸고 싸울 수밖에 없는 지경
　　　　　　　　(地境)
* 昇平(승평) : 나라가 태평함
* 將業(장업) ; 장군의 업적

100

포스코의 '우향우 정신'과 철강왕 박태준(朴泰俊)

 포스코의 지난 56년의 역사는 빈곤시대부터 융성시대까지의 길고도 튼튼한 철교(鐵橋)를 건설하는 노정이라고 할 수 있다. 박태준(朴泰俊, 1927~2011)은 자본도 기술도 경험도 없는 불모지에서 철강을 '산업의 쌀'로 국부(國富)를 증대시킨 위인이다. 제32대 국무총리를 역임했으며, 호는 청암(靑巖)이다.

 대한민국 산업화의 역사에서 가장 강력한 원동력이 된 것은 삼성 창업주 이병철의 '기업보국(企業報國)'[818] 정신과 포항제철 회장 박태준의 '제철보국(製鐵報國)'[819] 정신이다.

 포철 건립 당시 박태준이 임직원들에게 말했던 '우향우 정신'은 아직도 회자(膾炙)되고 있다.

 "우리 선조의 피의 대가인 대일청구권 자금으로 짓는 제철소이기 때문에 실패하면 역사와 국민 앞에서 씻을 수 없는 죄를 짓는 것이니 '우향우'해 영일만에 빠져 죽어 속죄해야 한다."

---

818) 기업보국(企業報國) : 사업을 통해서 국가와 사회의 발전에 기여.
819) 제철보국(製鐵報國) : 기술 식민지에서 벗어나 일류국가 건설로 가는 길.

박태준은 1948년 육군사관학교(6기)를 졸업하고 육군 소위로 임관한 뒤 6·25전쟁에 참전하였고, 1961년 5.16 군사혁명 후 박정희 국가재건최고회의 의장의 비서실장으로 발탁되었다. 1963년 육군 소장으로 예편한 뒤 1964년 대한중석 사장을 지냈고, 1968년 포항제철을 창립하여 초대 사장으로 취임한 뒤 1991년까지 회장으로 재직하였다.

박태준은 1973년 포항제철소 1기의 성공을 바탕으로, 1982년 광양제철소를 완공한 후 1992년 명예회장이 되어 경영 일선에서 물러날 때까지 포항제철을 연간 2,100만t의 생산능력을 가진 세계 3위 철강사의 위치에 올려놓았다.

박태준은 1987년 5월 13일 철강 분야의 노벨상이라 불리는 상인 '베서머 금상(Bessemer Gold Medal)[820]'을 수상하며 '철강 왕좌'의 자리에 올랐다. 이런 그를 보고 삼성의 이병철 회장은 '청암(靑巖)'이라는 아호를 지어주며 그를 '살아 있는 경영 교재'라고 치켜세웠다.

2011년 청암은 "포스코가 국가산업 동력으로 성장하길 바란다."는 유언을 남긴 후 향년 85세를 일기로 타계했다. 침실 머리맡에 있는 서예 액자에는 '짧은 일생을 영원 조국에'라는 좌우명이 담겨

---

820) 베서머 금상(Bessemer Gold Medal) : 영국의 금속학회가 매년 철강산업에서 두드러진 업적을 이루어낸 사람들에게 수여하는 상이다. 헨리 베서머(1813~1898)는 철강업계의 혁명을 불러오는 새로운 제강법을 개발한 인물로서 그의 위업을 기리기 위해 영국금속학회에서 매년 베서머 금상을 수여하고 있다.
대표적인 수여자로는 19세기의 철강황제라 불리는 앤드류 카네기가 있으며, 그는 은퇴한 1904년에 베서머 금상을 수상했다. 베서머 금상은 2022년 박태준기념관 기획전시 '가슴에 핀 명예, 훈장'전에서도 소개되었으며, 박태준의 발자취를 보여주는 대표적인 상이다.

있었다. 사후 청조근정훈장이 추서되었고, 세계 '철강 명예의 전당'에 오른 최초의 한국인이 되었다.

1978년 중국의 등소평(鄧小平)[821]이 일본의 기미츠(君津) 제철소를 방문한 자리에서 이나야마 요시히로(稻山嘉寬)[822] 신일본제철 회장에게 "중국에도 포철과 같은 제철소를 지어줄 수 있느냐?"고 했다가 "중국에는 박태준이 없지 않으냐."라는 대답을 들었다는 일화가 유명하다.

청암을 발탁한 박정희 대통령의 혜안(慧眼)은 과연 위대했다. 두 거인의 '위대한 만남'은 우리 대한민국 현대사의 행운이고 큰 축복이었다. 청암은 생전에 자신이 높은 평가를 받는 데 대하여 "박정희 대통령이 포항제철을 작곡하셨고, 저는 그분의 작곡에 따라 연주자들을 지휘했을 뿐입니다."라고 겸손해했다. 박정희 대통령은 포스코 창립 10주년을 맞아 〈철강은 국력〉이라는 친필 휘호를 청암에게 보냈다. 두 거인만큼 조국애를 발휘할 지도자를 후대에서 다시 기대할 수 있을까.

기업은 신념과 철학이 없으면 소멸하고 만다. 철은 곧 국가나 마

---

821) 등소평(鄧小平, 1903~1997) : 중국의 정치가. 쓰촨성(四川省) 출생. 실용주의 노선을 주장하면서 모택동과 노선 갈등을 빚어 1966년 문화대혁명 때 홍위병(紅衛兵)으로부터 반모주자파(反毛走資派)의 수괴라는 비판을 받고 실각하였다. 1977년 7월 복직되었고, 1981년 실질적인 권력을 장악하였다. 1989년 4월 톈안먼사건의 위기를 수습하고 중국 정계의 최고 실권자로서 '개혁과 개방정책'을 추진하였다.
822) 이나야마 요시히로(稻山嘉寬, 1904~1987) : 경단련(經團連) 회장, 신일본제철 회장. 마쓰시다 고노스케(松下幸之助, 1894~1989, 마쓰시다그룹 창업자)를 '경영의 신(神)'이라고 한다면, 이나야마 요시히는 '철강업의 신(神)"이라 해도 과언이 아니다.

찬가지이다.

철강업은 기간산업 중의 기간산업이고 공익성이 굉장히 높다. 따라서 일개 기업 차원의 최대이윤 추구만 해서는 안 된다. 관련 산업에 골고루 혜택을 주면서 확대 재생산해야 한다.

포항제철소의 2022년 침수로 인한 조업 중단은 대한민국 산업역사상 최악의 재앙으로 위대한 국민 자산인 '포철신화의 역사적 의의와 가치'를 파괴할 뻔했다. 더 늦기 전에 국민기업이고 민족기업인 포스코는 초심으로 돌아가 제철보국의 온고지신(溫故知新)을 되새기고 훼손된 정체성을 온전히 회복해야 한다. 나아가 '박정희·박태준의 숭고한 창업정신'을 회복하여 새출발해야 한다.

박태준 명예회장 서거 10주기 심포지엄에서 김병연 서울대 교수는 "박태준의 리더십을 통해 포스코가 한국경제에 기여한 효과는 크다."며 "저개발국 성장을 위한 제도적 모델 제시, 미래산업을 위한 인재양성, 그리고 '한국인은 할 수 있다'는 자긍심 고취, 사회적 자본 증진 등을 눈여겨봐야 한다."고 강조했다.

또한 김무환 포스텍 총장은 "박태준 명예회장은 포스텍을 1986년 설립했는데, 그는 '교육이 일본에 앞서야 일본을 이길 수 있다'는 생각을 갖고 있었다."고 말했다.

극한의 위기에도 불변의 포스코 DNA인 '제철보국'과 '교육보국' 정신으로 도전과 성취의 '한국환상곡'을 완성한 청암 선생을 경모하는 필자의 자작 한시를 소개한다.

飛龍隨虎好機逢(비룡수호호기봉)　비룡(박정희)과 따르는 범(박태준)은 호기를 만났고
赤手空拳異蹟功(적수공권이적공)　아무것도 가진 것이 없이 기적(포철신화)을 이루었네
右向精神當代訓(우향정신당대훈)　(철강역군들에게) 우향우 정신은 그 시대 가르침이고
一途報國古今同(일도보국고금동)　한가지 길로 보국하는 것은 옛날과 지금이 같다네
雙頭慧眼東方徹(양두혜안동방철)　박정희 박태준의 혜안은 동쪽 지방(포항)으로 통했고
獨步雄心世界通(독보웅심세계통)　뛰어난 웅대한 뜻은 세계철강 명예의 전당에 올랐네
天下爲公終始貫(천하위공종시관)　천하는 모든 사람의 것이라는 소신 한결같이 했으며
高山仰止不勝崇(고산앙지불승숭)　높은 산처럼 우러러 (청암을) 숭배하지 않을 수 없네

――――――――――――

* 飛龍(비룡) : 하늘을 나는 용. 성인이나 영웅이 천자(天子)의 지위에 있
　　　　　　음을 비유적으로 이르는 말. 박정희 대통령을 비유
* 赤手空拳(적수공권) : 빈손과 맨주먹. 가진 것이 아무것도 없음
* 異蹟(이적) : 1. 기적. 포철신화 2. 기이한 행적
* 右向(우향) : 우향우 정신. 죽기 살기로 달려들고, 실패하면 바다에
　　　　　　빠져죽자는 정신
* 雙頭(쌍두) : 두 머리. 박정희와 박태준
* 雄心(웅심) : 웅장(雄壯)한 마음. 웅지(雄志)
* 天下爲公(천하위공) : 천하가 한 집의 사사로운 소유물이 아니라는 뜻
* 終始(종시) : 始終. 마지막과 처음. 마침과 시작함
* 高山仰止(고산앙지) : 높은 산처럼 우러러 사모한다. 출전 〈시경(詩
　　　　　　　經)〉 '소아(小雅)'
* 不勝(불승) : 어떤 감정이나 느낌을 억눌러 참아 내지 못함

| 편집후기 |

 본 졸저(拙著)에 소개된 '100인의 위인(偉人)'은 자신이 처했던 당대(當代)의 시대 환경이 서로 달랐지만, 모두 시대를 슬기롭게 이겨내 마침내 반만년 우리 역사를 빛낸 주인공이 되었다.
 필자는 독자들이 한 편의 영화를 보듯 '한시(漢詩)로 엮은 한국사'를 만날 수 있도록 이 책을 편집하였다. 반만년의 역사를 만든 위인들의 치국방략(治國方略)과 혜안(慧眼)을 배울 수 있는 역사의 보고(寶庫)가 펼쳐져 독자들의 지적 욕구를 충족시킬 수 있도록 했다.

 신냉전의 현실화와 글로벌 경기침체 장기화에 따른 복합위기로 국제정세의 불안정성이 커지고 있다. 본 저서의 내용에서도 강조했지만, 선진국의 문턱을 넘어선 오늘의 대한민국은 절정기와 쇠퇴기가 교차하는 로마사를 반면교사(反面敎師)로 삼아야 한다. 지금이야말로 '재조산하(再造山河, 나라를 다시 만들다)'와 '국가대개조(國家大改造)'가 필요한 때이다.

 위기가 아닌 시기가 없었던, 파란과 곡절로 얼룩진 영욕의 반만년 역사를 지탱해온 선조들의 경세철학(經世哲學)과 통찰(洞察)을 오늘에 되살려 전(全) 사회시스템을 재구조화할 필요가 있다. 아울러 '부민강국(富民强國)'으로 가기 위해 가장 필요한 것은 전 국민의 역사적 정체성 확립과 미래지향적인 의식개혁이라 할 것이다.

역사 연구는 기본적으로 인물에 관한 연구라 할 수 있다. '100인의 위인'을 통해 시대와 사건을 연결지을 수 있고, 숨겨져 있던 역사적 상관관계를 발견할 수 있을 것이다.
경향각지(京鄕各地)의 독자들이 본 졸저를 통해 국가 미래의 새로운 동력으로 사용할 수 있는 멋진 경험을 하게 되길 기대한다.

저자 **우종철**